◇现代经济与管理类系列教材

管理信息系统

（第 3 版）

主　编　李　明　陈京民
副主编　卞艺杰

清华大学出版社
北京交通大学出版社
·北京·

内 容 简 介

本书全面介绍了管理信息系统的概念、结构、开发、应用及其对管理的影响。在介绍管理信息系统基本概念、系统开发方法的基础上，详细阐述了系统的规划方法、系统结构化开发方法、管理信息系统的实施、管理评价和发展。本书吸收了近几年管理信息系统的最新发展理论和实践，反映了最新信息技术的发展和最新的信息管理思想、方法与实践，以满足现代管理信息系统的理论体系、开发方法及实施模式不断发展、不断更新的要求。全书附有习题、案例和讨论题，便于管理信息系统的学习与应用。

本书可作为信息管理与信息系统专业及管理类各专业本科生学习管理信息系统的教材，也可作为企事业单位管理人员、信息系统开发管理人员进行管理信息系统开发与管理的参考书。

本书封面贴有清华大学出版社防伪标签，无标签者不得销售。
版权所有，侵权必究。侵权举报电话：010 – 62782989　13501256678　13801310933

图书在版编目（CIP）数据

管理信息系统／李明，陈京民主编. —3 版. —北京：北京交通大学出版社：清华大学出版社，2021.4
 ISBN 978 – 7 – 5121 – 4441 – 5

Ⅰ. ①管… Ⅱ. ①李… ②陈… Ⅲ. ①管理信息系统 – 教材 Ⅳ. ①C931.6

中国版本图书馆 CIP 数据核字（2021）第 060241 号

管理信息系统
GUANLI XINXI XITONG

责任编辑：吴嫦娥

出版发行：	清 华 大 学 出 版 社	邮编：100084	电话：010 – 62776969	http：//www.tup.com.cn
	北京交通大学出版社	邮编：100044	电话：010 – 51686414	http：//www.bjtup.com.cn
印　刷　者：	北京鑫海金澳胶印有限公司			
经　　　销：	全国新华书店			
开　　　本：	185 mm × 260 mm　　印张：21　　字数：538 千字			
版 印 次：	2006 年 1 月第 1 版　　2021 年 4 月第 3 版　　2021 年 4 月第 1 次印刷			
定　　　价：	59.00 元			

本书如有质量问题，请向北京交通大学出版社质监组反映。对您的意见和批评，我们表示欢迎和感谢。
投诉电话：010 – 51686043，51686008；传真：010 – 62225406；E-mail：press@bjtu.edu.cn。

前　言

本书自2006年1月出版第1版后，一直受到管理信息系统课程的教师和学生的欢迎。随着信息技术的普及和信息化进程的推进，管理信息系统的相关理论和方法有了较大的发展变化，于是本书经过修订，于2013年7月出版了第2版。本书先后被多次重印，累计出版5万多册。近年来，正值新一代信息技术的广泛应用和信息社会的快速发展，各行各业都在积极推进智能化建设，管理信息系统的理论和方法再次获得较大的发展。为此，2020年，我们决定对第2版进行修订再版。

管理信息系统作为一门交叉学科，构建在管理科学、信息科学、系统科学、计算机科学、社会学和心理学等学科基础之上。进入信息社会后，各类企业都在使用管理信息系统，以降低成本，提高效率，提高管理水平，提高效益和综合竞争力，使用的管理信息系统数量越来越多，规模越来越大，功能越来越复杂，管理信息系统在管理领域和计算机应用领域中的重要性越来越大。

本书以管理为基础、以技术为主线详细介绍了与管理信息系统有关的基本概念、基本原理、方法和技术，全面阐述了如何应用这些原理、方法和技术进行管理信息系统的规划、分析、设计、实施和管理；着重介绍了管理信息系统整个生命周期的实现技术，利用这些技术进行全过程的管理信息系统规划、系统分析、系统设计、系统实施和系统管理。本书还重点阐述了管理信息系统的各种管理技术，包括在信息社会出现的智慧管理等新问题，使学生不仅能够掌握信息化建设必需的基础理论知识和开发技术，而且能够更全面、更系统地认识和掌握信息化建设的实际内容。

本书共分9章。第1章为管理信息系统的概念基础，第2章为管理信息系统的技术基础，第3章为管理信息系统规划，第4章为管理信息系统的分析，第5章为管理信息系统的设计，第6章为管理信息系统的实施，第7章为管理信息系统的管理与评价，第8章为企业信息化规划、实施和评价，第9章为管理信息系统的发展。本书在编写过程中广泛吸收了管理信息系统的理论与实践经验，其中相当多的内容取自国内外实证研究成果，具有较大的实际参考价值。

本次修订过程，主要是在第1章增加了信息社会的概念和特征；在第2章增加了信息系统安全技术，包括信息系统安全等级划分和相应的安全技术；增加了第8章，企业信息化规划、实施和评价，主要原因是管理信息系统的建设应从企业或组织层面进行整体规划，形成企业信息化标准，避免信息孤岛和重复投资；原来的第8章修改为第9章，并且增加了电子政务和智慧管理系统的内容，电子政务是建设效率最高的信息化领域，值得借鉴。随着信息化的深入发展，未来的趋势会向智慧管理发展，因此也探讨了智慧管理系统的概念和构成，为迈向智慧管理打开了一扇门。

由于时间仓促和水平有限，书中不妥之处在所难免，欢迎读者就书中的问题与编者讨论。在本书第 3 版的修订过程中，很多教师和同学参与了相关的修订工作，北京交通大学出版社的吴嫦娥副编审也对本书第 3 版的出版提供了很大的帮助和支持。在此，对所有关心和帮助本书第 3 版出版的朋友和师生表示衷心的感谢！

编 者
2021 年 4 月

目 录

第 1 章　管理信息系统的概念基础……… 1
　1.1　信息社会………………………… 1
　1.2　基本概念………………………… 8
　1.3　管理信息系统…………………… 14
　1.4　管理信息系统与管理…………… 25
　1.5　制造企业的资源管理…………… 34
　1.6　信息化建设和常见管理信息
　　　 系统………………………………… 41
　◇ 案例分析………………………… 43
　◇ 讨论题…………………………… 44
　◇ 习题……………………………… 45

第 2 章　管理信息系统的技术基础…… 46
　2.1　硬件技术………………………… 46
　2.2　软件开发技术…………………… 47
　2.3　数据处理技术…………………… 75
　2.4　网络通信技术…………………… 80
　2.5　信息系统安全技术……………… 81
　2.6　信息系统集成技术……………… 86
　◇ 案例分析………………………… 94
　◇ 讨论题…………………………… 95
　◇ 习题……………………………… 95

第 3 章　管理信息系统的规划…………… 96
　3.1　管理信息系统规划概述………… 96
　3.2　管理信息系统对组织战略的
　　　 支持……………………………… 100
　3.3　管理信息系统的规划方法…… 106
　3.4　企业业务流程规范与重整…… 118
　3.5　管理信息系统的规划制定与
　　　 可行性研究……………………… 125
　◇ 案例分析………………………… 128

　◇ 讨论题…………………………… 132
　◇ 习题……………………………… 132

第 4 章　管理信息系统的分析…………… 134
　4.1　管理信息系统分析的目标和
　　　 内容……………………………… 134
　4.2　管理信息系统的调查分析…… 136
　4.3　管理信息系统的业务流程
　　　 分析……………………………… 138
　4.4　管理信息系统的数据流程
　　　 分析……………………………… 139
　4.5　管理信息系统的数据字典…… 146
　4.6　处理逻辑的描述……………… 149
　4.7　新系统逻辑模型分析………… 153
　4.8　系统分析报告………………… 155
　◇ 案例分析………………………… 157
　◇ 讨论题…………………………… 158
　◇ 习题……………………………… 158

第 5 章　管理信息系统的设计…………… 160
　5.1　系统设计概述………………… 160
　5.2　系统结构框架设计…………… 161
　5.3　系统总体结构设计…………… 167
　5.4　系统代码设计………………… 175
　5.5　数据库设计…………………… 179
　5.6　系统输出设计………………… 188
　5.7　系统输入设计………………… 190
　5.8　用户界面设计………………… 193
　5.9　模块处理过程设计与模块
　　　 设计说明书……………………… 194
　5.10　系统设计说明书与设计
　　　 报告……………………………… 195

◇ 案例分析 ……………………… 197
◇ 讨论题 ………………………… 201
◇ 习题 …………………………… 201

第6章 管理信息系统的实施 ……… 203
6.1 系统实施 ……………………… 203
6.2 程序设计 ……………………… 205
6.3 系统测试 ……………………… 211
6.4 系统转换 ……………………… 216
6.5 系统的导入 …………………… 217
6.6 系统维护 ……………………… 226
◇ 案例分析 ……………………… 228
◇ 讨论题 ………………………… 232
◇ 习题 …………………………… 233

第7章 管理信息系统的管理与评价
………………………………… 234
7.1 管理信息系统开发项目管理
………………………………… 234
7.2 系统文档管理 ………………… 243
7.3 管理信息系统的质量管理 …… 245
7.4 信息系统的运行管理 ………… 252
7.5 管理信息系统的评价 ………… 255
7.6 信息外包及管理 ……………… 257
◇ 案例分析 ……………………… 262
◇ 讨论题 ………………………… 265

◇ 习题 …………………………… 266

第8章 企业信息化规划、实施和评价
………………………………… 267
8.1 企业信息化的概念 …………… 267
8.2 企业信息化基本原理 ………… 268
8.3 企业信息化现状 ……………… 270
8.4 企业信息化规划 ……………… 273
8.5 企业信息化实施 ……………… 276
8.6 企业信息化评价 ……………… 277
◇ 案例分析 ……………………… 282
◇ 讨论题 ………………………… 282
◇ 习题 …………………………… 283

第9章 管理信息系统的发展 ……… 284
9.1 信息资源的管理 ……………… 284
9.2 电子商务 ……………………… 287
9.3 电子政务 ……………………… 294
9.4 地理信息系统 ………………… 297
9.5 支持决策活动的信息系统 …… 303
9.6 数据仓库与数据挖掘 ………… 312
9.7 面向智慧管理的信息系统 …… 322
◇ 案例分析 ……………………… 326
◇ 讨论题 ………………………… 327
◇ 习题 …………………………… 327

参考文献 …………………………… 329

第1章

管理信息系统的概念基础

学习目标

通过本章的学习，学生应：掌握管理、信息、系统、管理信息、信息系统等基本概念；掌握管理信息系统的概念、结构、分类、利益相关者等内容；理解管理信息系统在管理中的作用；了解信息化的概念和内容。

本章重点是：对基本概念的掌握、理解及区分。

本章难点是：对众多概念相互间关系的理解和掌握。

管理信息系统现已成为一门独立的学科分支，它结合了其他众多学科的理论、方法和应用技术，与信息科学、系统科学、控制理论、运筹学、会计学、统计学、经济学、管理科学、计算机科学、社会学和心理学等有着十分密切的联系。同时，管理信息系统作为一种应用工具，又广泛地应用于工业、农业、交通、运输、文化、教育、卫生、体育及各种社会经济活动的信息管理之中，日益发挥着重要的作用，显示出强大的生命力。

管理信息系统不只是计算机的应用，计算机只是其工具；管理信息系统也不是"计算机辅助企业管理"。管理信息系统是企业的神经系统，是一个人机系统，将逐步发展为企业的智慧大脑，是每个现代企业不能或缺的系统。

1.1 信 息 社 会

1.1.1 信息社会的基本内涵

信息社会是工业社会发展到一定阶段后人类正在或将要步入的社会阶段和社会形态。目前较为流行并得到国际社会广泛接受的信息社会的定义，是 2003 年在日内瓦信息社会世界峰会发表的《原则宣言》中所做出的界定："信息社会是一个以人为本、具有包容性和面向全面发展的社会。在此信息社会中，人人可以创造、获取、使用和分享信息和知识，使个人、社会和各国人民均能充分发挥各自的潜力，促进实现可持续发展并提高生活质量。"

信息社会中的信息总量巨大，且不断增加。作为信息和知识载体的各类出版物、网站和信息系统，呈现出种类繁多、数量巨大的状态。2019 年，我国共出版图书 505 979 种，期刊 10 171 种，报纸 1 851 种，音像出版物 10 712 种，电子出版物 9 070 种，图书、期刊、报纸进口 4 206.5 万册。截至 2019 年 12 月，中国域名总数为 5 094 万个，网站 497 万个，网页 2 978 亿个，且还在保持增长的态势。2020 年 3 月，中国互联网络信息中心（CNNIC）发布了《第 45 次中国互联网络发展状况统计报告》，截至 2020 年 3 月，中国网民规模达到 9.04 亿，互联网普及率达到 64.5%。其中，手机网民规模 8.97 亿，占比 99.3%。

信息社会中信息更新速度很快。据联合国教科文组织（UNESCO）最新统计：人类近 30 年来积累的科学知识占有史以来积累的科学知识总量的 90%，在此之前的千年中所积累的科学知识只占 10%。英国技术预测专家詹姆斯·马丁的测算结果也表明同样的趋势：人类的知识在 19 世纪是每 50 年增加一倍，20 世纪初是每 10 年增加一倍，70 年代是每 5 年增加一倍，而近 10 年则是每 3 年翻一番。到 2050 年，目前的知识只占届时的知识总量的 1%。这两组数据都说明信息更新的速度在不断加快。

1.1.2 信息社会的主要特征

1. 信息经济

信息经济是信息社会最基本的经济形态，也是决定信息社会发展水平高低的重要因素。信息经济是指以信息与知识的生产、分配、拥有和使用为主要特征的经济形态。信息与知识是以人才和研究开发为基础，信息与知识也是创新的主要动力，因此信息经济也是一种以创新为主要驱动力的新型经济形态。信息经济与信息技术的应用与普及存在着密切关联。正是信息技术的应用，极大地提高了信息与知识的生产能力和创造能力，降低了获取信息与知识的成本，加快了信息与知识的传播和扩散，提升了人们利用信息与知识的能力。与传统的农业经济和工业经济相比，信息经济具有以下四大方面的显著特征。

① 人力资源知识化。人是信息与知识的创造者和使用者，信息经济中人力资源的知识化特征将日趋明显，不仅高学历、高技能、掌握信息开发利用的知识型劳动者比重将逐步增大，而且对普通劳动者的知识技能与信息素养的要求也将逐渐提高。

② 发展方式可持续。信息经济是推动经济可持续发展的主要动力。只有从资源高消耗、高污染的工业经济向以创新核心技术应用为主的信息经济转型，才能解决工业化发展所面临的资源短缺和资源可持续利用问题，才能解决工业社会发展中的环境污染问题。

③ 产业结构软化。产业结构软化主要体现在两个方面：一是随着收入水平的提高和需求结构的变化，以及伴随信息技术创新应用所催生的新兴服务业的快速发展，第三产业的比重不断上升，出现了所谓的"服务化"趋势；二是随着信息技术对传统工业的改造，工业品的科技含量和产品附加值得到提升，整个产业对信息、服务、技术和知识等"软要素"的依赖程度加深。

④ 经济水平发达。一方面，信息经济是创新驱动的经济形态，科技是衡量国家竞争力的最重要指标，科研与技术的投入需要强劲的经济实力作为坚强的后盾；另一方面，以信息技术为代表的现代科学技术又进一步促进了经济发展。

2. 网络社会

网络化是信息社会最为典型的社会特征。网络社会主要表现在两个方面，即信息服务的可获得性、社会发展的全面性。

（1）信息服务的可获得性。高速、泛在、便宜、好用的信息基础设施的全面普及是网络社会的基本要求。从信息技术扩散的一般规律来看，较高的资费是制约信息产品与服务进入大众生活的瓶颈。在信息社会，能否让所有人最大限度地享受基本的信息服务，关键是最大限度地降低信息获取成本，提升居民支付能力。

（2）社会发展的全面性。根据社会发展的总体趋势，人口向城市的转移是工业社会的基本特征，但也带来了环境恶化、贫富差距扩大、社会矛盾突出等各种城市病。进入信息社会后，由于人们的需求层次从基本的衣食住行需求转变为对健康生活的需求、对人与自然和谐发展的追求，在信息社会，城市将提供更多的医疗健康服务，更加强调对生态环境的保护，绝大多数人将充分享受现代城市文明生活。

3. 在线政府

信息社会的发展对政府治理提出了新的要求，同时也为实现治理体系的现代化创造了条件。在线政府是充分利用现代信息技术实现社会管理和公共服务的新型政府治理模式。在现代技术的支撑下，在线政府具有科学决策、公开透明、高效治理、互动参与等方面的特征。

① 科学决策。由于信息技术的广泛应用，特别是电子政务的大力推进，政府与公民间信息沟通朝着网络化、交互化方向发展，政府获取信息更为及时、便捷和充分，基于信息技术的各种决策分析工具、模型的使用，有助于决策过程和方法的科学化；同时，网络化方便了更多人参与到政府的决策形成过程中，使决策民主化成为可能，不仅可以提高决策的科学性，也将提高政策的实施效果。

② 公开透明。网络、数字广播电视等多种信息公开渠道形成多元化的信息公开网络，公众可以突破时空的限制，随时随地获取所需的各类政府信息；同时，通过网络对政府行为进行监督，有效地保证政府运行更为公开透明，从而打造信息社会下的阳光政府。

③ 高效治理。各种信息系统的建立对政府业务进行信息化改造，改变了传统手工办理的方式，有效地降低行政成本，提高了政府办事效率。电子政务改变了集权和等级制的金字塔政府结构，使得政府组织结构更为扁平化，促使政府治理模式从管制型向以公众为中心的服务型转变，为公众提供了更好的服务。人们可以随时随地在网上找到自己所需的服务种类和服务方式，使公共服务效率和质量都得到大幅提升。

④ 互动参与。互联网成为政府与公众之间直接沟通的重要桥梁，公众可以通过网络直接向政府反映自己的利益诉求，政府也可以通过网络了解民情、汇聚民智，不断完善服务。网络使政民沟通渠道更加通畅和多元化，有助于政民之间相互理解和达成共识，促进决策民主化和社会和谐发展。

4. 数字生活

信息技术广泛应用于人们日常生活的方方面面，人们的生活方式和生活理念发生了深刻变化。

① 生活工具数字化。网络和数字产品成为人们的生活必需品。传统生活用品的技术与信息含量越来越高，成为每个人日常生活必不可少的信息终端。随着技术的不断创新与广泛扩散，其应用成本将显著下降，数字化生活工具将高度普及，数字化生活工具带来的舒适和

②生活方式数字化。信息社会中，借助于数字化生活工具，人们的工作将更加弹性化和自主化，终身学习与随时随地学习成为可能，网络购物成为主流消费方式，人际交往范围与空间无限扩大，娱乐方式数字化，数字家庭成为未来家庭发展的趋势。

③生活内容数字化。数字化生活时代，人们的工作内容以创造、处理和分配信息为主，学习内容更加自主化与个性化，信息成为最主要的消费内容，数字化内容成为多数人娱乐活动的首选。

1.1.3 信息社会的发展阶段

信息社会是信息技术在经济、社会、政治、生活等领域应用到一定程度的一种社会状态，也是信息技术应用不断深化和积累所引起的从量变到质变的一种必然结果。因此，从工业社会向信息社会的转型必然是一个长期的、动态的和循序渐进的过程，依据发展水平的高低可以将信息社会划分为不同的发展阶段。信息社会发展水平可以用"信息社会指数"（information society index，ISI）来度量。ISI 的取值范围在 0 与 1 之间，ISI 值越高，表明信息社会发展水平越高。以 ISI 为阶段划分的标准，信息社会发展阶段的划分如表 1-1 所示。

表 1-1 信息社会发展阶段的划分

发展阶段	准备阶段		发展阶段		
	起步期	转型期	初级阶段	中级阶段	高级阶段
ISI	0.3 以下	0.3~<0.6	0.6~<0.8	0.8~<0.9	0.9 及以上
基本特征	信息技术初步应用	信息技术扩散加速，实效显现	信息技术的影响逐步深化	经济社会各领域都发生深刻变化	基本实现包容的社会
面临问题	基础设施跟不上需求	发展不平衡	互联互通与实用性问题	包容性问题	技术突破与创新应用
主要任务	加快基础设施建设，教育培训（提高认识）	加快调整与改革，逐步消除发展不利因素；加强教育培训，信息素质	改进体制机制	关注弱势群体，实施普遍服务	鼓励创新

在起步期，信息技术开始初步应用到社会各领域，但尚未普及和深化；在转型期，主要信息技术和产品的扩散会加快，其影响作用开始显现，信息化的应用带来经济、社会、生活、政治等多个领域的转型与变革，从而为迈向信息社会奠定坚实基础；在初级阶段，主要信息技术产品得以广泛应用，经济、社会、生活的数字化和网络化基本实现，网络成为政府公共服务的主要通道；在中、高级阶段后，主要信息技术产品已经得到高度普及，经济、社

会、生活的数字化、网络化和智能化均达到相当高的水平,数字鸿沟大大缩小,政府部门间资源共享、协同办公普遍实现,社会管理和公共服务基本实现网络化、智能化。

1.1.4 信息社会的发展现状

1. 全球现状

2017年全球"信息社会指数"为0.5748,比2016年略有提高,增长2.96%,处于从工业社会向信息社会过渡的转型期。

在评价的126个国家中,有57个国家进入信息社会,发达国家全部进入了信息社会,而绝大多数发展中国家正在加速向信息社会转型,同时仍有12个低收入发展中国家处于信息社会起步期。2017年全球ISI排名前20名的国家如表1-2所示。

表1-2 2017年全球ISI排名前20名的国家

2017年排名	国家	ISI	2016年ISI	排名变化
1	卢森堡	0.9087	0.9098	0
2	瑞士	0.8859	0.8776	2
3	芬兰	0.8835	0.8793	0
4	挪威	0.8756	0.8641	1
5	英国	0.8715	0.8590	3
6	丹麦	0.8701	0.8602	1
7	新加坡	0.8694	0.8825	-5
8	奥地利	0.8694	0.8559	1
9	澳大利亚	0.8646	0.8520	1
10	瑞典	0.8579	0.8609	-4
11	美国	0.8484	0.8449	1
12	日本	0.8463	0.8500	-1
13	冰岛	0.8448	0.8332	0
14	德国	0.8294	0.8194	0
15	新西兰	0.8253	0.8100	1
16	荷兰	0.8206	0.8117	-1
17	巴林	0.8174	0.8092	0
18	科威特	0.8147	0.7567	8
19	比利时	0.8106	0.7978	0
20	爱尔兰	0.8105	0.7990	-2

2. 国内现状

2017 年 ISI 达到 0.474 9，同比增长 4.61%，处于从工业社会向信息社会的加速转型期。较之 2016 年，全国信息社会发展有所加快，信息社会指数同比增速提高 0.32 个百分点。2007—2017 年年均增长率为 8.35%（如图 1-1 所示）。

从信息社会发展的 4 个重点领域看，2017 年全国信息经济指数、网络社会指数、在线政府指数、数字生活指数分别为 0.411 2、0.425 0、0.607 1、0.544 3，其中，在线政府指数发展最快，同比增长 10.5%。

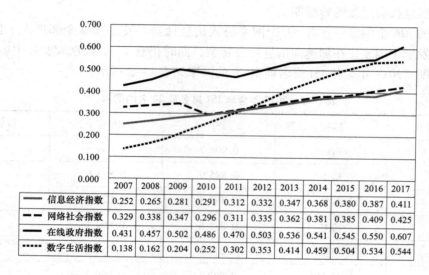

图 1-1　全国信息社会四大领域发展情况（2007—2017）

2017 年，广东、浙江 ISI 首次超过 0.6，与北京、上海、天津一道进入信息社会的初级阶段。除此之外，江苏、福建、辽宁、山东、内蒙古、海南等 6 个省份信息社会指数也高于全国平均水平。2017 年全国各省（自治区、直辖市）ISI 及排名情况如表 1-3 所示。

表 1-3　2017 年全国各省（自治区、直辖市）ISI 及排名情况

省（自治区、直辖市）	信息社会指数		
	指数	排名	排名变化
北京	0.808 3	1	0
上海	0.762 9	2	0
天津	0.675 3	3	0
广东	0.647 9	4	0
浙江	0.635 5	5	0
江苏	0.594 5	6	0
福建	0.571 6	7	0
辽宁	0.511 1	8	0

续表

省（自治区、直辖市）	信息社会指数		
	指数	排名	排名变化
山东	0.501 4	9	0
内蒙古	0.496 2	10	0
海南	0.475 9	11	1
重庆	0.473 4	12	2
湖北	0.472 3	13	0
陕西	0.468 3	14	-3
山西	0.452 8	15	2
吉林	0.448 4	16	-1
河北	0.441 8	17	5
黑龙江	0.441 4	18	-2
湖南	0.433 8	19	-1
四川	0.431 2	20	-1
安徽	0.429 3	21	0
江西	0.422 8	22	5
广西	0.420 7	23	2
青海	0.411 7	24	-4
宁夏	0.409 2	25	-2
新疆	0.404 2	26	-2
贵州	0.399 4	27	2
河南	0.397 2	28	-2
云南	0.392 3	29	-1
甘肃	0.391 2	30	0
西藏	0.329 9	31	0
平均	0.474 9	—	—

1.1.5 信息社会的发展趋势

随着物联网、大数据、云计算、5G、人工智能等新一代信息技术的广泛应用和信息社会的深度发展，我们将会迈入智能社会。在智能社会中，人们随时随地都会处于智能化的环境中，精准化的智能服务更加丰富多样，人们能够最大限度地享受高质量的服务和便捷的生活，社会治理智能化水平大幅提升，社会运行更加安全有序，智能经济更加创新高效，个人的创造力得到极大发挥,形成更多高质量和高舒适度的就业岗位。2020年12月,中国互联网协会、中国信息通信研究院联合发布了《中国"智能+"社会发展指数报告》,从"智能+"生活消费、"智能+"公共治理、"智能+"生产供给、"智能+"数字基建等4个方面进行评价分析,对国内各省市的"智能+"社会发展水平进行了评价分析。总体上目前我国还处于智能社会的初级阶段。

1.2 基本概念

管理信息系统的发展基础是管理、信息和系统。管理信息系统本质上是一个系统,处理的对象是信息,服务的对象是管理。管理信息系统就是一个处理管理信息的信息系统,基本概念之间的关系如图1-2所示。

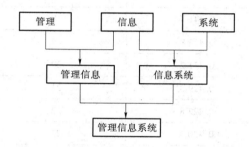

图1-2 管理信息系统基本概念之间的关系

1.2.1 管理

管理信息系统是服务于管理的,管理是信息系统服务的对象,是管理信息系统生存的环境。只有很好地了解其对象与环境,才能了解管理信息系统。

1. 管理的概念

管理是运用计划、组织、指挥、协调、控制等基本行动,来有效地使用人力、材料、资金和设备等各种资源,以实现一个组织预定的目标和任务。

管理是设计并保持一种良好环境,使人在群体里高效率地完成既定目标的过程。

2. 管理科学的发展阶段

现代管理科学的发展大约经历了6个阶段。

第一阶段:泰勒制。20世纪20年代,出现了以泰勒制为代表的科学管理,泰勒在1911年写的《科学管理原理》中论述了职能制、动作时耗研究、分工、劳动定额和计件工资制。泰勒首先将科学原理引入经济管理之中。

第二阶段:行为科学学派。20世纪30年代,其代表作是1933年美国人梅奥的著作《工业文明中人的问题》,他主张激励人的积极性,主张工人参加管理。

第三阶段:数学管理学派。20世纪40年代,其代表作是1940年苏联康托拉维奇所著的《生产组织与计划中的数学方法》,他把数学引入管理,并提出生产指挥的问题主要是数学问题。

第四阶段:计算机管理学派。20 世纪 50 年代,在这一时期虽没有明显的代表作,但计算机已被广泛用于管理。继 1954 年计算机用于工资管理后,在 50 年代末至 60 年代初形成了计算机用于管理的第一次热潮。

第五阶段:系统工程学派。20 世纪 70 年代,其代表作是 1970 年华盛顿大学教授卡斯所著的《组织与管理:从系统出发的研究》,他提出用系统的理论和方法研究管理。

第六阶段:信息学派和管理信息系统学派。20 世纪 80 年代,这一时期出现了信息革命,信息被视为重要的无形资源用于管理。同一时期又产生了控制论,于是信息论、控制论、系统论这三个理论在管理中的有机结合,产生了管理信息系统学科,它的出现极大地推动了管理科学的发展,而且成为一门完整的科学学科。

后一管理学派的产生,并不是对前一学派的否定,而是针对前一学派的弱点加以改进,使前者的愿望更能得以实现。例如,行为科学能激励工人更好地完成定额,更便于科学管理的实现。计算机的出现使数学方法的应用成为可能,促进了应用数学的发展。而系统工程则是集过去之大成,更加综合,更加全面。它主张分析环境,确定系统目标,什么方法合适,就用什么方法。

1.2.2 信息

20 世纪中期,从计算机技术引发、催生了举世瞩目的 3C 革命(computer 计算机,control 自动控制,communication 通信),使人类社会进入了一个前所未有但激动人心的时代。短短几十年创造了大大超过在此之前人类社会创造总和的物质文明,而在这些惊人之举的背后,人们会清楚地意识到一只无形的巨手正操纵着这个时代的脉搏,也正是它彻底地改变了人类的头脑意识及思维方式,这只无形的巨手被称之为信息。

1. 信息的概念

从哲学意义上来看,信息是自然界、人类社会和人类思维活动中普遍存在的一切物质和事物的属性。信息论的创始人香农说:"信息是用以消除不确定性的东西。"

数据和信息这两个词在实际应用中经常容易混淆。数据是对客观事实记录下来的可以鉴别的符号。它并不只是数字,所有用来描述客观事实的语言、文字、图画和模型都可以是数据。但是,信息在本质上是经过加工后的数据(见图 1-3),它会对接收者的行为和决策产生影响,能增加决策者的知识,减少决策的盲目性,具有现实的或潜在的价值。显然,数据和信息的概念是相对的,对于第一次加工所产生的信息,可能成为第二次加工的数据。同样,第二次加工得到的信息可能成为第三次加工的数据。这也和物质生产中的原料和产品的关系相似,初级加工得到的产品,可能成为进一步加工的原料。

综上所述,用语言、文字、图形等表达的资料经过解释就是信息,也就是说,信息是我们对数据的解释,或者说是数据的内在含义。根据这个定义,那些能表达某种含义的信号、密码、情报和消息都可概括为信息。

信息的概念包含以下 5 个方面。

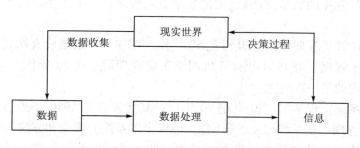

图 1-3　数据与信息的转换过程

① 信源。即信息的发布者，也就是传送者。

② 信宿。即接受并使用信息的人，也就是接受者。

③ 媒介。原意指中间物，可用以记录和保存信息并随后由其重现信息的载体，媒介与信息密不可分，离开了媒介，信息就不复存在，更谈不上信息的交流和传播。

④ 信道。指信息传递的途径和渠道。信道的性质和特点将决定对媒介的选择，比如，在谈话中，如果是以声波为交流信道，那么，声波信道的特性便决定了所选取的交流媒介只能是具有"发声"功能的物体、材料和技术手段。同样，如果以频道为信息传递渠道，其媒介选择只能是电子类的载体。

⑤ 反馈。指接受者对传送者发出信息的反应，在传播过程中，这是一种信息的回流。传送者可以根据反馈信号检验传播的效果，并据此调整、充实、改进下一步的行动。

2. 信息的性质

信息能否正确使用，往往与信息的性质有关，信息的主要性质如下。

① 客观性。信息是客观现实的反映，不随人的主观意志而改变。

② 普遍性。信息就像阳光、空气一样，普遍存在于自然界和人类社会中。

③ 不完全性。由于受到时空的限制，以及获取信息需要成本，所以任何个人都不可能完全掌握所有信息，而且每个人所掌握的信息都不一样，即人与人之间的信息不对称。

④ 时效性。信息在一定的时间内有价值，随后信息的价值会减弱或消失。

⑤ 可变性。信息会在信息不对称的两个人之间传递，信息在传递过程中，会受到人的大脑的重新理解和加工，会导致信息发生变化。

⑥ 真伪性。信息有真信息与假信息，即真实信息和虚假信息。真实而准确的信息可以帮助人们做出正确的决策，从而实现信息的价值。而虚假信息，即不真实、有噪声的信息，不仅不能帮助人们做出正确的决策，反而会使人们做出错误的决策，产生严重的后果。

⑦ 可压缩性。信息的可压缩性是指人们可以对信息进行概括、归纳和综合，使其变得精炼、浓缩，同时保留信息的本质与内涵。就像物质中的液化气、压缩饼干一样。体积虽小，但内在价值仍在。

⑧ 可扩散性。信息的可扩散性是指信息可以通过各种渠道和手段向四面八方自然扩散传播的特性。信息好像热源，它总是力图向温度低的地方——信息缺乏处扩散。信息的浓度越大，信息发送者和接受者之间的梯度越大，信息的扩散力度越强。

⑨ 传输性。信息的传输性使人们可以利用各种各样的手段向外传输信息。信息的传输成本远远低于物质和能源的传输成本。它可以利用电话、电报进行国际国内通信，也可以通

过光缆、卫星传遍全球。信息传输既快又便宜，远远优于物质的运输，因此应当尽可能用信息的传输代替物质的传输，利用信息流减少物流，宁可用多传输十倍的信息来换取少传输一倍的物质。

⑩ 共享性。信息的共享性表现为同一信息可以为众人所利用，这是信息区别于物质的一个显著特点。按信息的固有性质来说，信息只能共享，不能交换。"我告诉你一个消息，我并没失去什么。不能把这则消息的记忆从我的脑子里抹去。"消息的分享没有直接的损失，但是可能造成间接的损失。信息分享的非零和性造成信息分享的复杂性。

⑪ 增值性（再生性）。用于某种目的的信息，随着时间的推移，其价值可能会耗尽。但对于另一种目的可能又显示出其用途。信息的增值在量变的基础上可能产生质变，在积累的基础上可能产生飞跃。

⑫ 转化性。信息、物质、能源三位一体，它们之间可以互相转化，大量的事实已经说明利用信息技术可以大量地节约物质与能源。

1.2.3 系统

现实世界中，系统无处不在。信息系统也是一种系统，它既有系统的共同属性，又有其自身的特殊属性。

1. 系统的定义

系统是由相互联系和相互制约的若干部分结合而成的、具有特定功能的有机整体。系统的定义可以从 3 个方面理解。

① 系统是由若干要素（部分）组成的。这些要素可能是一些个体、元件、零件，也可能本身就是一个系统，称为子系统。

② 系统有一定的结构。一个系统是其构成要素的集合，这些要素相互联系、相互制约。系统内部各要素之间相对稳定的联系方式、组织秩序及时空关系的内在表现形式，就是系统的结构。

③ 系统有一定的功能。功能是指系统与外部环境相互联系和相互作用中表现出来的性质、能力和功效。信息系统的功能是进行信息收集、传递、储存、加工、维护和使用，辅助决策，帮助组织实现目标。

2. 系统的组成

系统一般由 5 个基本部分组成，分别是：输入、输出、处理、反馈和控制。

① 输入：从系统环境中提交给系统处理的东西。

② 输出：由系统处理之后得到的结果。

③ 处理：对输入按照一定的方式进行加工后产生输出内容的过程。

④ 反馈：系统与环境进行交流的一种方式，系统从环境获取输入，进行处理后产生输出，对环境施加影响，环境将影响结果通知系统，系统判断与原定标准的差异，以确定系统今后的行为方式。

⑤ 控制：决定系统运行的过程，该过程是系统与系统环境进行交互的一个重要环节。

3. 系统的特性

虽然现实世界存在各种各样的系统，各系统的结构和功能各不相同，但各系统都具有一些共同的特性。

① 系统的整体性。系统的整体性是指系统由若干要素组成的具有某种功能的有机整体，各个要素一旦组成系统，就表现出独立要素所不具备的性质和功能。形成新系统的整体性质和功能往往要优于各个要素性质和功能的简单相加。一个集成的信息系统要优于那些独立的子系统。

② 系统的层次性。系统的层次性是指由于组成系统诸要素的差异使系统组织在地位、作用、结构和功能上表现出等级秩序性，形成具有质的差异的系统等级。在信息系统中往往体现出严格的层次性。

③ 系统的目的性。系统的目的性是系统发展变化时表现出来的特点。系统在与环境的相互作用中，在一定的范围内，其发展变化表现出趋向某种预先确定的状态。信息系统的目的性就在于对所收集的信息进行处理，然后对管理活动提供支持。

④ 系统的稳定性。系统的稳定性是指在外界作用下的开放系统有一定的自我稳定能力，能够在一定范围内自我调节，从而保持和恢复原有的状态、结构和功能。一个设计良好的信息系统能够应对多变的管理环境。

⑤ 系统的突变性。系统的突变性是指系统从一种状态进入另一种状态的一种剧烈变化过程，它是系统质变的一种基本形式。在信息系统中也可能意味着新的信息系统的诞生。

⑥ 系统的自组织性。系统的自组织是指开放系统在系统内外因素的相互作用下的自发组织，使系统从无序到有序，从低级到高级的变化。这也是形成能够更好适应环境的信息系统途径。

⑦ 系统的相似性。系统的相似性是指系统具有同构和同态的性质，体现在系统结构、存在方式和演化过程中的相似性。在信息系统的开发中，系统的相似性使人们可以减轻系统开发的负担。

⑧ 系统的适应性。当环境发生变化时，系统也要做相应的调整以适应环境的变化，这样才能长久地生存下去，这称之为系统的适应性。信息系统的环境改变时，系统的适应性可以帮助信息系统延长生命周期。

4. 系统性能的评价

判断一个系统的好坏可以由以下 4 点来说明。

① 目标明确。每个系统均为某一目标而生存，这个目标可能由一组子目标组成。系统是否有效要看它运行后对目标的贡献。

② 结构合理。一个系统由若干子系统组成，子系统又可由各种功能组成。系统依靠清晰的结构实现系统的有效运转和相互配合。

③ 接口清楚。子系统之间有接口，系统和外部的连接也有接口，良好的接口应具有十分清楚的定义。

④ 能观能控。外界可以通过接口输入信息，控制系统的行为，可以通过输出观测系统的行为。系统只有能观能控，才会有用，才会对目标做出贡献。

系统性能这 4 个评价指标也是评价信息系统的一般指标。

1.2.4 管理信息

通常人们把反映各种组织管理活动并对管理产生影响的各种消息、情报、资料统称为管理信息。管理信息通过数字、文字和图表等形式来反映组织管理活动的现状,并通过它来沟通和协调各个管理环节之间的联系,以便实现对整个组织的有效控制和管理。管理信息除了具有信息的一般特性外,还具有以下一些特点。

① 系统性。在管理过程中,任何零散的、个别的信息都不足以帮助人们认识整个管理活动的发展变化。只有能够全面地、完整地反映管理活动和特征的信息,才能称之为管理信息。

② 目的性。任何管理信息的收集和整理,都是为某项具体的管理工作服务的,所以说管理信息具有明确的目的性。

③ 层次性。管理信息的层次性是和管理系统的层次性相对应的。管理决策活动一般可以分为高、中、低三个不同的层次。其中,高层管理又称为战略计划,主要工作是对组织内外的全面情况进行分析,制定组织或企业的长远目标、发展战略和方针政策等。中层管理又称管理控制,主要工作是制定出资源分配计划及实施进度表,并组织基层单位来实现总目标。基层管理又称运行控制,主要工作是组织人力、物力去完成上级指定的任务。不同管理层次的信息在来源、内容、准确度、使用频率、使用寿命和保密程度上都是不同的。

1.2.5 信息系统

1. 信息系统的定义

信息系统是一个人造系统,它由人、硬件、软件和信息资源组成,目的是及时、正确地收集、加工、存储、传递和提供信息,对组织中各项活动进行管理、调节和控制。

信息系统一般包括信息处理系统和信息传输系统两个子系统。信息处理系统对数据进行处理,使它获得新的结构与形态或者产生新的数据。比如计算机系统就是一种信息处理系统,通过它对输入数据的处理可获得不同形态的数据。信息传输系统的作用是把信息从一处转移到另一处。由于信息的作用只有在广泛交流中才能充分发挥出来,因此,通信技术的进步极大地促进了信息系统的发展。

2. 信息系统的功能

信息系统应该具有信息的收集、传输、存储、加工和输出的功能。

① 信息收集。把分散在各地的数据收集并记录下来,整理成信息系统要求的格式或形式。

② 信息传输。主要有两种方式:一种是计算机网络形式,另一种是盘片传输。

③ 信息存储。管理中的大量信息被保存在磁盘、磁带等存储设备上。

④ 信息加工。对信息进行核对、变换、分类、合并、更新、检索、抽出、分配、生成和计算等处理。

⑤ 信息输出。根据不同需要,将加工处理后的数据以不同的方式输出。

1.3 管理信息系统

管理信息系统的发展基础是信息、管理和系统。它首先是一个系统，其次是一个信息系统，再次是一个用于管理方面的信息系统。这说明了一切用于管理方面的信息系统均可以认为是管理信息系统，同时也强调了这种信息系统是用于管理的支持。

1.3.1 管理信息系统的概念

管理信息系统是一门综合性、系统性的边缘学科。它是依赖于管理和技术科学的发展而形成的。应该说，管理信息系统概念并非依赖于电子计算机的发展而出现的。管理信息系统的概念最早起源于20世纪30年代，柏德在描述决策与管理的关系时候就提到了管理信息系统的概念。到了20世纪50年代，盖尔提出了管理依赖于信息和决策的概念。

管理信息系统一词最早出现在1970年，由瓦尔特·肯尼万（Walter T. Kennevan）给它下了一个定义："以书面或口头的形式，在合适的时间向经理、职员及外界人员提供过去的、现在的、预测未来的有关企业内部及其环境的信息，以帮助他们进行决策。"很明显，这个定义是出自管理的，而不是出自计算机的。它没有强调一定要用计算机和数学模型，但它强调了用信息支持决策。

1985年，管理信息系统创始人，明尼苏达大学卡尔森管理学院的著名教授高登·戴维斯（Gordon B. Davis）才给管理信息系统一个较完整的定义："它是一个利用计算机硬件和软件，手工作业，分析、计划、控制和决策模型，以及数据库的用户——机器系统。它能提供信息，支持企业或组织的运行、管理和决策功能。"此定义说明了管理信息系统的目标、功能和组成，而且反映了管理信息系统当时已达到的水平；说明了管理信息系统在决策层、管理层和运行层上支持管理活动。

到了20世纪90年代，有的学者提出了信息系统的定义："支持组织中决策和控制而进行信息收集、处理、存储和分配的相互关联部件的一个集合。"从这个定义中我们很明显地看出，这里所说的信息系统其实指的就是管理信息系统。它更倾向于强调管理信息系统在管理方面的作用。

学术界中对于管理信息系统还有很多种提法，比如：

"管理信息系统是人、数据处理装置、输入/输出设备，以及通信设施的组合。它向一个企业的计划和营运部门的管理人员和非管理人员及时地提供信息。"

"管理信息系统是为了向经理们提供针对管理过程的智能性辅助而设计的系统，是一种有组织的研究。它越来越多地利用近代工具（如电子数据处理、数据通信、缩微系统、字处理等）和近代技术（如运筹学、系统分析）。"

"管理信息系统"一词在我国出现于20世纪70年代末80年代初，根据我国的特点，许多从事管理信息系统工作的学者给管理信息系统也下了一个定义，登载于《中国企业管理百科全书》上。该定义为，管理信息系统是："一个由人、计算机等组成的能进行信息的收集、传递、储存、加工、维护和使用的系统。管理信息系统能实测企业的各种运行情况，利用过去的数据预测未来，从企业全局出发辅助企业进行决策，利用信息控制企业的行为，帮助企业实现其规划目标。"

综上所述，可以说："管理信息系统是一个以人为主导的，以计算机硬件、软件、通信网络及其他办公设备为基本信息处理手段和传输工具，进行管理信息的收集、传递、加工、储存、使用、更新和维护，为企业高层决策、中层控制和基层运作提供信息服务的人机系统。"

这个定义说明管理信息系统充分地结合了人与机器，通过对信息的处理来支持管理决策活动，较全面地覆盖了管理信息系统所涉及的学科范围。管理信息系统的总体概念如图1-4所示。从图1-4可以看出，管理信息系统是一个人机系统，机器包含计算机硬件及软件，其中，硬件包括各种办公设备及通信设备，软件包括业务信息系统、知识工作系统、决策支持系统和经理支持系统；人员包括高层决策人员、中层职能人员和基层业务人员，由这些人和机器组成一个和谐的人机系统。所以，管理信息系统并不是如同有些人所说是一个技术系统，或是一个社会系统，而实际上管理信息系统应该是一个社会和技术综合系统，随着其应用范围的扩大、应用等级的提高，其社会性愈加强烈。因此系统设计者应当很好把握哪些工作交给计算机做比较合适，哪些工作交给人做比较合适，人和机器又如何配

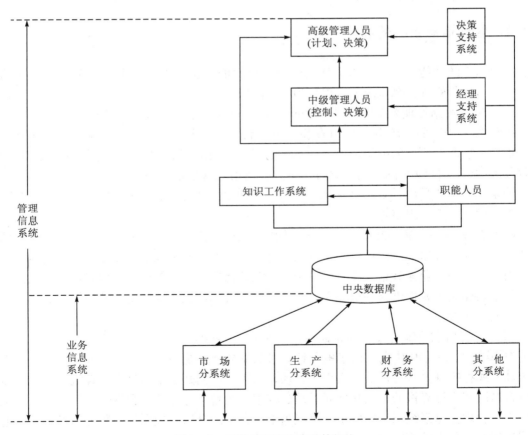

图1-4 管理信息系统的总体概念

合，从而充分发挥人和机器各自的特长。为了设计好这一人机系统，设计者不仅要懂得IT技术，而且能够对系统中的社会因素进行分析。

具有集中统一规划的数据库是现代管理信息系统的一个重要特点。数据库中分门别类地存储了各种各样的信息，同时它还具有功能完善的数据库管理系统，对数据库中的数据进行统一的组织、管理、存取等操作，使数据能够更好地为各种用户服务。数据库的应用象征着管理信息系统是经过周密地设计的，系统中的信息真正成为各种用户共享的资源。

通过数学模型来分析数据，进行预测和辅助决策，是管理信息系统的另一个显著特点。对不同的管理职能，系统提供了不同的模型，比如用于帮助生产调度的调度模型，用于分析销售策略的销售模型等。这些数学模型配合运筹学的相关知识，可以对问题进行全面的分析，从中找出可行解、一般解和最优解。在实际应用中，管理者根据和系统对话的结果，组合不同的模型进行分析，为各种决策提供辅助信息。

管理信息系统作为一门新的学科，产生较晚，其理论体系尚处于发展和完善的过程中。早期的研究者从计算机科学与技术、应用数学、管理理论、决策理论和运筹学等相关学科中寻找相应的理论，构成管理信息系统的理论基础，从而形成一个有着鲜明特色的边缘科学。管理信息系统的三大要素是系统的观点、数学的方法和计算机的支撑。

1.3.2　管理信息系统的演变

如果从系统功能（也就是数据库的性质、产生的信息种类、作用的决策模型等）的角度来看，可以把管理信息系统的发展分为3个阶段。

（1）电子数据处理系统阶段（electronic data processing systems，EDPS）

1954年，美国的通用电气公司安装了第一台电子计算机，主要用于商业数据的处理。这一事件标志着最原始的电子数据处理系统的诞生，因此将其称为初级电子数据处理阶段，此阶段大约经历了10年的时间。此时，企业所运用的管理信息系统大部分是一些处理单项事务的系统，主要是用计算机代替人工劳动，承担某一方面的数据处理任务，比如核算工资、管理库存、编制报表等。

随着各种单项处理功能的增多，开始将数据处理的任务综合集成起来。计算机所处理的对象已经不仅仅像原先那样单一了，它们大多数可以处理两个以上的数据文件，当然这些文件的内容仍是一些业务数据。此时的系统已经开始使用一些决策模型，但是经计算机处理所产生的报表还是主要提供给基层使用。显然，此时管理信息系统的主要效用在于提高基层业务人员的工作效率。

（2）管理信息系统阶段（management information systems，MIS）

在20世纪60年代中期，由于电子计算机数据处理系统的广泛应用，工资计算、应收账款统计、库存控制等管理都已经实现了自动化。因此人们开始不满足于计算机对数据的简单处理，试图依靠计算机的强大功能对管理过程中的大量信息进行综合处理，管理信息系统应运而生。管理信息系统仍是以电子计算机为中心，采用分散管理和集中服务的形式。和电子数据处理系统最大的不同之处在于，它具有系统的功能和数据库技术，从以事务处理为主逐渐转向以管理控制为主。系统中普通采用了决策模型，但是一般只作为程序的一部分，并没有完全分离出来成为一个独立的部分。管理信息系统可以向企业的中高层定期提供经过处理的报表，也可以为某一管理专题提供汇总报表。从 20 世纪 60 年代中期到 70 年代中期，管理信息系统在商业和企业事务管理中大行其道，应用十分广泛。然而，由于人们对管理信息系统寄予了过高的期望，无形中夸大了它的实际功能。甚至单纯地认为，只要通过简单的键盘操作，就能够了解企业运营情况、制定生产计划、指挥当天工作等。其实则不然，虽然管理者从 MIS 中得到了许多数据，但却没有办法将其转变成为有价值的信息，更谈不上用于指导决策了。此时管理信息系统的效用体现在提高管理人员的工作效能。

（3）决策支持系统阶段（decision support systems，DSS）

进入 20 世纪 80 年代以后，人们开始清醒地认识到之前的管理信息系统不能用于辅助决策的弊端。为了弥补这方面的不足，充分地利用信息来提高人的管理能力，人们开发出了决策支持系统。和传统的管理信息系统相比，决策支持系统综合利用了内部和外部数据，能够全面提供符合各种决策需要的信息。它应用数学方法和各种模型来辅助决策。将计算机所提供的信息和主管人员的判断有机地结合在一起，便于人们做出有效的决定。它具有一定的预测能力，可以帮助管理人员掌握事物发展的未来动态；它具有实时性，能够根据条件的变化迅速做出反应，及时地为组织的决策提供信息支持。同时，DSS 系统本身还具有学习、进化的能力，随着管理人员对工作认识的不断加深，系统本身也会做出相应的调整以适应管理者的需要。此时管理信息系统的效用主要在于提高企业高层管理者的决策效果。

当然，管理信息系统的前进脚步并未停止，随着计算机技术的发展和实际运用经验的丰富，人们对管理信息系统又有了新的认识。一个比较新的认识就是信息资源管理（IRM）。这一观点将信息视为一种战略性的资源并对其加强管理。信息资源管理主要研究组织中的信息管理、信息管理中的技术或人文因素的结合、信息资源开发及利用中的经济问题和信息管理的实施战略与组织体制。它的出现标志着管理信息系统已经进入了一个新的发展阶段。管理信息系统的效用开始向增加企业的竞争优势、为组织创造新的价值方向转移。

1.3.3　管理信息系统的结构

管理信息系统的结构是指系统中各个组成部分之间相互关系的总和。由于人们对管理信息系统的部件存在着不同的理解，所以就构成了管理信息系统不同的结构方式，其中最重要的是基本结构、层次结构和职能结构。

1. 管理信息系统的基本结构

从概念上看，管理信息系统的基本组成部件有 4 个，即信息源、信息处理器、信息使用者和信息管理者（见图 1-5）。信息源是指原始数据的产生地。信息处理器的功能是对原始数据进行收集、加工、整理和存储，把它转化为有用的信息，再将信息传输给信息使用者。信息使用者是信息的用户，不同层次的信息使用者依据收到的信息进行管理决策。信息管理者负责管理信息系统的设计和维护工作，在管理信息系统实现以后，他还要负责协调信息系统的各个组成部分，保证信息系统的正常运行和使用。信息系统越复杂，信息管理者的作用就越重要。

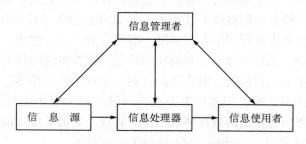

图 1-5 管理信息系统的基本组成部件

这些部件还可以进一步详细化。比如根据原始数据的产生地不同，可以把信息源分为内信息源和外信息源。内信息源主要指组织内部管理活动所产生的数据，如生产、财务、销售和人事等方面的信息；而外信息源则是指来自企业外部环境的数据，如国家的政策、经济形势、市场状况等。信息处理器也可以细分为数据采集、数据变换、数据传输和数据存储等装置。在实际的管理信息系统中，由于各个企业都具有不同的组织形式和信息处理规律，因此结构也不尽相同，但是最终都可以归并为如图 1-6 所示的基本结构。

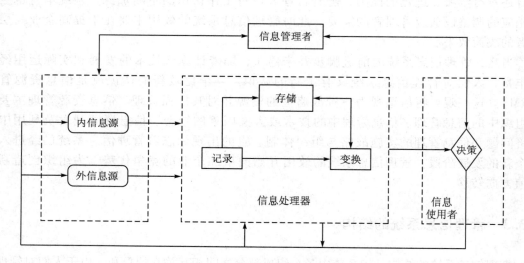

图 1-6 管理信息系统的基本结构

2. 管理信息系统的层次结构

有些管理信息系统的规模比较大，必然会显现出某种层次结构，每个层次负责一种信息处理的功能。层次结构的出现给管理信息系统带来了两个新的问题。

首先，要解决的问题就是我们应该怎样合理划分层次。由管理学知识可知，有两种极端的层次结构都不利于组织的管理工作。一种是层次结构过于"扁平"，即管理幅度过宽，这种状况势必会给高层的管理工作带来极大的不便，高层管理者无法对下层实施有效的控制，导致下层机构各自为政；另一种是层次结构过于"陡峭"，即管理幅度过窄，层次过多。在这种状况下，信息在各个层次之间的传递往往比较缓慢，大大降低了管理的效率，结果使机构僵化，反应迟钝。因此，在对企业管理信息系统进行层次划分时，需要分析系统的实际业务状况,从而确定管理幅度与层次。一般来说,如果系统强调的是严格的控制,则每一层次的管理幅度不宜太大。如果系统需要充分发挥下层自主性,则可适当放宽管理幅度。

其次,我们还要考虑各个层次之间怎样进行功能分配。所谓功能分配,是指在各层次上,按照其服务对象的需要,存储某种特定的必要的信息及配备加工和显示这种信息的功能。在分配各层次的功能时,要遵循的总原则就是"一事一地"。所谓"一事一地",是指系统的哪个层次需要用哪种信息,就把这种信息存放在这个层次里。另外,还要注意,如果系统需要的是汇总的信息或加工的结果,就不要传递原始信息。加工信息时,能在一个地方一次加工好的,就不要分散到各处去重复同样的加工。

在实际应用中,一般根据处理的内容及决策的层次把企业管理活动分为3个不同的层次:战略计划层、管理控制层和运行控制层。一般来说,下层系统的处理量比较大,上层系统的处理量相对小一些,所以就形成了一个金字塔式的结构,如图1-7所示。

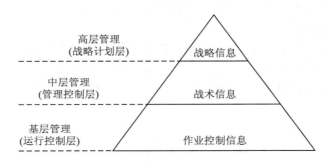

图1-7 管理信息系统的金字塔

不同的管理层次需要不同的信息服务,为它们提供服务的管理信息系统就可以按这些管理层次进行相应的划分。为不同管理层次所设计的管理信息系统在数据来源和所提供的信息方面都是完全不同的。

(1) 战略计划层管理信息系统

战略计划层的管理活动所涉及的是企业的总体目标和长远发展规划,如企业长期开发战略的制定、组织机构和人事政策的确定等。因此,为战略计划层管理活动服务的信息系统,需要比较广泛的数据来源。其中除了内部数据,还要包括相当数量的外部数据。例如:当前社会的政治形势、经济发展趋势和国家的政策,企业自身在国内外市场上所处的位置和竞争能力,新的投资机会和竞争对手状况等。此外,由于战略计划层管理信息系统所提供的信息是为企业制定战略计划服务的,所以要有高度的概括性和综合性。例如:对企业当前能力的评价和对未来能力的预测、对市场需求和竞争对手的分析等。这些信息对企业制订战略计划都有很大的参考价值。

(2) 管理控制层管理信息系统

管理控制层的管理活动属于企业的中层管理,它的主要工作是根据高层管理所确定的总目标,对组织内所拥有的各种资源,制定出资源分配计划及实施进度表,并组织基层单位实现总目标。这个层次的管理活动包括各个部门工作计划的制订、监控和完成情况的评价等。因此,管理控制层的管理信息系统主要是面向各个部门的负责人,为他们提供所需要的信息服务，支持他们在管理控制活动中正确地制订各项计划和了解计划的完成情况。它所需要的数据来源主要有3个渠道：一方面是控制企业活动的预算、标准和计划等；另一方面，是作业处理所提供的数据；还有一些是其他数据。管理控制层的管理信息系统所提供的信息主要包括决策所需要的模型，对各部门的工作计划和预测，对计划执行情况的定期和不定期的监测报告、对问题的分析评价、对各项查询的响应等。

（3）运行控制层管理信息系统

运行控制层的管理活动是为有效利用现有资源和设备所展开的各项活动，属于企业的基层管理，基层管理活动包括作业控制和业务处理。它按照中层管理活动所制订的计划与进度表，具体组织人力、物力去完成计划所指定的任务。因此，运行控制层的管理信息系统处理过程都是比较稳定的，可以按预先设计好的程序和规则进行相应的信息处理。在这一层次上的管理信息系统一般由3种处理方式组成：事务处理、报告处理和查询处理。这3种处理方式的工作过程十分相似。首先，将处理请求输入处理系统中；然后系统自动从文件中搜寻相关的信息，进行分析处理；最后，输出处理结果或报告。

3. 管理信息系统的职能结构

通常可以按照一定的职能将企业的管理组织机构划分成若干个部门，按这些部门的不同职能建立起来的管理信息系统结构，就是管理信息系统的职能结构。

一个管理信息系统的职能结构通常可以用一个职能系统/管理层次矩阵来表示，如图1-8所示。

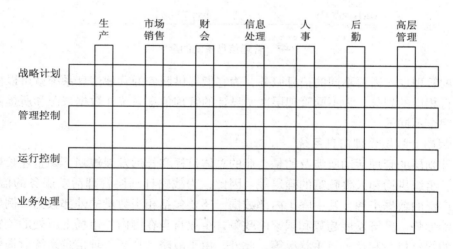

图1-8　职能系统/管理层次矩阵

图中每一列代表一个子系统，对应着一种管理功能。其实这种功能没有标准划分，因组织不同而异。显而易见，图中所表示的企业管理信息系统按照职能的不同分成7个子系统，而行分别代表战略计划、管理控制、运行控制和业务处理等不同的管理层次。因此，图中行与列相交的地方就代表着适用于不同管理层次的职能子系统。各个职能子系统的主要职能分别如下所述。

（1）生产子系统

生产子系统的功能主要包括产品设计、工艺改进、生产计划安排、生产设备的调度和运行、质量控制和检查等。战略计划方面主要是对改进工艺过程的各种方案进行评价,选定最优的加工和自动化生产的方法。管理控制要求对生产过程的总进度、单位成本、单位工时消耗及各类物资的消耗情况进行分析比较。运行控制要求把实际生产进度与计划相比较,及时发现生产的瓶颈环节,并且予以解决。生产子系统的典型业务处理是对生产订货单、装配订货单、成品票、废品票和工时票等原始数据的处理。

(2) 市场销售子系统

市场销售子系统包括企业进行销售和营销的全部管理活动。战略计划的功能是根据人口、购买力、技术发展等因素,应用顾客分析、竞争者分析、收入预测、人口预测和技术预测等方法获取信息,从而对开发新市场和新市场销售的战略进行分析和研究。在管理控制方面,根据顾客、竞争者、竞争产品和销售能力要求等信息,对销售成果、销售市场和竞争对手等方面的情况进行分析和评价,确保销售计划的完成。在运行控制方面包括日常销售和营销活动的调度和安排,还要按区域、产品、顾客对销售数量情况进行定期分析。业务处理则主要是指对销售订单的处理。

(3) 财会子系统

从原理上说,财务和会计有着本质的区别,二者的目标不同。财务的目标是保证企业在资金使用方面的财务要求,并尽可能地减少其成本。会计的目标则是把财务方面的业务进行分类、总结、然后填入标准的财务报告,并制定预算、对成本数据进行核算分析与分类等。在战略计划方面,人们关心的是财务保证的长远计划、资金筹措计划、减少税收影响的长期计划,成本会计和预算系统的计划,并且还要制定财会政策。管理控制主要是对预算和成本数据的计划执行情况进行分析和比较,处理会计数据的成本和差错率等。运行控制和业务处理主要是分类、汇总每天的单据,提出差错和异常情况的报告、延迟处理的报告和未处理业务的报告等。

(4) 信息处理子系统

信息处理子系统主要负责与其他子系统的沟通联系,保证企业对各种信息的需求。它的战略计划关心的是组织功能的集散度、信息系统的总体规划、硬件软件系统的总体结构等内容。管理控制主要将计划和实际执行情况进行比较分析,如设备成本、开发人员水平、新项目的进度和计划的对比等。运行控制的内容包括日常工作任务的调度、分析差错率、设备利用率和设备故障、控制新项目的开发进度和调试时间。业务处理是处理请求、收集整理数据、对数据和程序的修改变动提出申请、对硬件和软件的故障提出报告及规划建议等。

(5) 人事子系统

人事子系统的主要工作包括对人员的雇用、培训、考核记录、工资和解聘等方面的管理。战略计划方面主要包括对招聘、工资、培训、福利及留用人员的战略和方案的评价分析。管理控制关心的是人员的录用和解聘、招募费用、培训费用、工资率的变动等情况。运行控制主要涉及对录用人员数量、应支付的工资、培训费用等情况的分析处理。典型的业务处理有雇用标准说明、工作岗位责任说明、培训考核记录、人员情况档案处理、工资变化情况处理、工作时间和离职说明等。

（6）后勤子系统

后勤子系统主要负责对采购、收货、发货和库存控制等方面进行管理。战略计划主要涉及制定采购战略、制定对卖主的新政策、评价物资分配方案等内容。管理控制的工作主要是将库存水平、采购成本、供应计划执行和库存营业额等各种后勤工作的实际情况与计划进行比较。运行控制包括对多余和短缺物资的项目、数量和原因等情况进行分析。具体的业务处理包括采购订货、收货报告、各种进出库单据、脱库和超库项目、库营业额、购货申请单等数据的分析处理。

（7）高层管理子系统

高层管理子系统主要是为每个组织的最高领导层（如公司总经理和各职能区域的副总经理等）提供服务。它的战略计划层主要关心的是公司的发展方向和长远规划，并且为其他职能部门的战略计划制定总目标。因此，高层战略计划层的决策必须依靠来源广泛的、综合性高的内部和外部信息的支持。管理控制层主要是将各功能子系统的执行情况和计划进行比较，并做出分析和评价。运行控制层的内容主要包括提供会议时间表、控制会议进展、管理各类文件等。典型的业务处理是为决策提供信息咨询、编写文件、向公司其他部门的子系统发送指令等。

1.3.4　管理信息系统的分类

1. 按技术手段分类

按管理信息系统使用的技术手段可以将其分为手工系统、机械系统和电子系统 3 种类型。手工系统是指系统中的所有信息处理工作全部由人工完成，不仅工作量大、效率低下，而且难以保证准确率，这类系统在过去的管理组织中普遍存在。机械系统对手工系统做出了改进，用一些机械装置（如打字机、收款机、自动记账机等）来代替手工进行信息处理工作。而在电子系统中，电子计算机理所当然地成为主要的信息处理工具。电子计算机具有极高的运算速度、海量的存储能力及准确的计算和逻辑判断能力，极大地提高了工作效率和工作质量，能够快速而又准确地为各级管理人员提供决策所需要的信息，产生了巨大的经济效益和社会效益。

2. 按信息处理方式分类

根据管理信息系统的信息处理方式又可以将其分为脱机批处理系统、联机处理系统两种类型。脱机批处理系统是最简单的，它的处理方式是按照一定的时间间隔，将收集到的数据成批送入中央处理机进行处理。因此，脱机批处理系统中的机器在工作时效率比较高。但是由于在进行数据处理之前，还要有数据收集的时延，因此系统中的数据不一定是最新的。系统对设备要求不高，普通的计算机即可胜任。联机处理系统进行信息处理时的最大特点是把各个终端和中央处理机相连接，一旦外界产生了一个新的数据，马上将其输入系统，此时系统中的数据始终保持在最新状态。联机处理系统分成联机批处理系统和联机实时处理系统，前者只是实时收集数据，然后等数据累计在一定程度后再成批处理；而后者则不仅实时收集数据，而且进行数据的实时处理。这两类系统的实时性强，对设备的要求高，设计和建立过程都比较复杂，尤其是联机实时处理系统。

3. 按功能和服务对象分类

按管理信息系统的功能和服务对象可分为国家经济管理信息系统、企业管理信息系统、事务型管理信息系统、行政机关办公型管理信息系统和专业型管理信息系统等。

（1）国家经济管理信息系统

国家经济管理信息系统是一个包含各综合统计部门，如国家商业部和国家统计局在内的国家级信息系统。这个系统纵向联系各省市、地市、各县直至各重点企业的经济管理信息系统；横向联系外贸、能源、交通等各行各业的信息系统，形成一个纵横交错、覆盖全国的经济管理信息系统。国家经济管理信息系统由国家经济信息中心主持，在"统一领导、统一规划、统一信息标准"的原则下，按"审慎论证、积极试点、分批实施、逐步完善"的十六字方针建设。它的主要功能是：收集、处理、存储和分析与国民经济有关的各类经济信息，及时、准确地掌握国民经济运行状况，为国家经济部门、各级决策部门及企业提供经济信息；为统计工作现代化服务，完成社会经济统计和重大国情国力调查的数据处理任务，进行各种统计分析和经济预测；为中央和地方各级政府部门制订社会、经济发展计划提供辅助决策手段；为中央和地方各级的经济管理部门进行生产调度、控制经济运行提供信息依据。

（2）企业管理信息系统

企业管理信息系统面向工厂、企业，主要进行管理信息的加工处理。这是一类最复杂的管理信息系统，一般应具备对企业生产监控、预测和决策支持的功能。企业复杂的管理活动给管理信息系统提供了典型的应用环境和广阔的应用舞台，大型企业的管理信息系统涉及范围很广泛，"人、财、物""产、供、销"及质量管理、技术管理等应有尽有，同时技术要求也很复杂，因而常常被作为典型的管理信息系统进行研究。

（3）事务型管理信息系统

事务型管理信息系统面向事业单位，主要进行日常事务的处理，如医院管理信息系统、学校管理信息系统等。由于不同应用单位处理的事务不同，这些管理信息系统逻辑模型也不尽相同，但基本处理对象都是管理事务信息，决策工作相对较小，因而要求系统具有很高的实时性和数据处理能力，数学模型使用得较少。

（4）行政机关办公型管理信息系统

国家各级行政机关办公管理自动化，对提高领导机关的办公质量和效率、改进服务水平具有重要意义。办公管理系统的特点是办公自动化和无纸化，其特点与其他各类管理信息系统有很大不同。在行政机关办公服务系统中，主要应用计算机网络、打印机、传真机、印刷设备、缩微等办公自动化技术，以提高办公事务效率。行政机关办公型管理信息系统对下要与各部门下级行政机关信息系统互联，对上要与行政首脑决策服务系统整合，对外及时宣传行政法规法律沟通民情，为行政首脑提供决策支持信息。

（5）专业型管理信息系统

专业型管理信息系统是指从事特定行业或领域的管理信息系统，如人口管理信息系统、材料管理信息系统、科技人才管理信息系统、房地产管理信息系统等。这类信息系统专业性很强，信息处理相对专业，主要功能是信息的收集、存储、加工和预测等，技术相对简单，规模一般较大。

另一类专业型很强的管理信息系统，如铁路运输管理信息系统、电力建设管理信息系统、银行信息系统、民航信息系统和邮电信息系统等，其特点是综合性很强，包含了上述各种管理信息系统的特点，也称为"综合型"信息系统。

此外，还可以按照信息系统的职能不同，把它分成综合职能信息系统与专业职能信息系统两大类。政府各部门的信息系统和城市信息系统都属于综合职能信息系统，国家的经济、教育、资源、安全等信息系统属于专业职能信息系统。当然，管理信息系统的分类还有许多其他形式，这里不再叙述。

1.3.5 管理信息系统的利益相关者

在管理信息系统的整个生命周期中，主要的利益相关者有用户、开发商、监理单位和服务机构。如图1-9所示。

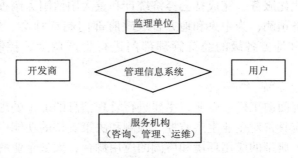

图1-9 管理信息系统的利益相关者模型

用户是最主要的利益相关者，因为用户是管理信息系统的需求者、投资者、使用者和最终受益者，用户根据自己的需要提出需求目标，委托开发商实现系统，委托监理和服务机构为自己提供各类服务，自己从管理信息系统的运行过程中获得收益。

开发商是必不可少的利益相关者。开发商可以是用户单位外部的富有开发经验的独立的软件公司、科研机构或个人，也可以是用户单位内部的部门或机构。开发商接受用户的委托，根据用户的需求，对目标管理信息系统进行分析、设计、开发、测试和培训，并将最终开发完成的信息系统移交给用户。开发商从用户的投资中获得收益。

监理单位是非常重要的利益相关者。监理单位一般是富有开发经验的独立的第三方的软件公司、科研机构或咨询公司。监理单位接受用户的委托，根据用户的需求，对目标管理信息系统的建设过程进行监督，并为用户提供建设过程的咨询服务。监理单位从用户的投资中获得收益。

服务机构是重要的利益相关者。服务机构可以是用户单位外部的富有经验的独立的软件公司、服务公司，也可以是用户单位内部的部门或机构。服务机构接受用户的委托，根据用户的需求，针对目标管理信息系统的前期的规划和可行性研究、建设期的管理、后期的运维等工作，为用户提供服务。服务机构从用户的投资中获得收益。

各利益相关者在管理信息系统生命周期中出现的阶段如图1-10所示。

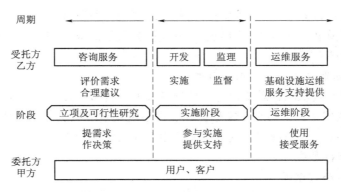

图 1-10 各利益相关者在管理信息系统
生命周期中出现的阶段

1.4 管理信息系统与管理

管理的任务在于通过对人、财、物等资源的有效管理，实现组织的目标。而要管理这些资源，需要了解这些资源的现状。每个管理系统都首先要收集反映各种资源的真实数据，然后再将这些数据加工成各种统计报表、图形或曲线，以便管理人员能有效地利用企业的各种资源来完成企业的使命。所以，信息是管理中的一项极为重要的资源。信息对于管理之重要，在于"管理就是决策"。管理工作的成败，取决于能否作出有效的决策，而决策的正确程度则取决于信息的质量。

基于计算机的管理信息系统，能将生产和流通过程中产生的巨大数据流收集、组织和存储起来，经过处理，转换为各部门不可缺少的数据，经过分析，使之变成对各级管理人员决策具有重要意义的有用信息。

1.4.1 管理信息系统对管理的支持

一个组织的管理职能主要包括计划、组织、领导和控制 4 个方面，其中任何一方面都离不开信息系统的支持。

1. 管理信息系统对计划职能的支持

计划是对未来作出安排和部署，管理的计划职能是为组织及其下属机构确定目标，拟订为达到目标的行动方案，并制订各种计划，使各项工作和活动都能围绕预定目标进行，从而达到预期的效果。管理信息系统对计划的支持具体如下。

1) 支持计划编制中的反复试算

为了使计划切合实际必须收集历史的数据和当前的数据，通过分析，研究变化的趋势和预测未来，还要围绕计划目标进行大量、反复的计算，拟订多种方案。方案制订过程中个别数据的变动都可能引起其他许多相关数据的变化，虽然这些数据的计算方法并不复杂，大都是一些简单的表达式，但表达式之间的关系却错综复杂，所以计算工作量特别大。通常需要事先设计一些计划模型，然后用不同的输入变量值去反复试算。如果没有计算机的支持，这些试算是很难进行的。

2）支持对计划数据的快速、准确存取

为了实现计划管理职能，需要建立与计划有关的各种数据库，其中主要有以下内容。

① 各类定额数据库。如劳动定额数据库、设备利用定额数据库、物资消耗定额数据库、资金利用定额数据库、管理费用定额数据库和生产能力定额数据库等。

② 各类计划指标数据库。

③ 各种计划表格数据库等。

完善和充分利用上述各种数据库，可以实现对企业计划数据的快速、准确存取，从而使企业的生产经营指挥系统得到加强。

3）支持计划的基础——预测

预测是对未来状况作出估计的专门技术，而计划则是对未来做出安排和部署，以达到预期的目的，计划的制订必须建立在预测的基础上。预测支持决策者作出正确的决策，制订可靠的计划。预测的范围很广，预测方法也很多，诸如主观概率法、调查预测法、类推法、德尔菲法、因果关系分析法等。这些预测方法的计算量大，如果没有管理信息系统的支持是无法完成的。

4）支持计划的优化

在编制计划时，经常会遇到对有限资源的最佳分配问题。例如，在企业的现有资金投资问题上，可能有几种投资方案，每种方案的收益率是不同的，同时每种方案的约束条件也有相当大的差异，在编制投资计划时，就可能提出：如何利用现有的资金选择合适的投资方向，使企业获得最大的利润？对这类问题，可以利用管理信息系统中的各种投资分析模型来寻求一个比较合适的方案。

2. 管理信息系统对组织职能和领导职能的支持

组织职能包括人的组织和工作的组织。具体包括：确定管理层次、建立各级组织机构、配备人员、规定职责和权限，并明确组织机构中各部门之间的相互关系、协调原则和方法。

信息技术是现阶段对企业组织进行改革的有效的技术基础。信息技术的发展促进了企业组织重新设计、管理职能的重新划分、业务流程的重新整合，从而进一步提高了企业的管理水平。

传统企业组织结构采用"金字塔"式的纵向的多层次的集中管理，其运作过程按照一种基本不变的标准模式进行。由于其各项职能（生产、销售、财务、市场调研等）分工严格，加之信息传递和反馈手段落后，导致应变能力差，管理效率低且成本高昂。随着信息技术的飞跃发展，这种传统的企业组织结构正在向扁平化结构的组织转变。

① 管理信息系统中的通信系统的完善，使上下级指令传输系统中的中间管理层显得不再那么重要，甚至没有必要设立那么多的管理层。

② 由于管理信息系统在许多地方替代了专业处理功能，部门分工出现非专业化分工趋向，企业各部门功能互相融合、交叉，如制造部门可能兼有销售、财务等功能。

③ 管理信息系统的应用使企业上下级之间、各部门之间及与外界环境之间的信息交流变得十分便捷，从而有利于上下级和成员之间的沟通，可以随时根据环境的变化执行统一

第 1 章　管理信息系统的概念基础

的、迅速的整体行动和应变策略。

"扁平化"管理的实质是信息技术的进步降低了组织内部信息交流的成本，从而纵向（金字塔）的官僚体制开始崩溃。决策层与执行层之间距离的缩小也最终转向合一。

领导职能的作用在于指引、影响个人和组织按照计划去实现目标。这是一种行为过程。领导者在人际关系方面的职责是领导、组织和协调；在决策方面的职责是对组织的战略、计划、预算、选拔人才等重大问题作出决定。领导的这些职能如果在快速、便捷的管理信息系统支持下将取得更大的成功。

3. 管理信息系统对控制职能的支持

控制职能是对管理业务进行计量和纠正，确保计划得以实现。业务的执行过程需要不断检测、控制，将实际的执行结果和计划的阶段目标相比较，发现实施过程中偏离计划的缺点和错误。为了实现管理的控制职能，必须随时掌握反映管理运行状态的监测信息，使对企业运行状态实施实时监控的管理信息系统成为支持控制职能的强大武器。

1.4.2　管理信息系统与现代管理方法

管理信息系统是结合了现代管理方法的系统，尤其是在企业管理信息系统中，计算机系统与现代管理方法的结合使管理信息系统在管理中发挥了重要的作用。20 世纪 50 年代中期，由于受计算机发展水平的限制，当时的应用只是考虑企业的哪些工作可以应用计算机来代替，使得管理信息系统的开发只是简单地用计算机系统去模拟手工操作系统，目的是提高工作效率。而现代管理信息系统发展的目标则是提高管理水平、寻找市场机会。这就需要在管理信息系统的应用中考虑各种现代管理方法。

现代管理方法很多，但是这些管理方法都离不开数据和信息，如果缺乏相应的现代信息处理手段，仅靠人工是难以实现这些现代管理方法的。在管理信息系统中采用的现代管理方法有 MRP Ⅱ、ERP、JIT、OPT 和 Agile 制造等。

1. MRP Ⅱ（制造资源规划）

MRP Ⅱ 是 20 世纪 70 年代发展起来的现代管理技术，是在对企业所有资源进行有效的计划安排基础上，以达到最大的客户服务、最小的库存投资和高效率的生产作业为目标的先进管理思想和方法。其管理目标是：通过反馈库存和车间在制品信息，制定生产计划，在保证按期供货的前提下，减少在制品和库存的资金占用。MRP Ⅱ 适用于"小批量、多品种"生产制造企业，在解决制造企业物料供应与生产计划的矛盾、计划相对稳定与用户需求多变的矛盾、库存增加与流动资金减少的矛盾、产品品种多样化与生产活动条理化的矛盾等过程中发挥了重要作用。

2. ERP（企业资源规划）

ERP 是在现代管理技术、计算机技术进步的新技术条件下 MRP Ⅱ 发展的结果。ERP 突破了 MRP Ⅱ 的局限，把供需链内的供应商等外部资源也看作是企业的重要资源集成进系统，并且将时间也作为一项关键的资源来考虑。通过 ERP 的应用，使企业能够将现有的资源效率发挥到最大。

3. JIT（准时制生产）

JIT 是日本丰田公司的看板管理（KANBAN）为代表的企业管理方法。追求的目标是零库存,实现"准时制"生产(just in time),即在刚好需要该零部件时,正好把它生产出来并送到需要的地点。表1-4描述了KANBAN和MRPⅡ在管理原则上的比较。

表1-4 KANBAN与MRPⅡ在管理原则上的比较

	KANBAN	MRPⅡ
库存	库存是一种不利因素,应尽量减少	库存是一种资源,是预防未来一些不确定因素必需的
批量	为生产立即需要的数量	用某种公式计算批量
生产准备时间	尽可能少	要求不严格
在制品库存	取消等待加工队列	是一种需要
供应商	合作者	有矛盾的甲乙双方
质量	废品为零	允许有废品
设备维修	预计计划内维修	设备维修是必要的
提前期	越短越好	尽可能长
工人	素质要求高	按法规办事

从两者的比较可见,实行JIT生产需要以下条件:
- 它适用于以流水线生产方式的企业管理,对单件、小批量生产不适合;
- 企业生产秩序稳定,生产均衡,全面按科学的方法指导生产,实行工序质量控制,保证不合格的零件不往下道工序传递;
- 企业内部制造、检验及运输合理;
- 设备、工装精度良好,保证加工质量的稳定、良好;
- 建立以生产工人为主体的管理体系,保证一线工人百分之百的时间在从事生产。

4. OPT(最优化生产技术)

OPT(optimised production technology)提出了一种新的均衡编制与排产方法,与传统的强调生产作业优先级的确定、能力计划的编制管理方法不同,OPT强调物流的优化。OPT方法正确认识到影响制造系统产出率的瓶颈环节,通过优化瓶颈环节的物流,提高制造效率,并对所有支持瓶颈环节的排序计划的工作环节排序。OPT思想主要有以下几点:
- 追求物流平衡,而不是能力平衡;
- 非瓶颈资源的利用水平不仅取决于自己的潜力,还由系统中其他一些约束来确定;
- 进行生产,并不总是等于有效地利用了资源;
- 在瓶颈资源上损失一小时,就等于整个系统损失了一小时;
- 在非瓶颈资源上节约一小时,并没有多大的意义;
- 瓶颈环节决定了系统的产出和库存;
- 传输批量并不总是等于加工批量;
- 加工批量应当是可变的,不是固定的;
- 同时考虑系统的所有约束条件,才能确定优先级。

OPT方法的运用可大幅度减少在制品的数量。

5. Agile 制造（敏捷制造）

Agile 制造是 20 世纪 90 年代兴起的先进制造技术和管理思想。这种方法面向现代企业集团化、虚拟化的需求，能够极大地提高企业对市场反应的敏捷性和适应能力。敏捷制造作为一种制造哲理，目的是提高企业生产和经营上的敏捷性，及时满足市场多样化的需求；作为一种管理思想，其核心在于通过虚拟企业的形式，最大限度地提高资源利用率，充分利用转瞬即逝的市场机遇。创新能力较强的企业可以通过 Agile 制造，作为动态联盟的盟主，专攻附加值较高的部分，其他企业也可通过参加动态联盟，发挥自身优势，形成规模效益。Agile 企业的目的在于提高资源利用率，进行敏捷化生产，因而也不可能有千篇一律的模式，不同的企业有不同的做法，但都具有以下特点。

① 设备柔性。由于 Agile 企业面临的是不可预知的市场环境，为了提高企业的生存能力，必须具备高度柔性的设备以满足不同产品的生产加工要求。

② 组织上的敏捷性。组织上的敏捷性是企业参加敏捷制造的基础。为此，企业必须改变传统以车间、部门为基础的组织形式，而采用以项目组、独立制造为基础的组织形式。

③ 高素质综合型人才。敏捷企业对人员素质提出了更高的要求。敏捷企业面向不可预知的环境，要求人员素质能适应不同生产任务的需要。人员的敏捷性要求高素质的综合型人才，以便以此为基础进行虚拟企业的建立与解体，满足不同任务对人才资源的需求。

④ 企业的虚拟化。企业的虚拟化是敏捷制造的基本要求，其特点是企业功能上的虚拟化、地域的虚拟化和组织的虚拟化。要实现功能上的虚拟性，就必须通过各企业管理信息系统的互联，实现企业间的远程生产调度、协作设计等功能。

企业的管理方法多种多样，各有其不同的特点和应用环境，在管理信息系统建设中，最重要的一点就是要在对企业管理状况进行认真分析的基础上，选择适合企业管理需要的管理方法，这是系统分析的主要任务之一，也是管理信息系统成功应用的先决条件。

1.4.3 客户关系管理

由于市场竞争日益激烈，销售、营销和服务部门的信息化程度与管理模式越来越不能适应业务发展的需要。越来越多的企业要求提高销售、营销和服务等日常业务处理的自动化和科学化，许多国内外管理软件供应商都相继推出了客户关系管理系统（customer relationship management，CRM）。

1. 客户关系管理的产生

客户关系管理理念是随着市场营销思想的发展而形成并得到发展的。现代市场营销的主要思想是识别客户的具体要求，然后优化和利用各种资源，为客户提供需求，以达到最大的客户满意度，最终得到市场的回报。客户关系管理为识别客户的需求提供了直接与间接的手段，而客户关系作为一种可利用的资源又为客户关系管理提供了强大的发展动力。客户关系管理的真正意义是管理理念加信息技术。客户关系管理的产生是市场竞争推动的结果，也是管理理念提升的结果。

市场竞争要求企业建立全新的客户关系管理。市场的需求信息、客户资料信息、企业内部产品信息、市场营销人员的信息，都在急速地改变与扩张，出现以下一些经常遇到的问题：

管理信息系统

- 如何整合与分析分散在企业各个部门、各级分销机构的客户信息？
- 经常出差在外的销售人员如何及时了解本公司产品的动态信息、客户的动态信息，并采取怎样的策略？
- 如此众多的客户信息，营销人员怎样管理？如何知道哪些是有价值的客户？哪些是潜在的客户？
- 如何及时统计分析客户对公司的产品评价信息？怎样让客户及时了解公司对他们需求的响应？
- 如何提供及时、方便的产品安装、服务信息，避免客户重复访问和请求？
- 怎样让有关管理者及时管理营销人员的销售动态，对各项潜在的、正在进行的、已经完成的业务进行有效的管理？

针对这些问题，很多企业在多方面做了大量工作，如挖掘内部潜力，建立企业信息系统，并收到一定的效果，但未能找到最佳方法。因为一般意义上的信息系统越来越不能适应市场、销售、服务的业务发展需要，这种需求呼唤一种全新的管理思想与信息系统，能全面解决以上类似的问题。这就要求建立一个以客户为中心，提供一种面向客户各项信息和活动的全面集成管理系统，这就是客户关系管理。

2. 客户关系管理的实现

要实现客户关系管理，一方面要在经营管理上进行变革，对客户关系管理的相关流程进行重组；另一方面，要利用信息技术提供这种管理所必需的管理平台，保证其流程畅通。管理理念的更新和业务流程重组是实现客户关系管理的基础，而信息技术的利用是使客户关系管理的思想得以落实的保证。

1）客户关系管理的管理理念

客户关系管理系统的实施与 ERP 系统的实施在方法论上是一致的，也必须对现有的管理流程进行改革。CRM 是构建在网络环境、信息共享基础上的营销业务管理，企业应建立 B2B（企业对企业）模式的营销体系，对原有的管理体制进行改革，对原有的流程进行重组。企业原有的销售架构、部门、分公司、办事处的职能都应重新设计。另外，还可能涉及销售体系与物流体系的分离、第三方物流的引入、供应链上分布库存的控制策略调整等。管理是关键，而信息自动化则是 CRM 的必要条件。建立在管理数据集成基础上的管理活动，增强了多渠道的客户互动，能更好、更快地解决客户的问题，提高客户满意度。

2）企业分销渠道管理与 CRM 系统的区别

企业分销渠道管理的业务对象主要是订单、库存和财务往来，管理的组织对象是销售机构。而 CRM 主要是致力于提高客户满意度、业务对象是解决客户的需求，提高业务服务水平，对象是客户。未来的发展应该是二者的统一，提供综合的管理解决方案。

3）客户关系管理的技术实现

CRM 软件的基本功能包括客户管理、联系人管理、时间管理、潜在客户管理、销售管理、电话销售、营销管理和客户服务等，有的软件还包括了呼叫中心、合作伙伴关系管理、商业智能、知识管理、网上营销等。CRM 从营销、销售、客户服务支持、潜在客户挖掘及销售队伍的建设管理等各方面进行全方位的管理，从管理思想到信息网络，又通过信息系统实现客户关系管理。CRM 是一种全新的商业战略，而不是单一信息系统的解决方案，它要求重新设计提供客户服务的方式，全面地认识与提高客户关系管理水平。

1.4.4 管理信息系统与战略管理

进入 21 世纪以后，管理信息系统在组织的战略管理中发挥着越来越重要的作用，战略信息系统到企业经营战略的信息支持直至企业层与行业层战略的信息支持，处处体现了管理信息系统的作用。

战略信息系统（strategic information systems，SIS）旨在使用信息技术，实现企业战略目标的信息系统。战略信息系统通过对企业目标、业务流程、产品、服务或企业与环境关系的支持，使企业获得某种竞争优势。

战略信息系统除了将信息技术用于增强企业的竞争能力之外，也可用于企业高层决策者的竞争战略制定、长期计划编制、确定企业战略目标等活动。通常这种系统不局限于仅使用企业内部的局域网，而是将企业内部网络与公用信息服务设施连接起来，构成逻辑上更大的网络。战略信息系统不但指企业使用信息系统来支持和促进自己的经营战略；同时也指企业将它的战略融合到信息系统中，构成新的信息系统。

企业可在三个不同的战略层次利用信息技术：企业经营活动、企业和行业。没有一个战略信息系统可以包括所有方面，需要一系列的系统支持这些不同的战略层次。对于企业战略的每个层次，都可以战略地使用信息系统。对每个层次，也都有一个用来帮助分析的模型。表 1-5 反映了各个层次所使用的战略、模型和信息技术。

表 1-5　各层次使用的战略、模型和信息技术

	战略	模型	信息技术
行业	合作和竞争	竞争力模型和网络经济	电子业务通信网络；跨组织系统；信息伙伴关系
企业	合力、核心竞争力	核心竞争力	知识系统；组织范围的系统
企业经营活动	低成本、差异化、竞争范围	价值链分析	数据挖掘；以 IT 为基础的产品和服务；跨组织系统；供应链管理；有效的客户响应

1.4.5 管理信息系统与知识管理

21 世纪的知识管理是为了达到组织目标而对知识的产生、传播与运用进行管理的程序与机制，其目的在于探讨如何管理企业宝贵的信息与知识。知识的管理离不开管理信息系统的支持，利用管理信息系统可以更加有效地实现知识的产生、传播与应用。

1. 知识管理的概念与内容

21 世纪的企业价值已不在于拥有多少厂房、设备和产品，而在于知识产权、客户的信赖程度、与商业伙伴合作的能力、电信基础结构，以及雇员的创造潜力和技能等。企业获得竞争优势的一个重要因素是知识，如何开发、共享、利用和衡量知识，以便为顾客、雇员和股东创造更多的价值。许多企业都认识到，持续成功依赖于有效地利用和管理知识资产，使

知识管理受到越来越多的重视。

知识管理的内容至少涉及 10 个重要领域：对知识和最佳业务经验的共享；知识共享责任的宣传；积累和利用过去的经验；将知识融入产品、服务和生产过程；将知识作为产品进行生产；驱动以创新为目的的知识生产；建立虚拟式的专家网络；建立和挖掘客户需求信息的知识库；理解和计量知识的价值；开发和利用知识资产。

在知识管理中需要解决 6 个方面的问题。

① 知识管理的基础设施。它是知识管理的支持部分，如关系数据库、知识库、多库协调系统、网络等基本技术手段，以及人与人之间的各种联系渠道等。

② 企业业务流程的重组。其目的是使企业的知识资源更加合理地在知识链上形成畅通无阻的知识流，让每一个员工在获取与业务有关知识的同时，能为企业贡献自己的知识、经验和专长。

③ 知识管理的方法。包括知识的内容管理、文件管理、记录管理和通信管理等。

④ 知识的获取和检索。包括各种各样的知识搜索工具，例如智能体检索、多策略获取、多模式获取和检索、多方法多层次获取和检索、网络搜索工具等。

⑤ 知识的传递。如建立知识分布图、电子文档、光盘及网上传输等。

⑥ 知识的共享和评测。如建立一种良好的企业文化、激励员工参与知识共享、设立知识总管 CKO、促进知识的转换、建立知识产生效益的评测方法等。

2. 知识管理系统

知识管理系统是企业实施知识管理的强有力的支持系统。从信息系统的角度来看，知识管理系统是各类信息系统的一种高度集成，它并不是完全不同于原有的系统，而是一种融管理方法、知识管理、智能处理乃至决策和组织战略发展规划于一身的综合系统。因为要实现知识的获取、处理、管理和使用的功能，它必须建立在管理信息系统、决策支持系统和专家系统的基础之上。一般来讲，知识管理系统应该具备知识管理的 4 个基本职能：外化、内化、中介和认知过程。

① 外化：是以外部贮藏库的形式捕获知识，并根据分类框架或标准来组织它们。这就需要由数据库系统、文件管理系统和搜索工具来实现。

② 内化：是设法发现与特定需求相关的知识结构，从外部贮藏库中提取知识，并通过过滤来发现与知识寻求者相关的东西。这需要通过网络浏览器和搜索引擎来实现。内化过程强调明确、固定的知识传送。

③ 中介：是将知识寻求者和最佳知识源相匹配。通过追溯个体的经历和兴趣，中介能把需要研究某一课题的人和在这一领域中有经验的人联系起来。中介通过群件产品、企业内部网、工作流和文件管理系统等技术来实现知识寻求者和最佳知识源匹配的自动化。

④ 认知：是经由前三个功能交换得出的知识运用，是知识管理的终极目标。现有技术很少能实现认知过程的自动化，通常都是采用专家系统或使用人工智能技术。

也有人把知识管理的基本功能归纳为：发现知识、交流显性知识、交流隐性知识和运用知识。另外，知识管理系统需要的基础设施还有开放的交互操作式计算平台、通信网络包括互联网、企业内部网和企业外部网的通信网络管理工具等。

3. 知识管理系统模块

知识管理的一般过程如图 1-11 所示，从中可以看出，知识管理过程是多个步骤相互连接、反复进行的人机交互过程。所以通用的知识管理系统一般可划分为 4 个模块。

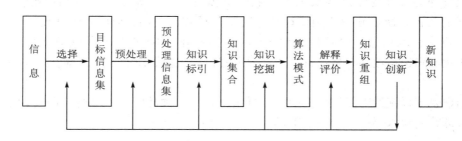

图 1-11　知识管理的一般过程

1）知识生成模块

知识生成模块的目标是从海量信息中抽取针对某个应用领域的知识。包括以下 4 个方面。

① 确定某个应用领域。包括应用中的预先知识和目标。

② 建立一个目标数据集。通过检索文献、数据库和查询网络信息等方式，获取信息，建立确定目标的信息集。

③ 信息清理和预处理。因为信息存在污染，所以必须运用逻辑判断等方法，根据经验或权威性资料等方法判别信息的真伪、时效性、含金量，去除噪声、无关数据和空白数据域。

④ 知识标引。运用知识工程中的知识表达方法将信息集转化为知识集。

2）知识挖掘模块

知识挖掘模块的目标是按照一定的知识提取算法，从知识库中发现隐含的、有意义的知识，获取能改变对事物认识的知识，主要有 4 类方法。

① 关联分析：若两个或多个变量的取值之间存在某种规律性，就称为关联。关联可分为简单关联（如购买面包的顾客中有 90% 的人同时购买牛奶）、时序关联（如若 AT&T 股票连续上涨两天且 DEC 股票不下跌，则第三天 IBM 股票上涨的可能性为 75%）、因果关联。关联分析的目的是找出数据库中隐藏的关联网。

② 聚类：数据库中的记录可被划分为一系列有意义的子集，即聚类。聚类增强了人们对客观现实的认识，是概念描述和偏差分析的先决条件。

③ 概念描述：概念描述就是对某类对象的内涵进行描述，并概括这类对象的有关特征。概念描述分为特征性描述和区别性描述，前者描述某类对象的共同特征，后者描述不同类对象之间的区别。

④ 偏差检测：偏差包括很多潜在的知识，如分类中的反常实例、不满足规则的特例、观测结果与模型预测值的偏差、量值随时间的变化等。偏差检测的基本方法是寻找观测结果与参照值之间有意义的差别。

3）知识重组模块

知识挖掘模块是寻找知识间的联系，找出指导行动的知识。而知识重组模块是结合具体的用户需求，形成特定用户的系统化的知识。具体方法就是运用情报研究领域的方法，如层次分析法，将零散的知识转换为针对用户需求、让用户明白的知识。

4）知识应用模块

知识管理的最终目标是将知识和企业的具体运用过程相结合，用知识解决实际问题并产生新的知识。所以知识应用模块结合决策分析方法，如SWOT、SPACE战略定位和趋势变化分析法、BCG法、BCG波士顿成长-份额矩阵和GE矩阵分析法等，将知识重组得到的系统化的知识运用到实际运行生产过程中去，形成新的知识——决策备选方案或新的科技成果。

从知识管理系统的功能和结构中可以看出，它是一种高级的、综合性的管理信息系统，是提升管理智能化水平的一种重要工具。

1.5 制造企业的资源管理

企业各种资源的有效综合应用一直是计算机应用的重点。20世纪60年代开始，国外制造企业开始采用计算机管理企业生产资源，经过三四十年的发展，已从早期的物料需求计划（MRP）经过闭环MRP，发展到MRPⅡ，又进一步发展到企业资源计划（ERP），而计算机集成制造系统（CMIS）则可以看成是综合了现代管理方法、先进的产品设计生产技术等企业重要资源的资源管理系统。

1.5.1 MRP 阶段

物料需求计划（MRP）的发展经历了基本MRP阶段和闭环MRP阶段。

1. 基本MRP阶段

20世纪60年代中期，美国约瑟夫·奥得佛博士提出了独立需求和相关需求的概念，将企业内的物料分成独立需求物料和相关需求物料两类。独立需求是指需求量和需求时间由企业外部的需求来决定，例如，客户订购的产品。相关需求是指根据产品之间的结构组成关系由独立需求的物料所引发的需求，例如，半成品、零部件、原材料等。并在此基础上总结出了一种新的管理理论——物料需求计划（material requirements planning，MRP）理论。其理论和方法与传统库存理论有明显不同，主要是引入了时间分段和反映产品结构的物料清单（bill of materials，BOM），较好解决了库存管理和生产控制中的难题，即如何按时按量得到所需物料的问题。

在产品的生产过程中，原材料经过一定的生产加工，经过组装和配制形成产品的组件，即中间件，再经过一定的加工（组装等）形成最终产品。例如，圆珠笔的产品结构如图1-12所示，顶层是最终产品（是指企业生产的最终产品，但不一定是市场销售的最终产品），最下层是采购件（原材料），笔芯是中间件。这样就形成了一定的结构层次。把上层的物料称为母件（有时称为父件），下层的称为该母件的子件。处于中间层的物料，既是其上层的子件，又是其下层的母件。

第 1 章 管理信息系统的概念基础

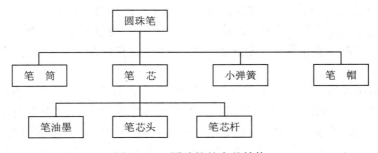

图 1-12 圆珠笔的产品结构

由于产品构成的层次性，其生产和组装就存在一定顺序。以圆珠笔为例，假设零部件的制造时间周期如表 1-6 所示。

表 1-6 圆珠笔零部件的制造时间周期

物料名称	产品结构层次	构成数量	采购提前期/h	单件加工周期/h	总加工周期/h	总提前期/h
笔油墨	2	5 克	6	—	—	—
笔芯头	2	1 个	6	—	—	—
笔芯杆	2	1 支	8	—	—	—
笔芯	1	1 支	—	3	3	11
小弹簧	1	1 个	6	—	—	—
笔筒	1	1 个	8	—	—	—
笔帽	1	1 个	8	—	—	—
圆珠笔	0	1 支	—	5	8	16

圆珠笔加工时间坐标顺序表示如图 1-13 所示。

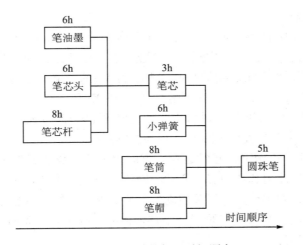

图 1-13 圆珠笔加工时间顺序

可见，采购计划必须提前 16 个小时，即产品的累计提前期为 16 个小时。产品结构是多层次和树状结构的,其最长的一条加工路线就决定了产品的加工周期。在对产品及各层次安排生产时,应按照产品需求的日期和时间往低层次安排,也就是倒排计划。在制定物料需求计划时,从产品的结构算出需求,考虑物料的库存(含在制品)数量,再得出各层次物料的实际需求量。

MRP 的基本原理是:根据主生产计划计算独立需求物料的需求数量和需求日期,然后根据 BOM 自动推导出构成独立需求物料的所有相关需求的物料,再由毛需求减去现有库存量和计划接收量;根据每种相关需求物料的各自提前期推导出相关需求的开始采购(生产)时间。MRP 的基本内容是编制零件的生产计划和采购计划。要正确编制零件计划,首先必须落实产品的生产进度计划,即主生产计划。MRP 还需要知道产品的零件结构,即物料清单,才能把主生产计划展开成零件计划;同时,必须知道库存数量才能准确计算出零件的采购数量。MRP 基本原理如图 1-14 所示,可以看出 MRP 系统是由主生产计划、物料清单、库存信息三个输入和生产作业计划、采购计划两个输出构成。

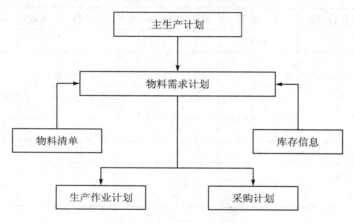

图 1-14 MRP 基本原理

2. 闭环 MRP 阶段

20 世纪 60 年代 MRP 能够根据有关数据计算出相关物料需求的准确时间与数量,但它还不够完善,太理想化了。没有考虑到生产企业现有的生产能力和采购的有关条件约束,同时又缺乏根据计划实施情况的反馈信息对计划进行调整的功能。于是,20 世纪 80 年代初在基本 MRP 的基础上发展成了闭环 MRP 理论。在闭环 MRP 系统中除了物料需求计划外,还将生产能力需求计划、车间作业计划和采购作业计划也全部纳入了 MRP,形成环形回路。此时,闭环 MRP 已经成为较完整的生产计划和控制系统。

闭环 MRP 的原理是:MRP 的正常运行一方面决定于企业外部市场环境的适应能力;另一方面受企业内部生产能力和各种资源变动的制约。因此,除了要编制资源需求计划外,还要制订能力需求计划,做到能力与资源均满足负荷需求。这样,将能力需求计划和执行及控制计划的功能也包括进基本 MRP,形成一个环形回路,称为闭环 MRP,如图 1-15 所示。

闭环 MRP 的特点有:
- 主生产计划来源于企业的生产经营规划与市场需求(如合同、订单等);
- 主生产计划与物料需求计划的执行伴随着能力与负荷的运行,从而保证计划是可靠的;

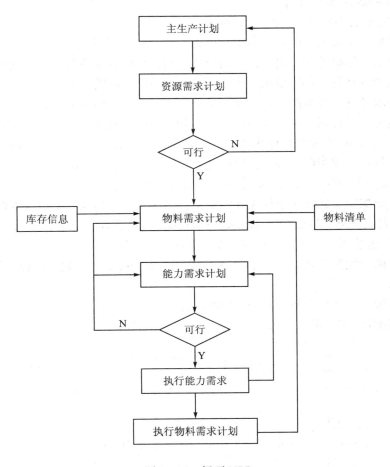

图 1-15 闭环 MRP

- 采购和生产加工的作业计划与执行是物流的加工变化过程，同时又是控制能力的投入与产出过程；
- 能力的执行情况最终反馈到计划制定层，整个过程是能力的不断执行与调整的过程。

1.5.2 制造资源计划 MRP Ⅱ

1. MRP Ⅱ 的基本概念

企业制造资源计划（MRP Ⅱ）出现于 20 世纪 70 年代，是在闭环 MRP 基础增加了经营计划、销售、成本核算和技术管理等内容后而形成的用于制造业管理应用的一个实用系统。近年来被广泛地应用于工业企业的生产计划、物资供应、资源分配等管理。它的功能覆盖了市场预测、生产计划、物料需求、能力需求、库存控制、现场管理直至产品销售的整个生产经营过程及与之密切相关的所有财务活动，从而为制造业的经营管理活动提供了完整的信息支持系统。

2. MRP Ⅱ 的组成和原理

一个功能完整的 MRP Ⅱ 应该包含下列部分。

① 业务计划。定义企业的业务范围、市场、利润目标与资源。

② 生产计划。粗略地勾画出如何实现业务计划，指明企业主要产品的计划产量。

③ 生产总调度计划。具体说明一个系列产品中最终成品的生产过程。

④ 材料需求计划。将生产总调度计划细分成所有零部件的采购、制造与装配调度计划。

⑤ 生产能力要求计划。利用 MRP 的各个调度计划，并根据每个项目的流程路线，进一步充实调度计划，同时为每个工作中心、人力资源、工具等编制生产能力要求计划。

⑥ 财务计划。根据 MRP 的调度计划和生产能力要求计划，预测现金流动和库存水平，以及按工作中心分配固定的开销，即完成生产的成本核算。

⑦ 车间作业控制。这是两个优先计划的执行系统之一。实现对生产计划的接收、确认，统计车间生产完成情况、主要经济指标及车间内部的人员管理、设备管理和物料管理等。

⑧ 输入/输出控制。生产能力计划的执行系统。

⑨ 采购。两个优先计划的另一个执行系统。根据材料需求计划、库存情况和生产安排编制采购计划。

⑩ 性能测量。监视整个系统各个功能的执行情况。

典型的 MRP Ⅱ 系统如图 1-16 所示。

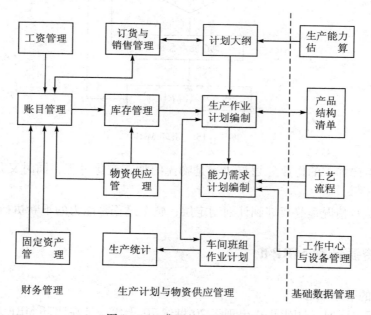

图 1-16 典型的 MRP Ⅱ 系统

MRP Ⅱ 系统是站在整个企业的高度进行生产、计划及一系列管理活动的，它通过对企业的生产经营活动做出有效的计划安排，把分散的工作中心联系起来进行统一管理。因此，MRP Ⅱ 是将企业的生产、财务、销售、采购、技术管理等子系统综合起来的一体化系统，各部分相互联系，相互提供数据。

1.5.3 ERP 阶段

进入 20 世纪 90 年代后，主要面向企业内部资源计划管理的思想 MRP Ⅱ 逐步发展为有效利用和管理整体资源的企业资源计划（enterprise resource planning，ERP）。ERP 在 MRP Ⅱ 的基础上扩展了管理范围，给出了新的结构。

1. ERP 同 MRP Ⅱ 的主要区别

（1）资源管理范围方面的差别

MRP Ⅱ 主要注重对企业内部人、财、物等资源的管理，而 ERP 系统把客户需求和企业内部的制造活动及供应商的制造资源整合在一起，形成一个完整的供应链并对供应链上所有环节，如订单、采购、库存、计划、生产制造、质量控制、运输、分销、服务与维护、财务管理和人事管理等进行有效管理。

（2）生产方式管理方面的差别

MRP Ⅱ 系统把企业归类为几种典型的生产方式进行管理，如重复制造、批量生产、按订单生产、按库存生产等，对每一种类型都有一套管理标准。而 ERP 则能很好地支持和管理混合型制造环境，满足了企业多元化经营需求。

（3）管理功能方面的差别

ERP 除了 MRP Ⅱ 系统的制造、分销、财务管理功能外，还增加了支持整个供应链上物料流通体系中供、产、需各个环节之间的运输管理和仓库管理；支持生产保障体系的质量管理、实验室管理、设备维修和备品备件管理；支持对业务流的管理。

（4）事务处理控制方面的差别

MRP Ⅱ 是通过计划的及时滚动来控制整个生产过程，实时性较差，一般只能实现事中控制。而 ERP 系统则可以支持在线分析处理、售后服务反馈，强调企业的事前控制能力，它将设计、制造、销售和运输等管理通过集成实现了并行的实时管理。

2. ERP 系统的管理思想

（1）加强了对整个供应链资源进行管理及协调的思想

现代企业的竞争已经不是单一企业与单一企业间的竞争，而是一个企业供应链与另一个企业供应链之间的竞争，即企业不但要依靠自己的资源，还须将供应商、制造工厂、分销网络、客户等纳入一个紧密的供应链中，才能在市场上获得竞争优势。ERP 系统正是适应了这一市场竞争的需要，加强了对企业供应链资源的管理和协调。

（2）体现精益生产和敏捷制造的思想

ERP 系统支持混合型生产方式的管理，其管理思想表现在两个方面。其一是"精益生产"的思想。即企业把客户、销售代理商、供应商、协作单位纳入生产体系，同他们建立起利益共享的合作伙伴关系，进而组成一个企业的供应链。其二是"敏捷制造"的思想。企业组织一个由特定的供应商和销售渠道组成的短期或一次性供应链，形成"虚拟工厂"，把供应和协作单位看成是企业的一个组成部分，运用"并行工程"组织生产，用最短的时间将新产品打入市场，时刻保持产品的高质量、多样化和灵活性，及时满足市场的需求。

（3）体现事先计划与事中控制的思想

主生产计划、物料需求计划、能力计划、采购计划、销售执行计划、利润计划、财务预算和人力资源计划构成了 ERP 系统中的计划体系，而且这些计划功能与价值控制功能已经反映到整个供应链系统中。另外，ERP 系统通过定义事务处理相关的会计核算科目与核算方式，在事务处理发生的同时自动生成会计核算分录，保证了资金流与物流的同步记录和数据的一致性，从而实现了根据财务资金现状，实现事中控制和实时决策。

ERP 作为一种先进的企业管理方法和理论已经为人们所逐渐了解，ERP 超越了传统 MRPⅡ 的概念，吸收了准时生产（JIT）、全面质量管理（TQC）等新的管理思想，扩展了管理信息系统的范围，除财务、分销、生产制造、人力资源外，还集成了质量管理、决策支持等多个系统，是企业管理的整体解决方案，已广泛应用于国内外众多企业中。

1.5.4 智能工厂

1. 智能工厂的概念

随着科学技术的发展，智能制造已成为当今制造业的主题。2013 年，德国"工业 4.0"在汉诺威工业博览会上正式推出后，全球范围内引发了新一轮的工业转型竞赛。德国"工业 4.0"战略计划是以智能制造为主导的第四次工业革命，涉及两大主题：一是智能工厂，重点研究智能化生产系统及过程，以及网络化分布式生产设施的实现；二是智能生产，主要涉及整个企业的生产物流管理、人机互动以及智能制造在工业生产过程中的应用等。

在中国，国务院在 2015 年 5 月 8 日发布了《中国制造 2025》，智能制造是其中的五大工程之一。2015—2017 年，工信部连续三年印发《关于开展 2015 年智能制造试点示范专项行动的通知》，共有 198 个智能制造试点示范项目，涉及流程型智能制造、网络协同制造、大规模个性化定制等智能制造新模式，分布已经逐步拓展到全国范围。2018 年 3 月，工信部正式印发《智能制造综合标准化与新模式应用项目管理工作细则》，进一步明确了组织管理工作。

智能工厂是在数字化工厂的基础上，利用物联网技术和监控技术加强信息管理服务，提高生产过程的可控性、减少生产线人工的干预，以及合理计划安排工作流程。同时，集智能手段和智能系统等新兴技术于一体，构建高效、节能、绿色、环保、舒适的人性化工厂。智能工厂是智能制造生态系统的核心，也是未来智能制造基础设施中的关键组成部分。在智能工厂中，信息系统将人、数据、资源进行深入融合，使产品的制造过程得以全面优化，真正实现高能效、高柔性的智能制造。

2. 智能工厂的特征

（1）互联互通

互联互通是通过 CPS 系统将人、物、机器与系统进行连接，以物联网作为基础，通过传感器、RFID、二维码和无线局域网等实现信息的采集；通过 PLC 和本地及远程服务器实现人机界面的交互，在本地服务器和云存储服务器实现数据读写；与 ERP、PLM、MES 和 SCADA 等平台实现无缝对接，从而达到信息的畅通、人机的智能。一方面，通过这些技术实现智能工厂内部从订单、采购、生产与设计等的信息实时处理与通畅；另一方面，相关的设计供应商、采购供应商、服务商和客户等与智能工厂实现互联互通，确保生产信息、服务信息的同步。

(2) 数字化

数字化包含两方面内容。一方面是指智能工厂在工厂规划设计、工艺装备开发及物流等全部应用三维设计与仿真；通过仿真分析，消除设计中的问题，将问题提前进行识别，减少后期改进的投入，从而达到优化设计成本与质量，实现数字化制造与灵活生产的目标，实现真正的精益；通过仿真运营，降低成本，提高劳动生产率。另一方面，在传感器、定位识别、数据分析等物联网技术的帮助下，数字化贯穿智能工厂制造价值网络，从研发到运营，乃至商业模式也需要数字化的贯通，数字化的实现程度成为智能制造成功的关键。

(3) 大数据

大数据是一种规模大到在获取、存储、管理、分析方面大大超出传统数据库软件工具处理能力范围的数据集合，从硬件基础、连接技术到中间数据存储平台、数据分析平台，形成了整个大数据的架构，实现了底层硬件数据采集到顶层数据分析的纵向整合。大数据的战略意义不在于掌握庞大的数据信息，更重要的是对数据进行专业化处理，将来自各专业、各类型的数据进行提取、融合，建立模型并进行分析，深度挖掘数据背后的潜在问题和贡献价值。

(4) 智能供应链

智能供应链主要包含供应物流、生产物流等，各相应环节的物流信息实时采集、同步传输、数据共享，并驱动相关物流设备运行，实现智能物流体系，达到准时化、可视化的目的，确保资源的有效共享和订单的准时交付，最大限度地避免仓储及二次转运的费用，降低生产成本。

(5) 智能装备

智能装备通过智能产品、人机界面、RFID 射频技术、智能网络等具备的可感知、可连接、可应用的特点，形成了集群环境，最终形成"可感知—自记忆—自认知—自决策—自重构"的核心能力。智能装备是智能工厂和智慧制造的基础，也是物联网实现的关键要素。

工业 4.0 意味着智能工厂自己可以运转、连接，并和机器进行交流，产品设备之间可以通信。所以，工业 4.0 也可以称为"机器制造机器"：每台机器都是有生命力的，工厂越来越像一个人，有智商高低的区别。随着工厂"智商"的提高，其智能化程度越来越高。

1.6　信息化建设和常见管理信息系统

信息化（informatization）的概念起源于 20 世纪 60 年代的日本，70 年代后期传入西方。1963 年，日本学者 Umesao Tadao 在题为《论信息产业》的文章中，提出"信息化是指通信现代化、计算机化和行为合理化的总称"。其中，行为合理化是指人类按公认的合理准则与规范进行的过程；通信现代化是指社会活动中的信息交流基于现代通信技术基础上进行的过程；计算机化是社会组织和组织间信息的产生、存储、处理（或控制）、传递等广泛采用先进计算机技术和设备管理的过程，而现代通信技术是在计算机控制与管理下实现的。因此，社会计算机化的程度是衡量社会是否进入信息化的一个重要标志。

1997年召开的首届全国信息化工程会议，对信息化的定义为：信息化是指培育、发展以计算机为主的智能化工具为代表的新的生产力，并使之造福于社会的历史过程。国家信息化就是在国家统一规划和组织下，在农业、工业、科学技术、国防及社会生活各个方面应用现代信息技术，深入开发广泛利用信息资源，加速实现国家现代化进程。实现信息化就要构筑和完善7个要素：开发利用信息资源、建设国家信息网络、推进信息技术应用、发展信息技术和产业、培育信息化人才、制定和完善信息化政策、构建信息安全体系。

智能化工具又称信息化的生产工具。它一般必须具备信息获取、信息传递、信息处理、信息再生、信息利用的功能。智能化生产工具与过去生产力中的生产工具不一样的是，它不是一件孤立分散的东西，而是一个具有庞大规模的、自上而下的、有组织的信息网络体系。这种网络性生产工具将改变人们的生产方式、工作方式、学习方式、交往方式、生活方式、思维方式等，将使人类社会发生极其深刻的变化。

200多年前，瓦特发明蒸汽机，从而带动了机械化的进程。100多年前，爱迪生发明电，从而带动了电气化的进程。当今的计算机技术和通信网络技术的发明及应用的普及，将带动信息化的进程。机械化和电气化给世界经济带来了翻天覆地的变化，信息化也不例外。

1984年，邓小平就指出，"开发信息资源，服务四化建设"；1991年，江泽民指出，"四个现代化，哪一化也离不开信息化"；2007年，胡锦涛在十七大报告中指出，"发展现代产业体系，大力推进信息化与工业化融合"，"科学分析我国全面参与经济全球化的新机遇新挑战，全面认识工业化、信息化、城镇化、市场化、国际化深入发展的新形势新任务"。

2010年8月19日，由周宏仁主编，社会科学文献出版社出版的2010年《信息化蓝皮书》在京发布。蓝皮书指出，改革开放30多年来，中国的信息化与中国的经济和社会发展一样，取得了举世瞩目的辉煌成就。中国的信息化水平已经超过了世界的平均水平，基本上达到了世界中等发达国家的水平；而在中国的一些经济比较发达的城市和地区，信息化的水平已经可以和发达国家的发达地区一较短长。

企业信息化是指企业利用现代信息技术，通过对企业信息资源的深入开发和广泛利用，不断提高企业的生产、经营、管理、决策的效率和水平，进而提高企业经济效益和竞争力的过程。具体到一个企业，企业信息化就是要实现企业生产过程的自动化、管理方式的网络化、决策支持的智能化、商务运营的电子化。

管理信息系统狭义说是一套软件，广义说是一套方法论。管理信息系统是信息化的载体，也是信息化的呈现方式，而信息化是管理信息系统的灵魂和指导方向。

企业信息化建设过程中，常见的信息系统有：

人力资源管理系统（human resources management system，HRMS）；

财务管理系统（financial management system，FMS）；

生产管理系统（manufacturing execution system，MES）；

库存管理系统（inventory management system，IMS）；

物流管理系统（logistics management system，LMS）；

客户关系管理系统（customer relationship management，CRM）；

战略管理信息系统（strategic information system，SIS）；

决策支持系统（decision support system，DSS）；

知识管理系统（knowledge management system，KMS）；

计算机集成制造（computer integrated manufacturing system，CIMS）；
企业资源计划（enterprise resource planning，ERP）；
供应链管理系统（supply chain management system，SCMS）。

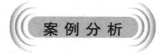

案例分析

管理信息系统支持联合包裹服务公司在全球竞争

联合包裹服务公司（United Parcel Service）是世界上最大的空中和地面包裹递送公司。1907年初建时，只是厕所大小的一间地下办公室。两个来自西雅图的少年Jin Casey和Claude Ryan只有两辆自行车和一部电话，当时他们曾承诺"最好的服务，最低的价格"。联合包裹公司成功地运用这个信条已达近100年之久。

今天，联合包裹公司仍然兑现那个承诺，它每年向美国各地和185个以上的国家和地区递送的包裹和文件几乎达到30亿件。公司不仅胜过传统包裹递送方式，并且可以和联邦特快专递的"不过夜"递送生意抗衡。

公司之所以成功的关键是投资于先进的信息技术。从1992年到1996年之间，联合包裹公司投资于信息技术约1.8亿美元，这使公司在全世界市场处于领导地位。信息技术帮助联合包裹公司在低价位和改进全部运作的同时，促进了对客户的服务。

由于使用了一种叫发货信息获取装置（DIAD）的手持计算机，联合包裹公司的司机们可以自动地获得有关客户签名、运货汽车、包裹发送和时间表等信息。司机把DIAD接入卡车上的车用接口，即一个连接在移动电话网上的信息传送装置。接着包裹跟踪信息被传送到联合包裹公司的计算机网上，在联合包裹公司的位于新泽西州Mahwah的主计算机上进行存储和处理。在那里，信息可以通达世界各地向客户提供包裹发送的证明。这个系统也可以为客户的查询提供打印信息。

依靠"全程监督"，即公司的自动化包裹跟踪系统，联合包裹公司能够监控整个发送过程中的包裹。从发送到接受路线的各个点上，有一个条形码装置扫描包裹标签上的货运信息，然后信息被输入到中心计算机中。客户服务代理人能够在与中心机相连的台式计算机上检查任何包裹的情况，并且能够对客户的任何查询立刻做出反应。联合包裹公司的客户也可以使用公司提供的专门的包裹跟踪软件来直接从他们自己的微型计算机上获得这种信息。

联合包裹服务公司的商品快递系统建于1991年，为客户储存产品并一夜之间把它们发送到客户所要求的任何目的地。使用这种服务的客户能够在凌晨1:00以前把电子货运单传送给联合包裹服务公司，并且在当天上午10:30货物的运送就应完成。

1988年，联合包裹服务公司积极进军海外市场，建立它自己的全球通信网络——联合包裹服务网。该网作为全球业务的信息处理通道，通过提供有关收费及送达确认、跟踪国际包裹递送和迅速处理海关通关信息的访问，联合包裹服务网拓展了系统的全球能力。联合包裹服务公司使用自己的电信网络把每个托运的货物文件在托运的货物到达之前直接输送到海关官员。海关官员让托运的货物过关或者标上检查标记。

联合包裹服务公司正在增强其信息系统的能力，以便能保证某件包裹或若干包裹能按规定的时间到达其目的地。如果客户提出要求，联合包裹服务公司将会在送达之前拦截包裹，并派人将其返回或更改送货路线。而且，联合包裹服务公司还可以使它的系统直接在客户之间传送电子书信。

思考与讨论题

1. 联合包裹服务公司的包裹跟踪系统的输入、处理、输出分别是什么？
2. 联合包裹服务公司采用了什么技术？这些技术同联合包裹服务公司的经营战略是怎样相联系的？假如这些技术不存在，情况又会怎样？

讨 论 题

　　某公司销售主管李庆，经过两天的休息后，周一精神抖擞地准备去上班。他的住所与公司只有20分钟步行路程，李庆一般喜欢步行上班，临出门前，他打开手机，立刻出现了定制的气象预报，说今天中午以后可能会下雨，于是李庆决定开汽车去公司。

　　进入公司大门时，李庆习惯性地将自己的公司身份卡在门禁的打卡机上刷了一下，李庆进入公司的时间立刻被人力资源管理系统记录在案了。

　　进入办公室后，李庆立刻打开办公桌上的计算机。由于是周一，上午要召开公司业务汇报会，李庆首先进入销售管理系统，要求系统立刻将上一周的销售报表打印出来。然后查看计算机桌面上等待处理的电子邮件，其中两份是外地代理商要求增加发货的信函，李庆立刻将它们转发给成品库主管并同时利用系统的短信发送功能通知成品库主管有邮件给他。此时上周的销售报表已经打印出来，李庆立刻发现销售量比上一周下降了10%，李庆让系统列出了上周销售下降的代理商名单，看到销售量下降最多的就是要求增加发货的两个代理商，李庆在去开会之前要求秘书拟订一份应对销售下降的报告。

　　公司业务汇报会议后，公司生产经营副总经理召集了生产部、销售部和信息部等部门主管会议，讨论如何实现生产计划系统、销售系统、库房管理系统与采购系统的信息沟通问题。由于目前公司的销售系统便于销售人员在任何地方输入、查询客户资料、库存资料，可以很快汇总销售数据，已经能够满足销售部门的需要，因此李庆对将销售系统与其他系统的集成并不感兴趣。

　　李庆回到办公室后，秘书已经将报告拟订好。李庆修改后，要求秘书再将销售系统中的一些代理商资料及代理成本的分析添加进计划，并将报告制成明天公司专门讨论销售情况会议的幻灯片。

　　下午，李庆与销售部中的几个业务骨干接待了某管理咨询公司的专家，他向大家演示了一套营销管理决策支持软件，该软件提供了一些可以支持广告决策的营销模式，选择新产品市场开发方法的模式及各种对销售情况进行分析的程序。大家对此很感兴趣，但是10万元的售价使他们不能立刻做出决定。李庆询问是否可以将软件留在公司试用，专家说可以，但是只能试用3个月。

专家走后，李庆上网搜索了与公司产品有关的市场及竞争对手情况，将一些重要的信息摘录下来，准备明天讨论会使用。接着又看了一下当天的一些重要新闻和已经收盘的股市情况。

下班后，在回家的路上，李庆到超市去购买了一些食品和日常用品。结账时候，POS 机直接从商品的条形码上读取了价格数据，汇总后，李庆用长城卡结了账。

问题

1. 在李庆一天的工作生活中，他遇到、使用了哪些管理信息系统？你能从这些系统的信息处理方式分析它们有哪些特点？请设想一下，如何对其中的一些系统进行改进，增加它们的功能？
2. 你能否再举一些在日常生活和工作中所遇到的管理信息系统？

习 题

1. 什么是信息？信息和数据有何联系和区别？
2. 什么是系统？系统包括哪些组成部分？
3. 系统有哪些重要特性？试举例说明。
4. 什么是信息系统？信息系统的组成包括哪些部分？
5. 为什么说信息是管理的基础？
6. 试述信息技术发展对企业组织的影响。
7. 什么是管理信息？它有哪些常见的表现形态？
8. 如何理解管理信息系统的概念？其主要特征是什么？
9. 什么是管理信息系统的结构？管理信息系统结构的构成原则是什么？如何在应用系统的开发中运用这些原则？
10. 叙述管理信息系统如何对管理提供支持。
11. 如何理解推行现代管理方法是充分发挥管理信息系统作用的关键因素之一？
12. 简述管理信息系统在管理现代化中的作用。
13. 你认为哪些主要学科有助于理解管理信息系统？
14. MRPⅡ与 MRP 的本质区别在哪里？
15. 什么是 MRPⅡ？试述 MRPⅡ的逻辑结构和组成原理。
16. 试述客户关系管理的管理思想。
17. 什么是战略信息系统？
18. 信息技术是如何为企业的战略提供支持的？
19. 知识管理是如何提高企业竞争力和适应性的？
20. 知识管理系统应该具备哪些基本功能？
21. 什么是信息化？信息化有哪些要素？
22. 什么是企业信息化？企业信息化有哪些内容？

第 2 章

管理信息系统的技术基础

> **学习目标**
>
> 通过本章的学习,学生应:了解建设一个管理信息系统涉及硬件技术、软件开发技术、数据处理技术、网络通信技术、信息安全技术、系统集成技术等相关技术;掌握软件开发技术中的开发工具、开发方式、开发架构、开发方法。
>
> 本章重点是:对软件开发技术的理解和掌握。
>
> 本章难点是:软件开发工具、软件开发方式、软件开发架构、软件开发方法等在实际应用时如何选择。

管理信息系统的建设和维护涉及硬件技术、软件开发技术、数据处理技术、网络通信技术、信息安全技术、系统集成技术等相关技术。

2.1 硬件技术

硬件是管理信息系统的重要组成部分。

常见的硬件主要包括三类:一是计算机;二是网络设备;三是其他硬件设备。计算机包括台式机、笔记本、服务器、专用计算机等。网络设备包括路由器、交换机、其他网络设备等,通过网络设备将地理位置上分散的计算机形成一个有机整体,形成庞大的计算、处理和存储的能力。其他硬件设备是指满足特定用途的设备,如条形码扫描器、数码相机、指纹仪、摄像头以及各类物联网的设备等。

新的计算机硬件不断被发明和投入使用,使得管理信息系统的功能变得更强大,同时也使得整个系统变得更复杂。

第 2 章　管理信息系统的技术基础

2.2　软件开发技术

2.2.1　开发工具

实际中使用的软件开发工具很多，不同的软件公司、程序员都喜欢选择自己熟悉的工具编写程序。下面选取占市场份额较大的 6 种开发工具为代表进行分析比较。

1. Java

Java 是一种由 SUN 公司开发的编程语言，有时也将其称为一种工具平台。1995 年，SUN 公司推出了 JDK 1.0，能够被应用在全球信息网络的平台上编写互动性极强的 Applet，在当时引起了很大的轰动。1999 年，Java 2 平台的发布是 Java 发展过程中最重要的一个里程碑，标志着 Java 的应用开始普及；2006 年，Java 6 平台的发布标志着 Java 的应用越来越广泛，据编程语言流行度评估机构——TIOBE 发布的调查显示，从 2002 年以来，Java 语言一直位居榜首。

Java 的优点主要是平台无关性非常好，开源，程序员的自由度较大；缺点主要是缺乏快速高效的集成开发环境。

2. .NET

.NET 是一种由 Microsoft 公司开发的基于 C#语言的软件开发工具。2002 年，Microsoft 公司推出了 .NET Framework 1.0 与 C#语言规范 1.0，实现在同一个项目中使用不同的语言开发。2005 年，.NET Framework 2.0 平台发布，是 .NET 发展过程中最重要的一个里程碑，标志着 .NET 的应用开始普及。2010 年，.NET Framework 4.0 平台的发布，标志着 .NET 的应用越来越广泛。

.NET 的优点主要是优良的集成开发环境，可以集成多种语言；缺点主要是非开源，程序员的自由度相对不高。

3. VC

Visual C++（简称 VC）是一种由 Microsoft 开发的基于 C/C++ 语言的软件开发工具。1992 年，微软公司推出了 Visual C++ 1.0；经过多年的发展，1998 年，微软公司推出了 Visual C++ 6.0，应用非常广泛。2002 年之后，微软将 .NET Framework 与 VC 结合而成为 Visual C++ .NET（简称 VC.NET）。

VC 的优点主要是功能全面，既可以编写操作硬件的程序，也可以编写大型的基于事务处理的分布式系统；缺点主要是较为复杂，且编写的程序平台相关性较强。

4. VB

Visual Basic（简称 VB）是一种由 Microsoft 公司开发的基于 Basic 语言的软件开发工具。1991 年，Microsoft 公司推出了 Visual Basic 1.0，是第一个"可视"的编程软件，极大地提高了编程效率，在当时引起了很大的轰动。经过多年的发展，1998 年，推出了 Visual Basic 6.0，成为 Windows 上最流行的 VB 版本。2002 年之后，微软将 .NET Framework 与 VB 结合

47

而成为 Visual Basic．NET（简称 VB.NET），新增许多特性及语法，将 VB 推向一个新的高度。

VB 的优点主要是简单易学，是很多学生学习编程的入门级语言；缺点主要是不适合构建大型的分布式应用系统。

5．PB

PowerBuilder（简称 PB）是一种由 PowerSoft 公司开发的基于 PowerScript 语言的软件开发工具，后来被数据库厂商 Sybase 收购。1991 年，PowerSoft 公司推出了 Power Builder 1.0，可以方便快速地开发基于客户机/服务器体系架构的面向对象的数据库应用程序。经过多年的发展，1997 年，Sybase 公司推出了 PowerBuilder 6.0，2003 年 3 月底，Sybase 公司推出 PowerBuilder 9.0，使开发人员能够开发胖客户端应用来满足日益复杂的商业需求，而且它支持 Java 和．NET 环境，大大提高了开发人员的生产力。

PB 的优点主要是方便快捷地开发数据库应用程序；缺点主要是由于语言特性不适合开发大型的事务处理系统。

6．Delphi

Delphi 是一种由 Borland 公司于 1995 年开发的基于 Object Pascal 语言的软件开发工具，后来被 Embarcadero 公司收购。1995 年，Borland 公司推出了 Delphi 1.0 版本，是第一个 RAD 开发环境，极大地提高了编程效率。经过多年的发展，2001 年，推出了 Delphi 6.0 版本，使用更简便，效率也更高。2003 年，Borland 推出 Delphi 8.0 版本；基于．NET 平台，后来又推出基于各种平台的版本，2008 年 Borland 公司将开发 Delphi 平台的子公司 CodeGear 出售给 Embarcadero 公司。

DELPHI 的优点主要是同时兼备了 VC 功能强大和 VB 简单易学，以及 PB 强大的数据操作能力；缺点主要是不适合构建大型的 WEB 应用系统。

Java 和．NET 主要用于开发 B/S 架构的软件，VC、VB、PB、Delphi 主要用于开发 C/S 架构的软件。

开发工具的选择需要考虑目标系统运行的软硬件环境、网络环境、开发周期、开发成本、用户特点、用户规模及分布范围、开发工具厂商的技术支持、开放性等因素。

2.2.2 开发架构

曾经具有革命性意义的 C/S 两层架构，由于其安装配置烦琐、无法满足大量用户同时访问等问题，已经无法满足目前的软件开发的需要。而 B/S 两层架构过于简单，安全性不高，也没有数据库，无法满足用户的实际需要。为改善两层架构的不足，而提出了三层架构，C/S 三层架构虽然解决了两层架构中无法满足大量用户同时访问的问题，扩展性也好，但由于客户层和应用层一般都需要安装，尤其是客户层的软件每台计算机都要安装配置，系统的灵活性差，维护也不方便。B/S 三层架构由于其客户层是浏览器，不需要安装，应用层一般也不需要安装或只需在服务器上配置一次，使得系统比较灵活、易于维护，开发周期也比较短，所以 B/S 三层架构，逐渐成为业界的主流。

1．C/S 两层架构

1）C/S 两层架构概述

在基于网络的数据处理中，客户机/服务器（client-server）两层架构具有里程碑意义。

这种架构在 20 世纪 80 年代后期开始引入业界。它为多用户系统提供了前所未有的双向交流感和灵活性,革命性地改变了传统的应用设计和系统实现方式,很快便在各种类型的软件系统设计与开发中获得广泛应用,到 20 世纪 90 年代初期,这种架构已成为业界的主流。

客户机/服务器架构是从主机/终端架构发展来的,在主机/终端架构中,所有的计算和处理都在主机进行,但是在客户机/服务器架构中,允许将一部分计算放在客户端进行,这样和原来的主机/终端架构相比,大大降低了服务器的负担。由于业务的处理逻辑主要在客户端执行,因此这种架构也被称为胖客户机(fat client)架构。

从物理架构来看,客户机可以是大型机、小型机、微机、便携式计算机、智能终端等。但是由于微机具有成本优势,因而通常选择微机作为客户机。服务器通常是性能比较好的计算机,比如说是一台大型机或小型机,当然也可以是一台普通的微机,这主要取决于企业的预算及应用程序的性能需求等因素。C/S 两层架构的物理模型如图 2-1 所示。

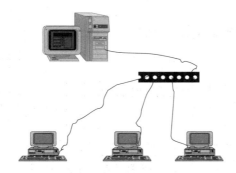

图 2-1　C/S 两层架构的物理模型

2) C/S 两层架构实现

(1) 客户机(client)

客户机是用来运行应用程序并向服务器请求服务的计算机。

客户机程序的一个主要功能就是向服务器发送请求,比如将数据库请求发送到服务器。客户机主要实现的功能包括:管理用户接口、从用户处接收数据、检查用户数据的合法性、处理应用逻辑、产生数据库请求、向服务器发送数据库请求、从服务器接收结果并格式化接收到的结果。客户机执行的这些计算称为前端处理(front-end processing),前端处理提供了对数据进行操作和与显示数据有关的所有功能。

在实际开发中,客户机就是指代装载在客户计算机上的一系列应用程序,该应用程序有专门的软件生产商进行开发,然后打包,再分发到各个客户计算机上进行安装和配置。可以开发 C/S 两层架构的开发平台比较多,常见的有 VB、VC、PB、DELPHI、Java 等工具。

(2) 服务器(server)

服务器一般是用来处理数据库的计算机。主要包括数据库服务器和网络服务器。

服务器主要是用来接收客户机的请求和传送处理结果的。服务器实现的功能主要包括:从客户机接收数据库请求、处理数据库请求、格式化结果并传送给客户机、执行完整性检查、提供访问控制、执行恢复以及优化查询和更新处理。在服务器上执行的这些计算称为后台处理(back-end processing),后台处理主要提供管理数据资源和存储数据、维护数据及对数据进行操作等数据库引擎功能。

在实际开发中，服务器就是指代装载在服务器计算机上的数据库管理系统，数据库管理系统也由专门的数据库生产商进行开发，用户只要根据实际情况购买合适的数据库管理系统并安装在网络中的一台计算机上，然后由客户端应用程序的生产商将建好的数据库移植到该数据库管理系统上即可。目前常见的数据库管理系统有 Oracle、My SQL、SQL Server、Sybase、Interbase、DB2、Access 等。

（3）中间件（middleware）

中间件是一种程序设计公共接口。中间件的作用是提供应用程序和数据库之间的连通性，中间件可以使开发人员在应用程序开发过程中避免受各种协议、操作系统及数据库管理系统的影响。

在实际开发中，中间件就是指客户端应用程序和后台数据库的连接程序，常见的中间件有 ODBC、BDE、ADO、JDBC 连接程序等，这些中间件程序都是各个软件厂商已经开发好的，直接使用即可。

C/S 两层架构的逻辑模型如图 2-2 所示。

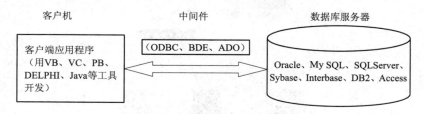

图 2-2　C/S 两层架构的逻辑模型

3）C/S 两层架构的优势

客户机/服务器两层架构和单层架构相比主要有以下特点。

① 数据集中存储和同步访问。数据资源集中存储在服务器上，多个用户可以同时从服务器上存取数据，数据一致性和共享性良好。

② 架构简单，开发和运行的环境简单，开发周期较短，能够适应大部分中小型数据库应用系统的要求（当客户机数量较少时）。

4）C/S 两层架构的局限

随着数据库应用的日渐发展、数据容量的不断增加、客户端数量的不断增加，C/S 两层架构显示出了诸多缺陷，主要体现在以下几个方面。

（1）可扩充性差

对于数据库服务器端，每当建立一个数据连接，就会占用大量的系统资源，当数据连接达到一定数量时，数据库服务器的响应速度与处理速度将大打折扣，甚至导致系统瘫痪。

（2）可维护性差

在系统开发完成后，整个系统的安装也非常繁杂。在每一台客户机上不但要安装应用程序，而且必须安装相应的数据库连接程序，还要完成大量的系统配置工作。基于传统 C/S 的数据库应用系统，业务规则通常置于客户端应用程序中。如果业务规则一旦发生变化时，就必须修改客户端应用程序，并且将每个客户端进行相应的升级工作。所以随着用户数量的增加，这种业务逻辑的维护成本也越来越高。

(3) 安全性

在两层架构下,大量代码化的企业业务流程驻留在客户机上,给系统的安全性带来了极大的考验。

(4) 系统间的通信障碍

当两层架构从部门级应用拓展到企业级应用时,两层架构的应用之间相互独立,几乎没有交互性操作,因此很难实现分布系统的组件技术,容易导致信息孤岛。

以上这些问题是两层架构本身的原生性问题,仅仅依靠对两层架构进行细枝末节的修补和开发,无法很好解决。要真正解决这些问题,必须从根本上改变这种两层架构的设计。

2. C/S 三层架构

1) C/S 三层架构概述

随着企业应用系统的不断扩充和新应用的不断增加,基于传统的两层架构中系统拓展性、维护成本、数据安全性和应用间通信功能障碍等原生性问题的存在,已是捉襟见肘、力不从心。在这样的背景下,三层架构应运而生。三层架构的第一层是客户层(用户界面),提供用户与系统的友好访问;第二层是应用层,是业务逻辑的实现;第三层是数据层,负责数据信息的存储、访问及其优化。由于业务逻辑被提取到应用服务器,大大降低了客户端负担,因此也称为瘦客户机(thin client)架构。

三层架构在传统的两层架构的基础上增加了应用服务器,将应用逻辑单独进行处理,从而使得用户界面与应用逻辑位于不同的平台上,两者之间的通信协议由系统自行定义。通过这样的架构设计,使得应用逻辑被所有用户共享,这是两层架构应用软件与三层应用软件之间最大的区别。

这里所说的三层体系,不是指物理上的三层,不是简单地放置三台机器就是三层体系架构,三层是指逻辑上的三层,即使这三个层放置到一台机器上。C/S 三层架构的物理模型如图 2-3 所示。

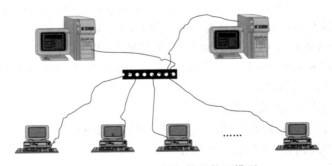

图 2-3 C/S 三层架构的物理模型

2) C/S 三层架构实现

(1) 客户层的实现

客户层包含用户界面,是和用户交互的接口程序。客户端应用程序的主要功能是接受用户的输入,并对输入的数据进行初步检查,然后将用户输入的数据和用户的操作请求传送给应用服务器,等应用服务器处理完毕后,客户端再将处理结果显示给客户,客户端处理的就是这种不停的交互过程。在 C/S 三层架构中,客户端使用的还是专门的应用程序,该应用程序由不同的软件开发商用不同的程序语言编写，编写完成后，也要编译、打包、然后分发到每一台客户机进行安装、配置连接。所以和两层架构相比，在客户端应用程序的发布上，没有多少优势。

（2）应用层的实现

应用层就是应用服务器。在 C/S 三层架构中，应用服务器指的是一系列的应用程序，包括可执行程序和动态链接库等。应用服务器的功能就是接收客户端的各种请求，然后根据请求进行相应的处理，再将处理的结果返回给客户端。应用服务器封装了所有的业务规则和业务处理逻辑，它就像一个大的加工厂，根据客户的请求从数据层中取出所需数据，再根据客户的要求进行加工，最后将产品送给客户。

应用服务器严格来讲，它只是一系列的应用程序，所以把它和客户端应用程序放在同一台计算机上，也是可以的，但这样做并没有发挥出应用层的最大优势，应用层的最大优势在于，单独把应用层放在一台计算机上，然后所有需要进行操作的计算机都连在应用层所在的计算机上，这样，所有的客户端都共用了同一个应用层，同样的应用程序，这样既能保证所有客户的业务逻辑都一致，又能降低客户机的负担，而且，客户端可以有很多，只要能和应用服务器连接就可以使用。

（3）数据层的实现

数据层就是数据库服务器，这里的数据库服务器与两层架构中的数据库服务器基本一样。其实，实现数据库服务器就是选择一个合适的数据库管理系统，然后安装即可。目前比较流行的数据库有 Oracle、My SQL、SQL Server、Sybase、Interbase、DB2 等。目前这些数据库管理系统都各有优缺点，所以要根据自己的实际情况进行选择。

（4）客户层和应用之间的连接

由于一般情况下，客户层和应用层分别在两台不同的计算机上，而且又是两个单独的应用程序，那这两个应用程序如何通信呢？即客户层和应用层如何连接呢？目前，主要有三种连接机制，分别为：OMG（Object Management Group）提出的 CORBA（common object request broker architecture）、Sun 公司推出的 EJB/RMI（enterprise java bean/remote method invocation）以及 Microsoft 公司提出的对象构件模型 COM/DCOM（component object model/distributed component object model）。这些模型的目的都是为解决不同程序间的互操作问题，类似于构件运行时进行通信的软总线。

（5）应用层与数据层之间的连接

目前，和数据库的连接主要有 ODBC、BDE、ADO、JDBC 等。

C/S 三层架构的逻辑模型如图 2-4 所示。

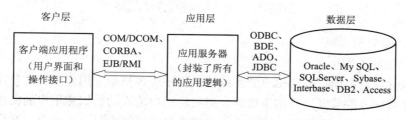

图 2-4　C/S 三层架构的逻辑模型

3) C/S 三层架构的优势

C/S 三层架构的优势主要有以下几点。

（1）通过将整个系统分为不同的逻辑块，大大降低了应用系统开发和维护的成本

三层架构将表示部分和业务逻辑部分按照客户层和应用层相分离，客户端和应用服务器、应用服务器和数据库服务器之间的通信以及异构平台之间的数据交换等都可以通过中间件或者相关程序来实现。当数据库或者应用服务器的业务逻辑改变时，只需更改中间层服务器上的某个组件，有些时候，甚至不必修改中间层组件，只需要修改数据库中的某个存储过程就可以了。客户端并不需要改变，反之亦然，从而大大提高了系统模块的复用性，缩短了开发周期，降低了维护费用。

（2）系统的扩展性大大增强

模块化使得系统很容易在纵向和水平两个方向拓展：一方面可以将系统升级为更大、更有力的平台，同时也可以适当增加规模来增强系统的网络应用。由于摆脱了系统同构性的限制，使得分布数据处理成为可能。

（3）动态管理连接

由于数据访问是通过中间层进行的，因此客户端不再与数据库直接建立数据连接。同时，中间层与数据库服务器之间的数据连接通过"连接池"进行连接数量的控制，动态分配与释放数据连接，因此数据连接的数量将远远小于客户端数量。而且，当来自客户端的访问频繁，造成第三层的服务器负荷过重时，可分散、均匀负荷而不影响客户环境。

4) C/S 两层架构的局限

与 C/S 两层架构相比，C/S 三层架构在系统的可扩充性、可维护性和安全性方面有了较大的改善，但是也无法彻底解决这些问题。此外，C/S 三层架构还增加了客户端和应用服务器之间的分布式异构连接，增加了复杂性。

以上这些问题是 C/S 架构本身的原生性问题，仅靠分层是无法解决的。

3. B/S 两层架构

1) B/S 两层架构概述

B/S 架构就是指浏览器/服务器（browser/server）方式的架构，这里的服务器是指 Web 服务器，而不是 C/S 架构的数据库服务器，所以在 B/S 两层架构中只有浏览器和 Web 服务器两个部分，浏览器就是客户端，客户端通过浏览器向服务器端请求服务，服务器端根据客户端的具体请求发回静态的页面。

B/S 两层架构的物理模型如图 2-5 所示。

图 2-5　B/S 两层架构的物理模型

2）B/S 两层架构的实现

B/S 两层架构主要由浏览器和服务器两部分组成。

（1）浏览器（browser）

浏览器的主要功能是给用户显示相关的信息，其次还可以和用户进行一些交互操作，用户可以根据具体的需要，在浏览器的地址栏中输入特定的网址或单击相关的超级链接产生特定的客户端请求，然后向 Web 服务器进行申请操作，从而得到想要的信息。

浏览器不需要自己开发，有成熟的产品可以购买。目前浏览器有多种，比如 Microsoft 公司的 IE，网景公司的 NE 等。IE 一般都附带在 Microsoft 公司的操作系统中，不需要另外安装，所以比较方便。

（2）服务器（Web server）

B/S 架构中的服务器指的是 Web 服务器，Web 服务器的主要功能是接受客户端请求，然后分析客户端的请求信息，并根据客户端的具体请求生成新的 HTML 页面或者调用已存在的 HTML 页面，并将这些页面信息返回给客户端。

Web 服务器也不需要自己开发，但是显示的页面和页面的调用程序需要用户自己编写。目前，比较流行的 Web 服务器主要有 Microsoft 公司的 IIS 和 Appache 服务器等。

（3）浏览器和服务器的连接

浏览器和服务器之间主要依靠一些标准的协议进行通信，常见的是 TCP/IP 协议。由于 B/S 模式主要基于 Internet，所以浏览器和服务器的数据传输用的是标准的超文本传输协议（HTTP），而且每一台计算机都有一个唯一的 IP 地址，可以互相访问。

B/S 两层架构的逻辑模型如图 2-6 所示。

图 2-6　B/S 两层架构的逻辑模型

3）B/S 两层架构的优势

B/S 架构与 C/S 架构相比不仅具有 C/S 架构的全部优点，而且又有 C/S 架构所不具备的独特优势。

（1）开放的标准

B/S 所采用的 TCP/IP、HTTP 等标准都是开放的、非专用的，是经过标准化组织所确定的而非单一厂商所制定，保证了其应用的通用性和跨平台性。同时，标准化使得 B/S 模式可直接接入 Internet，具有良好的扩展性、伸缩性，可从不同厂家选择设备和服务，因此客户端的数量和类型可以非常多，几乎不受限制。

（2）较低的开发和维护成本

C/S 的应用必须开发出专用的客户端软件，无论是安装、配置还是升级都需要在所有的客户机上实施，极大地浪费了人力和物力。B/S 的应用只需在客户端装有通用的浏览器即可，维护和升级工作都在服务器端进行，不需对客户端进行任何改变，故而大大降低了开发和维护的成本。

（3）使用简单，界面友好

C/S 用户的界面是由客户端软件决定的，其使用的方法和界面各不相同，每推广一个 C/S 系统都要求用户从头学起，难以使用。B/S 用户的界面都统一在浏览器上，浏览器易于使用、界面友好，不须再学习使用其他的软件，一劳永逸地解决了用户的使用问题。

（4）系统灵活

C/S 系统的模块中有一部分的改变就要关联到其他模块的变动，使系统极难升级。B/S 系统的模块各自相对独立，其中一部分模块改变时，其他模块不受影响，应用的增加、删减、更新不影响用户个数和执行环境，系统改进变得非常容易，且可以用不同厂家的产品来组成性能更佳的系统。

（5）信息共享度高

C/S 系统使用专用的客户端软件，其数据格式为专用格式文件。B/S 系统使用 HTML，HTML 是数据格式的一个开放标准，目前大多数流行的软件均支持 HTML，同时 MIME 技术使得 Browser 可访问多种格式文件。

4）B/S 两层架构的局限

B/S 两层架构的主要局限就是没有数据库的支持，无法存取大量的数据。

4. B/S 三层架构

1）B/S 三层架构概述

从形式上看，B/S 三层架构就是在 B/S 两层架构的基础上增加了数据层。现在随着网络通信的发展，人们对数据的共享性要求越来越高，数据量也越来越大，数据库是有效的组织数据和存储管理数据的工具，所以在目前的应用中，数据库是必不可少的。引入了数据层，B/S 两层架构就从原来的两层演变为三层。

从发展过程来看，B/S 三层架构是从传统的 C/S 发展起来的计算方式，是 Internet 技术与三层 C/S 相结合的产物。C/S 是松散耦合系统，通过消息传递机制进行对话，由客户端发出请求给服务器，服务器进行相应处理后经传递机制送回客户端；B/S 模式则把 C/S 模式的服务器端进一步深化，分解成应用服务器（Web 服务器）和数据库服务器，同时简化 C/S 中的客户端，将客户端的计算功能移至 Web 服务器，仅保留其表示功能，当用户通过浏览器向分布在网络上的许多服务器发出请求，Web 服务器将其转换成数据库服务器能够接受的形式，再通过数据网关与数据库进行数据交换；客户机上只需安装、配置少量的客户端软件即可，服务器承担更多的工作，对数据库的访问和应用程序的执行在服务器上完成。在 B/S 三层架构下，客户层（browser）、应用层（web server）与数据层（database server）被分为三个相对独立的单元。B/S 三层架构的物理模型如图 2-7 所示。

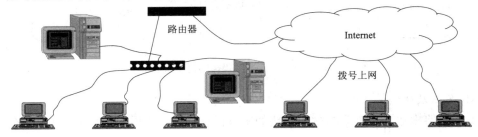

图 2-7　B/S 三层架构的物理模型

2) B/S 三层架构的实现

(1) 客户层

客户层就是客户端的 Web 浏览器。客户层的任务是由 Web 浏览器向网络上的某一 Web 服务器提出服务请求，Web 服务器对用户身份进行验证后，用 HTTP 协议把所需的主页传送给客户端，客户端接受传来的主页文件，并把它显示在 Web 浏览器上。所以，客户层仅仅是一个通用的浏览器软件，并不包含用户开发的内容，而且，客户层的功能也仅仅是把应用层传来的数据显示出来，或接收用户简单的输入或请求，并不包括复杂的数据接收和处理。

(2) 应用层

应用层就是 Web 服务器和应用程序。应用层包含系统的事务处理逻辑，主要任务是接受用户的请求，执行相应的扩展应用程序，与数据库进行连接，通过 SQL 等方式向数据库服务器提出数据处理申请，而后等数据库服务器将数据处理的结果提交给 Web 服务器后，再由 Web 服务器传送回浏览器。在实际开发中，开发者的主要任务就是编写 Web 服务器的扩展应用程序，因为在应用逻辑层，不仅要和客户层进行交互，还要和数据层进行交互。Web 服务器接收到浏览器的请求后，首先要解析该请求，然后根据请求，调用相应的扩展应用程序进行处理，该应用程序再和数据服务器进行通信，然后扩展应用程序将处理结果返回给 Web 服务器；最后，Web 服务器再将结果返回给浏览器。所以，系统的主要逻辑处理都在应用层。

(3) 数据层

数据层就是数据库服务器。数据层中包含系统的数据处理逻辑。主要任务是接受 Web 服务器对数据库操作的请求，实现对数据库查询、修改、更新等功能，把运行结果提交给 Web 服务器。数据层的实现同 C/S 三层架构。

(4) 客户层与应用层的连接

客户层与应用层的连接主要是通过 TCP/IP 协议。

(5) 应用层与数据层的连接

应用层与数据层的连接包括 ODBC、BDE、ADO、JDBC 等连接方式，具体连接方式同 C/S 三层架构。

B/S 三层架构的逻辑模型如图 2-8 所示。

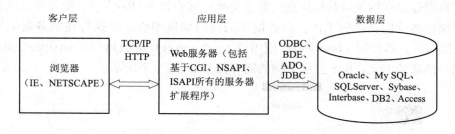

图 2-8　B/S 三层架构的逻辑模型

3) B/S 三层架构的优势

B/S 三层架构除了具有 B/S 两层架构的所有优点之外，还增加了数据库的优势。主要有下列优点。

（1）分布计算的基础架构

多层的 B/S 应用可以更充分地利用系统资源，在大型的联机应用中，数据库面临的客户机数量是非常庞大的，使用传统的客户机/服务器模式可能根本无法胜任。通过中间层的缓冲，连接数据库的用户数大大减少。虽然增加了应用层，并不会使系统的性能和可靠性降低。因为在动态分布式计算系统中，客户端程序不必要确切指出应用服务的网络地址，如果应用服务器超负荷，通过统一的管理程序调度将请求转移到其他应用服务器上来消除瓶颈。

（2）系统安全更易于管理

B/S 三层架构在客户机与数据库服务器之间增加了一层 Web 服务器，使两者不再直接相连，通过对中间层的用户编程可实现更加健全、灵活的安全机制。客户机无法直接对数据库操纵，有效地防止用户的非法入侵。

（3）增加数据库

由于增加了数据库，B/S 架构的功能更加完善，更符合实际的需要，而且方便用户随时随地对数据进行存储、修改、查询等操作。

4）B/S 三层架构的局限

与前面几种架构相比，B/S 三层架构几乎没有局限；唯一的不足就是实现三层架构的软件系统需要多种技术的支持，智能化程度不高。

5）B/S 三层架构和 C/S 三层架构的比较

B/S 三层架构和 C/S 三层架构从架构上看，都是三层。而且三层中的第三层即数据层都是一样的，就是客户层和应用层以及它们之间的连接是不一样的。

（1）客户层

C/S 模式的客户端上运行的是单独的应用程序，而且这个应用程序需要单独开发、安装和配置。B/S 模式的客户端指的是浏览器，而浏览器一般附带在操作系统中，一般不需要另外开发和安装。所以，B/S 模式的客户端比 C/S 模式的客户端要简单、方便。

（2）应用层

C/S 模式的应用层是一系列的分散的应用程序，每个应用程序中都注册了给客户端调用的过程和方法，随客户端的调用而执行。B/S 模式中的应用层是一个 Web 服务器和 Web 服务器的扩展应用程序，Web 服务器根据客户端的请求调用相应的服务器应用程序来完成处理，再将处理结果返回客户端。

当 C/S 模式的应用层扩展时，客户端要增加相应的调用，这样应用层和客户层都需要改变。但在 B/S 三层架构中应用层增加功能后，客户端并不需要改变，即使要变，也是很简单的改变一个 URL 地址。

（3）客户层和应用层的连接

在 C/S 架构中，客户端和应用服务器端的连接有多种，主要是 COM/DCOM 方式建立连接。在 B/S 架构中是通过各种标准的协议建立连接，主要是 TCP/IP 协议。

2.2.3　开发方式

软件的开发方式主要有委托开发、自主开发、合作开发、购买和租赁等。

1. 委托开发

委托开发是由用户（甲方）委托具有丰富的软件开发经验的机构或专业开发人员（乙方），按照用户的需求完成软件开发的各项任务。这种方式要求用户配备精通管理业务的人员参与并协调系统开发的全过程，不必配备专业技术人员。

委托开发方式适合于用户单位无系统分析、系统设计及软件开发人员或开发队伍力量较弱但资金较为充沛的组织和单位。用户应当在调查研究的基础上，向委托开发单位提出软件的目标和需求。在开发过程中，用户应派出精通管理业务的人员参与开发方案的研究、监督控制开发进程，以保证系统的质量。

委托开发的主要优点是：符合社会化分工的要求；软件开发质量较高；用户省时省事。

委托开发的主要缺点是：开发费用较高；维护依赖开发单位的长期支持。

2. 自主开发

自主开发是指用户依靠自己的力量独立完成软件开发的各项任务。这种方式适合于拥有较强的系统分析与设计队伍、程序设计人员和系统维护使用队伍的组织和单位，如高等院校、研究所、软件公司等。

自主开发的主要优点是：开发费用少；维护方便；满意度较高。

自主开发的主要缺点是：开发队伍的专业化水平不够；开发的软件质量不高。

3. 合作开发

合作开发方式是指用户（甲方）和有丰富的软件开发经验的机构或专业开发人员（乙方）共同完成软件开发的各项任务。这种开发方式通常是建立一个联合开发小组，由甲方精通管理业务的人员、计算机技术人员和乙方开发人员组成，共同参与系统分析和设计，分工实施，并以用户为主开展系统转换及系统管理与维护等工作。

合作开发方式适合于用户单位有一定的系统分析、设计及软件开发人员，但开发队伍力量较弱，希望通过与软件公司合作开发，完善和提高自己的技术队伍。双方共同开发系统实际上是一种半委托性质的开发工作。

合作开发的主要优点是：有利于用户单位开发队伍的培养；有利于系统维护；相对于委托方式可以节约资金。

合作开发的主要缺点是：双方在合作中沟通容易出现问题；责任难以明确划分。

4. 购买

购买方式是指用户根据自己的需求，在系统分析的基础上，选择并购买市场上符合要求的商品化管理软件。这种方式对于功能单一的小型软件颇为有效。但对于规模较大、功能复杂、需求不确定性高的软件，选择合适的商品化软件本身就并不容易，而且往往由于各种原因要做较大的改动，并且还要花力气编制必要的接口软件。

购买方式的主要优点是：软件产品可靠性、稳定性高，反映了先进的企业管理思想；对于用户来说，省时省事；费用较低。

购买方式的主要缺点是：软件维护困难；购买的软件专用性较差，难以满足用户单位的个性化需要。

5. 租赁

租赁方式是指用户根据自己的需求，选择并租赁市场上符合要求的管理软件。这是一种新型的软件开发方式，用户不必关心软件如何开发，更不用担心软件的升级维护，用户在需要的时候,可以随时从租赁商那里获得软件系统的服务;反之,可以随时停止租赁这种服务。而租赁商为了扩大市场,就会为用户提供更好的服务。

租赁方式的主要优点是:对于用户来说,省时省事,并能获得较好的软件服务;软件产品可靠性、稳定性高,反映了先进的企业管理思想;费用较低。

租赁方式的主要缺点是:用户的数据一般都存放在租赁商的服务器上,在诚信体系、电子信息法律体系还不完善的情况下,用户单位的风险较高。

在选择软件的开发方式时,需要根据用户单位的技术人员情况、资金情况、软件规模、信息安全要求等因素综合考虑,选择适合用户单位自己实际情况的软件开发方式。

不论选择哪一种开发方式,都需要用户单位的领导和业务人员参加、熟悉管理的用户参与。开发队伍由用户单位、开发单位和咨询机构三方人员组成,开发单位的项目小组由项目负责人、系统分析师、系统设计师、软件工程师、程序员、测试员、文档员、维护员、后勤保障人员等组成,并在整个开发过程中,注意培养、锻炼、壮大用户单位的系统开发和维护队伍。

2.2.4 开发方法

1. 生命周期法

存在于时间域中的一切事物,都遵循"发生—发展—衰亡"的生长过程,任何系统也都会经历一个发生、发展和衰亡的过程,管理信息系统也不例外。一个系统经过系统分析、设计和实施,在投入使用了若干年以后,可能由于新情况、新问题的出现,人们又提出了新的目标和新的要求,从而要求设计更新的系统。这种周而复始、循环不息的过程就是系统的生命周期。所谓生命周期法就是按照管理信息系统生命周期的概念,严格地按照系统生命周期过程及其各个阶段规定的步骤去开发系统。

生命周期法将管理信息系统的整个开发过程,从开始到结束划分为系统规划、系统分析、系统设计、系统实施、系统运行和维护5个阶段,并且预先定义好每个阶段的任务和目标,再按一定的策略和准则按部就班地完成相应阶段的任务。每一阶段工作的开始,都以上一阶段工作的检验和确认为条件。管理信息系统的生命周期模型如图2-9所示,其开发模式就如同多级瀑布一样,所以称为"瀑布模型"。

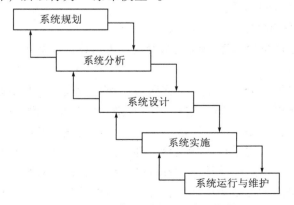

图2-9 管理信息系统的生命周期模型

1) 生命周期法的基本思想

生命周期法的基本思想是用系统工程的思想和工程化的方法，按用户至上的原则，采用结构化、模块化方法对系统进行自顶向下的分析与设计。具体地说，就是先将整个信息系统开发过程视为一个生命周期，划分出若干个相对独立的、相互连接的阶段，如系统分析、系统设计、系统实施等。每个阶段有明确的任务，要产生相应的文档。上一阶段的文档就是下一阶段工作的依据。

在开发中坚持自顶向下地进行系统的结构化开发。在系统调查时，从最顶层的管理业务入手，逐步深入至最底层。在系统分析设计过程中提出新系统方案时，从整体考虑入手，先考虑系统整体的优化，然后再考虑局部的优化，对系统逐步进行深入分析与设计。在系统实施阶段，则坚持自底向上地逐步实施。也就是说，组织人力从最底层的模块编程做起，然后按照系统设计的结构，将模块一个个拼接到一起进行调试，自底向上、逐步实现整个系统的功能，构成整个系统。

2) 生命周期法的特点

（1）用系统的观点指导系统开发

在系统开发中使用结构化、模块化方法，运用系统的方法分析复杂的系统。

为了增强系统各部分的独立性，便于系统的实现和维护，需要采用结构化的思想方法，自顶向下地进行系统分析与设计，而在系统实施时采用自底向上逐步实施的策略。即：采用"自上而下"与"自下而上"相结合的开发策略，进行系统开发。

在系统分析与设计时从全局考虑，自顶向下地工作（从全局到局部，从领导到普通管理者），把系统划分为若干层次，最后划分出模块；在系统实现时，则要在各个模块的基础上进行"自下而上"的物理设计和编程，根据设计的要求先编制一个个具体的功能模块，开发和调试各个模块，然后实现模块联调和整个系统联调，逐步实现整个系统。

（2）强调用户至上、面向用户的观点

在系统开发中预先明确用户要求，根据用户需求设计信息系统。用户是整个管理信息系统开发的起源和最终归宿，用户的参与程度和满意程度是系统最终成功与否的关键，用户对系统开发的成败是至关重要的。故在系统开发的全过程中，坚持对用户开放的观点，必须与用户保持密切联系，强调开发人员与用户的紧密结合，充分了解用户对系统的需求和愿望，让用户了解系统的进展，尽可能多地让用户了解新系统，随时采纳用户的合理建议和要求，以保证开发工作的正确方向和质量。

（3）强调开发工作的阶段性

在系统开发过程中严格区分不同的工作阶段，逻辑设计和物理设计分别进行；强调阶段成果的审查和检验。

将整个系统开发过程划分为若干个工作阶段，每个阶段都有其明确的任务和目标，而每一阶段又可划分为若干个工作步骤。这种有序安排不仅条理清楚，便于计划管理和控制进度，而且后一阶段的工作又基于前一阶段的成果，前后衔接，基础扎实，不易返工。

在系统分析阶段集中精力进行逻辑设计，即利用一定的图表工具构造出新系统的逻辑模型。据此在系统设计阶段再进行具体的物理设计，将逻辑模型转化为物理模型。逻辑设计和物理设计分开的好处是人们可以集中精力去完成各自的任务，从而降低问题的复杂程度，避免系统开发的不必要反复。

（4）开发过程的工程化和文档化

系统开发按照工程管理进行，严格绘制各种系统开发蓝图。系统开发的每个阶段都必须建立相应文档，所有工作文件及编写文档的图表工具必须标准化与规范化，严格按照统一的标准整理、归档，便于管理、交流和使用，使开发人员与用户有共同语言。文档不仅为系统的运行和维护提供了详细的依据，而且它是新系统的一个重要组成部分。

3）系统开发的生命周期

整个开发过程可以划分为系统调查与分析、系统设计、系统实施和系统运行维护等阶段，每个阶段又分成若干步骤（见图2-10）。系统开发生命周期各阶段的主要任务如下所述。

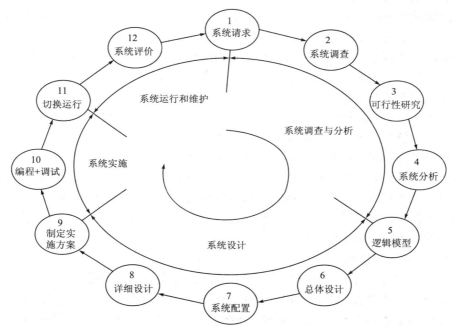

图2-10 系统开发的生命周期

（1）系统调查与分析阶段

当现有管理信息系统不能适应管理工作的需要时，管理人员就会提出开发新系统的要求。此时就需要由有关人员进行初步调查、进行系统开发的可行性分析。在可行性分析获得通过后，需要组成专门的新系统开发领导小组，制订系统开发的进度计划，负责新系统开发工作。系统开发，如果采用外包方式，还要有招标、评标的过程。

在系统分析阶段需要分析组织是否存在问题，这些问题是否可以通过建设新系统或改造原系统的方法加以解决；定义解决方案所能达到的目标，制定各种可能的选择方案。

系统方案的制定实质上是新系统逻辑模型的设计，在对现行系统的详细调查、分析基础上，应用一系列图表工具进行系统目标分析，子系统划分和功能模块设计，构造出新系统的逻辑模型，并给出新系统的逻辑设计说明书。如果对系统逻辑模型不满意，则要反馈修正这一模型；如果满意，则进入下一阶段的系统设计工作，即物理模型设计。

系统分析是使系统开发达到合理、优化的重要阶段，该阶段工作深入与否直接影响到新系统的可用性、质量和经济等指标，它是系统开发成败的关键。

（2）系统设计阶段

系统设计阶段的主要任务是根据新系统的逻辑模型进行物理模型设计。即设计信息系统应用软件的总体结构及系统配置方案等。继而对物理模型进行详细的设计，具体确定数据库结构、代码、数据流向与接口、人机对话过程、用户界面设计、输入/输出设计、处理过程和模块功能设计。最后，编写系统设计方案报告。如果对系统设计阶段所提出的物理模型不满意，则反馈修改模型；如可行，就进入系统实施阶段。

（3）系统实施阶段

系统实施阶段是将设计的系统付诸实现。系统实施阶段任务包括计算机等物理设备的购置、安装和调试，同时按照物理模型实现应用软件的编制和测试、人员培训及数据准备，然后进行系统调试和切换、投入试运行、系统交付使用等工作。如有问题，则修改程序；如果满意，则进入系统运行维护阶段。

这个阶段的特点是几个互相联系、互相制约的任务同时展开，须精心安排、合理组织，按实施计划分期分批完成，并对实施情况及时提供实施状况报告。

（4）系统运行和维护阶段

系统投入运行后，需要经常进行维护和评价，记录系统运行的情况，根据一定的规格对系统进行必要的修改，评价系统的工作质量和经济效益。

系统运行维护阶段任务是：同时进行系统的日常运行管理、评价和监理审计三部分工作。然后分析运行结果，如果运行结果良好，则交付管理部门，辅助生产经营活动；如果有问题，则对系统进行修改、维护，或者进行局部调整；如果出现了不可调和的大问题，则用户将会进一步提出开发新系统的要求，这标志着老系统生命的结束，新系统的诞生。这一全过程就是所谓的系统开发生命周期。

4）生命周期法的优缺点

生命周期法适合于大型信息系统的开发，它的主要优点如下所述。

① 注重系统开发过程的整体性和全局性。在开发策略上强调采用"自顶向下"的原则分析和设计系统，首先解决全局问题，强调在系统整体优化的前提下，考虑具体的解决方案。

② 严格区分工作阶段。整个开发过程阶段和步骤清楚，每一阶段和步骤均有明确的成果，作为下一步工作的依据。这样有利于整个项目的管理与控制，避免了开发过程的混乱状态。

③ 立足全局，步步为营，减少返工，有利于提高开发质量，加快开发进度。

④ 目标明确，阶段性强，开发过程易于控制。适用于TPS、MIS等开发结构化问题的系统。

但是，在实践过程中也暴露出这种方法的一些缺陷，如下所述。

① 开发过程复杂烦琐，难以准确定义用户需求。获得精确的需求要花费大量时间，系统开发人员和最终用户各自使用的语言不同，可能产生沟通障碍。

② 系统开发周期过长，难以适应环境的变化。

③ 见效慢，风险较大。有些较小的项目不适宜用生命周期法，如果在系统开发的初期遗漏了一个需求，那么在后期更正该错误时，代价可能会很高。

④ 相当耗费资源。

⑤ 不适用于面向决策的系统开发。

2. 原型法

原型法是系统开发发展到一定阶段的产物，目的在于解决结构化开发方法中的一些缺陷，实现开发人员与用户间的有效沟通。

1）原型法的基本思想

原型法的开发思路是在系统开发的开始阶段，首先由用户与开发者合作，在系统的主要需求上取得一致意见后，依据开发人员对用户需求的理解与用户共同确定系统的基本要求和主要功能，很快开发出一个功能不十分完善、实验性的、简易的应用软件系统，即给出一个满足用户需求的初始系统原型。用户在运行使用这个原型基础上，通过对其评价，提出改进意见，设计人员根据改进意见对原型进行修改。这一使用、评价、修改过程反复进行，使原型逐步完善，直到完全满足用户的需求为止。其开发过程是多次重复、不断演进的过程（见图 2 - 11），原型法的基本思想如下所述。

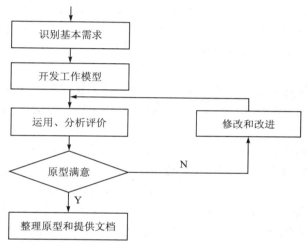

图 2 - 11　原型法开发步骤

（1）并非所有的需求在系统开发以前都能准确地定义

需求的预先定义虽然在某些情况下是可能的，但往往由于用户和项目参加者的个人原因导致在很多情况下难以实现。况且人与人之间的观点很难达到完全一致。用户与专业人员对计算机、具体业务的理解也有一定的差距，用户很善于叙述其对象、方向和目标，但对于如何实现却不甚清楚或难以确定，只有看到一个具体的应用系统才能清楚地了解到自己的需要和系统存在的缺点，并能提出更具体的需求。

（2）提供快速的系统建造工具

在建造系统时，强调提供快速的原型建造工具，实现在工具的支持下迅速建立起原始系统，并能够方便地对原始系统进行修改、扩充、变更和完善。目前所谓应用生成器和第四代生成语言，都是原型法的有力支持工具。

由于原型法需要快速形成原型和不断修改演进，要求系统的可变性好，易于修改，因此，采用这种方法必须具有形成原型和修改原型的支撑工具，如系统分析和设计中各种图表的生成器、计算机数据字典和程序生成器等。这些支撑工具的发展对原型法的推广使用起着相辅相成的作用。

（3）需要有实际的、可供用户参与的系统模型

开发一个新的系统，提供一个能演示的模型比提供书面的文档和图表更直观、更生动、

管理信息系统

更具有说服力。原型法可以为人们提供一个生动的、动态的模型，并对在模型演示过程中暴露出来的问题进行迅速修改和完善。

文字和静态图形是一种比较好的通信工具，然而其最大的缺点是缺乏直观的、感性的特征，因而往往不易理解对象的全部含义，而实际系统能够提供一个生动活泼的动态模型，用户见到的是一个运行着的系统，并且系统运行暴露出来的问题可以得到迅速修改和完善。

(4) 系统开发中大量的反复修改是必要的和不可避免的

用户的需求是多变的，这在预先定义需求的结构化方法中是难以接受和实现的。原型法则不同，它认为用户需求的反复多变是一种正常现象，是不可避免的。

随着原始系统的运行，用户不断积累经验，并充分发挥自己的想象，提出更新的需求。因此，在确定用户最终的需求时，反复是完全需要的。只有这样，才可能达到用户和系统间的良好匹配，而且所开发的系统也容易为用户所接受。

2) 原型法的特点

原型法作为管理信息系统的一种开发方法，从原理到实现的流程都十分简单。但就是这一看似简单的方法，近年来却备受推崇，在实际应用中取得了巨大的成功。

(1) 原型法的优点

第一，从认识论的角度来看，原型法更多地遵循了人们认识事物的规律，因而更容易为人们所普遍接受。人们对事物的认识不可能一次完成，认识和学习的过程应该是循序渐进的，而且往往会受到环境的启发和影响。在这种情况下，人们批评指责一个已有的事物，要比空洞地描述自己的设想容易得多，改进一些事物要比创造一些事物容易得多。

第二，用户参与系统开发的全过程，用户直接掌握系统的开发进度，可以逐步明确用户需求，有直观的系统开发过程。

原型法加强了开发过程中用户的参与和决策，可以缓和通信的困难，用户与开发者思想易于沟通，用户参与积极性高，原型法对开发人员和用户的吸引力都较高。

原型法在系统分析过程中的初期阶段引入了模拟的手段，提供了初始原型，系统开发过程早期就进入人—机测试，使用户直接参与，并引导、启发用户提出准确、完善的系统需求。沟通了人们的思想，缩短了用户和系统分析人员之间的距离，解决了结构化方法中最难以解决的问题——如何发挥用户的主导作用，体现了逐步完善，逐步发展的原则。

第三，原型法提供了生动的文档，提高了人们对系统的安全感。充分利用了最新的、先进的软件开发工具，摆脱了老一套工作方法，大大提高了开发效率，使系统开发的时间、周期缩短，费用减少。系统开发灵活，使用灵活，修改与扩充都很方便。

原型法将系统调查、系统分析和系统设计合为一体，使用户一开始就能看到系统开发后的情形，消除了用户心中的种种疑虑，更便于系统今后工作的移交、运行和维护。

第四，用户接受程度高。用户只要经过简单培训，就能很快掌握使用的方法。

(2) 原型法的缺点

尽管从表面上看，原型法绕开了生命周期法中系统分析过程所面临的各种矛盾，系统分析所花费的时间大为缩短，并且减少了开发人员对用户需求的误解，从而降低了系统开发的风险。但原型法还是存在着种种局限，具体表现在以下几个方面。

第一，要求管理基础工作完整、准确，一般只适用于小型系统。对于那些原来管理基础不够完善、信息处理混乱的企业，其自身工作过程不清晰，这样开发人员就很难构造出原型，并且由于用户的工作水平和他们长期所处的混乱环境的影响，容易使设计者走上机械模拟原有混乱手工系统的道路。

对于大型系统的开发，原型法常常显得无能为力。因为大型系统，如果不经过详细的系统分析和系统设计，而想将其功能直接用屏幕来一个个的模拟是十分困难的。

第二，频繁的需求变化会增加开发管理的难度。由于原型法不经过系统分析，因此整个系统没有一个完整的概念，各子系统之间的接口不明确，系统开发的文档无法统一，容易给以后的维护带来困难。导致项目小组忽略彻底的测试和文档的健全。容易掩盖需求、分析和设计等方面的问题。

第三，需处理原型的集成、系统支撑结构和共享数据库结构的规划等问题。原型法很少考虑实际的运行操作环境，到了实际运行环境，所建的原型可能无法登录大量的用户、处理大量的事务。

第四，对于有大量运算、逻辑性较强的程序模块，原型法很难构造出模型来供用户评价。因为这类问题没有过多的交互方式，也不是三言两语就能把问题说清楚的。

（3）原型法的改善

在实际开发系统时，原型法既可以单独作为管理信息系统开发工具也可以作为生命周期法的补充，甚至可以在整个系统的开发过程中始终作为生命周期法的辅助工具。可以把生命周期法与原型法结合起来使用，用生命周期法作为主要工具，用原型法对开发过程进行完善，形成一种综合性的系统开发方法。

系统综合法开发方法主要是在系统的整体开发过程中采用生命周期法的设计思想，但是在系统分析与系统初步设计阶段中则采用原型法制作原始模型，与用户反复交流达成共识后，继续按生命周期法进行系统详细设计、系统实施与转换、系统维护与评价的工作。综合法的优点是它兼顾了生命周期法开发过程控制性强的特点及原型法开发周期短、见效快的特点。在管理信息系统开发中，可针对不同的实际情况，合理采用综合法，使开发过程更具灵活性，从而取得更好的开发效果。

3. 面向对象开发方法

从 20 世纪 90 年代开始兴起的面向对象法为人类认识事物进而开发系统提供了一种全新的系统开发方法。

面向对象法是软件开发研究的一个热点。它与前面介绍的两种方法有很大的不同，生命周期法与原型法方法虽然在系统开发的阶段划分和顺序上各有特点，但基本上是面向数据或面向过程的。即在获得基本的系统需求以后，要从需求中提炼出数据流或把需求转换为过程，而不是直接在客观需求上展开工作，问题论域（系统需求）与求解论域（系统分析、设计或实现）是不一致的，由此引发了一些问题和隐患。面向对象的方法直接从系统需求出发，把需求分解成对象和类，数据和操作都"隐藏"于对象之中，通过对象的定义、操作来实现系统，从而达到了问题论域和求解论域的一致，是一种全新的系统开发方法。

面向对象方法认为，客观世界由各种各样的对象组成，每种对象都有各自的内部状态和运动规律，不同对象之间的相互作用和联系就构成各种不同的系统。当我们设计和实现一个客观系统时，首先应对问题空间进行自然分割，使之更接近人类思维的方式，建立问题域模型，以便对客观实体进行结构模拟和行为模拟，从而使设计出的系统尽可能直接地描述现实世界，构造出模块化的、可重用的、维护性好的系统，并能控制系统的复杂性和降低开发维护费用。如能在满足需求的条件下，把系统设计成由一些不可变（相对固定）部分组成的最小集合，这个设计就是最好的，而这些不可变的部分就是所谓的对象。

1) 面向对象开发方法的基本概念

面向对象开发方法的中心是围绕着对象、类、属性、事件和消息等概念展开，其中对象、类是该方法的核心。

（1）对象（object）

对象就是客观世界中的任何事物在计算机程序世界里的抽象表示，或者说，是现实世界中个体的数据抽象模型。对象是一个封闭体，它由一组数据和施加于这些数据上的一组操作构成。对象由这样几个部分组成：标识、数据、操作和接口。

① 标识：即对象的名称，用来在问题域中与其他对象相区别。

② 数据：即描述对象属性的存储或数据结构，表明了对象的一种状态。

③ 操作：即对象的行为。它分为两类：一类是对象自身承受的操作，即操作结果修改了自身原有属性状态；另一类是施加于其他对象的操作，即将产生的输出结果作为消息发送的操作。

④ 接口：主要指对外接口，是指对象受理外部消息所指定操作的名称集合。

一般来说，现实世界中可以独立存在的，能够被区分的一切实体（事物）都是对象。我们所研究的对象，只是现实世界中实体或概念在计算机中一种抽象模型化的表示。在这种抽象事物中封装了数据和操作，通过定义属性和操作来描述其特征和功能，通过定义接口来描述其地位及与其他对象的相互关系，从而形成一个动态的对象模型。对象的本质就是数据与操作的封装。

面向对象开发方法中的对象就是一些可重用部件，是面向对象程序设计的基本元素。

（2）类（class）

类又称为对象类，是具有相同或相似结构、操作和约束规则的对象组成的集合，是一组对象的属性和行为特征的抽象描述，或者说，是具有共同属性、共同操作方法（性质）的对象集合。

类中最基础的称为基类，是派生其他子类的基础。基类只考虑通用特征与功能，用户可以从基类中派生出许多子类。子类往往是在继承基类的基础上，又增加一些新的特性与功能构成。子类也像基类一样可以派生出对象。

类由类说明和类实现两部分组成。类说明描述了对象的状态结构、约束规则和可执行的操作，定义了对象类的作用和功能。类实现是由开发人员研制实现对象类功能的详细过程及方法、算法和程序。

（3）属性（attribute）

属性就是对象的特性，是对象外观及行为的特征。对象的属性可以在建立对象时从其所属的类（或子类）继承，也可以在对象创建或运行时进行修改与设置。

（4）事件（event）

事件是对象可以识别和响应的行为与操作，它一般由用户或系统来触发。事件是固定的，用户不能再创建新的事件。

(5) 消息（message）

客观世界的各种事物都不是孤立的，而是相互联系、相互作用的。实际问题中的每一个个体也是相互联系、相互作用的，个体之间的相互联系反映了问题的静态结构，相互作用则反映了问题的动态变化。为能够反映出对象或对象类之间的相互联系和作用，就需要在他们之间发布、传递消息，即向其他对象发出服务请求。

2）面向对象方法的特点

面向对象方法在解决问题的概念和方式上与人们认识世界的方式是完全一致的，因此，易于被人们所接受，任何繁杂程序的建立、维护等工作都变得比较容易。尤其是面向对象法以对象为基础，利用特定的软件工具直接完成从对象客体的描述到软件结构之间的转换，在设计中容易和用户沟通。面向对象方法的应用，解决了从分析和设计到软件模块结构之间转换映射的繁杂过程，缩短了开发周期，是一种很有发展前途的系统开发方法。

面向对象的方法与传统方法比较有重大突破。主要表现在面向对象方法的特点上：封装性、抽象性、继承性和多态性。

(1) 封装性

封装又称信息隐蔽。它是将软件组成部件（模块、子程序和方法等）分离或隐藏为单一的设计。即用户只能看见对象封闭界面上的信息，对象内部对用户而言是隐蔽的。

面向对象方法中，程序和数据是封装在一起的，对象作为一个实体，其操作隐藏在方法中，其状态由对象的"属性"来描述，并且只能通过对象中的"方法"来改变，外界无从得知。封装性构成了面向对象方法的基础。因而，这种方法的创始人 Coad 和 Yourdon 认为，面向对象就是"对象+属性+方法"。

(2) 继承性

继承性是类特有的性质，类可以派生出子类，子类自动继承父类的属性与方法。这样，在定义子类时，只需说明它不同于父类的特性，从而可大大提高软件的可重用性。

一个类的上层可以有父类，下层可以有子类，形成一种层次结构。父类是下层子类的概括，因此子类可以继承父类的属性、操作和约束规则，这就是类继承机制。继承性使面向对象的系统具有较好的可扩充性和灵活性，因而有利于软件系统的维护。

继承性是一种表达相似性的机制，是自动地共享类、子类和对象中的数据及方法的机制。继承性是面向对象方法实现可重用性的前提和最有效的途径，它不仅支持系统的可重用性，而且还促进了系统的可扩充性。因此，继承机制又称可重用机制或代码共享机制，它是软件部件化的基础。继承机制很好地避免了属性描述信息和操作程序信息的冗余，简明自然地把客观事物的行为和状态及个体之间的层次关系和所属关系抽象为计算机的数据模型或算法程序。

(3) 抽象性

对象抽象机制就是把对象的动态特性和静态特性抽象为数据结构，以及在数据结构上所施加的一组操作，并把它们封装在一起，使对象状态变成对象属性值的集合，对象行为变成能改变对象状态的操作方法（算法和程序等）的集合，变成对象功能或作用的集合。

面向对象的抽象封装使对象信息隐藏在局部。当对象进行修改，或对象自身产生错误的时候，由此带来的影响仅仅是局限在对象内部而不会波及其他对象乃至整个系统环境，这极大方便了软件的设计、构造、检错和修改。

（4）多态性

同一消息发送到不同类或对象可导致不同的操作结果，即类或对象可以根据自身的条件和环境进行不同的处理，这使软件开发设计更便利，编码更灵活。

3）面向对象方法的开发过程

根据对象的特性，依照面向对象的基本思想，可将面向对象方法开发系统的工作过程分为4个阶段。

（1）系统调查和需求分析

对系统将要承担的具体问题及用户对系统开发的需求进行调查研究。即先解决系统要干什么的问题。

（2）分析问题的性质和求解问题

在繁杂的问题域中识别抽象出对象及其行为、结构、属性和方法等。这一阶段一般被称之为面向对象的分析，简称为OOA。

（3）整理问题

即对分析的结果做进一步的抽象、归类、整理，最终以范式的形式将它们确定下来。这一阶段一般被称之为面向对象的设计，简称为OOD。

（4）程序实现

即用面向对象的程序设计语言将上一步整理的范式直接映射（即直接用程序语言来取代）为应用程序软件。这一阶段一般被称之为面向对象的程序设计，简称为OOP。

下面，主要介绍OOA和OOD所包含的具体内容，OOP是一个直接映射过程，这在一般的面向对象程序设计书籍中有详细的介绍，这里就不再叙述了。

4）OOA方法

面向对象的分析方法，即OOA方法，是面向对象系统开发方法的组成部分。在一个系统的开发过程中完成系统业务调查后，就可以按照面向对象的思想来分析问题了。应该注意的是，OOA与结构化分析有较大的区别。OOA所强调的是在系统调查资料的基础上，针对面向对象方法所需要的素材进行归类分析和整理，而不是对管理业务现状的分析。

（1）对象模型的建立

OOA分析方法是建立在对处理对象客观运行状态的信息模拟和面向对象程序设计语言的概念基础之上。它从信息模拟中吸取了属性、关系、结构，以及对象作为问题域中某些事物的、实例的表示方法等概念；从面向对象的程序设计语言中吸取了属性和方法的封装，属性和方法作为一个不可分割的整体及分类结构和继承性等概念。在用OOA具体地分析一个事物时，大致上遵循如下5个基本步骤。

第一步，确定对象和类。

这里所说的对象是对数据及其处理方式的抽象，它反映了系统保存和处理现实世界中某些事物信息的能力；类是多个对象的共同属性和方法集合的描述，它包括如何在一个类中建立一个新对象的描述。

标识对象的首要目的是使一个系统的技术表示同现实世界的联系更加密切；第二个目的是希望产生一个稳定的框架模型，以便考虑问题空间并收集用户要求；第三个目的是避免从系统分析到设计时改变系统的基本表示。

那么，如何确定对象呢？首先从应用领域的相关文字资料入手，寻找结构，其他系统、设备、事件和作用等。分析每一个对象的属性、处理方法和处理过程，准确地命名和表示每一个对象。

例如，某一银行准备开发一个自动取款系统，该系统由自动取款机（ATM）、分行中央计算机、分理处计算机及柜员出纳机组成的系统。柜员用出纳机处理与储户账户有关的储蓄事务，储户可以用磁卡在 ATM 上处理取款、转账等事务。根据这些业务描述可以确认该系统的对象类有 ATM、中央计算机、分行计算机、柜员出纳、分行、分理处、柜员、储户、事务、账户等，参见图 2-12。

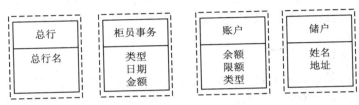

图 2-12 ATM 对象类模型

第二步，确定结构。

这里所说的结构是指问题域的复杂性和连接关系，类成员结构反映了泛化-特化关系，整体-部分结构反映了整体和局部之间的关系。

分类结构用于应用领域的类-成员层次，它通过搜索公共特性并把这种特性扩充至特例之中来显示现实世界事件的通用性和专用性。例如，通用的交通工具及其特例：汽车、飞机、轮船（见图 2-13）。一些属性和方法适用于所有的交通工具，而另外一些仅适合于汽车、飞机和轮船。根据对象的继承特性，在一个分类结构中，对象共享在它之上定义的属性。例如，交通工具结构中，汽车共享为所有工具定义的属性，如编号、名称和容量等。同样，在一个分类结构中，对象也共享在它之上定义的方法。

从 ATM 例子中不难得到该系统的泛化-特化关系，其中 ATM 的事务与柜员事务是类似的，可以从中泛化出父类——事务。同样，从 ATM 与柜员出纳机中可以泛化出父类——输入站。

组装结构用于刻画一个整体及其组成部分。例如，一辆汽车由发动机、传动装置和刹车装置组成（见图 2-14）。在 ATM 实例中可以分析出整体及组成部分，例如，分行拥有多个 ATM，分理处拥有多个柜员出纳，储户拥有多个账号，储户拥有多个磁卡，事务由多个账户数据更新组成等。

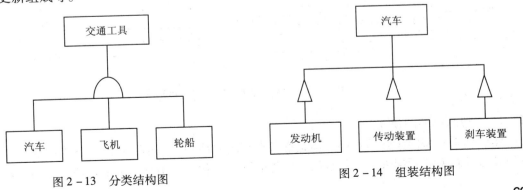

图 2-13 分类结构图　　　　　　　　　　图 2-14 组装结构图

第三步,确定主题(subject)。

这里所说的主题是指事物的总体概貌和总体分析模型。

定义主题时,根据需要,把紧耦合的主题合在一起,对主题进行编号,画出矩形框图,并将主题间的连接在图上表示出来,主题划分的目的在于降低系统的复杂性。例如在 ATM 系统中可以根据不同的处理分成"分行""分理处""ATM"三个主题。

第四步,确定属性。

这里所说的属性就是数据元素,可用来描述对象或分类结构的实例,可在图中给出并在对象的存储中指定。例如,ATM 系统中的事务对象的属性有:日期、金额;账户属性有余额、贷款限额和类型等;磁卡属性有银行名、卡号、密码等;ATM 属性有现有金额等。

第五步,确定方法。

这里所说的方法是在收到消息后必须进行的一些处理方法,方法要在图中定义并在对象的存储中指定。对于每个对象和结构来说,那些用来增加、修改、删除和选择一个方法本身都是隐含的(虽然它们是要在对象的存储中定义,但并不在图上给出),而有些则是显示的,如计算可支取金额等。

根据对象模型的构造步骤可以设计出如图 2-15 所示的银行 ATM 系统的对象模型。

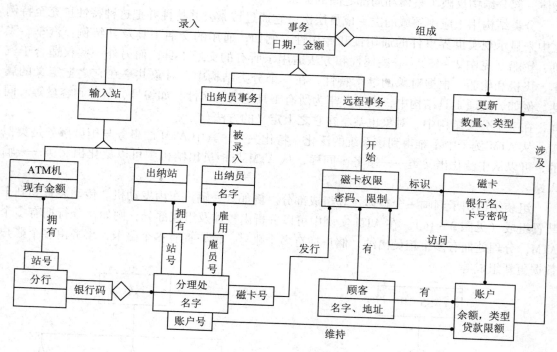

图 2-15 银行 ATM 系统的对象模型

(2)动态模型的建立

建立动态模型的步骤是:第一步是准备典型的对话脚本;第二步从脚本中抽取事件,把它与其目标对象联系起来;第三步组织事件的顺序和状态,用状态图来表现;第四步是比较各个不同对象的状态图，确保事件之间的匹配。

① 编写脚本。脚本是事件序列。每当系统中的对象与外部用户发生互换信息时，就产生一个事件，所互换的信息值就是该事件的参数。对于各事件，应确定触发事件的动作对象和该事件的参数。首先为"正常"情况准备脚本，然后考虑"特殊"情况，最后考虑用户出错情况。还必须考虑各种建立在基本交互行为之上的交互，如帮助要求及状态查询等。

例如，ATM 机与用户交互的正常脚本分析如下：
- ATM 机请求用户插卡，用户插入磁卡；
- ATM 机接受磁卡并读出它的卡号；
- ATM 机要求密码，用户键入密码"2312"；
- ATM 机与分行确认卡号和密码，分理处检查并通知承兑的 ATM 机；
- ATM 机要求用户选择事务类型（取款、存款、转户及查询），用户选择取款；
- ATM 机要求输入现金数量，用户输入￥1 000；
- ATM 机要求分行处理事务，分行把要求传给分理处，确认事务成功；
- ATM 机分发现金并要求用户取现金，用户取现金；
- ATM 机提示用户是否继续，用户指出不继续；
- ATM 机打印收据，退出卡，并请求用户取出它们，用户拿走收据和卡；
- ATM 机请求用户插卡。

而 ATM 机与用户交互的特殊脚本如下所述：
- ATM 机请求用户插卡，用户插入磁卡；
- ATM 机接受卡并读卡号；
- ATM 机要求密码，用户键入"9999"；
- ATM 机与分行确认卡号和密码，在咨询分理处后拒绝它；
- ATM 机指示密码错并请求再键入，用户键入"2312"，分行确认成功；
- ATM 机请求用户选择事务类型，用户选择取款；
- ATM 机请求键入现金数量，用户改变选择并键入"CANCEL"（取消）；
- ATM 机退出卡并请求用户拿走卡，用户取出卡；
- ATM 机请求用户插卡。

② 分析事件踪迹。检查脚本的各个步骤以确定所有外部事件。事件包括所有来自或发往用户的信息，外部设备的信号、输入、策略、中断、转换和动作，使用脚本可以发现正常事件，但不要遗漏条件和异常事件。

将各种类型的事件放入发送它和接受它的对象中，事件对发送者是输出事件，对接收者则是输入事件。有时对象把事件发送给自身，这种情况下事件是输出事件也是输入事件。

把脚本表示成一个事件跟踪表，即不同对象间的事件排序表，对象为表中的列，若同一类中的多个对象存在于这个脚本中，则给每一个对象分配一个独立的列。图 2-16 示出了 ATM 系统的事件跟踪。图 2-17 为 ATM 系统事件流图，它给出类之间的所有事件。事件流图是对象图的一个动态对照，对象图中路径反映了可能的信息流，而事件流图反映了可能的控制流。

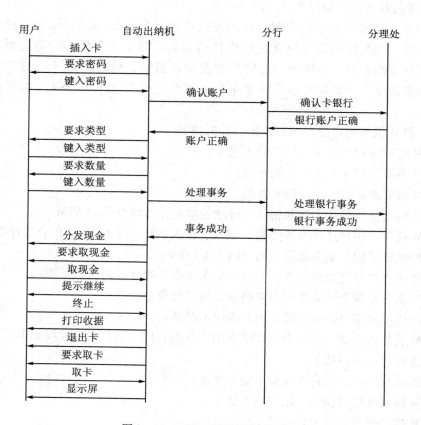

图 2-16 ATM 系统的事件跟踪

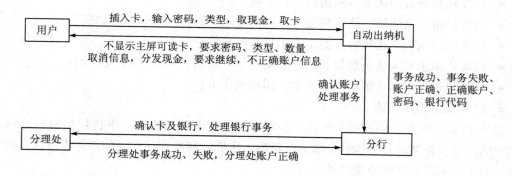

图 2-17 ATM 系统事件流图

③ 分析状态变化。对象的状态变化用状态图表示。状态图反映了对象接受一个事件后，对象的状态是否发生变化，如果对象的状态不变化，在状态图中可以省略该事件，在两个事件之间的间隔就是一个状态。在绘制状态图时候，一般首先考虑正常事件所引发的对象状态变化，然后再考虑特殊事件和出错事件所引发的状态改变。在绘制状态图过程中需要逐渐将不同脚本事件跟踪图合并到已经绘制出的状态图中，这样在状态图涵盖了对象的所有脚本

后，对象的状态图就构造出来了。完成系统所有对象的状态图设计后，就完成了系统动态模型设计。

例如，在 ATM 系统中，ATM 机、出纳站、分行和分理处对象都是动作对象，用来互换事件；而现金卡、事务和账户都是被动对象，不交换事件。顾客和出纳员都是动作对象，他们同录入站的交互作用已经表示出来了。但顾客和出纳员对象都是系统外部的因素，不在系统内部实现。图 2-18 示出了"ATM"类状态图，图 2-19 示出了"分行"类状态图，图 2-20 示出了"分理处"类状态图。

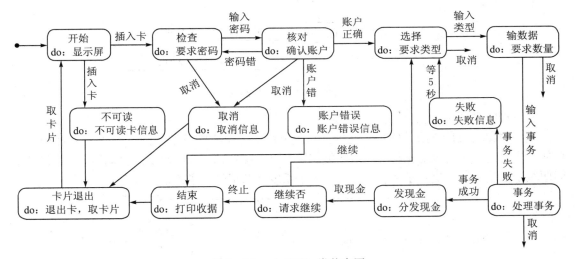

图 2-18 "ATM"类状态图

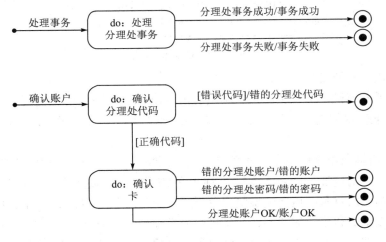

图 2-19 "分行"类状态图

（3）功能模型的建立

系统功能模型主要反映了系统中的数据之间关系，主要由数据流程图组成，其中的处理功能可以用模块结构图、伪码等表示。具体设计方法将在第 4 章的系统分析中详细介绍。

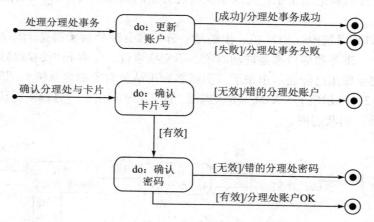

图 2-20 "分理处"类状态图

5) OOD 方法

面向对象的设计方法（OOD）是面向对象方法中一个中间环节。其主要作用是对 OOA 分析的结果做进一步的规范化整理，以便能够被 OOP 直接接受。OOD 的设计内容包含 4 个部分：问题域子系统、人机交互子系统、任务管理子系统和数据管理子系统，如图 2-21 所示。

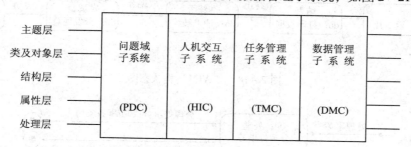

图 2-21 OOD 的组成

（1）问题域子系统设计

在问题域子系统设计中，主要是从实现的角度出发对问题域模型进行一些修改与补充：增加、合成或分解对象类、属性与服务，调整继承关系等。即整理和求精 OOA 所定义的对象。

对于 OOA 所抽象出来的对象、对象类，以及汇集的分析文档，OOD 需要有一个根据设计要求整理和求精的过程，使之更能符合 OOP 的需要。这个整理和求精过程主要有两个方面：一是要根据面向对象的概念模型整理分析所确定的对象结构、属性和方法等内容，改正错误、删去不必要的和重复的内容；二是进行分类整理，以便于下一步数据库设计和程序处理模块设计。整理的方法主要是归类，将对象、对象类、属性、方法、结构和主题归类。

（2）人机交互子系统设计

由于 Windows 系统的流行，现代的计算机信息系统大都采用图形化的用户界面（GUI），表示界面的重要成分是对象，对象包括 3 种元素：它有一定的特性（属性），可以进行一定的操作（方法），可以触发其他过程（事件）。界面设计一般包括窗口、菜单和图标的设计。在设计中应该通过对用户的归类，确定不同用户的系统界面。然后再设计所需要的人机交互类,并注意这些交互类是否能够从现有的系统设计语言中派生。

(3) 任务管理子系统设计

任务管理子系统的设计主要是确定对象之间的相互关系,系统中的哪些对象存在并发行为,哪些对象存在交互行为,哪些对象存在互斥行为。这就需要分析面向对象分析所建立的动态模型,通过检查各种对象的状态图及它们之间的交换事件能够把若干个非并发的对象归并到一条控制线中。所谓控制线,是一条遍及状态图集合的路径,在这条路径上每次只有一个对象是活动的。

系统中的一般任务包括事件驱动型任务、时钟型任务、优先任务、关键任务和协调任务等。任务管理子系统主要对各种任务进行分类,并将任务分配给适当的硬件或软件去执行。

(4) 数据管理子系统设计

数据管理子系统的设计主要是设计数据模型与相应的服务。数据模型的设计需要确定对象、对象类属性的内容、消息连接的方式、系统访问和数据模型的方法等。每个对象实例的数据都必须落实到面向对象的库结构模型中。

面向对象数据库(OODB)是以对象、对象类及其相互关系作为其主要组成,并且以对象模型为基础的一种结构体系。OODB是对象网状结构的代表,而对象则通过封装机制将状态、数据和处理作为一个整体。任何一个对象都是某一个对象类的实例,每一个对象类都是由具有某些共同特征的对象组成。

相应的服务主要是指设计类、对象的存储服务,使对象知道如何存储自己,在问题域子系统和数据管理子系统中建立一座必要的桥梁。这些服务主要提供通知对象保存自己的功能,检索已经存储的对象,包括对对象的查找、读值、创建并初始化对象。

2.3 数据处理技术

近几年,信息技术的爆炸式发展,政府、企业、社会信息化应用的迫切需求,使信息资源从技术应用变成了无处不在的重要经济资源。信息资源推动着经济增长、体制改革、社会变迁和发展,信息资源管理技术也从单一走向综合,正在形成集各种软件于一体的大型信息技术平台。其中的数据处理方式的选择、数据文件的组织和数据库的设计等技术成为信息资源管理的一项重要技术。

2.3.1 数据处理方式

数据处理是指将来自科学研究、生产实践和社会经济活动等各领域中的原始数据,用一定的设备和手段,按一定的使用要求,加工成另一种数据形式的过程。数据处理方式主要有:批处理、联机实时处理和联机分析处理。

1. 批处理

批处理是指将在某一周期内所收集到的数据积累到一定程度后,一次性地成批处理。最常见的情况是,操作员通过带有一定存储容量的终端机,将数据录入,等所有的数据均采集完毕后,将终端与计算机连接,通过通信线路传递给计算机,由计算机在规定的期间内处理完毕。很显然,批处理对计算机系统的要求并不很高,很适合一些大批量数据的处理。但是批处理系统不能反映管理的实时状态,这对一些管理实时性要求高的场合并不合适,一般用于工资处理系统、数据统计等场合。

2. 联机实时处理

联机实时处理(on-line transaction processing,OLTP)是传统的关系型数据库的应用,是基本的、日常的事务处理。在日常生活中,我们能够接触到很多基于联机实时处理的应用系统,比如手机交费、银行交易、火车站售票、医院收费等系统。实时处理方式的好处是显而易见的,它能够及时提供最新的信息,这对需要及时掌握现状的管理系统十分合适。当然,联机实时处理对计算机系统的要求要比批处理系统高得多,缓慢运转的计算机和网络无法同时应对大量客户的实时处理。

3. 联机分析处理

联机分析处理(on-line analysis processing,OLAP)主要通过多维的方式对数据进行分析、查询和报表。它不同于传统的联机实时处理。联机实时处理主要用来完成用户的实时处理,如证券交易系统、银行储蓄系统等,通常要进行大量的更新操作,对交易响应时间要求高。而OLAP应用主要是对用户当前及历史数据进行分析和辅助决策。其典型的应用有对银行信用卡风险的分析与预测、公司市场营销策略的制定等。

2.3.2 文件组织

企业管理中的大量信息是无法同时调入内存进行处理的,系统只能根据处理的需要一部分、一部分地将信息调入内存,这就需要以某种形式将信息组织起来存放在磁盘、光盘等存储介质上,在需要时根据系统的指令将特定的文件调入内存进行处理。

文件由一些相同属性的记录组成,而记录由数据项,即属性构成。文件如果按照存储介质分类,可以分成光盘文件、磁盘文件、磁带文件、打印文件。如果按文件在信息系统中所扮演的处理角色,可以分成主文件、事务文件、工作文件、输入文件和输出文件等。

在信息资源管理中,文件的组织方式十分重要。合适的文件组织便于系统的处理,可加快系统运行的效率。文件的组织有存储在存储设备上的物理组织方式与面向用户进行信息处理要求的逻辑组织方式。从文件的逻辑组织方式看,主要有顺序文件、索引文件、链表文件、杂凑文件和倒排文件等。

1. 顺序文件

顺序文件是文件中的记录按照某些关键字顺序排序的文件。顺序文件中记录的物理次序和逻辑次序一致,对于文件中每一个记录,如果按关键字的顺序是i,则其物理顺序亦为i。顺序文件是根据记录的序号或相对位置进行存取的文件组织形式,其特点是:存取第i个记录,必须先存取前面的第$i-1$个记录;插入记录只能加在文件末尾。

顺序文件的优点是在进行连续存取的信息处理时,可以加快处理速度快,因此主要用于进行顺序存取、批量修改的信息处理中。

2. 索引文件

有时为了便于检索,除文件本身外,另外建立一张指示逻辑记录和物理记录对应关系的索引表，这类包括文件数据区和索引表两大部分的文件称为索引文件。索引表的索引项按顺序排列，而数据文件本身可以按顺序排列，也可以不按顺序排列，前者称为索引顺序文件，后者称为索引非顺序文件。

索引表是由系统程序自动生成的，在输入记录建立数据的同时建立索引表，待全部记录输入完成后再对索引表排序。索引文件的组织方式可以保证记录地址的唯一性，不产生重号，其存取机制也比较简单；缺点是索引表本身要占用一定的存储空间。而且，这种索引只是一种静态索引，各级索引均为线性表结构，其结构虽简单，但修改不方便，每次修改都要重新建立索引。因此索引文件经常用于一些信息查询比较多的场合。

3. 链表文件

链表文件是将索引方法和链接方法相结合的一种文件组织方式。其组织方式是对每个需要查询的次关键字建立一个索引，同时将具有相同次关键字的记录链接成一个链表，并将此链表的头指针、链表长度及次关键字，作为索引表的一个索引项。通常链表文件的主文件是一个顺序文件。

在查找同时满足多个关键字条件的记录时，可先比较多个索引链表的长度，然后选较短的链表进行查找。插入新记录时，相同次关键字链表不按主关键字大小链接时，在主文件中插入新记录后，将记录在各个次关键字链表中插在链表的头指针之后即可。删除记录时，在删除一个记录的同时，需在每个次关键字的链表中删除该记录。

4. 杂凑文件

杂凑文件是利用一种称为杂凑函数的算法所组织起来的文件。杂凑函数将文件记录的鉴别键转换为其所存放的地址，达到即能够快速查找文件记录又可以压缩存储空间的目的。因为这种方法只要调用一个算法过程，而无须占用存储空间作为索引。缺点是不易找到一个良好的算法。使不同鉴别键通过杂凑函数计算后，却得到同一地址，这就产生了所谓的"地址冲突"。解决"地址冲突"的方法是采用溢出表存放那些具有相同地址的记录。

5. 倒排文件

倒排文件是把其中的次关键字索引称作倒排表，倒排表和主文件一起构成倒排文件。在一般的文件组织中，是先找记录，然后再找到该记录所含的各次关键字；而在倒排文件中，是先给定次关键字，然后查找含有该次关键字的各个记录，这种文件的查找次序正好与一般文件的查找次序相反，因此称之为"倒排"。

倒排文件的优点是：在处理复杂的多关键字查询时，可在倒排表中先完成查询的交、并等逻辑运算，得到结果后再对记录进行存取，这样不必对每个记录随机存取，把对记录的查询转换为地址集合的运算，从而提高查找速度。

2.3.3 数据库系统

数据库系统是以一定的组织方式存储在一起的相关数据的集合，它能以最佳的方式，最少的数据冗余为多种应用服务。

1. 数据库系统组成

数据库系统是由计算机系统、数据库、数据库管理系统和有关人员组成的总体。

(1) 计算机系统

计算机系统是指用于数据库管理的计算机硬件/软件系统。数据库需要大容量的主存以存放和运行操作系统、数据库管理系统程序、应用程序及数据库、目录、系统缓冲区等，在辅存方面，则需要大容量的直接存取设备。另外，计算机系统还应具有较高的网络功能。

(2) 数据库

数据库既有存放实际数据的物理数据库，也有存放数据逻辑结构的描述数据库。

(3) 数据库管理系统

数据库管理系统是一组对数据库进行管理的软件，通常包括数据定义语言、其编译程序及数据管理例行程序。

(4) 人员

人员包括数据库管理员（DBA）、应用程序员、专业用户和终端用户。数据库管理员负责建立和维护数据库总的逻辑描述，提供数据的保护措施和编写数据库文件，保证数据库的完整性、明确性和安全性；应用程序员负责设计数据库管理系统，实现数据组织与存取的各种功能，实现数据从逻辑结构到物理结构的映射；专业用户指系统分析员，他们应用数据库查询语言操作数据库；终端用户指数据库管理系统的操作员，利用数据库管理系统的终端来处理各种具体业务。

2. 数据库系统的优点

与文件系统相比，数据库技术提供了对数据更高级、更有效的管理，数据库系统具有如下优点。

1）数据共享性

数据共享的意义是多种应用、多种语言互相覆盖的共享数据集合。在传统的文件组织中，每个数据文件为特定的应用所私有，而数据库是从整体观点来看待和描述数据的，数据不再是面向某一应用，而是面向整个系统的。这样可以大大减少数据冗余，节约存储空间，减少存储时间，又可避免数据之间的不相容和不一致。

2）具有较高的数据和程序独立性

在文件组织中，对文件的访问实际上是对存储数据的物理介质或设备进行访问，一旦更换物理介质或改变文件存储结构，势必影响应用程序。而在数据库系统中，应用程序对存储结构具有较高的独立性，这种独立性是由系统在存储结构和逻辑结构之间提供的映像来获得的。当存储结构或物理结构改变时，只要相应地改变逻辑结构和物理结构之间的映像，就可以使逻辑结构保持不变，从而使建立在逻辑结构之上的应用程序也保持不变。

3）对数据实行集中统一控制

由于数据库中的数据为各种用户所共享，而计算机的共享一般是并发的，即多个用户可以同时使用数据库，因此，数据库系统除了提供统一的数据定义、检索与更新手段外，还需要提供控制数据安全性和完整性的方法，并能保障系统在并发存取数据时的正确执行。

3. 数据库的发展

数据库技术产生于19世纪60年代末期，目前数据库技术已经不再局限于层次数据库、网状数据库和关系数据库，而是不断向新的应用领域发展。

数据库与其他相关技术相结合产生了一些新分支：与面向对象技术相结合产生了面向对象数据库；与分布技术相结合产生了分布式数据库；与并行处理技术相结合产生了并行数据库；与多媒体技术相结合产生了多媒体数据库；与人工智能技术相结合产生了智能数据库、

知识库和演绎数据库；与模糊技术相结合产生了模糊数据库等。数据库面向不同的应用领域出现了一些新分支：面向决策支持出现的数据仓库；面向工程设计出现的工程数据库；面向移动计算环境出现的移动数据库，以及实时数据库、统计数据库等。下面分别介绍几种典型的数据库：分布式数据库、面向对象数据库和 Web 数据库。

1) 分布式数据库

分布式数据库（distributed database，DDB）的研究始于 20 世纪 70 年代中期，它是集中式数据库技术和计算机网络技术相结合的产物。

分布式数据库系统是物理上分散、逻辑上集中的数据库系统，系统中的数据分布存放在计算机网络中的不同场地，每一个场地都有自治处理，即独立处理能力，并能完成局部应用，同时每一场地至少参与一种全局应用，程序通过网络通信子系统执行全局应用。分布式数据库系统具有下列特性：数据的物理分布性、数据的逻辑整体性、数据的分布独立性、场地自治性、场地之间的协调性、数据冗余及冗余透明性、事务管理的分布性等。

分布式数据库系统的上述特性决定了它具有下列优点。

① 灵活的体系结构。集中式数据库系统强调的是集中式控制，而分布式数据库系统则更多强调各个场地局部 DBMS 的自治性，大部分的局部事务管理和控制就地解决，只有涉及其他场地数据时才通过网络进行全局事务处理。

② 数据共享。分布式数据库系统中的数据共享有两个层次：局部共享和全局共享，即各场地的用户可共享本地局部数据库中的数据；全体用户可共享网络中所有局部数据库中的数据。

③ 可靠性高、可用性好。由于存在冗余数据，个别场地或网络节点的故障不会导致整个系统的崩溃。同时，系统可自动检测故障所在，并利用冗余数据恢复出故障的场地，这种检测和修复可以在联机状态下完成。

④ 性能得到改善。系统的局部应用只访问本地数据库，系统响应快、通信开销小。在涉及其他场地的数据库时，由于冗余数据的存在，系统可选择离用户最近的数据副本进行操作，也缩短了响应时间。另外，每个场地只处理整个数据库的一部分，因此，CPU（central processing unit，中央处理器）和 I/O（input/output，输入输出端口）争用也不再激烈，增加了多个场地并行处理事务的可能性。

⑤ 可扩充性好。当增加新的应用时，可在新系统中增加新的节点而不影响现有系统的结构和系统的正常运行，而且这种扩充不受节点计算机存储容量的限制。

⑥ 提高资源利用率。当一个组织需要利用已有的几个数据库开发全局应用时，可以将这些数据库联合起来建立分布式数据库，而不必重新开发新的数据库系统，提高了资源的利用率。

当然，分布式数据库系统也有一些缺点。

① 复杂性。与集中式数据库系统相比，它更复杂，为保证各场地之间的协调，必须做大量额外的工作。

② 系统开销大。系统开销主要包括硬件、通信、数据冗余等潜在开销，以及为保证数据库全局并行操作的安全性和完整性等额外开销。

③ 数据安全性和保密性较困难。每个场地的数据是安全的，但并不能保证全局数据的安全，安全性问题是分布式系统固有的难题。另外，分布式数据库系统是通过网络实现分布

控制的，而通信网络本身也存在数据安全性问题。因此，分布式数据库系统的数据安全性较难保证。

2）面向对象数据库

面向对象数据库（object-oriented database，OODB）是将面向对象模型、方法、机制与先进的数据库技术有机结合而形成的，支持非传统数据库应用领域的新型数据库系统。它从关系模型中脱离出来，强调在数据库框架中类型、数据抽象、继承和持久性等概念的发展。

面向对象数据库的基本设计思想是：一方面把面向对象语言向数据库方面扩展，使应用程序能存取并处理对象；另一方面，扩展数据库系统，使其具有面向对象的特征，提供一种综合的语义数据建模概念集，以便对现实世界中复杂应用的实体和联系建模。

经过十多年的发展，面向对象数据库领域得到了很大的发展，已有许多实用的面向对象数据库系统。面向对象方法尤其适合于表示具有结构化特点的知识，预示着面向对象数据库向知识库的方向发展。但是，目前面向对象数据库系统还存在一些问题，如缺乏坚实的形式化理论支持，没有一个切实可行的标准，缺乏数据库的许多功能，产品之间的兼容性、可移植性较差；不能与关系数据库系统兼容，没有提供使关系数据库和面向对象数据库相互转换的工具；缺乏关系数据库系统成功使用的一些特点，如非过程化查询语言、视图、授权等。因此，面向对象数据库还有待于进一步的研究。

3）Web数据库

Web技术从20世纪90年代初发展到今天，技术本身已经相对成熟，人们已经把数据库技术引入到Web系统中。由于数据库技术相当成熟，特别适用于对大量的数据进行组织管理，而Web技术具有简单易学、与平台无关等特点。因此，使建立在Web上的数据库应用有许多优点，应用的安装、维护和用户培训费用都大大降低。

Web数据库是一种随着Internet技术的兴起，由传统的二层C/S结构改进而来的三层C/S结构在Web上的应用的特例。这三层体系结构的处理过程是：用户通过URL向Web服务器提交请示，Web服务器运行应用程序并通过SQL查询调用数据库服务器中存储的数据，数据库服务器执行查询后将查询结果返回到Web服务器，应用程序产生特定格式的HTML文件，客户端接收到HTML文件后由浏览器将结果显示出来。

将Web技术与数据库技术结合起来，不仅把Web与数据库的所有优点集中在一起，而且充分发挥了大量已有的数据库信息资源，使用户在Web浏览器上方便地检索和浏览数据库的内容。目前，很多企业和组织都转向了Web应用，利用Web建立自己的信息系统，甚至以Web为中心开展业务。因此，Web数据库技术的应用前景是广阔的。

2.4　网络通信技术

计算机网络是指将地理位置不同的多台自治计算机系统及其外部网络，通过通信介质互联，在网络操作系统和网络管理软件及通信协议的管理和协调下，实现资源共享和信息传递的系统。计算机网络按网络范围划分为局域网、城域网和广域网。

计算机网络技术实现了资源共享。人们可以在办公室、家里或其他任何地方，访问查询网上的任何资源，极大地提高了工作效率，促进了办公自动化、工厂自动化、家庭自动化的发展，计算机网络是服务现代科技的开端。

随着网络的普及和数据共享的需要，计算机不再是单独工作，而是互相连接形成一个个规模不等的计算机网络，从办公室的局域网，到一幢大楼、一座城市构建的城域网，再到 Internet 网，都可以看到基于计算机网络的管理信息系统。

现代的管理信息系统离不开计算机网络。

数据通信系统是以计算机为中心，结合分散在远程的终端装置或其他计算机，通过通信线路彼此连接起来，进行数据的传输、交换、存储和处理的设备总称。

目前的通信技术主要有计算机有线和无线网络、卫星、微波、红外线、蓝牙技术等。

数据通信技术在管理信息系统中使用得越来越广泛。例如：采用微波通信将数据采集终端采集的数据传送到数据中心；通过卫星通信对车辆进行定位；通过蓝牙实现手机与计算机之间的数据传输等。

2.5 信息系统安全技术

近年来，随着信息化的普及和深入发展，各种各样的信息系统越来越多，人们开始越来越关注信息系统的安全问题。信息系统中的数据量越来越大，使用的人越来越多，如果不重视信息安全问题，将会给企业造成灾难性后果。

2.5.1 信息安全的概念

1. 信息安全的概念及内容

信息安全是指保护信息及信息系统免受未经授权的进入、使用、披露、破坏、修改、检视、记录及销毁。为保障信息安全，要求有信息源认证、访问控制，不能有非法软件驻留，不能有未授权的操作。信息安全主要包括以下 5 个方面的内容：保证信息的保密性、真实性、完整性、无未授权拷贝和所寄生系统的安全性。其根本目的就是使内部信息不受外部威胁。

2. 信息安全的法律法规

现行的重要的信息安全法律法规包括：《中华人民共和国国家安全法》《中华人民共和国网络安全法》《中华人民共和国计算机信息系统安全保护条例》《中华人民共和国计算机信息网络国际联网管理暂行规定》《中国公用计算机互联网国际联网管理办法》。

《中华人民共和国刑法》第 286 条：

违反国家规定，对计算机信息系统功能进行删除、修改、增加、干扰，造成计算机信息系统不能正常运行，后果严重的，处五年以下有期徒刑或者拘役；后果特别严重的，处五年以上有期徒刑。

违反国家规定，对计算机信息系统中存储、处理或者传输的数据和应用程序进行删除、修改、增加的操作，后果严重的，依照前款的规定处罚。

故意制作、传播计算机病毒等破坏性程序，影响计算机系统正常运行，后果严重的，依照第一款的规定处罚。单位犯前三款罪的，对单位判处罚金，并对其直接负责的主管人员和其他直接责任人员，依照第一款的规定处罚。

2.5.2 信息系统安全的概念和内容

信息系统安全就是依据法律法规、管理细则和维护措施、硬件系统安全措施、通信网络安全措施、物理实体安全环境、软件系统安全措施等保障信息系统的数据信息安全。

针对信息系统，安全可以划分为4个层次：设备安全、数据安全、内容安全、行为安全。其中，数据安全是指传统的信息安全。

1. 设备安全

信息系统设备的安全是信息系统安全的首要问题。设备安全是指设备的稳定性、可靠性和可用性。

① 设备的稳定性：设备在一定时间内不出故障的概率。
② 设备的可靠性：设备能在一定时间内正常执行任务的概率。
③ 设备的可用性：设备随时可以正常使用的概率。

信息系统的设备安全是信息系统安全的物质基础。除了硬件设备外，系统软件也是一种设备，也要确保系统软件的安全。

2. 数据安全

数据安全包括数据的秘密性、完整性和可用性。很多情况下，即使信息系统设备没有受到损坏，但其数据安全也可能已经受到危害，如数据泄露、数据篡改等。由于危害数据安全的行为具有较高的隐蔽性，数据用户往往并不知情，因此，危害性更高。

3. 内容安全

内容安全是信息安全在政治、法律、道德层次上的要求。内容安全是指信息内容在政治上是健康的，信息内容符合国家的法律法规，符合中华民族优良的道德规范。除此之外，广义的内容安全还包括信息内容保密、知识产权保护、信息隐藏和隐私保护等诸多方面。

如果数据中充斥着不健康的、违法的、违背道德的内容，即使它是保密的、未被篡改的，也不能说是安全的。因为这会危害国家安全，危害社会稳定，危害精神文明。因此，必须在确保信息系统设备安全和数据安全的基础上，进一步确保信息内容的安全。

4. 行为安全

数据安全本质上是一种静态的安全，而行为安全是一种动态安全。行为安全是指行为的秘密性、完整性、可控性。

① 行为的秘密性：行为的过程和结果不能危害数据的秘密性。必要时，行为的过程和结果也应是秘密的。
② 行为的完整性：行为的过程和结果不能危害数据的完整性，行为的过程和结果是预期的。
③ 行为的可控性：当行为的过程出现偏离预期时，能够发现、控制或纠正。

行为安全是一种动态安全，除计算机设备外，信息系统还包括软件。软件也是静态存储的一种数据，而软件在运行时显示为程序的执行顺序。程序的执行顺序和相应的硬件动作构成了系统的行为。数据可以影响程序的执行顺序，从而影响系统的行为。因此，必须从硬件、软件和数据 3 个方面保证系统的行为安全。

2.5.3 信息系统安全等级保护

信息系统安全等级保护是根据信息系统在国家安全、经济建设、社会生活中的重要程度，信息系统遭到破坏后对国家安全、社会秩序、公共利益，以及公民、法人和其他组织的合法权益的危害程度等因素确定。系统定级是进行等级保护规划和建设的前提，是等级保护建设的起点。

1. 信息系统安全的 5 个等级

第一级，自主保护级。信息系统受到破坏后，会对公民、法人和其他组织的合法权益造成损害，但不损害国家安全、社会秩序和公共利益。信息系统运营、使用单位应当依据国家有关管理规范和技术标准自主进行保护。

第二级，指导保护级。信息系统受到破坏后，会对公民、法人和其他组织的合法权益产生严重损害，或者对社会秩序和公共利益造成损害，但不损害国家安全。信息系统运营、使用单位应当依据国家有关管理规范和技术标准进行保护。国家信息安全监管部门对该级信息系统信息安全等级保护工作进行指导。

第三级，监督保护级。信息系统受到破坏后，会对社会秩序和公共利益造成严重损害，或者对国家安全造成损害。信息系统运营、使用单位应当依据国家有关管理规范和技术标准进行保护。国家信息安全监管部门对该级信息系统信息安全等级保护工作进行监督、检查。

第四级，强制保护级。信息系统受到破坏后，会对社会秩序和公共利益造成特别严重损害，或者对国家安全造成严重损害。信息系统运营、使用单位应当依据国家有关管理规范、技术标准和业务专门需求进行保护。国家信息安全监管部门对该级信息系统信息安全等级保护工作进行强制监督、检查。

第五级，专控保护级。信息系统受到破坏后，会对国家安全造成特别严重损害。信息系统运营、使用单位应当依据国家管理规范、技术标准和业务特殊安全需求进行保护。国家指定专门部门对该级信息系统信息安全等级保护工作进行专门监督、检查。

2. 信息系统安全等级保护的实施与管理

（1）信息系统运营、使用单位应当依据《信息系统安全等级保护定级指南》确定信息系统的安全保护等级。有主管部门的，应当经主管部门审核批准。跨省或者全国统一联网运行的信息系统可以由主管部门统一确定安全保护等级。对拟确定为第四级以上信息系统的，运营、使用单位或者主管部门应当请国家信息安全等级保护专家评审委员会评审。

（2）信息系统的安全保护等级确定后，运营、使用单位应当按照国家信息安全等级保护管理规范和技术标准，使用符合国家有关规定、满足信息系统安全等级保护需求的信息技术产品，开展信息系统安全建设或者改建工作。

（3）在信息系统建设过程中，运营、使用单位应当按照《计算机信息系统　安全保护等级划分准则》（GB 17859—1999）、《信息系统安全等级保护基本要求》等技术标准，参照《信息安全技术　信息系统通用安全技术要求》（GB/T 20271—2006）、《信息安全技术　网络基础安全技术要求》（GB/T 20270—2006）、《信息安全技术　操作系统安全技术要求》

管理信息系统

（GB/T 20272—2019）、《信息安全技术　数据库管理系统安全技术要求》（GB/T 20273—2019）等技术标准同步建设符合该等级要求的信息安全设施。

（4）信息系统建设完成后，运营、使用单位或者其主管部门应当选择符合规定条件的测评机构，依据《信息系统安全等级保护测评要求》等技术标准，定期对信息系统安全等级状况开展等级测评。第三级信息系统应当每年至少进行一次等级测评，第四级信息系统应当每半年至少进行一次等级测评，第五级信息系统应当依据特殊安全需求进行等级测评。

信息系统运营、使用单位及其主管部门应当定期对信息系统安全状况、安全保护制度及措施的落实情况进行自查。第三级信息系统应当每年至少进行一次自查，第四级信息系统应当每半年至少进行一次自查，第五级信息系统应当依据特殊安全需求进行自查。经测评或者自查，信息系统安全状况未达到安全保护等级要求的，运营、使用单位应当制订方案进行整改。

已运行或新建的第二级以上信息系统，应当在安全保护等级确定后30日内，由其运营、使用单位到所在地设区的市级以上公安机关办理备案手续。隶属于中央的在京单位，其跨省或者全国统一联网运行并由主管部门统一定级的信息系统，由主管部门向公安部办理备案手续。跨省或者全国统一联网运行的信息系统在各地运行、应用的分支系统，应当向当地设区的市级以上公安机关备案。

3. 信息系统安全等级保护的技术

1）物理方面

机房和办公场地应选择在具有防震、防风和防雨等能力的建筑内；机房场地应避免设在建筑物的高层或地下室，以及用水设备的下层或隔壁。

2）防盗窃和破坏

应将主要设备放置在机房内；应将设备或主要部件进行固定，并设置明显的不易除去的标记；应将通信线缆铺设在隐蔽处，可铺设在地下或管道中；应对介质分类标识，存储在介质库或档案室中；主机房应安装必要的防盗报警设施。

3）防火、防水（潮）、防静电、防雷击

机房应设置灭火设备和火灾自动报警系统；机房及相关的工作房间和辅助房应采用具有耐火等级的建筑材料；应对穿过机房墙壁和楼板的水管增加必要的保护措施；应采取措施防止雨水通过机房窗户、屋顶和墙壁渗透；关键设备应采用必要的接地防静电措施；机房建筑应设置避雷装置；机房应设置交流电源地线。

4）电力供应

应在机房供电线路上配置稳压器和过电压防护设备；应提供短期的备用电力供应，至少满足关键设备在断电情况下的正常运行要求。

5）结构控制

应在网络边界部署访问控制设备，启用访问控制功能；应根据访问控制列表对源地址、目的地址、源端口、目的端口和协议等进行检查，以允许/拒绝数据包出入；应通过访问控制列表对系统资源实现允许或拒绝用户访问，控制粒度至少为用户组；应限制具有拨号访问权限的用户数量。

6）安全审计

应对网络系统中的网络设备运行状况、网络流量、用户行为等进行日志记录；审计记录应包括事件的日期和时间、用户、事件类型、事件是否成功及其他与审计相关的信息；应能够根据记录数据进行分析，并生成审计报表；应对审计记录进行保护，避免受到未预期的删除、修改或覆盖等。

7）边界完整性检查

应能够对非授权设备私自联到内部网络的行为进行检查，准确定出位置，并对其进行有效阻断；应能够对内部网络用户私自联到外部网络的行为进行检查，准确定出位置，并对其进行有效阻断。

8）入侵防范

应能够检测到对重要服务器进行入侵的行为，能够记录入侵的源 IP、攻击的类型、攻击的目的、攻击的时间，并在发生严重入侵事件时提供报警；应能够对重要程序的完整性进行检测，并在检测到完整性受到破坏后具有恢复的措施；操作系统应遵循最小安装的原则，仅安装需要的组件和应用程序，并通过设置升级服务器等方式保持系统补丁及时得到更新。

9）恶意代码防范

应安装防恶意代码软件，并及时更新防恶意代码软件版本和恶意代码库；主机防恶意代码产品应具有与网络防恶意代码产品不同的恶意代码库；应支持防恶意代码软件的统一管理。

10）资源控制

应通过设定终端接入方式、网络地址范围等条件限制终端登录；应根据安全策略设置登录终端的操作超时锁定；应对重要服务器进行监视，包括监视服务器的 CPU、硬盘、内存、网络等资源的使用情况；应限制单个用户对系统资源的最大或最小使用限度；应能够对系统的服务水平降低到预先规定的最小值进行检测和报警。

11）身份鉴别

应提供专用的登录控制模块对登录用户进行身份标识和鉴别；应提供登录失败处理功能，可采取结束会话、限制非法登录次数和自动退出等措施；应对同一用户采用两种或两种以上组合的鉴别技术实现用户身份鉴别；应提供用户身份标识唯一和鉴别信息复杂度检查功能，保证应用系统中不存在重复用户身份标识，身份鉴别信息不易被冒用；应启用身份鉴别、用户身份标识唯一性检查、用户身份鉴别信息复杂度检查及登录失败处理功能，并根据安全策略配置相关参数。

12）访问控制

应提供访问控制功能，依据安全策略控制用户对文件、数据库表等客体的访问；访问控制的覆盖范围应包括与资源访问相关的主体、客体及它们之间的操作；应由授权主体配置访问控制策略，并严格限制默认用户的访问权限；应授予不同账户为完成各自承担任务所需的最小权限，并在它们之间形成相互制约的关系。

13）安全审计

应提供覆盖到每个用户的安全审计功能，对应用系统重要安全事件进行审计；应保证无法单独中断审计进程，无法删除、修改或覆盖审计记录；审计记录的内容至少应包括事件日期、时间、发起者信息、类型、描述和结果等；应提供对审计记录数据进行统计、查询、分析及生成审计报表的功能。

14）通信保密性

在通信双方建立连接之前，应用系统应利用密码技术进行会话初始化验证；应对通信过程中的敏感信息字段进行加密。

15）软件容错

应提供数据有效性检验功能，保证通过人机接口输入或通过通信接口输入的数据格式或长度符合系统设定要求；在故障发生时，应用系统应能够继续提供一部分功能，确保能够实施必要的措施。

16）资源控制

当应用系统的通信双方中的一方在一段时间内未做任何响应，另一方应能够自动结束会话；应能够对应用系统的最大并发会话连接数进行限制；应能够对单个账户的多重并发会话进行限制。

17）数据完整性

应能够检测到系统管理数据、鉴别信息和重要业务数据在传输过程中完整性受到破坏，并在检测到完整性错误时采取必要的恢复措施；应能够检测到系统管理数据、鉴别信息和重要业务数据在存储过程中完整性受到破坏，并在检测到完整性错误时采取必要的恢复措施。

18）数据保密性

应采用加密或其他有效措施实现系统管理数据、鉴别信息和重要业务数据传输保密性；应采用加密或其他保护措施实现系统管理数据、鉴别信息和重要业务数据存储保密性。

19）备份和恢复

应能够对重要信息进行备份和恢复；应提供关键网络设备、通信线路和数据处理系统的硬件冗余，保证系统的可用性。

2.6　信息系统集成技术

在快速发展的信息技术冲击下，五花八门的信息产品使用户面临各种难以选择的困境，通过系统集成为用户提供一个完整的解决方案已经成为管理信息系统开发中的一项重要工作。

2.6.1　信息化过程中的"信息孤岛"

解决企业在生产经营过程中遇到的问题是促进企业信息化建设的主要动力。由于管理职能划分和组织的细化，导致信息系统围绕着不同的管理阶段和管理职能来展开，如采购系统、生产系统、销售系统和财务系统等，这些系统常常将一些完整的业务链划分成一个个管理单元。

随着信息技术的不断发展、各个系统开发的时间落差、开发队伍的经验和从事的服务范围限制、系统开发平台和工具的不统一，以及管理过程和管理系统的规范标准缺失，使各个信息系统之间的兼容性和集成性成为问题。一些"弊端"正迅速展露出来，其中重要的问题就是：不同的系统、不同的应用、不同的技术平台，将企业陷在信息难以全面流通的"信息孤岛"之间。

"信息孤岛"的问题并不会随着信息化水平的提高而消失，随着企业资源规划（ERP）、客户关系管理（CRM）、供应链管理（SCM）及企业门户（enterprise portal）等多种应用系统的引入，反而激化了企业"信息孤岛"的问题。

"信息孤岛"问题的存在和不易解决的原因主要有以下几个方面。

（1）信息化发展的阶段性

不论是企业信息化，还是政务信息化，都有一个从初级阶段到中级阶段，再到高级阶段的发展过程。在信息化的初级阶段，人们容易从文字处理、报表打印开始使用计算机。进而围绕一项项业务工作，开发或引进一个个应用系统。这些分散开发或引进的应用系统，一般不会统一考虑数据标准或信息共享问题。企业由于追求"实用快上"的目标而导致"信息孤岛"不断产生。

（2）认识误区

长期以来，企业和政府部门中普遍存在着"重硬轻软，重网络轻数据"的认识误区。在设备选型和网络构筑上肯下功夫，肯花大钱，甚至成了"追新族"，使网络设备"换了一茬又一茬"而造成很大的浪费，就是没有用心去进行信息资源的开发与利用，而对"信息孤岛"问题熟视无睹，使其长期存在而得不到解决。

（3）传统观念

信息化是后工业化，是在大工业生产发展到一定阶段的必然过程。在还没有实现工业化的情况下搞信息化，要用信息化带动工业化，就需要思想先行。小农经济的思想意识是工业化的障碍，更是信息化的障碍。小农经济的思想意识不克服，将自己所获取、所掌握的信息当作自己的利益和权威的一部分，使不同单位之间甚至同一单位的不同部门之间都难以信息共享。小农经济的部门封闭、信息私有的狭隘观念，使一些人不仅不去解决"信息孤岛"问题，甚至还在想方设法去巩固"信息孤岛"的存在。

"信息孤岛"的产生并不可怕，可怕的是总停留在"信息孤岛"蔓延阶段而不去解决"信息孤岛"问题，还让新的"信息孤岛"继续出现。目前，我国许多企业和政府部门信息化建设的主要问题，已经不是通信网络、计算机选型和建设网站等问题，而是如何将分散、孤立的各类信息变成网络化的信息资源，将众多的"孤岛式"信息系统进行整合，实现信息的快捷流通和共享。

2.6.2 信息系统的集成

信息系统集成一般是指实现多个分散开发（包括引进购买）的应用软件系统之间的信息共享，即解决"信息孤岛"问题。

多年来的信息化建设，使很多企业建立了内部局域网，并接入互联网，建立了企业网站，也分散开发和引进一些应用系统（主要是财务、人力资源、库存和销售等）。但如何实现内部系统集成，达到信息共享？同时外部与客户、供应商之间信息通畅，开展电子商务？就需要通过"系统集成"来解决。而一些新组建的企事业单位或原先信息化基础薄弱的单位,如何避免"信息孤岛",高起点、高效率建设集成化的信息系统?这些问题的根本是:如何成功建造集成化的信息系统。

以詹姆斯·马丁(James Martin)为代表的美国学者,总结了20世纪60—70年代时期数据处理发展的正反两方面经验,在有关数据模型理论和数据实体分析方法的基础上,结合"数据类和数据之间的内在联系是相对稳定的,而对数据的处理过程和步骤则是经常变化的"数据处理基本原理,提出了信息工程的概念、原理和方法,勾画出建造大型复杂信息系统所需要的一整套方法和工具。

1. 信息工程概要

詹姆斯·马丁认为:"信息工程作为一个学科要比软件工程更为广泛,它包括了为建立基于当代数据库系统的计算机化企业所必需的所有相关学科。"从这一定义可以看出信息工程有三个基本点:信息工程的基础是当代的数据库系统;目标是建立计算机化的企业管理系统;范围是广泛的,多技术的、多种学科的综合系统。

信息工程的基本原理如下所述。

① 数据位于现代数据处理系统的中心。

② 数据是稳定的,处理是多变的。可以通过有效方法建立稳定的数据模型,以适应行政管理上或业务处理上的变化,能被计算机信息系统所适应,这正是面向数据的方法所具有的灵活性。

③ 最终用户必须真正参加开发工作。企业的高层领导和各级管理人员都是计算机应用系统的用户,正是他们最了解业务过程和管理上的信息需求。所以,从规划到设计实施,在每一阶段上都应该有用户的参加。

从这些基本原理和前提出发,马丁提出了组成"信息工程"的13块构件(见图2-22)。这13块构件是相互联系的,构成一个统一体——信息工程方法论的宏伟大厦。

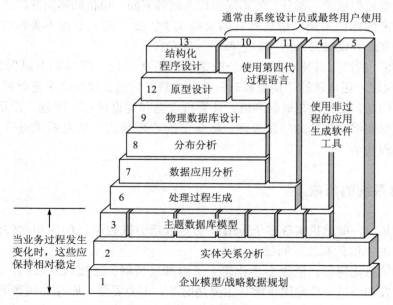

图2-22 "信息工程"的13块构件

2. 系统集成概要

1）新一代信息系统最基本、最重要的特征——集成化特征

通常所理解的"系统集成"是通过"接口"将分散的系统连接起来。但在实际工作中，这是很难做到的。因为，企业的多个职能区域、多个管理层次和生产经营对信息加工有不同深度的要求，决定了原先孤立分散开发的应用系统不可能通过大量的接口将它们简单地连接起来，而必须通过重新统一规划和构思，建立起一种整体性信息系统模型，才有可能实现系统集成。

例如，某石化集团公司的整体性信息系统模型中的"计划统计""人力资源""财务管理""调度实时"等逻辑职能区域是对现有组织部门的抽象和综合（见图 2 – 23），信息系统的划分不是依据现有机构部门，而是依据相对稳定的逻辑职能区域，这样就不会因为机构部门的变动而重新开发信息系统。

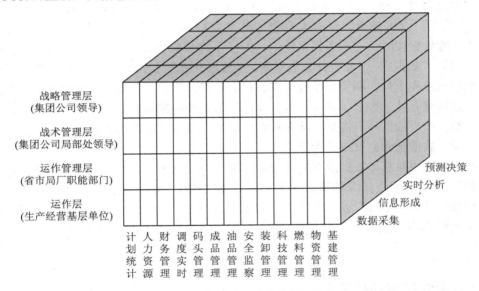

图 2 – 23　某石化集团公司的整体性信息系统模型

信息加工深度中的数据采集，是指：在数据产生地就地采集、初加工和向外传输；然后经过处理，形成有用的信息，其中在线处理（OLTP）和在线分析（OLAP）是要求更高、更为综合的信息技术；根据历史数据和当前数据进行分析预测和利用综合数据辅助决策，则是更深层次的信息加工。这种"三维信息系统模型"有助于研究系统集成的大框架问题。将图 2 – 23 中所有单元（208 个"长方体"）贯穿起来是信息流。可以想象，这种信息流是相当复杂的。有企业内信息流，包括纵向的（上下穿越"长方体"）反映不同的管理层次之间的信息流，横向的（左右穿越"长方体"）反映不同的职能区域之间的信息流；还有企业外部信息流，包括由内部流向外部和由外部流向内部的信息流；不论是企业内部还是企业外部的信息流，都存在着跨地域的信息流动，因为集团公司的 4 个管理层次、13 个职能区域、4 种信息加工深度的"大模块"（即 208 个"长方体"）分布各地，而它们的"外单位"（即业务伙伴、供应商及行政、金融、行业和商务等国内外机构）更是分布在全球。如果我们把分析信息系统集成问题的着眼点放在信息流上，通过信息流将各职能区域的主要功能

"穿起来"，而不是根据现有机构部门的功能来考虑信息系统的集成问题，就可以建立起具有稳定性、灵活性的企业集成化的信息系统模型。这就是"以数据为中心"的系统集成。

2）系统集成的思路是以数据为中心建设"主题数据库"

自从20世纪80年代初提出"数据稳定性原理"后，信息系统集成的主要方面就由"硬平台"转向"软平台"——企业的数据环境，即进行以"主题数据库"为基础和核心的数据环境建设。主题数据库是根据业务主题建库的，而不是按业务报表建库的；主题数据库要求信息源的唯一性，即所有源信息从一处进入系统；主题数据库结构的稳定性是由"基本表"做技术保证的。这些基本表有：原子性（基本表中的数据项是数据元素）、规范性（基本表中的数据结构达到3NF）和演绎性（基本表中的数据能生成全部输出数据）。主题数据库的建立是系统集成化的本质特征，意味着整个数据环境的提升，即数据集成。

3）"信息共享"误区和"数据仓库"误区影响着数据集成工作的开展

"信息共享"误区是指，许多人只想"共享"信息，不想"贡献"信息，不肯将自己工作中产生的数据按时、按质送到系统中，无怪乎许多数据库是"死库""空库"，或者只有自采自用的"数据库"，没有共享数据库。"数据仓库"误区使得一些人拒绝对现有混乱数据环境的治理和重构，期望简单地买来数据仓库产品，把什么数据都往里装，以为用的时候要什么数据就有什么数据。其实，数据仓库是从多种数据源中获取的为分析和辅助决策用的数据存储，如果数据环境混乱，从多种数据源中获取数据的处理工作就会极其复杂，以至于无法实现，数据仓库也就成了无源之水。

这些问题需要在总体数据规划的过程中解决——规划出一系列的主题数据库，在不同的生产经营层次上保证信息源的就地采集、存储和使用，进而进行网络化传输，使不同层次的同构数据库同步（或允许的时延）更新，以支持不同层次、不同部门的管理工作。这种以主题数据库为主体数据环境的MIS不再是通常意义下的信息系统，而是集成化的信息系统。

2.6.3 数据集成与功能集成

信息系统的集成主要是数据集成和功能集成，完成这两项的集成，系统的集成就有了基本保证。

1. 数据集成

数据集成的核心是建立主题数据库，可以从用户的视图进行数据需求分析开始，然后建立主题数据模型。

1）从用户视图开始的数据需求分析

用户视图（user view）是一些数据的集合，它反映了最终用户对数据实体的看法，包括单据、报表、账册和屏幕格式等，"数据流"实际上就是用户视图的流动。采用这一思路进行数据需求分析，可大大简化传统的实体-关系（E-R）分析方法，有利于发挥业务分析员的知识经验。

用户视图的分析过程，就是调查研究和规范化用户视图的过程，包括掌握用户视图的标识、名称、流向等概要信息和用户视图的组成信息。例如，如表2-1所示，用户视图标识

"D041309"是按一定的规则编码的，其名称是"材料申报单"。

表 2-1　"D041309"用户视图

序号	数据项/元素名称	数据项/元素定义
01	ny	年　　月
02	dwbm	单位编码
03	clbm	材料编码
04	sl	数　　量
05	ytdm	用途代码

一个企业的人力资源、生产管理、物资采购和产品销售等职能区域，一般有几十个甚至几百个用户视图，对它们进行的分析和规范化表述，实际上是一次从未做过的、工作量较大的数据流梳理的基础工作，对全面把握信息需求有重要意义。尤其系统分析设计人员在业务人员提供所需的信息内容基础上，按照数据结构规范化理论，对需要存储的用户视图结构做标准化的"范式"组织，可以直接为数据库的规划设计做好准备。

2）主题数据模型的设计

要将低档次的数据环境改造成以主题数据库为主体的数据环境，首先要建好数据模型。然后，以数据模型的基本表为标准，来逐一衡量已有数据存储的结构，找出具体的差距，检查哪些数据结构可以修改、补全；哪些不合理的数据结构需要抛弃；还要增加哪些新的数据结构。随后，组织数据加载、更新，建立新的数据存储。

数据模型分为概念数据模型和逻辑数据模型。概念数据模型是最终用户对数据存储的看法，反映了用户的综合性信息需求。逻辑数据模型是系统分析设计人员对数据的观点，是对概念数据模型的进一步分解和细化，一个逻辑数据模型由一组规范化的基本表组成。例如：人力资源管理中的"员工主题数据库"的概念数据模型是员工（员工代码，姓名，出生日期，文化程度，员工简历，培训记录……）。员工主题数据库规范的逻辑模型如表 2-2 所示。

表 2-2　员工主题数据库规范的逻辑模型

员工基本信息	主键：员工代码
	员工代码，姓名，出生日期，民族，家庭住址，电话……
员工简历	主键：员工代码 + 起始日期
	员工代码，起始日期，单位……
培训记录	主键：员工代码 + 起始日期
	员工代码，起始日期，培训内容……

将一个企业的所有主题数据库列出来就是全域概念数据模型，而每个主题数据库会有几个到十几个基本表，所以全域逻辑数据模型会有数百个基本表。概念数据库和逻辑数据库基本表中的数据内容要遵循数据元素标准和信息分类编码标准；而用户视图标准为建立数据库标准提供了依据，同时也为数据库的使用提供了依据。

企业数据环境的改造和重建工作，是一项复杂艰巨的系统工程，需要科学的方法和精心的组织，并分期分批实施，一般需要3～5年的时间，最快也需要2～3年时间。

2. 功能集成

当企业信息化发展到了一定程度以后，企业领导和信息主管（CIO）需要对企业信息系统的功能有总体把握。特别是当业务发展变化及管理人员使用计算机的水平提高之后，企业的业务人员和各级管理人员会对现有的一些应用系统不满意，但对期望的新系统需求又讲不清楚，这就面临如何进行应用软件开发或选型的问题。此时，就需要进行业务流程的全面梳理，建立企业信息系统功能模型。在此基础上对各子系统、功能模块和程序模块进行优化、整合、选购、定制或重新开发，从而形成在市场竞争中具有快速反应能力的、完善的信息系统。

1）业务梳理与业务模型

业务分析目的是按信息工程的思想来重新认识企业，以便能系统地、本质地、概括地把握企业的功能结构。这就是人们常说的"业务梳理"。按照信息工程方法，可以采用"职能区域—业务过程—业务活动"这样的三层结构来梳理业务，这就是业务模型（business model）。

职能区域（function area）是对企业中的一些主要业务活动领域的抽象，而不是现有机构部门的照搬。例如，某企业的职能区域有经营计划、财务、产品计划、材料、生产计划、生产、销售、配送、会计和人事等。每个职能区域都含有若干个业务过程，其中材料需求、采购、进货、库存管理、质量管理5个业务过程属于"材料"职能区域。每个业务过程都含有若干个业务活动（activity），如"采购"业务过程包括"提出采购申请单""选择供应商""编制采购订单"等业务活动，它们是基本的、不能再分解的业务单元。

如果将上述识别、定义企业的职能区域、业务过程和业务活动看作是一件简单的事情，就难以进行全面业务梳理，建立有效的业务模型。因为业务模型的建立，需要业务人员与信息管理人员达成共识，需要按照系统优化的理论、按照业务流程重整的精神反复讨论。在进行了业务梳理和业务模型建设之后，才能进一步进行计算机化可行性分析与功能模型分析。

2）计算机化可行性分析与功能模型分析

经过分析可以发现有的业务过程和业务活动可以由计算机自动进行，有的则可以人—机交互完成，有的则仍然需要人工完成。

将能够由计算机自动进行处理的、人—机交互进行的过程和活动，按"子系统—功能模块—程序模块"组织起来，就是系统功能模型（function model）。

企业系统功能模型表述方法是：列出全部子系统并简要描述每一子系统，列出每一子系统所含的功能模块并给出定义，列出每一功能模块所含的程序模块。例如，表2-3是某制造厂部分信息功能模型。

为构造功能模型，需要对业务活动做计算机化可行性分析。例如，"编审材料需求计划"业务活动对于原先的人工处理来说，任务是明确的、可行的，但对计算机信息系统来说，任务是不明确、不可行的。这是因为，编排材料需求计划和审查材料需求计划是两种信息处理过程，其中，编排材料需求计划，首先需要采集各基层单位的材料需求信息，然后再进行汇总，并对照当前库存信息；而审查材料需求计划，首先要审查各基层单位的材料需求是否合理。一般来说，这是非结构化或半结构化的处理，不易实现自动化计算。

经过分析，达成共识：对基层单位材料需求的审查，继续沿用人工审查方法；设"录入基层材料需求计划"和"汇总基层材料需求"程序模块，自动分类汇总计算各计划期的材料总需求；而"编审采购计划"可以作为人—机交互的程序模块。经过这些具体分析和规划，得出功能模型。例如，表2-4是编审材料需求计划业务模型。

表2-3 某制造厂部分信息功能模型

子系统	功能模块	程序模块
人力资源子系统	机构管理	机构信息管理 负责人信息管理
	员工管理	员工基本信息管理 员工考核信息管理
	工资管理	工资变动信息管理 工资核算管理
	……	

表2-4 编审材料需求计划业务模型

业务过程	业务活动
材料计划管理	编审材料需求计划
	编审采购计划表
	编审采购计划

3）功能模型的建立与使用

在进行系统功能建模时，要充分利用需求分析资料和有关的信息系统知识、经验，这些都是系统功能建模的重要资源。为此，需要注意以下几个方面。

① 认真做好需求分析资料的复查工作，其中与功能建模直接相关的复查工作包括业务分析结果的复查和数据流程图的复查。复查决不能仅限在系统分析员和业务代表中进行，一定要使业务部门负责人参与进来，最终达成共识。

② 经过复查确认的业务过程和业务活动，再进行计算机化可行性分析，就会有相当多的部分被选入系统功能模型。

③ 企业已有应用系统行之有效的功能模块或程序模块应予以继承，还有其他应用软件的有用模块也应吸收，这些模块可被加进系统功能模型。

④ 最重要的是为落实业务流程重新设计（BPR），上述几点并不是简单的堆砌，而是使功能模型充分体现新的业务流程，新旧模块需要有创新性的组合。

需要着重说明的是，功能建模拟定的子系统是"逻辑子系统"（面向规划、设计人员），而不是"物理子系统"（面向最终用户）。许多计算机应用系统都是按当前的组织机构和业务流程设计的，"系统"或"子系统"名目繁多。组织或管理一旦变动，信息系统就得修改或重做。事实上，只要企业的生产经营方向不变，企业基本的职能区域是相对不变的，基于职能区域的业务过程和数据分析可以定义相对稳定的功能模块和程序模块，这样建立起来的系统功能模型对组织及管理变化有一定的适应性。因此，"逻辑子系统"作为这些功能模块和程序模块的一种分类（或分组），是对企业信息系统功能宏观上的把握。然后，在应用开发中按照面向对象信息工程，加强可重用模块的开发和类库建设，这些模块和类库部件都以存取主题数据库为基本机制，可以按照最终用户对象，组装多种"物理子系统"。如果机构部门变化了，信息系统并不需要重新开发，只是需要对模块/部件重新组装，可以从根本上改变长期以来一直无法解决的计算机应用系统跟不上管理变化的被动局面。

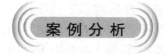

原型法在管理信息系统开发中的应用

原型法是一种根据用户需求，利用系统快速开发工具，建立一个系统模型，在此基础上与用户交流，最终实现用户需求的快速管理信息系统开发方法。原型法开发过程包括系统需求分析、系统初步设计、系统调试、系统转换、系统检测与评价等阶段。用户仅需在系统分析与系统初步设计阶段完成对应用系统的描述，开发者在获取一组基本需求定义后，利用开发工具生成应用系统，快速建立一个目标应用系统的最初版本，并把它提交给用户试用、评价、根据用户提出的修改补充，再进行新版本的开发，反复这个过程，不断地细化和扩充，直到生成一个用户满意的应用系统。

例如在某银行计划信息管理系统开发中，利用原型法进行系统开发的主要过程有以下几个方面。

（1）系统需求分析、系统初步设计

设计人员通过与计划处交流，明确了本系统的设计目标，即通过对计划处中的资产负债表、损益表及计划处信贷收支表数据进行收集、存储、检索、传输、加工和分析，为计划处及其他管理部门的科学决策服务。并根据确定的设计目标初步完成系统基本数据流图、主要功能模块图、网络结构图的设计。

（2）系统模型的确定

为实现不同部门间信息资源的共享，本系统的基本模式设计为典型的 client/server 体系结构，在分行计划处设立数据库服务器，作为数据处理中心，计划处及其他管理部门的客户机，通过局域网与服务器相连进行操作。Server 端采用 Sybase 数据库为数据库系统，client 端采用 Delphi 7 作为开发工具，网络协议采用 TCP/IP 的通信协议。

（3）系统模型的实现

使用面向对象的 Delphi 7 设计界面快速且美观，因此本系统的 client 端设计重点不是在界面设计上，而是在提高系统的通用性上。由于计划处报表统计条件改变频繁，这给生成报表数据带来一定的难度。本系统设计采用"参数表驱动法"，使数据与程序相分离，即基于通用报表结构的报表程序，极大地减轻了报表的编程工作量。server 端设计主要是建立账务类、字典类、控制类系统数据库表。

（4）用户审核

将本系统的最初版本提交给计划处使用，根据计划处在使用过程中提出的修改意见，不断完善系统，如此重复，直至计划处满意为止。

（5）系统维护与评价

本系统提交给计划处正式投入使用，为维护方便，建立了对应的系统开发档案，至此，本系统的开发过程基本结束。

讨 论 题

国内某大型电器用品制造商十分重视企业的信息化建设，除了与高等院校、软件公司合作，开发了各种业务处理系统外，还非常鼓励各终端使用者在 PC 和网络服务器上自行开发所需的计算机应用系统，即鼓励企业中那些能够熟练使用计算机、担任一定管理任务并经常使用计算机网络的管理人员自行开发自己所需要使用的系统。然而，最近公司的信息管理部门对所有终端使用部门开发的系统做了一次调查，却发现一些问题：同一项资料存放在多处，有些存在个人电脑上，有些存在笔记本电脑上。而且同样功能的应用系统在许多单位有到处开发的现象，例如家电部门与电子用品部门用同一个工具软件，同时间开发了销售分析系统。虽然不尽相同，但功能却非常相似。因此信息管理部门建议公司重新评估使用者自建系统的政策。

问题

1. 你是否同意信息管理人员的看法？
2. 你对这个讨论题中公司使用者自建系统政策有何建议？应如何改变？

习 题

1. 什么是系统集成？简述系统集成中功能集成和数据集成的基本内容。
2. 管理信息系统有哪几种开发方式？它们各有什么优缺点？
3. 系统开发方式有哪几种？如何根据实际情况选择适当的系统开发方式？
4. 什么叫生命周期法？它把系统开发分成哪几个阶段？每个阶段的任务是什么？
5. 什么叫原型法？采用原型法有哪些主要环节？每个环节有什么工作内容？
6. 什么是面向对象开发方法？开发方法的要点是什么？请概要说明基于面向对象的开发方法。
7. 管理信息系统开发的各种方法有什么特点？如何根据实际情况选择不同的系统开发策略？
8. 管理信息系统中常见的硬件有哪些？
9. 常见的软件开发工具有哪些？各有什么优缺点？
10. 软件的开发架构有哪些？各有什么优缺点？
11. 数据处理技术的主要内容有哪些？
12. 信息系统安全保护等级分为哪几个等级？各自有什么安全要求？

第3章

管理信息系统的规划

> **学习目标**
>
> 通过本章的学习，学生应：掌握对管理信息系统规划的概念、作用、内容、特点等；了解信息系统对组织战略的支持、系统规划的制定方法及可行性研究；掌握3种常用的管理信息系统规划方法，即战略目标集转化法、企业系统规划法和关键成功因素法；把握企业业务流程的规范和重整；掌握重整业务流程的规范、重整原则、重整类型、重整过程和重整评价等知识点。
>
> 本章重点是：管理信息系统规划3种常用方法的理解和掌握。
>
> 本章难点是：如何运用管理信息系统规划与企业业务流程重整。

建立一个高效的管理信息系统，必须站在整个组织的战略高度，对组织的信息系统总体目标、战略、信息资源和系统开发工作进行综合性的规划。良好的系统规划可以保证信息系统能够支持组织长期战略目标的实现、更有效地开发使用组织的信息资源和信息系统，使信息系统的建设能够在统一的组织目标、发展战略及有效的环境下进行。因此，认真制定能够支持组织战略发展的信息系统规划是现代管理信息系统成功开发的保障。

3.1 管理信息系统规划概述

管理信息系统的规划是组织战略规划的重要组成部分，它指明了管理信息系统在组织发展战略规划指导下的长远发展方向、目标和方案。

3.1.1 管理信息系统规划的概念

"战略"一词原本是一个军事术语，它起源于兵法，指将帅的智谋，后来指军事力量的运用。现在，"战略"一词已经开始泛化，其应用面已经很广，尤其是在管理领域，战略问题已经成为决定组织竞争成败的关键与核心。

组织的战略是指组织为求得长期生存和不断发展而进行的总体性谋划。它是组织为实现其宗旨和目标而确定的组织行动方向和资源配置纲要,是制订各种计划的基础。

组织的战略规划任务可以概括为:确定组织与其周围环境的关系、明确组织的目标、评价和合理配置组织的资源、建立实现目标的战略和政策及行动计划方案的制订。

管理信息系统的规划是关于管理信息系统发展的长远计划,是对组织信息系统的目标、战略、实现策略及实施方案等内容所做出的统筹安排。管理信息系统的规划是建立管理信息系统的先行工程,是决策者、管理者和开发者共同制定和共同遵守的开发管理信息系统的纲领。系统规划就是根据组织的目标和发展战略及信息系统建设的客观规律,考虑组织所面临的内外环境、具备的条件及进一步发展的需要,科学地制订管理信息系统的发展战略、总体方案,继而研究论证这个总体方案的可行性。

管理信息系统的规划与组织的战略规划密切相关。一方面,管理信息系统规划是组织战略规划的一部分,要服从和服务于组织战略,根据组织战略规划中企业的使命、战略和政策来进行管理信息系统的规划。所以,管理信息系统的规划以组织战略为前提条件和约束。另一方面,管理信息系统的规划反过来要支持组织的战略规划,通过管理信息系统的规划使管理信息系统能够支持组织战略的实现。

3.1.2 管理信息系统规划的作用

1. 系统开发中的问题

随着科学技术的进步和社会经济的发展,组织的信息化进程在快速发展,信息系统建设的需求日趋紧迫。尽管许多组织的信息化进程有了很大进步,但不少已经建成或正在建设的信息系统仍然面临一系列问题。其中主要的问题有以下几个方面。

- 系统建设与组织发展目标和战略不匹配,不能对组织的发展目标与战略提供支持,甚至违背组织的发展目标。
- 已建成的信息系统对组织管理的改善并无多大效果,组织结构依然陈旧、管理落后,企业主要业务流程效率与效益依然低下。
- 不能适应环境变化和组织变革的需要,不是系统影响到企业的变革,就是系统使用后不久,就要淘汰。
- 系统开发环境落后,技术方案不合理。系统开发及运行维护的标准、规范混乱,使系统的生命周期大为缩短。
- 系统使用人员素质较低,不能有效发挥系统效率。
- 资源短缺,投入太少,但对系统的期望又过高。

造成这些问题的原因是多方面的,其中一个主要原因就是人们常常更多地关心怎样建设一个管理信息系统,而对于建设一个怎样的管理信息系统却注意不够。对于系统的具体设计方案考虑较多,而对系统总体方案与发展战略问题重视不足。总之,在系统建设中,由于缺乏科学的、有效的系统规划,使系统的开发屡受挫折。

2. 系统规划的作用

制定系统规划的主要目的是保证所建系统的科学性、经济性、先进性和适用性,其作用体现在以下几个方面。

（1）系统开发的前提条件

管理信息系统的开发是一项极其复杂的系统工程，它涉及组织的高层战略管理乃至低层业务操作、从整体到局部、从决策到执行等各个层次、多个管理部门，以及企业人、财、物等各种资源的配置。如果没有一个总体规划来统筹安排和协调，盲目地进行开发，必将造成资源的浪费和系统开发失败。系统规划作为建立信息系统的先行工程，是信息系统开发的前提条件。

（2）系统开发的纲领

系统规划涉及的内容有：系统开发的任务、方法与步骤，系统开发的原则，系统开发人员与系统管理人员共同遵守的准则，以及系统开发过程的管理和控制手段。这些都是指导系统开发的纲领性文件。

（3）系统开发成功的保证

系统规划把企业的远期目标和近期目标、外部环境和内部环境、整体效益和局部效益、自动业务处理和手工业务处理等诸方面的关系进行统筹协调，使系统开发严格地按计划进行，同时对开发过程中出现的各种偏差进行调控，及时修正、完善计划，从而有效地避免由于开发中发生的错误所造成的巨大损失。

（4）系统验收评价的标准

新系统建成后，需对系统的开发与运用情况加以测定验收，对系统的目标、功能与特点进行评价。这些工作应以系统规划的内容为标准：符合规划标准的系统开发是成功的，否则就是失败的。

（5）充分利用信息资源的辅助工具

在现代社会中，信息已成为组织的生命线，信息资源是组织的重要财富，信息系统的运行与组织的运营方式息息相关。系统规划可以直接对组织产生积极影响，能够更准确地识别实现组织目标所必须完成的任务，发现过去可能没有发现的潜在问题，为组织更合理地安排各种业务活动提供依据。

3.1.3　管理信息系统规划的内容

系统规划是管理信息系统开发的第一个阶段，是管理信息系统的概念形成时期。这一阶段的主要目标，就是制订出管理信息系统的长期发展方案，决定管理信息系统在开发过程中的发展方向、规模和发展进程。

1. 系统规划的主要内容

（1）制订管理信息系统的总体方案

管理信息系统的总体方案包括确定系统的目标、系统结构、约束条件、技术路线、实施方案所需资金预算及时间安排等。关键是要使管理信息系统的战略与整个组织的战略和目标协调一致，能够支持组织战略目标的实现。根据组织的战略目标、内外部环境、内部约束条件确定管理信息系统的目标、约束和结构。

（2）分析当前的资源状况

了解组织能够对管理信息系统提供支持的各种资源状况，包括硬件与软件情况、应用系统及人员情况、制度情况、硬件软件人员及费用的使用情况等。

第3章 管理信息系统的规划

（3）可行性研究

系统规划的后期要对项目进行可行性研究，即研究新系统开发有没有必要及是否具备必要的条件。可行性研究是任何一个大型工程正式投入建设之前必须进行的一项工作。

（4）具体规划

系统规划的时间跨度较长，应对近期的开发做出具体的安排，一般至少要有两年的详细计划，包括设备和软件的购置安排、应用项目的开发计划、软件维护和更新安排、人力资源需求及人员培训安排、资金需求计划等。

2. 系统规划中的组织与管理

组织与管理在信息系统实施中占有重要的地位，信息系统的运行会从根本上改变一个单位或者部门的组织与管理模式。因此，在系统的规划中必须考虑到：信息系统对组织管理的支持，组织管理对信息系统的保障。

1）组织与管理职能

一个组织的管理工作主要包括计划、组织、领导和控制四大职能。

计划是预先确定了的行动路线。它的职能是为组织及其下属机构确定目标，拟订为达到此目标的行动方案，并制订各种计划，使各项工作和活动都能按照预定的目标，在计划指导下进行，达到预期的效果。

组织职能包括人的组织和工作的组织，具体包括：确定管理层次，建立各级组织机构，配备相应人员，规定职责和权限，并明确组织机构中各部门之间的相互关系，协调原则和方法。

领导职能的作用在于指引和影响个人或组织实现某种目标。这是一种行为过程。实行这种行为的人是领导者，接受指引或影响的人是被领导者。

控制是对偏离计划的具体管理业务进行计量和纠正，确保管理目标及为达到目标而拟定的计划得以实现。通常需要将实际情况和计划比较，一旦发现偏离计划的情况，则采取必要的调整措施，纠正和防止计划实施过程中的缺点和错误。

组织与管理的四大职能是组织管理的核心职能，信息系统在辅助这些管理职能方面，具有十分重要的作用，同时这些管理职能对信息系统提出了许多新的要求。信息系统对组织管理的作用主要体现在3个方面：使用信息系统提供对组织计划、对管理控制和对决策活动的支持，因此在组织的管理活动中必须充分考虑信息系统的作用。同时，信息系统规划的重要任务之一就是对组织管理活动重新进行组织。

2）组织与管理保障

在信息系统的开发实施过程中，有效的组织管理保障是最基本的要求。信息系统开发实施的组织保障可分3个层次考虑，即组织机构高层管理者的职责、信息系统管理者的职责和系统用户的职责。按照职能分工的控制原则，从3个层次的人员职责上落实组织保障。为避免出现错误或欺诈行为，个人不应对不协调的职能负责。因此，有必要对具体情况进行职能分工。例如，在信息处理的情况下，要求将有错误的事务数据返回到产生数据的地方修改，而不是由数据处理来更正；数据处理不能引起事务活动或对主文件进行修正；应用项目中要区分用户控制数据和用户使用的责任。

3.1.4 管理信息系统规划的特点

系统规划的好坏将直接影响到整个系统建设的成败。因此应该充分认识这一阶段工作所具有的特点和应该注意的一些关键问题，以提高系统规划工作的科学性和有效性。

系统规划的特点有以下 5 个方面。

① 面向全局、面向长远的规划。系统规划是面向全局、面向长远的关键问题，具有较强的不确定性，非结构化程度较高。

② 立足于高层管理。系统规划的工作环境是组织管理环境，高层管理人员是规划工作的主体。

③ 技术与管理相结合。系统规划是一个管理决策问题，同时系统规划也是技术与管理相结合的过程，它确定利用现代信息技术有效地支持管理决策的总体方案。系统规划人员对管理与技术的理解程度、对管理与技术发展的见识，以及开创精神与求实态度是规划工作的决定因素。

④ 规划不宜过细。系统规划是确定整个系统的发展战略、总体结构和资源计划，指导后续工作，而不是解决系统开发过程中的具体问题，宜粗不宜细。

⑤ 具有动态性。管理信息系统规划必须纳入整个组织的发展规划，并随着环境的发展而变化。

3.2 管理信息系统对组织战略的支持

管理信息系统的规划是规划管理信息系统对组织战略的支持，是规划管理信息系统在长远的发展中对组织的战略目标、战略实现策略及实施方案等提供的战略性支持。

3.2.1 组织战略与管理信息系统

组织战略的制定主要涉及组织的经营层、组织层和行业层，管理信息系统在这 3 个不同的战略层次中越来越多地发挥着重要的支持作用。

1. 经营层战略和信息系统

组织经营层最普遍运用的战略是：成为最低成本的生产商，以比竞争对手更低的价格提供产品和服务；为客户提供差异化的产品和服务，提供不同于竞争对手的产品和服务，从而让竞争对手的产品无法替代本企业的产品；改变竞争的范围，将市场扩大到全球，或者集中到一个竞争对手尚未到达的小型市场。将市场扩大到全球范围，企业可以产生规模效益；集中到一个特定的市场，企业可以提供别人无法提供的高利润的产品和服务。管理信息系统在这些战略中往往成为能否成功的关键因素。

1）对增值战略的支持

经营层最常用的战略分析工具是价值链分析。价值链模型是波特在 1985 年提出的，该模型将企业活动分为主要活动与支持活动。主要活动是直接为最终产品和服务创造价值的生产和销售活动，包括了入库、运营、出库、销售、市场及服务。支持活动则保证主要活动的正常运行，包括组织监督和管理、人力资源的招聘、雇佣和培训、技术的改善、生产过程管理及获得原材料等。

利用管理信息系统可以帮助确定企业哪些竞争战略能应用到特定的企业活动中，也就是分析信息系统最可能产生影响的那些活动。将信息系统运用到这些活动上会有效地增加竞争优势。管理信息系统可以通过为组织的增值服务而获得更大的利润，例如，利用信息系统来创造新的产品和服务、增强市场渗透力、锁定客户和供应商、降低经营成本等。如果信息系统可以帮助组织以比竞争对手低的成本提供服务，或以同样的成本提供更多的价值，那么这些系统就会发挥战略效果。因此，系统规划中应该注意为那些增值最多的业务活动开发信息系统。例如，沃尔玛通过改善后勤的信息系统来获得竞争优势。即企业的供应商每天（而不是每月）将货物送到货架，帮助企业节约入库后勤的成本、降低仓储和库存的成本。

2）为差异化战略提供支持

组织可以使用信息系统来创造新产品和服务，这些新产品与竞争对手所提供的完全不同。这些支持产品差异化的信息系统，可以防止低价竞争出现，使企业避免与竞争对手在成本上进行竞争。

例如，1977年花旗银行开发了自动取款机和银行借记卡。它们在纽约人口密集区安装了大量的自动取款机，每一个银行的储户可以在任何时间和地点利用自动取款机存取款。花旗银行和其他一些银行继续创新，利用网络技术提供了网上的电子银行业务，客户可以通过自己家中的计算机连接到专用网，完成大部分的银行业务。现在，利用互联网所建立的"虚拟银行"，不需要任何实际的分行就可以提供各种银行业务服务。零售行业、制造商使用信息系统为客户提供量身订制的产品和服务，精确满足单个客户的需求。这些系统实质上都对企业的差异化战略提供了巨大的支持。

3）对特定市场战略的支持

企业的特定市场战略往往是通过为一个产品和服务识别特定的目标来创造一个特定市场。通过特定市场的服务，企业可以比竞争对手更好地为某个市场提供特殊的产品和服务。信息系统在这一方面能够提供良好的支持，将企业现有的信息视为企业可以发掘的资源，帮助企业创造利润和市场渗透力。系统通过仔细分析客户的购买模式、品位和偏好，可以有效地把广告和促销活动定位到更小的目标市场。复杂的数据挖掘工具可以从大量的数据中寻找存在的模式并推断规则。这些模式和规则可以帮助制定决策并预测决策后果。

4）为灵敏反应战略提供支持

快速灵敏的市场反应是企业在经营中经常采用的战略。信息系统中的供应链管理系统是这一战略支持的成功典范。例如，美国贝克斯特医疗用品公司的"零库存"订货系统，就利用供应链管理建立了有效的客户响应系统。直接连接到贝克斯特医疗用品公司总部计算机的终端安装在各个医院，当医院需要下订单时，医院不需要给贝克斯特医疗用品公司的销售人员打电话或者发传真，它们直接使用贝克斯特医疗用品公司提供的终端来订购贝克斯特医疗用品公司的产品。该系统直接生成发货单、账单、发票和库存信息，还显示预计到货时间。贝克斯特医疗用品公司在全美有80多个销售中心，它能在收到订单后几个小时内将货物送到。贝克斯特医疗用品公司不把产品放在医院的仓库里，而是直接送到需要这些产品的走廊、护理室、手术室、治疗室。这就帮助医院实现了"零库存",使医院节约了库存、降低了成本,也帮助公司赢得了客户,参与该项目的医院从此不再选择其他供应商。

2. 组织层战略和信息系统

组织经常根据财务要求分成不同的战略单位集合,根据每个战略单位的收益来考察它的表现。组织层战略所面临的问题就是"如何能使所有单位收益最大,而信息技术在此又能起到怎样的作用"。组织层的战略在于不同单位的"合力"效果,"合力"可使企业经营活动协调运作,即一些单位的产出可以成为另一些单位的输入,或者两个单位可以共享市场,从而降低成本、增加利润。利用信息技术把从事不同经营活动的单位连接起来,使它们作为一个整体行动。这就会降低销售成本,让客户更多地使用本企业的产品,加速开发新市场的进程。

组织层的战略还与"核心能力"有关。如果组织中的所有单位都能够创造核心竞争力,那么所有单位的效益都会因此而提高。核心竞争力可以使一家公司成为世界上最好的汽车制造商、运输公司甚至是电脑游戏商。信息技术可以加强组织现有的能力,帮助员工更清楚组织外面的知识水平,也可以放大现有某个市场核心竞争力。例如,数据挖掘技术可以帮助组织了解客户,成为在组织层和组织经营层的一个能力放大器。

3. 行业层战略和信息系统

尽管大多数行业强调竞争,但企业还是投资大量的金钱和同行业中其他企业或者相关行业的其他企业进行合作。比如企业可以联合制定行业标准,增加客户对产品的认识、共同和供应商谈判以降低成本等。企业可以结成信息伙伴,甚至可以把它们的信息系统相连来协同经营。在信息伙伴的关系中,合作的各方在不需要合并的情况下通过共享信息可以提高竞争力。例如,美国航空公司和花旗银行达成协议,客户每使用花旗银行的一美元,就可以在美国航空公司积累一英里的免费旅行分数。美国航空公司借此增强了客户的忠诚度,而花旗银行则获得了更多的信用卡客户。在行业层,信息系统可以在竞争力模型和网络经济模型中发挥作用。

1)竞争力模型

竞争力模型的基本出发点是认为企业外部环境存在一系列的威胁和机会。例如,新竞争对手进入相同市场的威胁、来自替代品的影响力和威胁、客户讨价还价的影响力、来自供应商讨价还价的影响力及传统行业竞争对手市场定位的影响力。

此时,通过合作,行业内企业可以利用信息技术制定信息交换和企业业务电子化等方面的行业标准。参与各方使用相同的标准可以提高行业的效率,使替代品不容易出现,或者提高替代品进入市场的成本,这样达到阻止新竞争对手进入,又可以使客户得到更好服务的目的,同时也提高了客户的转换成本,最终也就达到了使用信息系统提高企业战略能力的目的。

2)网络经济模型

网络经济模型的基本概念是新参与者进入时所增加的边际成本基本上是零,但会产生比较大的边际收益。例如,电话系统或者互联网系统用户数量越大,所有参与者的价值就越大。经营一个拥有1 000个用户的电视台的成本和拥有1 000万个用户的电视台成本相差不多。随着总用户数的增加,用户整体的价值也会增加,但是对应的增加新用户的成本是不会增加的。

信息技术在网络经济中也有战略上的用途。企业用网站来建立"用户社区",用户可以在那里共享经验。用户社区可以增加用户的忠诚度,从而可以和客户保持紧密联系。例如,微软公司利用信息技术建立了一个为世界各地软件开发人员服务的社区。利用微软公司开发人员的网络,小的软件开发商也可以和微软公司紧密协作,共同寻找微软公司操作系统软件中存在的问题,阐述新的想法,为客户介绍技巧及新的应用软件。

3.2.2 管理信息系统战略规划的重点与定位

1. 管理信息系统战略规划的重点

近年来,由于经济全球化以后市场竞争环境的快速变化,竞争压力逐渐升高,许多企业被迫进行组织或作业流程重整,朝更具弹性与快速反应的方向发展。为了配合实现组织这一战略目标,提升市场竞争优势,管理信息系统的规划重点应该是:建设具有扩展性与弹性的信息系统基础设施;重视信息系统战略与组织战略的适应。

根据 Weill 等人的观点,管理信息系统可能是组织竞争优势中最大并且是唯一的长期来源。

由于企业环境的影响,企业愿景可能会不断改变,因此需要建设可以根据需要进行调整的模块式的系统架构。这就需要信息系统战略与组织战略能够相适应,这种适应基于两个基本假设。

- 组织的竞争定位及管理信息系统间的匹配程度会影响到组织的最终绩效。
- 这种战略性的匹配是一个动态的过程。获取动态匹配的要点不是复杂的信息技术,而是组织提升信息技术以实现变化战略的能力。也就是说,任何信息系统都不能独立提升竞争优势,而竞争优势是依靠组织持续利用信息系统的能力来实现的。

企业的经营模式,在信息系统战略与企业战略的匹配中相当重要。也就是说,组织战略与信息系统必须适合相同的经营模式,才能产生持续效益,而经营模式必须适合组织所面对的经营环境。

从产品与流程的变化程度角度出发,可以将组织的经营模式分为 4 种:

- 发明类型的具有动态的流程及产品变化;
- 大量生产类型的具有稳定的产品及流程变化;
- 持续改良类型的具有稳定的产品但流程在动态改变;
- 大量定制类型的产品是动态的但流程则是静态的。

发明式的经营模式是希望同时利用动态的流程与变化的产品进行经营,其焦点在于通过知识与技能进行创造。这种经营模式中的组织成员通常是有独特技艺的工匠或专业人士(如科学家、工程师和程序设计师等),利用教育、学徒制与经验等不同方式来取得知识与技能,经常性地进行小量新产品的创造,并持续通过创新的流程来开发和生产这些产品。要在发明的条件下竞争,组织必须采取分布式决策、扩展职务的定义、减少规则与程序并且以主观的方式评估绩效。这类组织的规模通常较小,而且对特殊产品制造的投资有极高的风险,因为动态的变化可能很快就让组织的结构、系统及专业技能过时。组织需要通过对产品收取较高的利润,而且利润足以抵消持续改变制造能力的成本。

20 世纪,大多数的大型公司都是在稳定的产品与稳定的制造流程变化下利用大量生产进行竞争。由于产品的规格与需求相当稳定且可以预测，使组织能够将产品标准化、进行中央决策、将工作与酬劳常规化并发展标准化的流程。这种经营模式的组织专注在效率上，并通过稳定与控制来实现战略目标。因此，大量生产的公司具有机械式的组织形式，通常是庞大的、阶层式的、官僚和垂直整合的结构。

有些企业并不是在产品与生产流程均动态变化的情况下竞争，也不是在两者均稳定的情况下竞争，而是在稳定的产品及动态流程（持续改良）或动态产品与稳定的流程变化（大量定制化）情况下竞争。这些企业的运作方式与传统竞争的假设并不相同，而是通过适合这些情况的新经营模式来竞争。

持续改良型的组织经营关键在于相互合作的团队式结构。这种团队结构让组织能对其经营流程进行复杂且具有真正增值效应的转型。例如 IBM 罗切斯特工厂就善于聆听及回应合作伙伴的建议。通过一种"早期对外参与"计划，让数百名合作伙伴与顾客直接对正在开发中的产品 AS/400 提供反馈。这项活动对产品及制造流程提供了 3 个关键性的改善：第一，在 AS/400 系统公开发表前，便因为参与者所发现的数百项缺陷，而大幅度地提高了质量；第二，因为开发者拥有一个可以提出问题并获得立即反馈的讨论园地，使决策能更快形成，并促使产品开发流程的加速；第三，由于合作伙伴的早期参与，数千项相关应用能够同时推出。这个活动的成功关键是由开发、制造及营销人员所组成的跨功能团队，以及他们希望实现目标的强烈意愿。

大量定制化竞争的情况与持续改良恰巧相反。大量定制化是指通过服务或产品的变化与创新以满足广大客户不断改变产品的需求；但重要的是，它同时也在逐步建立能提高效率的长期流程经验与知识。这种经营模式最重要的特征在于它能快速并且廉价地制造产品差异的能力。大量定制化经营的关键是动态网络。这是一种能针对任何特定顾客订单，立即将所需流程模块联结在一起的能力。这些能力可能放在个人、团队、软件元件或制造装置上，视该公司所拥有的关键资源而定。但不论如何组合，模块化流程的耦合不可太紧，也就是说，并不是针对某些已知的最终产品所设计。例如 USAA 保险公司利用信息系统将保单服务流程重新设计，以服务代表可以取得的电脑影像来取代过去必须通过后勤才能取得的纸质文件。USAA 废除了纸张库、废除了流程的浪费、将作业周期缩短为与业务增值时间相近，并且能对顾客提供个性化的服务。信息系统改变了组织的思考方式，在 5 分钟的电话中，客户可以同服务代表完成过去需要 55 个步骤、由无数的人在两个星期及许多金钱的支持下才能处理的工作。

这些不同的经营模型体现了不同的组织风格、结构和信息系统的战略作用。

在发明环境中的组织中有动态变化的业务流程，因此其未来的任务通常也是未知的。此外，对真正创新的创造性活动而言，团队成员间的合作则非常重要。所以以"发明"为经营模式的组织需要信息系统来促进合作活动，并通过合作来补充成员的个人知识与技能。这种组织的信息系统建设包含暂时性的应用以作为创新所需的工具。

在大量制造类型组织中，信息系统被用于减少人力资源的消耗。因此信息系统必然是一种要适应不同产品、服务或职能管理部门需要的系统。系统是以组织的稳定与控制为中心，尽可能追求最大的效率，重点在业务流程的处理而不是人与人之间或人与信息技术之间关系的处理。

持续改良的经营模式需要加强成员的业务流程知识与技能，并且要跨功能联结各成员，以促进流程的持续改良,所以需要信息系统来增补任务的需要。因此,信息系统倾向于提供大量的信息,并且可以跨功能与组织进行信息分享;同时,信息专业人士通常也会以平等的身份参与由开发、生产或分销等部门成员所组成的产品或品质团队。

而大量定制化经营模式的企业则需使用信息系统将任务自动化;而同时,它也需要用信息技术将模块流程间的关系或联结自动化,并确保组织成员能组合在一起形成临时团队。大量定制化模式下的信息技术必须非常有弹性,并且能支持动态的物流及服务流。它的系统必须像其服务一样,具有模块化及再利用的特性,通过快速应用系统开发方法迅速完成系统开发。这种系统的主干通常是开放的模块架构,例如使用面向对象技术开发的系统。

2. 管理信息系统的战略定位

要使管理信息系统能够对组织发挥战略支持,首先要对信息系统的战略进行定位。根据信息系统对组织战略的目前定位和未来的定位,可以将组织信息系统对组织战略的影响分成高、低两种,这样可以将信息系统定位成支持型、扭转型、工厂型和战略型4种,如图3-1所示。

	规划中的信息系统对战略的影响	
	低	高
目前信息系统对战略的影响 低	支持型	扭转型
目前信息系统对战略的影响 高	工厂型	战略型

图3-1 信息系统的战略定位

支持型信息系统能够支持组织的业务活动,支持的业务主要是一些资料处理,而不是关键的业务,更不能提供未来的战略支持。

扭转型信息系统是系统从支持型向战略型转移的一个过渡,组织已经有了支持型的信息系统,目前正在寻找提供战略支持的机会。

工厂型信息系统可以影响到组织所有活动的运行,如果没有该系统组织将无法运转,但是该类系统无法为组织提供战略上的支持。

战略型信息系统已经影响到组织现在与未来的战略支持,系统可以提供战略上的竞争优势。

不同类型的信息系统在管理信息系统的规划过程中的组织与管理是不同的。战略型信息系统在规划中需要:有明确的规划指导原则;将组织规划和信息系统规划进行整合;高层主管领导要承担风险责任;在信息部门中要建立创新的文化;要了解信息技术的长期影响;各业务部门对变革采取开放的态度;在信息部门和业务部门之间建立合作伙伴关系。扭转型信息系统的规划组织管理除了高层管理者较少参加外,其他要求同战略型信息系统一样。工厂型信息系统的规划要由组织整体战略规划引导信息系统,信息管理部门应有详细的系统开发规划,规划中重视信息系统的稳定性,侧重于组织现有信息技术的应用,要考虑信息技术和组织的配合程度。而支持型信息系统的规划几乎不需要高层管理者参与,系统的规划与组织的整体规划几乎不发生联系。

3.3 管理信息系统的规划方法

由于战略规划涉及组织的内外环境因素较多，不确定性问题突出，缺乏通用的规范的管理信息系统规划方法。在管理信息系统规划中通常采用的方法有战略目标集转化法（strategy set transformation，SST）、企业系统规划法（business system planning，BSP）、关键成功因素法（critical success factors，CSF）、企业信息分析与集成技术（BIAIT）、产出/方法分析（E/MA）和投资回收法（ROI）等。其中，战略目标集转化法、企业系统规划法和关键成功因素法是使用较多的3种方法。

3.3.1 战略目标集转化方法

战略目标集转化法（SST）由 W. King 于 1978 年提出。他把整个组织的战略目标看成是一个"信息集合"，该集合由组织的使命、目标、战略和其他战略性组织属性（如管理的复杂性、组织发展趋势、变革习惯及重要的环境约束因素等）组成。其中：组织的使命描述该组织是什么，为什么存在，它能做出什么贡献；组织的目标是在使命的指导下，组织在一定时期所要达到的经营指标；组织的战略是为实现目标而制定的总体性的、长远性的谋划；其他战略性组织属性是指对管理信息系统建设影响很大的一些战略性的组织属性，如管理水平、对计算机应用的经验、企业局限性的了解及其他的环境因素等。

管理信息系统战略集由系统目标、系统约束和系统战略构成。其中：系统目标主要定义管理信息系统的服务要求，其描述类似组织目标的描述，但更加具体；系统约束包括内部约束和外部约束，内部约束产生于组织本身，外部约束来自企业外部；系统战略是该战略集的重要元素，相当于系统开发中应该遵循的一系列原则，如系统安全可靠、应变能力强等要求，以及开发的科学方法与合理的管理等。

战略目标集转化法的过程就是将组织的战略集转化为管理信息系统的战略目标。战略目标集转化法由两个工作步骤组成。

1. 识别和阐明组织的战略集

组织的战略和目标在很多情况下不是书面给出的，就是它们所取的形式不便向 MIS 战略集合转化。因此首先要构造组织的战略集，构造过程如下所述。

(1) 勾画出组织的关联集团结构

关联集团指与该组织有"利害关系"的各类集团，如顾客、股东、雇员、供应商、债权人、政府代理人、地区社团及竞争者等。组织的使命、目标和战略必然和关联集团相关。

(2) 确定关联集团的要求

组织的使命、目标和战略实质上反映出每一关联集团的要求，因此要识别每一个关联集团的要求，并说明这些要求的被满足程度。

(3) 定义组织相对于每个关联集团的任务和战略

对应于关联集团的要求，定义组织相对于这些关联集团的任务和战略，构成组织的战略集。

(4) 解释和验证组织的战略集

当组织的战略集初步识别后,应送交组织的最高管理者审查。

2. 把组织的战略集转化为 MIS 战略集

将已被组织最高管理者确认的组织战略集转化为由系统目标、系统约束和系统战略组成的 MIS 战略集。这个转换过程需要对组织战略集中的每一元素确定对应的管理信息系统战略元素,见图 3-2。

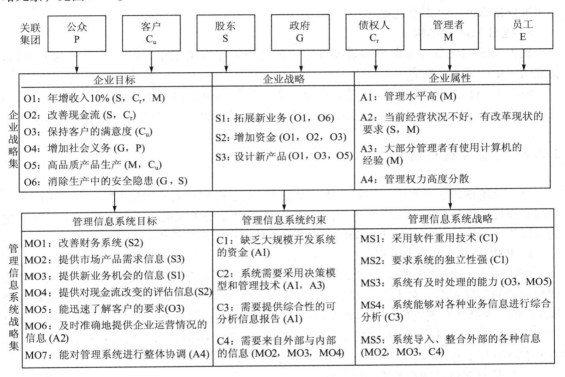

图 3-2 运用 SST 方法进行管理信息系统战略规划过程

在构造企业管理信息系统发展战略集时,首先需要建立企业管理信息系统发展战略目标。管理信息系统发展战略的目标一般需要根据企业的发展战略目标或发展战略来确定。例如,管理信息系统发展战略目标 1(MO1)的形成是为了支持企业发展战略 2(S2)。也就是说,为了实现"增加资金"这一企业发展战略,需要在管理信息系统发展战略中形成"改善财务系统"的管理信息系统发展战略目标 1(MO1)。而管理信息系统发展战略目标 7(MO1)则是为了改善企业管理权力高度分散的企业属性 4(A4)而形成的,见图 3-2 中的最下层的管理信息系统战略集。

为了实现企业管理信息系统发展战略目标,还需要分析存在哪些企业管理信息系统约束条件。企业管理信息系统约束条件一般要从企业战略目标、管理信息系统发展战略目标和企业属性等方面分析,例如,通过对"当前经营状况不好,有改革现状的要求"这一企业属性 2(A2)的分析,可以得到管理信息系统约束 1(C1);而约束条件 4(C4)则是通过对管理信息系统目标 2(MO2)、3(MO3)和 4(MO4)的分析而获取。

分析出管理信息系统发展战略目标与管理信息系统约束条件后,就可以开始构造管理信息系统发展战略（MS）。构造管理信息系统发展战略时需要考虑到管理信息系统发展战略目标、管理信息系统约束条件与企业属性等方面的影响。例如，管理信息系统发展战略3（MS3）的构建是为了实现企业目标3和管理信息系统发展战略目标5（保持客户的满意度O3和能迅速了解客户的要求MO5）而设立的。

在使用SST方法确定企业管理信息系统发展的战略和目标时，把两个战略集之间的关系完全表示出来是非常困难的。图3-2的例子只是表明两个战略集的关系，指出它们由关联集团推导出来的一个完整过程。

3. 提出MIS的结构

根据MIS的战略集所列举的系统目标、系统约束和系统战略，提出整个MIS的结构，提交给组织的最高管理者。

SST是一种确定MIS目标方法论，King认为"这里所描述的过程是从组织的基本宗旨出发，得到对系统开发阶段的输入，其目的是产生一个与组织的战略和能力紧密相符的系统。"

3.3.2 企业系统规划法

企业系统规划法（BSP）是由IBM公司在20世纪60年代末发展起来的一种对MIS进行规划和设计的结构化方法。最初，它是为IBM公司内部使用而提出来的，旨在通过规则化的方法指导MIS的开发。后来，BSP方法成为一种通用的系统规划方法流行开来。

1. BSP的基本概念和原理

BSP法是一种结构化的方法论，它可以帮助企业制定管理信息系统的规划，以满足其近期和长期的信息需求。它主要是基于用信息技术支持企业运行的思想，将企业目标转化为MIS战略。BSP法所支持的目标是企业各层次的目标，关心的是在一个长时间内构造、综合和实施信息系统。因此，BSP法的基本概念是同一个组织内信息系统的长期目标紧密相关。主要有以下几个方面。

（1）信息系统必须支持组织的目标

信息系统是组织的一个有机组成部分，并对组织的总体有效性起着关键作用，所以它必须支持组织的目标。BSP的设计始终突出这一概念，从而使信息系统的总体结构直接反映组织的目标和战略的需求。

（2）信息系统的战略应当表达出组织中各个管理层次的需求

组织的管理可以分为3个层次：战略计划、管理控制和营运控制。对于不同层次的管理活动有着不同的信息需求，信息系统的战略应当表达出组织中各个管理层次的需求。因此应该建立一种框架，分析各管理层次上的信息需求，在这一框架上建立信息系统的总体结构。

（3）信息系统向整个组织提供一致的信息

过去传统的数据处理系统，采用"自下而上"的开发方法，孤立地设计和实现应用系统，使得各应用系统分别收集和保存数据、分散处理数据，造成数据大量冗余、数据不一致、不能实现数据资源共享。因此，要把数据作为资源来管理，由组织的数据管理部门统一组织和协调，被组织各个部门所共享。

（4）信息系统应当在组织机构和管理体制改变时保持工作能力

组织的机构和管理体制是动态发展的，信息系统应当具有一定的适应性和应变能力。这就要求信息系统的设计技术独立于组织结构的各种因素。BSP法采用组织过程的概念，组织过程同任何组织体系和具体的管理职责无关，只要组织的产品和服务基本不变，过程的改变可能性就极小。

（5）信息系统的战略规划应从子系统开始实现

支持整个组织需求的信息系统一般规模较大，不可能一次完成。BSP法对于大型信息系统的基本概念是"自上而下的信息系统计划，自下而上地实现"。即自上而下识别组织目标、识别组织过程、识别数据，然后再自下而上设计系统以支持目标。

2. BSP方法概述

BSP法从组织目标入手，逐步将组织目标转化为MIS的目标。它摆脱了MIS对组织结构的依赖性，从组织过程出发，进行数据分析，定义信息系统的总体结构，确定总体结构中子系统开发的优先顺序。

BSP法是一项系统工程，可以分为以下几个步骤。

（1）研究项目的确立

BSP研究所提出的方案一旦得到批准，组织就要在数年内按规划提供的方向去做，所以开始BSP研究一定要得到组织最高管理层的赞同和批准，对研究的范围和目标及期望的成果取得一致意见。还要成立研究小组，选择组织的主要领导人之一担任组长，参与研究工作并指导研究小组的活动。

（2）研究准备工作

开始研究之前，必须做好以下几个方面的准备工作：对所有参加工作的管理人员和研究小组成员进行适当的培训，制定BSP的研究计划，准备各种调查表和调查提纲等。BSP研究的首要活动是收集组织各方面有关的资料，这些资料可以使研究小组了解组织和对以后的设计活动提供第一手资料。收集的资料包括：环境信息、组织目标、组织机构、计划、度量和控制、经营、现有的应用系统和数据处理设备。在准备工作中除了收集有关资料外，还要召开组织情况介绍会。

（3）定义组织过程和数据类

定义组织过程是BSP方法的核心，组织过程定义为逻辑上相关的一组决策和活动的集合，这些决策和活动是管理组织资源所需要的。定义组织过程可以帮助理解组织如何完成目标，可以有效地支持所开发的信息系统的结构独立于组织机构的变化，可以为从操作过程中分离出战略规划和管理控制定义所需的信息结构、决定它的范围、分解模块和建立开发的优先支持，为定义关键的数据需求提供基础和依据，为定义所需的信息系统结构提供依据。

定义组织过程后，要识别和定义由这些过程产生和使用的数据类，即定义数据类。数据类是指企业过程处理所必需的逻辑上相关的数据集合。

（4）定义信息系统总体结构

当数据类与组织过程都被识别出来以后，就可以定义信息系统的总体结构。利用信息系统总体结构勾画出将来信息系统和相应的数据处理，使系统和它产生的数据结构化、条理化。

（5）分析现有系统的支持

对目前已经存在的组织过程、数据处理和数据文件进行分析，发现不足和冗余，这样才能对将来的信息系统的开发提出建设性的建议。

（6）与组织的高层管理者面谈

通过与组织的高层管理者的面谈确定管理人员对系统的要求，明确目标、问题、信息需求和它们的价值,使 BSP 研究组和管理部门之间建立更密切的关系。面谈结束后,研究组把收集的资料加以分析和成文。必要时可以返回给管理者进一步认可,最后提出报告。

(7) 信息资源评价与确定总体结构中的优先顺序

为了实现更完善的信息管理体系,使信息系统能够有效、迅速地开发、实施和运行,就需要对与信息系统相关的信息资源管理加以评价和优化,并使其能不断地随着企业战略的变化而改变。由于资源的限制,系统的开发不可能全面进行,而有一个先后顺序;因此要确定系统开发的先后顺序,即对各个子系统根据一定的规则确定实现的优先顺序。一般来说,比较重要的、容易开发的系统优先开发。

(8) 制订开发计划

经 BSP 研究而形成战略计划报告,首先提出系统开发的一些建议,包括:信息系统结构、对信息系统结构中需要优先开发和增加信息资源的部分、对现行系统的过渡性改进、加强数据管理以控制组织内的数据资源等。对于每一个建议,需要提出具体的开发计划。

(9) 形成最终研究报告

最后,完成 BSP 研究的最终报告,整理研究成果,提交组织管理部门审议。

3. 定义组织过程

整个组织的管理活动由一系列组织过程组成。识别组织过程是确定信息系统总体结构,分析问题,识别数据类及随后研究项目的基础。

1) 定义组织过程的步骤

组织过程的识别是一个非结构化的分析和综合的过程,通过调查组织的现实活动,以组织的资源为线索,进行分析和综合。BSP 识别过程如图 3-3 所示。

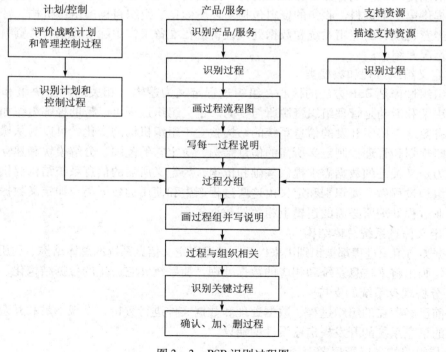

图 3-3 BSP 识别过程图

第 3 章 管理信息系统的规划

组织的资源可以分为产品/服务、支持资源及不以具体形式存在的资源、计划和控制。组织中的产品/服务是关键性资源,在组织过程定义中起着重要作用。支持资源是指为实现组织的目标,必须使用和消耗的那些资源,如材料、资金、设备和人员等。计划和控制是指组织的战略规划和管理控制,因为战略规划和一些管理控制不是面向孤立的产品或资源,所以它们必须作为一个独立的因素来考虑。这三类资源是识别组织过程的主要来源,从产品/服务可以定义产品或服务组织过程,从支持资源可以定义支持资源组织过程,从计划和控制可以定义组织战略规划和管理控制方面的过程。

2)识别计划和控制过程

根据准备工作阶段所收集的有关计划、度量和控制等信息及组织计划的一些样本,识别出计划和控制过程。它们一般可以组合为战略规划和管理控制两大类,具体如表 3-1 所示。

表 3-1 计划和控制过程

战略规划	管理控制
经济预测	市场/产品预测
组织计划	工作资金计划
政策开发	雇员水平计划
放弃/追求分析	运营计划
发展目标制定	预算
产品设计计划	测量与评价

3)识别产品/服务和支持资源过程

通过对产品/服务和支持资源的生命周期分析,可以得出相应的组织过程定义。生命周期是指一项资源从需求到退出所经历的阶段。BSP 法将产品/服务和支持资源的生命周期阶段分为 4 个阶段:

第一阶段——需求,对某一资源需求的提出、计划,对计划的度量和控制;

第二阶段——获取,对这种资源的获取过程;

第三阶段——经营,对已获取的资源进行处理、经营;

第四阶段——分配,对产生的产品或服务进行分配,对整个生命周期做出评价等。

过程的识别是根据这些资源的生命周期模型找出对应每一阶段所必需的管理活动。产品/服务和支持资源过程示例见表 3-2。

表 3-2 产品/服务和支持资源过程示例

阶段	产品/服务	支持资源			
		资金	人员	材料	设备
需求	市场计划 市场研究 预测 定价 材料需求 能力计划	财务计划 成本控制	人事计划 工资管理	需求计划	设备计划

续表

阶段	产品/服务	支持资源			
		资金	人员	材料	设备
获取	工程设计开发 产品说明 工程记录 生产调度 生产运行 购买	资金获得 接收	招聘 转业	采购 接收	设备购买 设备接收
经营	库存控制 接受 质量控制 包装储存	公文管理 银行账 会计总账	补充和收益 职业发展	库存控制	设备维护 设备管理
分配	销售 订货服务 运输 运输管理	会计支付	终止合同 退休	生产日程安排 与控制	设备报损

在过程识别的基础上，要进行过程分组，对识别出的过程进行汇总分析，合并同类过程并减少过程在层次上的不一致性。划出过程组合表，即将每一个过程组合和它的过程都列在一张表上。

4）建立组织过程和组织关系

用过程-组织矩阵将组织机构与组合过程联系起来，以帮助研究组明白识别出过程在组织中是如何和由谁来负责完成的。过程-组织矩阵示例见表3-3。

表3-3 过程-组织矩阵示例

组织	过程												
	市场计划	市场预测	销售区域管理	销售	订货服务	产品设计开发	产品说明	财务计划	成本核算	人员计划	培训计划	人员考核	……
财务部	×		/					¤	¤				
销售部	¤	¤	¤	¤	¤		×						
技术部		×				¤							
人事部										¤	¤	¤	
……													

此外，还要识别关键过程，即识别组织成功的关键过程。识别关键过程是为了决定要对组织的哪些部门进行更详细的研究。

5）建立组织过程识别文档

定义组织过程是 BSP 方法成功的关键步骤。为使研究组了解整个组织的运营是如何管理和控制的，需要建立描述组织过程的文档，这些文档主要有过程组及过程表、每一过程的简单说明、用于识别满足目标的关键过程表和过程/组织矩阵等组织过程定义文档。

4. 定义数据类

识别数据类的目的是了解组织目前的数据状况和数据需求、发现组织过程之间目前和潜在的数据共享关系、发现各个过程产生和使用的数据、为设计信息系统总体结构提供依据。定义数据类的第一步是识别数据类。

1) 识别数据类的方法

数据类可以用两种方法识别：一种是实体法，另一种是过程法。

（1）实体法

实体就是企业长期感兴趣的某些事物，它们可以被明确地加以识别并且有关这些事物的信息可以由企业加以存储，如顾客、产品、材料及人员等客观存在的东西。实体法是从实体的角度，分别将联系于每个实体生命周期阶段的各种数据整理、归纳成数据类。实体法首先识别出企业实体，然后用4种类型的数据类描述每个实体，这4种类型的数据为：计划、统计、存储和业务。最后把实体和数据类放在一个表内，得到实体－数据类（见表3－4）。

表3－4 实体－数据类

数据类	实体						
	产品	顾客	设备	材料	供应商	现金	人员
计划	产品计划	销售领域 市场计划	能力计划 设备计划	材料需求 生产调度		预算	人员计划
统计	产品需求	销售历史	运行 设备利用	开列需求	供应商行为	财务统计	生产率 盈利历史
存储	产品 成本 零件	顾客	设备 机器负荷	原材料 成本 材料单	供应商	财务 会计总账	雇用工资 技术
业务	订货	运输		采购 订货	材料 接收	接收 支付	

（2）过程法

过程法从组织过程的角度，分别将各个业务数据的输入数据和输出数据按照逻辑相关性整理，归纳成数据类。过程法示例见图3－4。

2) 建立数据类与过程的关系

过程和数据类定义好之后，可以用过程/数据类矩阵表达过程和数据类之间的联系。过程/数据类矩阵又称U/C矩阵。在U/C矩阵中，将过程作为行，数据类作为列，如果某个组织过程产生某数据类，就在该行该列对应的矩阵元中填C（create）；如果某个组织过程使用某个数据类，就在该行该列对应的矩阵元中填U（use）。

填完后对U/C矩阵后，需要做正确性检验。U/C矩阵的正确性检验内容有以下内容。

① 对于一个数据类必须有一个产生过程且至少有一个使用过程。如果没有产生过程，说明该数据源没有收集到，成了无源之水；如果没有使用过程，说明该数据产生后，无处使用，成为废数据。此时都需要重新数据类与过程的关系。

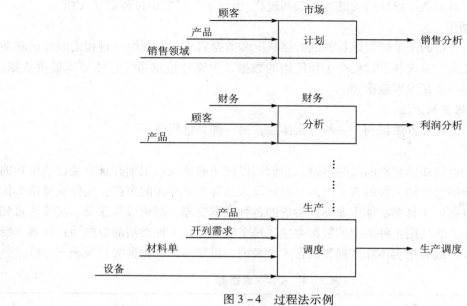

图 3-4 过程法示例

② 对于一个数据类必须仅有一个产生过程。如果出现多个产生过程,则说明该数据类是一个大类数据需要细分。例如,图 3-5 中的计划数据出现两个产生者,说明需要细分成企业计划数据和财务计划数据。

③ 在 U/C 矩阵里,不允许出现空行、空列现象。如果出现空行或空列,不是该数据类或过程是多余的,就是在定义过程中遗漏了它们之间的数据联系分析。

5. 定义信息系统总体结构

信息系统总体结构是组织长期数据资源规划的图形表示,是目前和将来信息系统开发运行的蓝图。BSP 法将组织过程和数据类作为定义信息系统总体结构的基础,采用 U/C 矩阵分析和识别将要开发的信息系统各个子系统及子系统之间的数据流。

具体步骤如下所述。

① 调整 U/C 矩阵。首先,将过程按照过程组排列,每一过程组按资源生命周期的 4 个阶段排列。其次,调整"数据类",使矩阵中 C 及 U 靠近从左上到右下的主对角线,尤其是 C 必须靠近主对角线,而 U 可能在某些情况下需要放弃将其靠近主对角线的企图。

② 把 U、C 比较集中的区域用粗线条框起来,这样形成的框就是一个个子系统。

③ 表示数据流向。用箭头把落在方框外的 U 与子系统联系起来,表示子系统之间的数据流,即数据从一个系统流向另一个系统。

为了表达清楚,还可以把图简化,去掉字母 U 和 C 并使用双向箭头,最后得到简化的子系统结构图。

3.3.3 关键成功因素法

组织的信息需求分析方法有两大类:一类是全面调查法,另一类是重点突破法。BSP 方法是对信息需求分析的一种全面调查法,全面调查法是综合性的,但是难以获得高层管理人

过程 \ 数据类	计划	财务	产品	零件主文件	材料单	卖主	原材料库存	成品库存	设备	过程工作	机器负荷	开列日常需求	顾客	销售领域	订货	成本	雇员
企业计划	C	U	U						U				U		U	U	
组织分析	U																
评价与控制	U	U															
财务计划	C	U							U							U	
资本寻求		C															
研　　究			U										U				
预　　测	U		U										U	U			
设计、开发			C	C	U								U				
产品说明维护			U	C	C	U											
采　　购						C									U		
接　　收						U	U										
库存控制							C	C			U						
工作流程			U						C			U					
调　　度			U				U			U	C	U					
能力计划							U			U		C	U	U			
材料需求			U		U		U					C					
运　　行									U	U	U	C					
领域管理			U										C	U			
销　　售			U										U	C	U		
销售管理													U	U			
订货服务			U										U		C		
运　　输			U			U									U		
会计总账		U				U									U	U	
成本计划						U										C	
预算会计	U	U							U						U	U	
人员计划		U															C
招聘/发展																	C U
赔　　偿		U															U

图 3-5　U/C 矩阵

员关注的重要信息需求。关键成功因素法（CSF）是重点突破法应用的典型，是帮助组织高层管理人员确定重要信息需求的一种有效方法。

1. CSF 的基本概念

为了达到组织的目标所必须考虑的因素被称为关键成功因素。关键成功因素是企业战略分析的焦点,决策的信息需求往往来自这些关键成功因素。关键成功因素总是与那些能确保组织生存和发展的方面和部门相关。在不同的业务活动中,关键成功因素有很大的不同,即使在同一类型的业务活动中,在不同时期内,其关键成功因素也会不同,即对不同的企业、不同的战略,其信息需求各不相同,从而导致对 MIS 的需求差异。

关键成功因素法就是通过分析并找出组织的关键成功因素,围绕这些关键成功因素确定系统的信息需求,进行系统规划。关键成功因素在组织的目标和完成这些目标所需要的浩瀚信息之间起着一个桥梁作用。CSF 方法首先识别组织的目标,确定关键成功因素。识别出关键成功因素以后,要确定度量这些关键成功因素的信息。最后设计信息系统的结构和功能,确定信息的来源,制订建立这些系统的计划方案。通过 CSF 方法所识别的 MIS,在支持企业目标方面可以发挥很好的作用。

2. 定义关键成功因素

CSF 方法首要的是对关键成功因素的识别。首先使用对组织目标逐层分解的方法引出影响组织的各种因素和影响这些因素的子因素,然后在此基础上分析 MIS 如何对这些因素提供支持。CSF 方法使用的工具是树枝因果图。

如图 3-6 所示,某企业有一个目标,是提高产品竞争力,可以用树枝因果图画出影响它的各种因素,以及影响这些因素的子因素。

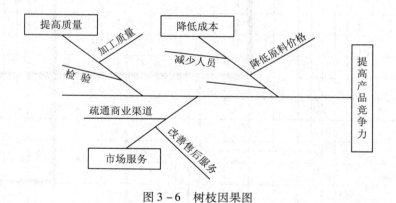

图 3-6 树枝因果图

识别出这些因素后,就需要对其进行评价,评价哪些因素是支持组织目标的关键成功因素。评价方法可以采用德尔菲法、AHP 法和模糊综合评判等方法。

3. CSF 的基本来源

关键成功因素基本上来源于以下几个方面。

(1) 特殊行业的结构

行业的性质决定了某些关键成功因素,行业中的每个企业都要关注这些因素。例如,在汽车工业中,产品设计、成本控制是行业性的关键成功因素。

(2) 竞争策略、行业地位与地理位置

行业中的每个企业都有自己的特殊性。企业的竞争策略会决定其关键成功因素。同一行业的不同企业由于处于不同的行业地位,位于不同的地理位置会有不同的关键成功因素。

（3）环境因素

环境因素（如国民生产总值、世界经济形式、人口的增减、政府政策的变化、技术的进步等）也会影响组织的关键成功因素。

（4）暂时性因素

组织内部的变化经常会出现暂时性的关键成功因素。某些因素在组织正常运行时不需要特别关注，但是在某个时期可能由于组织的经营处在水平线下而变得特别重要。如库存控制对于一个公司的总经理来说，一般不会是一个关键成功因素，然而在某些特殊时期（库存太多或者太少时），就成为该企业的关键成功因素，直到库存达到正常水平。

任何组织的情况都在随着时间的改变而改变，其关键成功因素也会随之改变。

4. 确定关键成功因素的度量

在识别出 CSF 后，同样重要的是要讨论和分析与这些成功因素有关的资料。许多成功因素的度量需要组织外部的信息——如有关市场结构、顾客偏好或未来市场趋势等方面的信息。因而要设计适当的信息系统，从适当的信息源有意识地收集这些外部信息。

度量 CSF 所需要的很重要的一部分信息，来源于主观评价，它们不能被量化。这些是重要的管理资料，高层管理人员也习惯于使用这些软的但很有用的度量。

关键性能指标（key performance index，KPI）提供了 CSF 在公司层次上的度量。典型的 KPI 见表 3-5。

表 3-5 典型的 KPI

盈利能力	每个部门、产品和区域的盈利能力；部门之间、产品之间及竞争者之间的比较
财务	流动比率，现金储备情况，资产负债分析，投资回报率
市场	市场份额，广告分析，产品定价，每周（每天）的销售结果，客户的销售潜力
人力资源	人员流动率，工作的满意度
计划	销售增长/市场份额分析
经济分析	市场趋势，对外贸易和汇率，行业趋势，劳动力成本趋势
消费者趋势	消费者的信心级别，购买习惯，人口数据

5. 报告和应用系统的设计

有了 CSF 和 CSF 的度量，下一步就是设计一套报告格式，同时考察现存信息系统和数据来源。对于主观的软度量，可以设计一套记录事实和印象的报告来尽可能地估计感性认识和突出重要的软因素。对于某些硬度量指标（往往需要设计新的报告格式和需要对数据进一步加工），可以由现存信息系统及数据库提供部分报告。

在许多情况下，需要设计全新的信息系统，来提供 CSF 度量报告的信息。实际活动包括以下内容。

① 考察产生 CSF 报告的信息来源和数据结构，建立关键数据模型。

② 分析新系统和已有信息系统的关系，指出对现有系统的改进、新的应用和已有系统的整体性的接口，设计信息系统的总体结构。

③ 数据库的设计。根据关键数据模型和已有数据结构，设计出总体数据库结构，明确数据的维护责任。

④ 确定信息系统开发的优先次序。对 CSF 分析中确定的应用系统开发，可以采取某一方法确定开发的优先级。

⑤ 对优先开发的信息系统进行详细设计和开发。

⑥ 制订开发计划。

3.4 企业业务流程规范与重整

在管理信息系统建设过程中，最重要的问题之一是如何利用 IT 技术对业务流程进行改造。如果不对现有的业务流程进行创造性的、批判性的分析，只是简单地对现有的流程进行计算机模拟，将使那些落后的业务流程在信息系统中固化下来，这不仅不能使企业的管理水平得到提高，反而会企业的落后管理模式一直延续下去，使企业在市场竞争中处于不利地位。因此在进行管理信息系统的规划时应该从提高企业的管理水平出发，对现行系统进行大刀阔斧的改革，使企业的业务流程能够在信息系统的支持下得到根本性的变革。这就需要业务流程的重新设计及业务流程重整，减少业务流程的不合理环节、删除多余步骤，使企业能够对市场、对客户的变化做出及时的反应。

3.4.1 业务流程重整概念

1993 年由美国学者 Hammer 和 Champy 提出的企业流程重整（business process reengineering，BPR），是指对企业进行根本的再思考和彻底的再设计，以求企业关键的性能指标（如成本、质量和服务等）获得巨大的提高。

业务流程重整中"根本的""彻底的""巨大的"3 个关键词在流程重整中具有重要的作用。所谓根本的，就不是枝节性的，不是表面性的，而是本质的，革命性的；强调用敏锐的眼光看出企业的问题，只有看出问题、看透问题，才能更好地解决问题。所谓彻底的，就是要动大手术，要大破大立，不是一般的修补。只有这样才能打消一些陈旧的观念，为流程重整打下基础。所谓"巨大的提高"，是指成十倍甚至百倍的提高，能够快速见到实际效果，在量变的基础上产生质变，出现突破点。流程重整的关键在于选准突破点。近年来，一些企业面对困境，大胆实行流程重整，使企业起死回生，取得了明显的效果，真正做到了巨大的提高。

例如，仓库收货的业务流程可能是：保管员验收货物并做记录、通知采购员、签收货物发运单、填写入库单并入库、分发入库单、填写送验单等。

在手工管理方式下，企业已经形成了一个比较成型的企业流程和管理方法。企业仓库收货业务流程如图 3-7 所示。

信息技术的应用有可能改变原有的信息采集、加工和使用方式，甚至使信息的质量、获取途径和传递手段等都发生根本性的变化。信息技术条件下的仓库收货业务流程如图 3-8 所示。

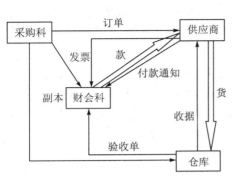 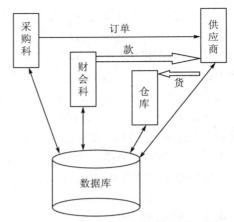

图3-7 企业仓库收货业务流程　　　图3-8 信息技术条件下的仓库收货业务流程

从该例可以发现，按照传统的管理职能分工原则，企业流程被分割为一段段的环节，每一环节关心的焦点仅仅是局部任务和工作，而不是整个业务的全局优化；在管理信息系统建设中仅仅用计算机系统去模拟原手工管理系统，并不能从根本上提高企业的竞争能力，重要的是重组企业流程，按现代化信息处理的特点，对现有的企业流程进行重新设计，成为提高企业运行效率的重要途径。

企业流程重整的本质就在于根据信息处理技术的新特点，以事物发生的自然过程寻找解决问题的途径。企业流程与企业的运行方式、组织的协调合作、人的组织管理、新技术的应用与融合等紧密相关。因而，企业流程的重组不仅涉及技术，也涉及人文因素，包括观念的重组、流程的重组和组织的重组，以新型企业文化代替陈旧的企业文化，以新的企业流程代替原有的企业流程，以扁平化的企业组织代替金字塔型的企业组织。其中，信息技术的应用是流程重整的核心，是流程重整的基础，也是流程重整的最终目标体现者。

企业流程重整实现的手段有两个使能器（enabler）：一个是信息技术，一个是组织变革。

企业流程重整之所以能够实现巨大的提高，在于充分发挥IT的潜能，利用IT改造企业过程，简化企业过程。通过变革组织结构，达到组织精简，效率提高的目的。没有充分运用IT技术和进行组织的变革，要实现企业流程重整是困难的。

要实现企业流程重整还需要组织决策者的抱负、知识、意识、阅历、艺术和魄力。组织决策者的责任在于克服来自中层的阻力，改变旧的传统观念。在组织环境发生突飞猛进的年代，经验不再是资源的财富，在一定程度上是负担。决策者只有通过人员培训，不断强化思想意识，为实施企业流程重整创造良好的环境，善于造"势"，企业流程重整才有可能成功。

企业流程重整实际上是站在信息处理的角度，对企业流程重新思考和再设计，是一个系统工程，包括在系统规划、系统分析、系统设计、系统实施与评价等整个规划与开发过程之中。

在信息系统分析中，要充分认识信息作为战略性竞争资源的潜能，创造性地对现有业务流程进行分析，找出现有流程存在的问题及产生问题的原因，分析每一项活动的必要性，并根据企业的战略目标，采用关键成功因素法等，去发现正确的业务流程。在信息技术支持下，有些业务活动可以合并，管理层次可以减少，有些审批检查可以取消。

通过企业流程重整，可以实现以下目标：企业的组织更趋扁平化，工作方式也将改变；企业将更多采用团队工作方式；团队间的相互了解和主动协调将大大提高；领导更像教练，而不是指挥官；整个组织更主动、更积极地面向客户。在统一目标下，达到管理过程化、职能综合化和组织扁平化。

企业是否实施企业流程重整，需要慎重决策，要比较再造所需的成本。一般情况下，如果企业处于以下状态，就需要实施企业流程重整：企业濒临破产，不改只能倒闭；企业竞争力下滑，企业调整战略和进行重构；企业领导认识到BPR能大大提高企业竞争力，而企业又有此需要；BPR的策略在相关的企业中获得成功，影响到本企业。

3.4.2　业务流程的规范

规范的业务流程是管理信息系统开发的基础。有了规范的业务流程，各有关部门和人员就可以按照统一的程序和方法处理业务，各司其职，相互协作配合，使业务能够从头至尾顺畅地进行，从而避免凭个人经验办事、一人一种做法、工作互不统一的混乱状况。这样才能保证依据规范业务流程开发的管理信息系统能够得到所有用户的热心使用。

业务流程的规范主要是指对各项管理业务的范围、内容、程序和处理方法进行规定，即制定业务标准，从而把企业中千头万绪的工作同相应的部门及人员联系起来。

管理信息系统实施后，必须有相应的新的业务流程与其相适应。但是，业务流程的重新设计不可能在系统开发之后才开始，因为这样做只能是对现有业务流程的模仿而不是考虑新的业务处理环境下的业务流程，其结果只能是导致管理信息系统的生命周期大大缩短。

基于以上原因，在开发管理信息系统时，必须在规范企业现有流程的基础上，结合新系统处理业务的特点和优势，重新设计企业业务流程。

重新设计业务流程，首先要找出现有业务流程中存在的问题，并评估新系统实施后对业务处理方式改变的效果。前者要依靠业务处理人员发现问题，后者则需要系统开发人员与业务处理人员共同分析现有的业务流程图，直接查找问题，分析哪个业务环节在使用信息系统后是多余的，哪些新的业务环节在实施信息系统后应该设立，这些新的业务环节对业务流程的处理能够带来哪些益处，能够为提高企业的竞争能力提供哪些帮助，此时，还要对改革的力度进行评估，如果属于剧烈式变革，或者说要根据信息系统的功能进行业务流程重构，则将其称为企业流程重整（business process reengineering，BPR），而将渐进式的改进则称为企业流程改进（business process improvement，BPI）。

3.4.3　业务流程的重整原则

业务流程重整的主要原则在于简化和优化过程。BPR过程简化的主要思想是：战略上精简分散的过程，离开主营业务就失去了自身的长处，导致经营不善，企业面临困境；职能上纠正错位的过程，忽视了主要任务，致使各种资源比例失调；执行上删除冗余的过程，业务处理过程冗余，导致管理环节增多，效率降低。

利用 IT 技术简化过程的原则是：纵向集成，即权力下放，压缩管理层次；横向集成，即跨部门按业务流程压缩；减少检查、校对和控制，即变事后检查为事前管理；单点对待顾客，即用入口信息代替中间信息；单库提供信息，即建立统一的共享数据库；一条路径到达输出，即明确处理路径；并行工程，将串行业务处理变为并行处理；灵活选择过程连接，对不同输入，用尽可能少的过程实现输出。

上述原则指出了流程重整的指导性方法，在实际操作中，还应考虑具体的企业环境及条件，灵活运用，才能设计出理想的业务流程。在企业业务流程重整过程中一般采用业务流程重整四原则：ECRS 原则。

（1）业务流程的取消原则（eliminate）

取消业务处理过程中不必要的处理环节和内容，在业务处理过程中有的业务处理或某些处理手续由于信息系统的建立而可以取消。例如在许多业务处理过程中为取得最终的业务分析报告而进行的数据统计分类等操作，在信息系统建立后将被取消。对这些取消的业务活动自然也就没有必要去分析如何改进，因此业务流程的取消是改善工作流程、提高工作效率的最重要原则。因此，在业务流程重整中首先考虑哪些业务流程可以取消。

（2）业务流程的合并原则（combine）

在取消所有的不必要业务流程后，需要研究哪些业务流程可以合并。传统的业务处理之所以有分工合作，主要是业务处理的工作量超过了一个人或某一团队的负担，或者需要另外一些专业知识，或者为了将某些相似业务集中处理以提高业务处理的效率。采用了信息处理系统以后，对业务的处理已经可以不再考虑工作量或专业知识的分工影响，而只关注于如何提高业务的处理效率，此时就需要对相邻的业务进行必要的合并。

（3）业务流程的重排原则（rearrange）

在取消了一些不必要的业务、合并了一些相邻业务以后，需要将在信息系统支持下的业务按照其处理逻辑或信息流向重新进行排序，或在改变了业务处理的其他要素以后，重新安排业务的处理顺序，目的在于使业务流程处理更加顺畅、更加高效。当然，在业务流程的重排过程中，还可以进一步研究取消或合并业务处理流程。

（4）业务流程的简化原则（simplify）

在完成业务流程的取消、合并与重排以后，需要对剩余的业务流程进一步研究，是否有可以简化之处，简化的内容主要针对业务的处理内容与处理环节。

3.4.4 业务流程的重整类型

信息化的发展为企业与企业之间、企业与顾客之间提供了数据交换与信息共享的平台，同时也为企业的发展提供了更加广阔的空间。因此，新形势下系统规划一定要突破以现行职能部门为基础的"分工"式流程的局限，从供应商、本企业及顾客所组成的供应链全局出发，着眼于企业创新，特别是流程创新以规划企业信息系统建设，确定企业信息化的长远目标，在企业业务流程创新及规范化的基础上进行系统规划。在系统规划的过程中以流程为主线，先进行流程规划，然后在此基础上进行系统的数据规划与功能规划。另外，通过科学的系统规划驱动企业的业务流程改革。信息系统的科学规划，使信息的收集、存储、整理、利用和共享更为方便快捷，使某一产品的市场调查、产品构想设计、生产制造、销售服务等管理环节的并行成为可能,从而打破了企业传统的专业化分工。为企业战略的实现设计新的业务流程或改革已有流程,必须选择合适的流程改革类型。流程改革按推行的深度和广度可大体分为4种类型。

(1) 局部的流程改革

选择一个或几个关键流程实施流程改革,以达到局部的重组。目前,许多流程改革都是这种类型,一般能在风险不大的情况下取得可观的效益。

(2) 全部的流程改革

选择一定的范围,对所有主要流程实施流程改革,强调流程相关部门之间的紧密协作和及时反馈,以提高部门的工作效率和效果,但仍保持企业现有组织结构和部门的职能划分,保持部门状态或边界不变。

(3) 全局的流程改革

这是一种激烈的、彻底的流程改革,最终目标是建立一个完全面向流程的企业运作模式,包括组织机构的重组。强调流程本身的跨功能特性,通过强有力的信息系统支持,将职能部门虚拟化而达到企业业务流程化。这是众多流程改革推行者所追求的比较理想的目标,但由于它的实施难度和技术上的不成熟性,目前还很难获得这种成功。

(4) 扩散性的流程改革

将协作厂、供应商等包括在内,全面彻底地鼎力合作推行流程创新,这是一种最为广泛、最为深刻的流程改革。它给企业带来的收益是革命性的,但它要求整个供应链上的企业像一个整体一样运作,范围大,程度深,牵扯面广,难度最大。

可见,4种流程改革的类型可能给企业带来的收益和相应的风险均有不同,也直接决定了信息系统规划的广度与深度。选择合适的流程改革类型,进行正确的定位对于企业的发展,对于企业的信息系统规划都是至关重要的。

选择核心业务流程为改革的突破口,逐步地扩展。核心业务流程对企业效益的影响极大,同时也决定了其他相关流程的设计。因此,根据企业的实际情况,无论选择哪一种类型作为业务流程重整的目标,都应该选择核心业务流程为流程改革的突破口,然后逐步扩展,为信息系统的科学规划与实施奠定基础。

3.4.5 业务流程的重整过程

1. 业务流程重整实施阶段

业务流程重整的实施过程可大致分为以下3个阶段。

(1) 发现准备阶段

在此阶段首先企业定位,确定可能开展的项目,确定哪些流程可以划入重整的范围,并提出重整要求与目标;其次进行初步的影响分析,在前项的基础上对项目加以审议;最后是选择第一项目,明确范围。第一项目的选择意义重大,事关以后各流程是否能顺利改革。

(2) 重新设计阶段

业务流程的改革工作,一要弄清楚现有业务流程中存在的问题;二是界定新的业务流程备选方案;三是评估每个备选方案可能需要的代价及其产生的效益;四是提出一个以上的可以实施的方案。

（3）方案实施阶段

一是选择最相宜的方案；二是实施方案；三是更新模型及其他资料，为其他的业务流程改革与创新提供参考。在选择流程改革时的对象一般考虑：顾客满意度差、抱怨不断的流程、成本高的流程、周期长的流程、已有更好的方法用于流程运作的流程、有新技术（如IT）可用于改善流程运作的流程或管理工作差的流程等。

2. 以客户为起点，重整企业业务流程

目前，我国的企业正处于产品较丰富、市场由卖方市场转向买方市场、对客户的争夺越来越激烈的时期，这些情况要求企业在业务流程改革时，以客户为起点，调整企业的产品服务研究与开发及生产经营活动。

3. 业务流程重整的保证

围绕企业的业务流程改革，做好多方位的"配套改革"，企业必须要相应对"企业理念""企业战略""企业制度""企业管理""企业组织""企业产品""企业营销""企业文化""企业领导"等进行适合当前社会形态及企业实际情况的重整，从而为企业业务流程改革提供良好的保证。

4. 加强人力资源的开发与管理及信息基础设施的建设

目前整个社会正逐步步入知识经济时代，"知识资本"将取代"金融资本"成为经济发展的第一要素，拥有了高素质的人才，才能使企业的流程改革取得成功，为此，企业的人力资源开发与管理就显得尤为重要。对于信息技术和信息基础设施，我国大多数流通企业目前仍处在局部利用和内部整合阶段，远不能达到业务流程改革对信息技术和信息基础设施的要求，为此，企业必须加强对信息技术的利用和信息基础设施的建立，适应新时代的挑战。

在业务流程重整过程中必须分析每个业务处理环节的目的、内容、时间、地点、人员和方法是否恰当。

① 分析业务处理环节存在的目的是否有必要，为什么要有该环节的处理，没有该环节的处理业务是否能够正常运转，即分析业务存在的目的，以确定是否可以取消该业务处理环节。

② 分析业务环节处理的具体内容。该业务环节对业务究竟做了哪些处理，该环节的业务处理是否与其他环节的业务处理出现了重复，是否与上、下业务处理环节的处理内容能够实现良好的衔接，以确定该环节的业务处理流程是否畅通，是否可以进行业务流程的重排。

③ 分析业务处理时间是否恰当。通过对业务处理时间的分析，确定业务处理是否有必要在此时完成，是否可以对该环节的业务处理进行改进。

④ 分析业务处理的地点是否正确。通过对业务处理地点的分析，了解该业务是否必须在某一特定地点进行处理，以确定业务可能处理的工作岗位，对业务进行必要的合并分析。

⑤ 对业务处理人员分析。通过对业务处理所需要的专业人员分析，了解业务的处理是否需要某一特定的专业人员，指定业务处理的责任人，了解业务处理环节是否可以合并。

⑥ 分析业务处理的方法。对业务处理方法的分析，目的是了解是否存在更有效的业务处理方法，在业务流程的重整过程中是否可以采用更好的业务处理方法与处理流程，实现对业务处理的重排或简化。

3.4.6 业务流程的重整评价

1. 业务流程重整的关键特性

企业的业务流程重整就是希望通过对业务处理过程的根本性思考和关键性设计，使企业在成本、质量、服务和速度等方面获取戏剧性的效果。因此业务流程重整包含了"根本性""关键性""戏剧性""过程"4个关键特性。这4个关键特性也是评价业务流程重整是否成功的标志。

（1）根本性的思考

在业务流程重整过程中，必须对业务流程的处理提出根本性思考问题，即"为什么要做现在所处理的业务？""按照现有的业务处理方式处理这些业务会带来哪些益处？"提出这些根本性问题的目的是使管理人员对管理企业的方法所基于的不成文的规则、假设及所从事的业务进行观察和思考，通过观察和思考，往往会发现这些沿袭下来的规则、假设可能是过时的甚至是错误的，因而是不适用的，企业所实施的业务流程是没有竞争力的，是没必要再做的。

（2）关键性再设计

这意味着对管理制度追根溯源，对既定的现存制度不是进行肤浅的改变或调整修补，而是抛弃所有的陈规陋习和一切既定的结构与过程，保留具有核心竞争力的业务，创造全新的完成业务的方法。对企业的运行和业务流程进行重新构造，而不是对企业组织、运行进行改良、增强或调整。

（3）戏剧性的效果

企业业务流程重整不是要取得小的改善，而是要取得业绩的突飞猛进。小的改善只需要逐步调整就可以取得，"戏剧性"的成就则需要消除一切陈旧事物而代之以崭新的处理模式去获取。

（4）过程的关注

在实施企业流程重整中，应该强调过程。虽然业务流程重整的"过程"很重要，但它也是令决策者人感到头痛和最难办的。因为一方面"过程"总是要跨越部门，"过程"的改变会引起企业运行的混乱，大多数决策者并不注意过程，他们往往将注意力集中于任务、工作、人员和组织结构而不是"过程"；另一方面，过程又总是与业务分不开的，不同的业务对应着不同的过程。因此，只有注意加强对业务流程重整的过程管理，才能实现业务流程重整的目标又不至于引发管理的混乱而导致重整的失败。

2. 业务流程重整的评价方法

当制订了业务流程重整方案以后，需要对重整方案进行评价，从各种重整方案中选择一个比较合适的、能够给企业带来戏剧性成功的方案。对重整方案进行评价时，从业务流程重整的难易度、重整选择的机会、对企业竞争力的影响、对客户满意度的影响和IT技术效能发挥的程度等方面进行评价。具体的评价方法可以采用权重选择法和模糊评价等方法。

例如，采用权重选择法在经营计划、商品配送、人力资源管理、资金管理4个流程中选择核心业务流程重整时（见表3-6），可以由管理者对关键业务流程从5个方面进行评估，并给出权重作为评估值，权重取1～5，再综合每一个流程5个方面的评估值可得到一个总的权重,总权重大的商品配送流程就可作为优先度高的业务流程重整对象。

表 3-6 企业流程重整对象评价分析表

流程	难易性	重整机会	对企业竞争力的影响	对客户的影响	信息技术潜能	总计
经营计划	4	4	4	3	4	19
商品配送	4	5	5	5	5	24
人力资源管理	3	4	3	3	3	16
资金管理	2	3	4	2	3	14

业务流程重整的难易度、重整机会、对企业竞争力的影响、对客户的影响和 IT 技术潜能发挥的评估标准分别表述如下。

(1) 难易性

它表示一个业务流程实施重整的难易程度,反映实施重整的阻力大小。1 表示难以改变,5 表示易于改变,2、3、4 表示流程的可变性处于中间状态。

(2) 重整机会

管理者不会认为一个经营效绩良好的流程应当实施重整,因此它被选择的机会就小。如果流程成本高、周期长或顾客抱怨不断,则表明流程的营运存在众多问题,对于这样的流程实施重整将取得显著的收益,显然,这种流程被选择的机会大。1 表示选择的机会小,5 表示选择的机会大,2、3、4 表示被选择的机会介于中间状态。

(3) 对企业竞争力的影响

这是一个业务流程对企业经营目标与竞争力的影响大小作为选择的依据,影响大的流程是实施重整的主要流程。1 表示影响小,5 表示影响大,2、3、4 表示影响程度中等。

(4) 对顾客的影响

以业务流程对最终顾客的影响大小作为选择的依据,影响大的流程为优先选择的对象。因此,必须首先了解顾客的需求,分析顾客对企业提供的产品和服务有什么特定的要求,然后进一步分析为满足这些需求涉及企业的哪些业务流程,哪些流程有直接影响,哪些有间接影响,通过评估确定流程对顾客需求的影响。1 表示影响小,5 表示影响大,2、3、4 表示影响程度中等。

(5) 信息技术潜能

一个业务流程应用信息技术重整后能产生的战略优势大小也直接影响到它被选择为重整对象机会的大小。如果一个业务流程适合于应用先进的信息技术,那么信息技术在其中的潜在战略优势也就越大,它成为业务流程重整首选目标的可能性也越大。1 表示信息技术潜能小,5 表示潜能大,2、3、4 表示潜能中等。

3.5 管理信息系统的规划制定与可行性研究

信息系统建设是投资大、周期长且复杂度高的社会技术系统工程。科学的规划可以减少盲目性，使系统具有良好的整体性，较高的适应性；科学的规划还可以缩短系统开发周期，节约开发费用，因此对系统的可行性研究也显得尤其重要。

3.5.1 管理信息系统的规划过程

管理信息系统规划的具体过程主要包括：设立规划领导小组、确定规划的性质、收集相关信息、信息系统战略分析、分析信息系统开发约束条件、确定信息系统战略目标、企业业务流程重整、提出系统未来发展蓝图、确定开发顺序、编制系统开发进度和战略规划的评审。

① 设立规划领导小组。在制定规划之前先行设立一个规划工作小组，承担规划的制定工作。

② 确定规划的性质。根据组织战略发展规划，确定信息系统战略规划的年限和规划方法。

③ 收集相关信息。收集组织内部与外部环境中与信息系统战略规划有关的各种信息。

④ 信息系统战略分析。对组织信息系统的战略目标、开发方法、功能结构、计划活动、信息系统现状、组织财务状况、系统开发的风险与政策影响进行全面分析。

⑤ 分析信息系统开发约束条件。分析组织的财务、人力和设备等资源限制，定义组织的信息系统开发约束条件和政策。

⑥ 确定信息系统战略目标。根据组织的战略分析结果和约束条件确定信息系统的战略目标，即系统规划期结束后，信息系统应该具备的功能、服务范围和服务质量。

⑦ 企业业务流程重整。分析组织的目前业务流程状况，根据信息系统战略目标重新设计业务流程。

⑧ 提出系统未来发展蓝图。描绘组织信息系统未来发展的框架，包含可能的子系统结构；并对信息系统的未来发展可能对企业带来的影响进行分析，说明系统对企业战略发展的促进、支持，系统可能存在的风险。

⑨ 确定开发顺序。对未来系统开发所需资源及系统的重要性，确定各个子系统的开发顺序、开发策略和开发方法。

⑩ 编制系统开发进度。根据系统项目的优先等级、成本及项目的相互关系等因素确定项目的开发进度。

⑪ 战略规划的评审。在不断征求用户、系统管理者的基础上，将战略规划形成文档，经组织高层领导批准后生效，作为组织的信息系统发展规划正式执行。

3.5.2 管理信息系统的可行性研究

开发任何一个基于计算机的系统，都会受到时间上和资源上的限制。因此，在接受项目之前，必须根据客户可能提供的时间和资源条件进行可行性研究。可行性研究是用最小的代价在尽可能短的时间内确定系统是否有必要去开发，是否能够开发，是否值得去开发。它可以避免人力、物力和财力上的浪费。

可行性研究需要经过初步调查、可行性分析、编制可行性研究报告和可行性研究报告进行审查 4 个步骤。

1. 初步调查

通过对组织、现行系统的初步调查，收集相关信息，以进行可行性研究。初步调查主要包括以下内容。

① 组织概况。组织的规模、特点、目标、发展规划、组织结构、管理体制、管理水平和组织环境等基本情况。

② 现行系统的概况。现行系统的目标、功能、工作内容、工作质量、效率、可靠性及存在的主要问题。

③ 态度。组织中各类人员对开发信息系统的态度、支持程度，对信息系统的看法和认识程度。

④ 资源情况。可投入信息系统开发的人力、物力、资金和时间等。

2. 可行性研究内容

系统的可行性研究包括建立信息系统的必要性分析和可行性分析两个方面。

（1）必要性分析

从服从和服务于组织战略目标的角度出发，分析现行系统的信息处理能力，对组织目标要求的满足程度，存在的薄弱环节和问题，从而得出新系统的开发是否必要的结论。如随着组织规模的扩大，对管理要求的提高，现行系统所使用的管理和数据处理方法不能满足需要，所以就必须建立新系统。

（2）可行性分析

① 技术可行性。确定当前的技术条件是否支持用户所需系统的开发，技术可行性是从用户提出的系统功能、性能及实际系统中的各种约束来分析的。同时，还要考虑本企业和外部技术力量是否足够，如果从事系统开发和维护各个阶段的技术人员数量不够或者技术水平不高，那么此系统的开发在技术力量上是不可行的。

② 经济可行性。即新系统带来的经济效益是否能超过其开发和维护所需要的费用。经济可行性包括费用估计和收益估计。费用估计是初步估算开发新系统需要多大的投资，目前资金有无落实，主要包括设备费用、软件费用、人工费用和维护费用等；收益估计是估算新系统的建立能带来的效益，包括可以用货币估算的经济效益和不能用货币估算的经济效益。

③ 社会可行性。包括所建立的系统能否在企业实现，在当前的操作环境下能否正常运行，组织高层管理者是否支持，组织内部管理体制是否允许，组织外部环境能否接受，原始数据的来源是否有保证等。

最后，需要将可行性研究的内容写成可行性研究报告，上报高层管理部门审批。

3. 可行性研究报告

可行性研究报告是可行性研究活动中最重要的书面报告。可行性研究报告没有一个固定的标准格式，常常是根据不同开发项目特点和不同用户的特点，决定具体的内容。一般地，可行性研究报告的内容如示例所示。

示例：

一、引言

（1）摘要

包括新系统名称、目标和功能。

（2）背景

包括新系统的用户、开发者，本系统与其他系统或机构的关系。

（3）参考和引用资料

本系统经核准的文件、合同或批文，本报告引用的文件和资料。

二、新系统开发的背景、必要性和意义

（1）现行系统的调查描述

包括组织结构、业务流程、工作负荷、费用、人员、设备和计算机应用情况。

（2）问题和要求

指出现行系统中存在的主要问题、薄弱环节和开发新系统的必要性。

（3）需求调查和分析

包括用户提出的需求以及考虑发展和需要而进行预测的结果。

三、新系统的初步方案

（1）系统的目标

（2）系统的规模及方案：规模、组成和结构

（3）系统的实施方案

（4）投资方案

（5）人员培训及补充方案

（6）其他可供选择的方案

四、可行性研究

（1）经济可行性

包括现有经济条件分析，开发费用分析，运行费用分析，对系统经济效益的估计。

（2）技术可行性

包括现有技术的分析，使用现有技术进行系统开发的可行性，对技术发展可能产生的影响进行预测、技术人员的数量和水平进行分析。

（3）社会可行性

包括系统对组织结构影响的可行性，人员适应的可行性和环境条件的可行性分析。

五、方案的比较分析

如果有一种以上的方案，对几种方案进行分析比较，指出不同方案的优缺点。

六、结论

得出用户需要开发的系统可以立即进行，或者不可行，或者等某些条件成熟后再进行的结论。

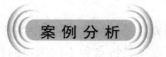

工程项目管理信息系统的规划

某工程公司经常承担一些大规模的建筑项目，主要是公路、大桥、地下隧道等。由于大型建筑项目的施工复杂性常常很难准时完成工程项目，受到发包方的罚款。为改变此种状况，公司希望依靠信息系统处理诸多复杂的施工因素，以辅助管理者高质量、低消耗、按期

地完成工程项目。

在建设工程项目管理信息系统之前，公司进行了认真的系统规划。工程施工项目管理信息系统是以工程项目为核心，以项目的进度、质量、合同、成本及文档等管理为对象，通过对项目管理中诸多复杂的、关联性强的数据进行处理，为从事施工项目管理工作的有关人员提供信息服务及辅助决策。

系统规划中根据工程施工项目管理的特点，决定采用企业系统规划法（BSP）通过企业目标的确定、业务流程的分析、通过深入调查与分析，结合企业过程与数据类的基本特征，识别出系统中的企业过程与数据类，并建立二者之间的信息结构，从而完成子系统的划分。

企业过程是描述企业活动与决策的集合，将之映射到信息系统中，可以描述为具有某种特定功能的逻辑上相对独立的功能模块。企业过程应具有这样一些基本特征：

- 具有交互式的操作功能；
- 具有特定的数据处理功能；
- 具有辅助管理或辅助决策功能。

1. 识别出的施工项目管理中的企业过程

① 计划网络参数确定过程：通过项目的分解，得到项目网络计划，确定网络中各工序的编号、名称、持续时间、资源消耗及各工序间的逻辑关系，产生工序集数据类和资源消耗数据类。

② 网络时间参数、资源计算过程：利用工序关系及工序持续时间，计算各工序的最早开始时间、最早结束时间、最迟开始时间、最迟结束时间及总时差和某时间区段中各工序的资源消耗等有关时间参数。

③ 网络优化过程：利用已制订出的网络计划，选择优化目标，再通过对网络中相关工序的调整，得到优化后的新网络计划。

④ 网络计划生成过程：根据形成的项目网络计划，生成相关的图表，如横道图、网络图和资源消耗图等。

⑤ 实验、质检数据收集过程：收集实验数据和质检数据。

⑥ 实验数据处理过程：通过对实验数据的分析、处理，得到处理结果。

⑦ 质量统计、分析过程：根据系统中已建有的常量数据（规范），对质检数据进行统计、分析，得到分析结果。

⑧ 质量评定与验收过程：根据质量评定标准及质检统计数据，对工程质量进行评定，得到评定结果与验收报告。

⑨ 单价文件录入过程：根据对市场情况的充分调查，收集各种资源的单价，建立单价文件。

⑩ 计量与支付过程：通过实测，估算所完成的工程数量，计算应发生的成本，生成计量报表和支付报表。

⑪ 成本分析过程：根据成本分析方法，对实际工程的成本进行分析，并用图表形式显示分析结果。

⑫ 合同文档生成过程：完成对合同文件的填写、编辑工作，生成所需合同文档。

⑬ 合同法规检索与查询过程：根据工程管理中所出现的问题，查询有关的合同条款。

⑭ 合同动态控制过程：实时更新合同条款，动态跟踪、控制工程项目的实施。

2. 工程项目中的数据类

工程项目中的数据是随着管理系统中的各种企业过程而存在、发生、应用，它与相对应的企业过程有着密切的联系，形成了许多逻辑内容相互关联的数据类。

通过对公路工程施工项目管理中企业过程输入、处理、输出的分析、归类、整理，设计出描述这些企业过程属性的数据类。

① 工序集数据类：对项目分解后所得到的工序集合，包括工序的编号及工序之间的逻辑关系。

② 资源消耗数据类：关于各工序所消耗的时间、人工、材料和机械的数据集合。

③ 时间参数数据类：通过对完善计划中有关时间参数的计算而得到的计算结果组成的数据集合。

④ 优化数据类：根据一定的优化目标，对网络计划进行优化后而得到的新网络计划的数据集合。

⑤ 图表数据类：横道图、网络图和资源使用图等各种图表的集合。

⑥ 常量数据类：质量管理过程中所用到的质量常量数据集合。

⑦ 质检数据类：工程实施中对质量进行检查所得到的数据集合。

⑧ 实验数据类：进行质量实验工作过程中所涉及的数据集合。

⑨ 质量分析结果数据类：反映质检数据分析结果的数据集合。

⑩ 质量统计结果数据类：反映质检数据统计结果的数据集合。

⑪ 质量评定结果数据类：质检数据评定结果的数据集合。

⑫ 单价数据类：工程项目相关资源单价的数据集合。

⑬ 成本数据类：对工程计量后所发生的成本数据集合。

⑭ 成本分析结果数据类：根据成本分析法对成本进行分析后，得到的数据集合。

⑮ 合同数据类：各种合同资料的集合。

⑯ 合同查询数据类：对合同条款进行相关查询后所得结果的集合。

3. 定义信息系统结构

定义信息系统结构就是建立企业过程与数据类之间关系，即通过建立过程数据类矩阵（U/C 矩阵）划分子系统。工程项目管理系统 U/C 矩阵见表 3-7。

表 3-7 工程项目管理系统 U/C 矩阵

过程		工序集合	资源消耗	参数	优化	图表	质检数据	实验数据	分析结果	统计结果	评定结果	单价	成本	成本分析	合同	合同查询
进度	网络参数输入	C	C			U										
	时参计算	U	U	C												
管理	网络优化	U	U	U	C											
	计划输出					C										

续表

过程		工序集合	资源消耗	参数	优化	图表	质检数据	实验数据	分析结果	统计结果	评定结果	单价	成本	成本分析	合同	合同查询
质量管理	数据输入 数据处理 统计分析 评定验收						C U U U	U U U	C U U	C U	C					
成本管理	单价录入 计量支付 成本分析	U	U	U	U U							C U U	C U	C C	U	U
合同管理	合同生成 检索查询 动态控制														C U U	U C U

根据规划所确定的系统结构，目前公司的信息系统可以分为三类。

① 已经建立、待完善升级的系统，主要是合同管理。已建立的合同管理系统主要是合同生成和检索查询，这两项功能主要是单机系统，不能满足现场管理人员的需要；同时还缺乏合同的动态控制功能。

② 目前可以建立的系统，主要是进度管理与质量管理。因为目前对公司承接工程项目影响最大的就是进度和质量两大问题，需要通过工程项目管理信息系统的建设，解决这两个影响到企业发展的关键问题。

③ 时机成熟后再建立的系统，主要是成本管理，因为成本的核算涉及工程项目的协同设计（一体化）系统的联结，而该系统是过程设计部分并不属于工程项目管理部分，没有该系统就不能统计单项工作的成本，也就无法进行效益分析。因此，需要在完成工程项目的协同设计（一体化）系统后，再实现成本核算子系统。

思考与讨论题

1. 该公司的管理信息系统规划有何特点？
2. 为什么要采用企业系统规划法进行管理信息系统规划？其他的系统规划方法能否在该规划中采用？

讨 论 题

某公司为一家大型食品制造公司,由于看好国内冷冻食品业未来的发展,于2000年成立了一家集批发、仓储、配送等功能的低温流通子公司,并通过这家子公司建立了一套电子订货系统与其经销商联结。

这家公司的顾客主要分为两类。一类为超市、便利店等大型连锁业者,这些公司大多已建立了自己的电子订货系统,该公司的系统必须分别与这些系统连线,并将订货资料转换为公司内部格式。这类顾客可能每天在固定时间内将订货资料传至公司,公司即可安排出货作业。这种作业方式除了节省很多人力与费用外,由于传送的资料经处理后很容易整合与分析,在订货、存货方面可以做出更有效的决策;在与顾客讨论红利、上架费、应配合的广告及促销活动时,也可作为谈判的依据。

另一类是传统的批发市场、中间商、独立零售商等零散客户,这些传统的经销商销售各种供应商的产品,彼此间也会相互调货。经销商除利用电子订货系统订货外,也可利用公司的电话语音系统,将订货资料直接传到公司的信息系统中,公司并不需要重新输入资料。而订货也可用传真、电话和业务员巡货等方式进行,由于经销商所销售的产品种类相当多,目前由业务员巡货还是最可靠的方式。

不论订货资料如何传送至公司,都要输入系统加以分析,虽然该公司给予经销商的利润很低,但由于经销商大多缺少搜集资料并进行分析的能力,供应商可利用这项能力促使经销商多销售自己的产品。该公司也经由系统连线,协助经销商建立健全的会计、存货系统,用公司的系统帮助他们处理信息,协助经销商信息化,并参与及辅导经销商的经营管理活动,目前已有十多家经销商使用这种服务。

问题

1. 不同公司间信息联结的方式有哪几种?彼此间有何差异?
2. 该公司建立这类系统有何好处?有没有潜在的风险?若不建立是否会有问题?
3. 该公司建立这类系统是否会对其他冷冻食品业者带来威胁,他们有何应对方法?
4. 对小型经销商来说,其经营目的与供应商是否有冲突?各种不同的订货方式对小型经销商有何影响?应如何决定?是否有其他选择?

习 题

1. 管理信息系统规划对信息系统的开发与企业经营战略的实现有何作用?
2. 请分析管理信息系统对企业战略规划的影响。
3. 在管理信息系统规划中怎样才能抓住企业的发展战略机遇?
4. 请叙述战略目标集转化方法的特点和实施过程。
5. BSP方法的基本工作步骤有哪些?

6. 如何在系统规划中使用关键成功因素法?
7. 业务流程重整的基本原则有哪些?在业务流程重整中任何使用这些原则?
8. 你认为在业务流程重整中,组织重要还是技术重要?
9. 如何评价一个重新整合的业务流程?
10. 系统的可行性研究包含哪些内容?
11. 管理信息系统规划的过程有哪些内容?

第4章

管理信息系统的分析

> **学习目标**
>
> 通过本章的学习，学生应：掌握结构化系统分析方法；了解使用结构化系统分析方法分析系统时所涉及的内容和目标；掌握系统调查的方法和组织结构的调查内容，能够进行业务流程分析及业务流程图的绘制；熟悉数据流程分析及数据流程图的绘制，并能够进行数据字典、处理逻辑和系统分析报告的编制，尤其要学会在实际的系统分析中运用上述知识。
>
> 本章重点是：对管理信息系统分析内容的理解和掌握。
>
> 本章难点是：如何将在本章所学到的知识有效地运用到现实的系统分析中。

管理信息系统分析，简称系统分析（system analysis），也称需求分析或逻辑设计。系统分析需从系统的观点出发，对现行系统的内外部情况进行调查、研究、分解、剖析，为确定新系统的目标和新系统的方案提供科学依据，为今后的系统设计和系统实施打下坚实的基础，同时也为系统验收提供依据。系统分析阶段工作的深入与否直接关系到新系统开发的成败，在整个系统开发过程中起着极其关键的作用。

4.1 管理信息系统分析的目标和内容

4.1.1 系统分析的目标

系统分析是在系统规划的指导下，对现行系统进行深入详细的调查研究，确定新系统逻辑模型，在逻辑上界定新系统的功能，但并不涉及新系统的物理实现，也就是要解决系统"干什么"，而不是"怎么干"的问题。系统分析阶段的主要目标是了解用户需求和建立新系统的逻辑模型。

1. 了解用户需求

对现行系统进行详细的调查研究，以现代管理思想为指导，对系统现有的管理方式、管

第 4 章 管理信息系统的分析

理功能和业务流程进行分析与研究，明确用户到底需要一个怎样的管理信息系统，用户希望从管理信息系统那里获得哪些支持。

2. 建立新系统逻辑模型

在了解用户需求的基础上，提出新系统的解决方案，即新系统的逻辑模型。新系统的逻辑模型由一系列的图表和文字组成，它在逻辑上描述了新系统的目标及其功能和性能，给出了新系统的总体结构及系统的输入、输出、数据存储和信息流程，并以此作为下一阶段进行物理设计、解决系统"怎么干"的依据。

4.1.2 系统分析的内容

系统分析阶段的主要内容有现行系统的详细调查、需求分析和建立新系统的逻辑模型。

1. 现行系统的详细调查

系统详细调查是系统分析的第一步。对现行系统进行详细而深入的调查，了解现行系统的组织机构、业务流程、功能体系和信息要素，彻底分析清楚组织内部的管理状况和相应的信息处理过程。在充分了解现系统现状的基础上，进一步发现其存在的薄弱环节和瓶颈问题，为下一步的系统分析、提出新系统的逻辑模型做好准备。

调查采用"自顶向下"的工作方式，从系统所涉及的最高管理层开始，逐层向下调查，确保对整个系统所涉及的管理工作有全面的了解。详细调查应强调用户的参与，主要参与人员有：各部门的主管、基层业务人员和系统分析员。在调查过程中，应客观地了解组织的现状和环境，以便全面掌握组织存在的问题和薄弱环节。

调查过程是大量原始素材的汇集过程，为了便于系统分析人员与系统最终用户——企业管理人员之间的交流，应尽可能使用各种形象直观的图表工具表达调查结果，调查所用的表格和图例等各种分析工具都应统一规范化处理。调查工作的每一步都要事先计划好，调查前应准备好调查内容及所需的表格，使调查工作有的放矢。

2. 需求分析

需求分析是系统分析中决定性的一步，需求分析的好坏直接影响到系统开发的后期工作，决定着整个系统的质量。需求分析的内容主要包括用户对系统的功能要求、性能要求、环境要求、可靠性要求、安全性要求、开发费用、开发周期和资源约束等，见表 4-1。

表 4-1 需求分析的内容

需求分析内容	说　　明
功能要求	列出系统应具备的功能
性能要求	给出系统主要技术性能指标，包括容量、运行时间等
环境要求	系统运行对软、硬件环境的要求
可靠性要求	规定按实际运行环境，系统在投入运行后不发生故障的概率
安全性要求	对安全、保密的要求做出恰当的规定
开发费用	根据系统要求，估算系统开发费用
开发周期	根据系统要求，规定开发进度
资源约束	可使用资源等方面的限制

3. 建立新系统逻辑模型

通过对现状的调查分析，得到现系统的逻辑模型，在此基础上根据企业的实际需求、考虑现代管理理念及信息处理技术的特点，全面分析并改进现系统中的数据处理流程、处理过程和处理方法中不合理的部分，必要的时候可以结合业务流程重组（BPR），构成新系统的逻辑模型。

4.2 管理信息系统的调查分析

管理信息系统的环境是管理系统，管理系统的复杂性为系统的开发增加了许多困难，为使管理信息系统能够对管理系统提供必要的支持，必须对管理信息系统开发中所涉及的环境和管理活动中的信息处理情况进行详细的调查分析。因此，使用合适的调查方法对组织结构及组织内管理职能的调查就显得尤为重要。

4.2.1 系统调查分析方法

系统调查的方法主要有发调查表、开调查会、访问和参加业务实践等。

（1）发调查表

发调查表可以大面积地对尽可能多的用户进行调查，但是调查表的设计是关键，一个好的调查表可以使系统开发人员了解到许多有关系统现状的重要信息。但是用户往往限于调查表的限制而不能全面地表达自己对系统的看法。在调查表中一般需要被调查者填写工作部门、工作岗位、所从事的业务、在业务处理中需要从哪里获取信息（包含这些信息的名称、内容、数量和处理方法）、业务处理完后需要将处理结果汇报给哪些部门（包含处理结果的名称、内容和数量）、在业务处理中目前所采用的信息系统、这些信息处理系统有何长处与缺陷、对目前准备开发系统的看法与要求等。

（2）开调查会

如果在表格调查的基础上，再对一些关键部门、关键岗位组织一些调查会议，请各业务部门介绍各部门的管理职能、工作内容、工作流程和管理模式等内容。这样就可以使系统开发者获取许多不能从调查表上所了解到的系统现状及用户要求。

（3）访问

在收集资料、开调查会的基础上，对业务处理过程中的某些环节还不清楚时，可进行个别访问，这样可以使系统开发者领悟用户的真实需求。

（4）参加业务实践

对于系统中的某些关键业务环节，如果缺乏必要的规范性了解，开发人员可以参加一定的业务实践，以便了解业务实质，提出在IT技术下可以采用的合理方案。

4.2.2 组织结构调查

进行系统调查时，首先接触到的是组织结构。组织结构是一个组织的组成及这些组成部分之间的隶属关系或管理与被管理的关系。组织结构与组织的目标有关,不同类型的组织有不同的组织结构。组织结构的调查分析就是用各种方法分析组织内部的部门划分,在此基础上分析各部门的职能及部门之间可能存在的关系,包括隶属、物流、资金流和信息传递等关系。因此,在进行组织结构调查时,一定要分析清楚组织的部门划分及各部门之间的关系。组织结构分析的目的,是为了更好地了解部门之间的复杂关系,有利于划清部门之间的职能界限。在调查中还应注意调查各个管理职能部门在管理职能中的相互协调问题,各个管理部门对新系统的要求。图 4-1 是某企业的组织结构图(各部门的细分没有逐一列出),从这种组织结构图中可以观察出各部门之间的隶属关系。

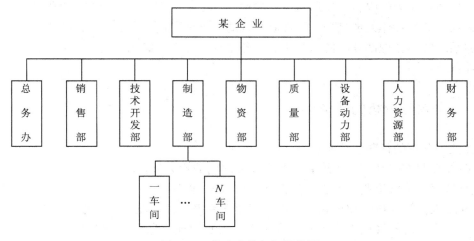

图 4-1 某企业的组织结构图

4.2.3 管理职能调查

组织为了达到战略发展目标,在各个管理部门中设置了不同的管理职能,即为完成某些工作的能力。在调查中可以用类似组织结构图的工具来描述管理职能,也可以采用如表 4-2 所示的部门职能表来说明不同部门所具备的管理职能。在调查管理职能时一定要注意分析这些不同的管理职能是否为同一业务流程服务,为业务流程的分析、重整做好准备。

表 4-2 某企业的部门职能说明表

序号	部门名称	职能
1	总务办	包括企业高层领导办公室,负责一些常规管理工作
2	销售部	制订经营销售计划,负责销售的实施
3	技术开发部	进行新产品开发和技术支持
4	物资部	负责原材料的采购、管理,对产品、半成品、原材料的库存管理
5	制造部	按销售计划组织生产
6	质量部	负责产品质量、原材料等的质量检测,出具产品合格证
7	设备动力部	为生产提供动力设备保障
8	财务部	对应收、应付账款进行管理,负责一切与资金相关的活动
9	人力资源部	进行人员招聘、培训、考核、变动管理,制订企业的人才管理计划

4.3 管理信息系统的业务流程分析

虽然通过组织结构的调查了解了组织机构的管理职能。但是对于系统的开发，仅了解管理职能是远远不够的，还需要对系统所涉及的业务流程进行分析。

业务流程是现行系统中各项业务活动的处理过程。通过详细调查系统中各个环节的业务活动，掌握各项业务的内容、作用及信息的输入、输出、存储、处理方法及处理过程，就可以了解某项业务的具体处理过程，发现原系统的业务处理过程可能存在的错误或疏漏，修改和删除原系统的不合理部分，使新系统的业务流程处理得到优化。进行业务流程分析时，一般采用业务流程图。

4.3.1 业务流程分析的任务

业务流程分析的任务主要有：
- 在详细调查的基础上，绘制出各个业务部门的业务流程图；
- 与管理人员讨论业务流程图是否与实际情况相符；
- 利用现代管理科学和理念，分析现有业务流程是否合理，是否可以优化；
- 与现行系统的管理层及业务人员讨论，按照管理信息系统开发的目标，提出改进业务流程的方案；
- 绘制改进的业务流程图。

4.3.2 业务流程图

业务流程图（transaction flow diagram，TFD）是业务流程分析的重要工具，是一种描述组织内各部门之间、部门与人员之间、人员之间的业务关系、作业顺序和信息流向的图表。业务流程图必须严格按照业务的实际处理过程进行绘制，以帮助系统分析人员和管理人员找出现行业务处理流程中的不合理部分，理顺和优化业务流程。

业务流程图描述了现行系统业务处理的完整过程，是系统开发人员与用户沟通的重要桥梁，是系统开发人员掌握、分析现行系统现状不可或缺的环节。

业务流程图的基本符号如图4-2所示。

图4-3是某企业销售部门的业务流程图。从中可以看出，销售部门的业务流程主要是：计划部门根据市场人员对市场进行的需求预测和已接收的订单信息，结合企业的经营规划，制订企业年度/月度销售计划表，并汇报给企业领导。

销售人员处理好客户订单后，一方面交给计划部门制订计划，另一方面直接交给制造部门进行生产安排；同时还要对订单客户资料进行管理，以便跟踪客户。此外，在完成发货处理后形成应收账款，由财务部门进行应收账款的管理。

由于业务流程图采用业务处理的现实物理表示，成为系统开发人员与用户沟通的一个重

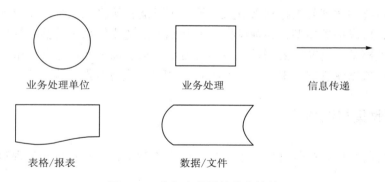

图 4-2 业务流程图的基本符号

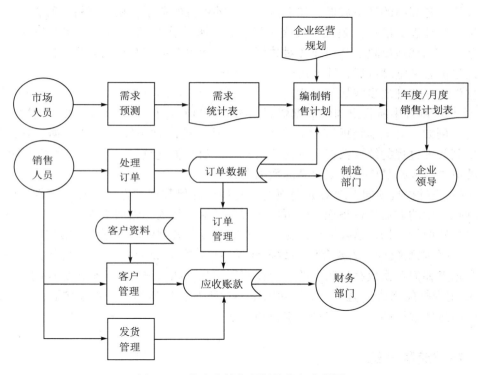

图 4-3 某企业销售部门的业务流程图

要工具。利用业务流程图可以使系统开发人员在用户的指导下真实地、准确地了解业务处理的情况,为系统的开发奠定正确的基础。

4.4 管理信息系统的数据流程分析

在业务流程分析中,利用业务流程图形象地表示了系统的业务处理过程和信息流动方向,但是其中含有大量的物资、产品、表格和报表等特定的物理要素。由于原系统的物理要

管理信息系统

素与准备新建系统的物理要素存在着巨大差异，不可能直接将原系统转换成新系统。需要对原系统抽象化，形成抽象模型，在抽象模型的基础上改造成新系统的抽象模型，然后再转换到新系统的物理模型。这就需要用抽象的信息流动、信息加工和信息存储来表示组织的业务处理过程，即用数据流程图（data flow diagram，DFD）进行数据流程分析。

4.4.1 数据收集与汇总

数据是信息的载体，是管理信息系统处理的主要对象，因此收集和整理数据是数据流程分析的基础。

收集的数据包括各部门内部的正式文件，如各种单据、卡片、报表、业务处理流程图和工作程序等；各部门的外来数据，如上级文件、外单位的票据等相关资料。所收集到的大量原始凭证、统计表、汇总报表及调查表等资料，由调查人员按组织结构和业务处理过程收集，通常只是局部地反映了某项业务对数据的需求和单个部门对数据的管理情况。只有对这些数据经过汇总和整理以后，才能用于系统的分析。

数据汇总、整理的步骤如下所述。

① 将系统调查中所收集到的数据资料，按业务过程进行分类编码，按处理过程顺序排放在一起。例如，对成本管理流程的分析，就应从原始的财务凭证（如单据、凭证等）开始，收集到管理过程的统计数据（如生产统计、原材料消耗统计、生产工时统计等），一直到最终的成本报表都是应该收集整理的数据资料。

② 按业务过程自顶向下地对数据项进行整理，确保数据的完整性和正确性。例如，对成本管理报表中的数据进行整理，分析这些数据是由哪些统计数据构成的，而统计分析数据又是来自哪些原始数据，这样就可以保证成本管理业务处理中的数据不会被遗漏。

③ 将所有原始数据、需要存储的数据和最终输出的数据分类整理。在分类整理中要注意原始数据是如何转换成存储数据的，而存储数据又是如何被处理成输出数据的。

④ 确定数据的格式、类型、字长和精度。对所有收集到的数据均要按照用户管理工作的需要分析这些数据的格式、类型、字长和精度。

4.4.2 数据流程分析

数据流程分析是将数据在组织内部的流动情况抽象地独立出来，舍去具体组织机构、信息载体、处理工作、物资和材料等，仅从数据流动过程来考察实际业务的处理模式，主要包括信息的流动、传递、处理和存储等分析。

数据流程分析目的是要发现和解决数据流动过程中存在的问题，例如，数据流动不畅、前后数据不匹配及数据处理过程不合理等情况。

数据流程分析可以采用自顶向下、逐层分解、逐步细化的结构化分析方法，通过分层的数据流程图实现。

4.4.3 数据流程图

数据流程图是以直观的图形方式描绘数据在系统中的流向和处理过程，是整个组织中信息流动及信息存储的地图，是系统设计的基石。数据流程图是在详细调查、熟悉业务流程的基础上，经过抽象后，将业务处理中的数据和信息流动及存储情况概括而成。它是系统逻辑模型的核心部分。

数据流程图强调的是数据流和数据处理过程，只有数据流，没有控制流；只关心系统做什么，而不关心怎么做；一般不考虑时序，不考虑处理过程的序列；既不反映判断和控制条件，也不反映循环过程。

1. 数据流程图的基本成分

数据流程图由 4 种成分组成：外部实体、数据流、处理逻辑和数据存储，见图 4 - 4。

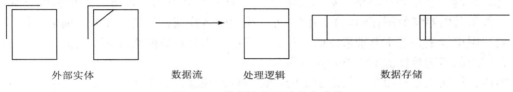

图 4 - 4　数据流程图的基本成分

（1）外部实体（external entity）

是指独立于系统，而又与系统有联系的实体，通常是组织内、外的人或其他组织，或向本系统提供数据或接收本系统数据的另一系统，是系统的数据来源或数据终点。为了避免在一张数据流程图中出现数据流的交叉，同一个外部实体可以出现多次，此时要在重复出现的外部实体左上角加一斜线。

（2）数据流（data flow）

是一束按特定方向从源头流向终点的数据，表示数据的流动方向。数据流可以由外部实体产生，也可以由处理逻辑或数据存储产生，从处理逻辑流向数据存储或从数据存储流向处理逻辑，从处理逻辑流向处理逻辑，也可以从数据源点流向处理逻辑或从处理逻辑流向数据终点，两个处理之间可以有多条数据流。对数据流要给予适当的描述，一般情况下要在数据流符号的上方标明数据流的名称。

（3）处理逻辑（process）

对数据进行逻辑加工处理，即对流入的数据进行一定的加工处理后，再输出新数据的过程。

（4）数据存储（data store）

表示数据的存储位置，是数据的载体，可以是磁带、磁盘和文件等。用一个右边开口的长方形表示，长方形的左边给出数据存储的编号。同外部实体一样，为了避免在一张数据流程图中出现数据流的交叉，同一个数据存储可以出现多次，一般在数据存储的最左边用两条紧靠在一起的竖线表示重复出现的数据存储。

2. 数据流程图的绘制

数据流程图是从业务流程图中抽去物理的东西，要求真实地反映用户当前的数据处理情况。

1) 数据流程图绘制步骤

第一，画出系统的输入和输出。首先从收集的数据中确定系统的输入数据流和输出数据流，也就是确定系统的边界。向用户了解"系统从外界接收什么数据"和"系统向外界输出什么数据"，画出系统的输入/输出，系统就有了一个框架，下面的工作就是填充这个框架。

第二，画数据流。首先找出系统的数据流，如果一组数据一起到达某地并同时被处理，这些数据即为一个数据流。找出数据流后，要弄清它的来源、依次经过的处理过程及下一步的流向，直到它流出系统的边界。在对数据进行处理的地方画上处理逻辑，在数据流处于某种停顿状况的地方画上数据存储，并将它们连贯成一体。

第三，给数据流命名。数据流命名的恰当与否直接影响到数据流程图的可理解性。数据流命名时要避免使用空洞的、抽象的、复杂的、有歧义的名字，如"数据""信息""报表"等。同时，名字要反映整个数据流的意义，而不是其中的一部分。进出数据存储的数据流，如果其内容与数据存储内容相同，可取相同的名称或者省略。如果发现某个数据流难以命名，则可能是分解不合理造成的，需要考虑进一步分析数据流或处理逻辑。一个系统数据流程图中的不同数据流不能有相同的命名。

第四，给处理逻辑命名。处理逻辑的名称是对处理过程的描述，一般是动词加名词或动宾短语命名，如"接收客户订单""打印月度销售报表"等。如果一个处理难以命名或需用两个以上的动词，则应考虑重新划分或进一步分解处理过程。

第五，当一张数据流程图绘制完成后，接下来还需要分析每个处理逻辑过程是否存在内部的数据流，即能否用多条数据流来代替它、能否将处理逻辑细分成多个更详细的处理逻辑。如果某一处理逻辑过程存在这种情况，就说明该处理逻辑过程还需要作为下一层次的数据流程图进行绘制，这是一个反复的过程，需要多次修改，逐步完善。

2) 数据流程图设计过程中的问题

在绘制数据流程图的过程中，应注意以下一些问题。

（1）数据流程图的绘制一般由左至右进行

从左侧开始绘制产生数据流的外部实体，然后画出由外部实体产生的数据流，再画出处理逻辑、数据流、数据存储等元素及其相互关系，最后在流程图的右侧画出接受输出数据流的外部实体。

（2）数据流至少有一端连着处理逻辑框

也就是说，数据流必须经过处理，数据流不能从外部实体直接传送到数据存储，也不能从数据存储直接传送到外部实体。

（3）数据存储的流入流出数据流协调

数据存储一般作为两个处理逻辑的接口，如果数据流经过两个处理逻辑，同时从业务处理逻辑实际情况观察，这两个处理逻辑并不是必须立即按序完成，此时就应该在这两个处理逻辑中间增加一个数据存储。每个数据存储必定有流入和流出的两种数据流，缺少任何一种则意味着遗漏某些加工。

（4）流入流出处理逻辑的数据流协调

每个处理逻辑至少要有一个流入的数据流和一个流出的数据流。只有输入没有输出则处理逻辑无须存在，只有输出没有输入的处理逻辑也不可能存在。

（5）合理命名、准确编号

在数据流程图绘制过程中，对外部实体、数据流、处理逻辑及数据存储都必须合理命名。数据流程图正式完稿后还要对这些元素进行编号，以便进一步编写数据字典，为系统设计人员和用户阅读与理解提供方便。

处理逻辑的编号一般用字母 P 开头，后面跟不同层次的顺序号。例如，P3.5.2 表示该数据流程图是第 2 层中的第 2 个处理逻辑，该处理逻辑由第 1 层数据流程图中的第 5 个处理逻辑扩展而来，而第 1 层数据流程图中的第 5 个处理逻辑是由顶层数据流程图中的第 3 个处理逻辑扩展来的，这样就可以将该处理逻辑的所在位置与归属关系表达清楚。

数据存储与数据流一般在编号中表达它们所属的子系统与顺序。数据存储的编号可以用字母 F（file）开头，例如，编号 F3-24 表示是第 3 个子系统中的第 24 个数据存储。数据流的编号一般用字母 DF（data flow）开头，例如，编号 DF2-14 表示是第 2 个子系统中的第 14 个数据流。

3. 分层数据流程图

数据流程图是分层次的，数据流程图的绘制必须遵循自顶向下、由粗到细、逐层分解的原则。这是对复杂系统进行分析的常用方法，也是管理信息系统分析的基本方法。分层数据流图由顶层、中间层和底层数据流程图组成，它们构成一套完整的数据流程图。图 4-5 是分层数据流程图。

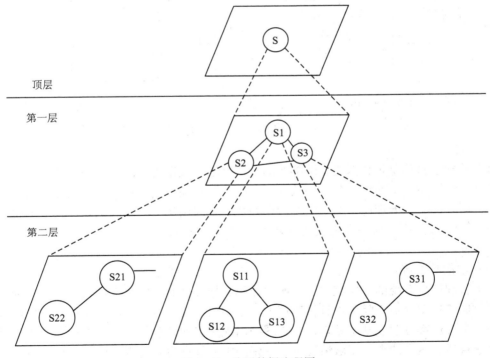

图 4-5　分层数据流程图

绘制数据流程图时，首先画的是第 0 层数据流程图。第 0 层数据流程图只有一张，它界定了系统的范围，描述了系统的总体功能、输入和输出。

通过对第0层数据流程图的分析和分解，得到很多中间层数据流程图。中间层数据流程图描述了某个处理过程的详细分解，根据处理过程的复杂程度，每个中间层还可以进一步分解。一个大型管理信息系统，其中间层经常有五六层，甚至十多层。

如果数据流程图能基本描述系统所有的功能和必要的输入、输出，且处理过程无法再分解时，就可把它当作底层数据流程图。底层数据流程图由一些不必再细分的基本处理所组成，描述了系统内部的细节。

在建立分层数据流程图的过程中，要注意下列事项。

（1）父图与子图平衡

建立分层数据流程图，要保证分解前后的输入数据流和输出数据流的数目相等，即父图中某个处理逻辑的输入输出数据流必须与整个子图中的输入输出数据流相同，数据流程图的这种特点通常称为父图与子图的"平衡"，如图4-6所示。在图4-6（a）中，处理逻辑3有一个输入数据流B和两个输出数据流D、E；图4-6（b）图是图4-6（a）图中处理逻辑3的详细描述图，整个图4-6（b）图也只有一个输入数据流B和两个输出数据流D、E。可见，图4-6（a）和图4-6（b）是平衡的。

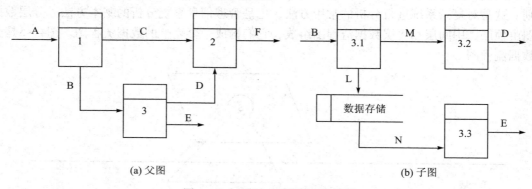

图4-6 父图与子图平衡示意图

（2）编号

每个处理逻辑和每张数据流程图都要编号，以增强数据流程图的可理解性。按照逐层分解的原则，父图与子图的编号要有一致性，一般子图的编号前半部分是父图上对应处理逻辑的编号，后半部分是处理逻辑在本图中的序列号，中间用句号隔离。例如，顶层图中处理逻辑的编号是1，2，…；第一层的处理逻辑编号就应该是1.1，1.2，…，2.1，2.2，…；各层以此类推。

（3）层次数的确定

一个管理信息系统的数据流程图层次并非越多越好，而是应该根据实际情况来确定，目的是使数据流程图反映实际工作且易于理解。使用层次数据流程图就是不在一张数据流程图中把每一个处理都分解成基本处理，一张图中出现过多的处理将使人难以理解。在分层时应做到分解自然、概念清晰。一般情况下，一张图中的处理逻辑过程最好在7±2左右。

（4）底层数据流程图的确定

数据流图在逐步的分解过程中，如果展开的数据流图已经基本表达了系统所有的逻辑功能和其必要的输入输出，处理已经足够简单，系统开发人员已经了解该处理的具体功能和实现的步骤，就不必再分解了，也就得到了底层数据流程图。

4. 数据流程图实例

前面以某企业的销售管理为例，介绍了业务流程图，现在继续绘制该销售管理系统的数据流程图。

销售管理系统涉及的外部实体有市场、客户、销售部门、生产部门、物资部门和财务部门。根据前述数据流程图的绘制步骤，依次画出其第 0 层（见图 4-7）和顶层数据流程图（见图 4-8）。

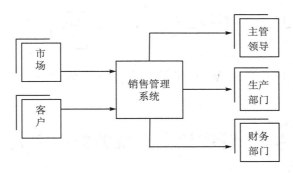

图 4-7 销售管理系统的第 0 层数据流程图

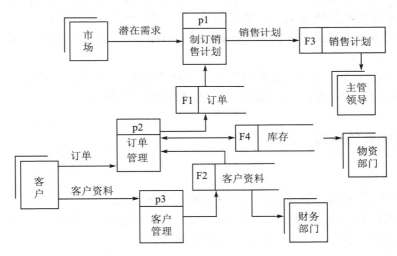

图 4-8 销售管理系统的顶层数据流程图

从销售管理系统的顶层数据流程图可以看出，销售管理系统包含三大处理职能：制订销售计划、订单管理和客户管理，由于这些处理职能比较复杂，还需要对它们进一步分解。因此，第一层数据流程图就由 3 张数据流程图组成。此处只以订单管理为例，给出销售管理系统的第二层数据流程图（见图 4-9）。

图 4-9 基本表达清楚了订单管理的处理过程，各项处理都是基本处理过程，因此无须再分解，也就完成了底层数据流程图的设计。

在分层数据流程图的绘制过程中，可以发现在高层次的数据流程图中基本上是针对管理职能进行绘制，而底层的数据流程图则往往是根据业务处理过程的展开进行绘制。

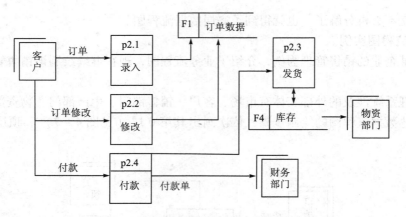

图 4-9 订单管理数据流程图（第一层数据流程图）

4.5 管理信息系统的数据字典

数据流程图是结构化系统分析中的重要工具，它表明系统由哪些部分组成及各部分之间的联系。但是它未对数据流程图中数据的含义、结构和处理方法进行具体的说明。因此还需要用数据字典对数据流程图中数据的逻辑属性进行详细描述，这样才能对数据流程图有更清楚的认识。

数据字典（data dictionary）是数据流程图中所有元素的定义和说明的集合。这些元素是：数据项、数据结构、数据流、数据存储、处理逻辑和外部实体。

4.5.1 数据字典的条目

（1）数据项

数据项又称数据元素，是系统中不可再分解的数据单元，是系统处理的基本数据单元，是数据流、数据存储的基本组成元素，如客户编号、客户名称等。在数据字典中，数据项条目包括数据项名称、别名、类型、长度和值域等属性。

（2）数据结构

数据结构用于描述某些数据项之间的关系。一个数据结构可以由若干个数据项组成，也可以由若干个数据结构组成，还可以由若干个数据项和数据结构组成。数据结构主要用于说明复杂的数据流、数据存储与数据项之间的关系。数据字典中，数据结构条目包括数据结构的名称、编号、简单描述及其组成等。

（3）数据流

数据流描述数据项或数据结构在系统中的传输路径。数据流条目包括数据流来源、去向、组成和流量等属性。

（4）数据存储

数据存储指数据暂存或永久保存的地方。在数据字典中，一般只对数据存储从逻辑上进行描述，不涉及具体的设计和组织方式。数据存储条目包括名称、编号、流入/流出的数据流、组成、存取分析和关键字说明等。

（5）处理逻辑

处理逻辑条目是对数据流程图中最底层的处理逻辑加以说明。处理逻辑条目包括：在数据流程图中的名称、编号、对处理过程的简单描述、处理过程的输入/输出、数据流及其来源和去向、主要功能的描述等。

（6）外部实体

外部实体是信息系统数据的来源与去向。外部实体条目包括：实体名称、对实体的简单描述和有关的数据流等。

上述6类条目构成了数据字典的全部内容。由于数据字典在系统开发中具有重要的作用，从系统分析到系统实施都要使用到它。因此，在建立数据字典以后要时刻注意保持数据字典的完整性和一致性。

4.5.2 数据字典的建立

数据字典的建立有两种方式，可以由手工方式生成，也可以由计算机方式生成。手工方式是将各类条目按要求写在卡片上或者写在纸上，并分类建立一览表；计算机方式是在手工方式的基础上，将各条目整理、存储在计算机中，由软件进行管理。一些大中型管理信息系统在开发过程中用专门的自动化数据字典软件对数据进行管理，查询和修改都十分方便。而对于规模较小的系统，采用手工方式是比较合适的选择。

4.5.3 数据字典示例

1. 数据项

以"客户名称"为例，数据项条目示例见表4-3。

表4-3 数据项条目示例

系统名：销售管理	编号：D05-16
条目名：客户编号	别名：客户代码
源于数据流：客户资料	存储于：

类型	长度（字节）	值域	意义
字符	6	000000—999999	×××　××× ┃　　　┗━序列号 ┗━地区邮编的前三位

简要说明：

　　客户的识别码，具有唯一性

2. 数据结构

以销售管理系统中的"订单"数据结构为例,数据结构条目示例见表4-4。

表4-4 数据结构条目示例

系统名: 销售管理	编号: DS03-06
条目名: 订单	别名: 客户订货单
组成: 数据项(订单编号+订货日期) + 客户数据结构 + 订单产品数据结构	
简单描述: 订单的数据结构由多个数据项和2个数据结构组成	

3. 数据流

以销售管理系统中的"订单"数据流为例,数据流条目示例见表4-5。

表4-5 数据流条目示例

系统名: 销售管理	编号: DF02-11
条目名: 订单	别名: 订单信息
来源: 客户	去向: 订单管理
数据流结构: 订单=订单编号+客户编号+客户名称+产品(产品编号+产品名称+规格型号) + 订货数量	
数据流量: 20份/时	
数据高峰流量: 40份/时(上午9—10时)	
简要说明: 不定期来自客户,录入生成订单数据存储	

4. 数据存储

以销售管理系统中的"订单"数据存储为例,数据存储条目示例见表4-6。

表4-6 数据存储条目示例

系统名: 销售管理		编号: F03-12
条目名: 订单		别名: 订单文件
存储组织: 每份订单根据其所包含的 产品种类不同有多条记录	记录数 10万条左右	主关键字: 订单编号
记录组成: 字段名: 订单编号+客户编号+产品编号+订货数量+需求日期…		
简要说明: 一份订单对应多份订单明细		

5. 处理逻辑

以销售管理系统中的订单处理逻辑为例,处理逻辑条目示例见表4-7。

表4-7 处理逻辑条目示例

系统名：销售管理	编号：p1
条目名：制定销售计划	别名：订单文件
输入：市场潜在需求，订单数量	输出：月度、年度销售计划表
处理逻辑： 1. 根据市场潜在需求与订单数量预测各种产品的预计销售量 2. 汇总每月各种产品的预计销售量 3. 汇总每年各种产品的预计销售量 4. 汇总同一产品某段时间的销售量 5. 生成各种产品的销售计划表	
简要说明： 每年初编制年度销售计划，每月初编制当月销售计划	

6. 外部实体

以销售管理系统中的"客户"为例，外部实体条目示例见表4-8。

表4-8 外部实体条目示例

系统名：销售管理	编号：E01-02
条目名：财务部门	别名：财务科
输入数据流： 订单	输出数据流： 付款清单
主要特征： 对订单中涉及的应收款进行管理，并把客户的付款清单交给销售部	
简要说明： 负责销售过程中的资金管理	

4.6 处理逻辑的描述

底层数据流程图详细表达了系统的全部逻辑功能，其中的处理逻辑是一些无法再分解的基本处理，这些处理也是系统的最小功能单元。数据字典中的"处理逻辑"条目一般只能对一些简单的处理逻辑进行说明，而无法对一些复杂的处理逻辑进行详细说明。为了将整个系统功能表达清楚，必须采用一些可以描述复杂处理逻辑的工具对其进行详细描述。这些工具主要有结构化语言、决策树和决策表等。

4.6.1 结构化语言

结构化语言是一种描述处理逻辑功能逻辑的规范化语言，它不同于自然语言，也不同于任何一种程序设计语言，它是介于程序设计语言和自然语言之间的一种语言形式。结构化语言简单明了，易于掌握、理解，又避免了自然语言的不严格和二义性等缺点，它只使用有限的词汇和语句，就能明确地表达处理逻辑的逻辑功能。

结构化语言限定使用顺序、选择和循环三种基本结构，由外层语法和内层语法两部分组成。外层语法规定处理的基本结构，说明所控制部分的逻辑关系，其中顺序、选择和循环三种结构可以互相嵌套使用，形成任何复杂的处理过程。

1. 顺序结构

顺序结构由一个或多个简单的祈使语句、输入/输出语句按顺序排列组成。例如：

接收客户订单
制订销售计划
⋯⋯⋯⋯

2. 选择结构

选择结构的基本形式是：

IF　条件
THEN
　顺序结构 1
ELSE
　顺序结构 2

或

IF　条件
THEN
　顺序结构

或

　　　　　CASE　变量
　　　　　　CASE 1：条件 1
　　　　　　　顺序结构 1
　　　　　　CASE 2：条件 2
　　　　　　　顺序结构 2
　　　　　　　　⋮
　　　　　　CASE ELSE
　　　　　　　顺序结构 n
　　　　　ENDCASE

以产品销售价格为例：

IF　订货数量 > 100
THEN
　销售价格 = 单价 * 80%
ELSE
　销售价格 = 单价

3. 循环结构

循环结构表达在某种条件下重复执行的动作,直到这个条件不成立为止。它的基本形式是:

REPEAT
   循环体
UNTIL　条件

或

DOWHILE　条件
   循环体
ENDDO

例如,找出某产品订货总数量大于 100 的客户:

DOWHILE　订货数量 > 100
   打印客户订单
ENDDO

4.6.2　决策树

如果一个处理逻辑中判断的次数较多,仍使用结构化语言,将导致多层嵌套,不便于了解其逻辑功能。决策树(decision tree)是一种图形化的处理逻辑分析工具,适合描述具有多种判断的处理。用决策树表示订单处理的级别示例见图 4-10。

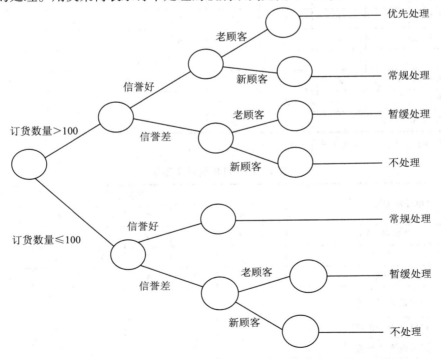

图 4-10　用决策树表示订单处理的级别示例

图 4-10 中左边节点为树根,即决策点,与决策点相连的称为方案枝或条件枝。最右边的方案枝的端点(即树梢)表示决策结果,中间的各节点表示阶段决策点。在图 4-10 中,如果要表示条件之间的组合关系就可能会遇到一些困难,复杂的条件组合可以用决策表来表示。

4.6.3 决策表

决策表(decision table)是一个二维表格,它能清楚地表述复杂的条件组合与相应决策之间的对应关系,常用于描述有多种条件交叉组合的处理逻辑。

决策表由条件、行动、条件组合及决策结果 4 部分组成,如表 4-9 表示。表中,C_1、C_2、C_3 分别表示条件,A_1、A_2、A_3 分别表示行动,X 表示决策结果,表的上半部分表示条件、条件组合,表的下半部分表示行动。在判定表中,每个条件都有两种可能,即"Y"或"N"。因此,若有 n 个条件,则有 2^n 个可能的条件组合。表 4-9 中 $n=3$,故有 $2^3=8$ 种条件组合。

举例说明如下:企业经常根据客户的订货数量、信誉情况、是否老顾客等条件,决定是把客户的订单设为"优先""常规""暂缓""不处理" 4 个级别。这样所有的逻辑处理可能都可以表示清楚,见表 4-10。

表 4-9 决策表

决策编号		条件组合							
		R_1	R_2	R_3	R_4	R_5	R_6	R_7	R_8
条件1	C_1	Y	Y	Y	Y	N	N	N	N
条件2	C_2	Y	Y	N	N	Y	Y	N	N
条件3	C_3	Y	N	Y	N	Y	N	Y	N
		决策结果							
行动1	A_1	X				X	X		
行动2	A_2		X					X	X
行动3	A_3			X	X				

说明:表中 Y 表示条件成立,N 表示条件不成立,X 表示采取行动。

表 4-10 订单处理决策表

订单处理编号		条件组合							
		R_1	R_2	R_3	R_4	R_5	R_6	R_7	R_8
条件	订货数量>100	Y	Y	Y	Y	N	N	N	N
	信誉好	Y	Y	N	N	Y	Y	N	N
	老顾客	Y	N	Y	N	Y	N	Y	N
决策结果	订单设为"优先"	X							
	订单设为"常规"		X			X	X		
	订单设为"暂缓"			X				X	
	订单设为"不处理"				X				X

第 4 章　管理信息系统的分析

以上 3 种处理逻辑的表达工具各有特点,在实际使用过程中往往以结构化语言为描述处理逻辑的基础工具,在条件复杂时再辅以判定树或判定表。

4.7　新系统逻辑模型分析

系统分析阶段的根本目的在于建立新系统的逻辑模型,新系统的逻辑模型包含新系统的业务流程图、数据流程图、系统的功能结构及子系统初步确立、数据资源的分布和系统所使用的管理模型。

4.7.1　新系统的业务流程、数据流程及系统结构分析

1. 新系统的业务流程建立

新系统的业务流程建立工作包括对原系统业务流程分析、新系统业务流程设计和确定新系统的人机界面。

(1) 原系统业务流程分析

原系统的业务流程可能存在各种不符合现代管理思想的处理方法、不能满足用户需要的管理模式。在分析过程中需要分析哪些业务流程只能用手工处理,目前的 IT 技术还无法处理;哪些业务过程在 IT 技术的支持下可以删除或者合并;哪些科学管理方法可以在 IT 技术的支持下能得到应用,这些应用可能会带来哪些业务处理流程的优化。对原系统业务流程分析的目的在于建立适合新系统的业务流程。

(2) 新系统业务流程设计

经过对原系统业务流程的分析,已经了解到旧系统业务流程的弊端,在新系统的业务流程设计中就需要克服这些弊端,建立一个优化的新系统业务流程。在建立新系统的业务流程中需要利用业务流程重整概念对原系统进行优化,建立一个合理的业务流程,以充分发挥新系统的效率。

(3) 新系统的人机界面确定

完成新系统的业务流程设计后,还需要进一步地分析这些新系统的业务流程哪些是由人工来完成的?哪些是由 IT 技术来承担的?即确定新系统的人机界面,也就是确定所设计的新系统范围。

2. 新系统的数据流程建立

在确定了新系统的业务流程后,需进一步将这些业务流程抽象,以便转化为物理化的新系统。在对新系统的业务流程分析时,需要确定哪些新系统的业务流程在抽象以后可以合并、删除或进行改进优化。这些数据流程的改进优化将给新系统带来哪些好处,将使新系统可以达到用户所提出的系统开发目标。

3. 新系统的功能结构和子系统划分

在新系统的逻辑模型设计中需要确定新系统的功能结构和子系统的划分。尽管在系统规划阶段已经用 U/C 矩阵完成了系统功能的划分,但是这一划分并没有建立在系统详细调查

分析的基础之上，具有相当的盲目性。经过系统分析、建立新系统的业务流程和数据流程以后，系统分析人员与用户应该对新系统有了实质性的了解，此时就可以对新系统再次进行确认性的划分。对系统功能的划分和子系统的建立需要建立在对新系统业务流程和数据流程的分析基础之上。通过对业务流程与数据流程的认真分析来确定新系统的具体功能和新系统的结构框架。

4.7.2　新系统的数据资源分析

新系统的数据资源分析主要确定系统所处理的数据资源应该存储在哪些类型的数据文件中，以及这些数据资源的存储分布状况。

1. 数据与数据文件关系分析

管理实践中经常用属性的名和属性的值来描述事物某些方面的特征。一个事物的特征可能表现在多个方面，需要用多个属性的名和其相应的值来描述。例如，对某客户来说，其属性名和对应的属性值有：客户编号，211001；客户名，××发展有限公司；客户所在地区，华东地区；客户法人代表，张三；客户银行账号，955801102345198877 等。数据的属性分析主要包括静态分析和动态分析。

1）数据静态分析

数据的静态分析是指分析数据的类型（数据类型一般有字符型、数值型、日期时间型等）、数据的长度（位数、小数位数）、取值范围（最大值、最小值）和发生的业务量（即发生的频率或每个处理周期发生的次数）。

数据的静态特性在建立数据文件时要明确给出，一般情况下，不能更改。

2）数据动态分析

数据动态分析就是对数据的动态特性进行分析。数据的动态特性有三种：固定值属性、固定个体变动属性和随机变动属性。

（1）固定值属性

具有固定值属性的数据，其值一般不随时间而改变。例如，生产活动中的物料主数据、物料清单 BOM、工艺路线、供应商基础资料、客户基础资料、会计科目和固定资产等。固定值数据一般比较稳定，可以提前准备；但是我们所处的客观环境是在不断变化的，因此，所谓固定值属性也是相对的，就是说，即使是固定值，也要定期维护，保持其准确性。

（2）固定个体变动属性

这类数据项对总体来说具有相对固定的个体集，但是对于个体来说其值是变动的。例如，销售管理系统中的订单数量一项，购买商品的客户名称基本上是固定的，但是每个客户每次订购商品的数量都在变化。固定个体变动属性的数据一旦建立，就要随时维护，如库存余额、车间在制品余额、总账余额、未结销售订单和未结采购订单等。

（3）随机变动属性

这种数据项，其个体是随机出现的，其值也是变动的。例如，销售管理系统中的产品月累计销售量，并非每月每个产品都有销售量，可能某个产品在某个月无销售量。随机变动属性的数据是根据用户对管理工作的需要，由计算机系统按照一定的逻辑程序，经过运算形成的。它是一种经过加工处理的信息，供管理人员掌握经营生产状况、进行分析和决策。

区分数据属性的动态特性的目的是正确地确定数据和文件的关系，也就是确定哪些数据存储在哪种数据文件中。一般将具有固定属性的数据存放在主文件中，具有个体变动属性的数据存放在周转文件中，具有随机变动属性的数据存放在处理文件中。

2. 数据资源的存储分布

在系统分析中不仅需要确定数据的存储文件，还需要确定数据资源在整个系统中的存储分布，哪些数据资源存储在本地存储设备上，哪些数据资源存储在网络服务器或系统主机上。

4.7.3 新系统的管理模型

确定新系统的管理模型就是要确定今后系统在每一个具体管理环节上的处理方法。管理模型是一个广义的概念，涉及管理的方方面面。同时，不同单位由于环境条件的不同，对管理模型也会有不同的要求。在系统分析阶段必须与用户协商，决定采用哪些管理模型。在企业管理信息系统中，一般可以采用下列几类管理模型。

（1）成本管理模型

成本管理模型包括成本核算模型、成本预测模型和成本分析模型，所用的方法有：数量经济模型、投入产出模型、回归分析模型、指数平滑模型、量—本—利分析模型及各类比较模型。

（2）库存管理模型

库存管理模型包括库存物资的分类法、最佳经济批量模型及一些程序化的管理模型。

（3）生产计划管理模型

生产计划管理模型包括编制生产计划大纲、生产作业计划，主要方法有物料需求计划（MRP）、制造资源计划（MRPⅡ）、网络计划模型（PERT）、投入产出模型、数学规划模型及经验方法等。

（4）财务管理模型

财务管理模型主要包括财务预测模型、投资决策模型和投资回收期模型等。

（5）经营管理决策模型

经营管理决策模型包括信息的收集，信息的处理（模型算法等），决策者的经验、背景和分析判断能力，环境约束条件等。

确定一个有效的经营管理管理决策模型不是一件容易的事，一般需要同决策者在系统分析阶段进行反复的协商来共同决定。

4.8 系统分析报告

系统分析报告是系统分析阶段的成果，是对系统分析工作的总结和整理，是下一阶段系统设计工作的指导性文件。

4.8.1 系统分析报告的内容

系统分析报告一般包括引言、现行系统概况、新系统逻辑方案和实施计划四大部分。下面是系统分析报告的参考格式和基本内容。

一、引言
1. 摘要：系统名称、目标和主要功能。
2. 背景：项目的承担单位（或个人）、用户及本系统与其他系统的关联。
3. 引用资料及术语定义。

二、现行系统概况
1. 现行系统现状调查说明：现行系统的流程和概况，包括系统的规模、边界、主要功能、组织结构、业务流程、数据流、处理逻辑及存在的薄弱环节。
2. 系统需求说明：主要存在问题分析和用户在功能及性能等方面的要求。

三、新系统逻辑方案
1. 新系统目标：根据用户的需求，提出更加明确和具体的新系统目标。
2. 新系统逻辑模型：系统各个层次的数据流程图、数据字典、处理逻辑表达工具及相关的图表和说明。
3. 系统功能分析：与现行系统比较，在各种处理功能上的加强和扩充，重点阐述新系统处理比现行系统相应处理的优越处。
4. 系统数据分析
   （1）系统输入输出的变化，体现在与系统环境接口的变化；
   （2）系统数据流和业务流程的变化，指出比现行系统优越之处；
   （3）系统数据存储的变化，重点突出计算机数据存储的组织形式、效率及共享性等；
   （4）新系统数据流量、数据存储量的初步估算，并初步确定有关数据流和数据存储的数据结构与容量。
5. 系统逻辑设计方案的讨论情况及修改、改进之处。
6. 根据目前条件，若有暂时无法满足的某些用户的要求或设想，提出今后解决的措施和方法。

四、实施计划
1. 工作任务的分解：根据资源及其他条件，确定各子系统开发的先后顺序，在此基础上分解工作任务，落实到具体组织或个人。
2. 根据系统开发资源与时间进度估计，制订时间进度安排计划。
3. 预算：对开发费用的进一步估算。

4.8.2 系统分析报告的评审

系统分析报告是系统分析阶段的技术文档，也是这一阶段的工作报告，要提交评审组评审通过后才能作为下一阶段的工作文件。

评审组一般由系统分析专家、开发单位、用户和用户方高层领导组成。评审组主要针对系统分析报告中的"新系统逻辑方案"部分进行讨论,如果评审组认为符合用户要求,就可通过;如果认为与用户的要求有较大出入,则需要修改系统逻辑方案,修改后要重新进行评审,直到通过为止。

系统分析报告一旦评审通过,则成为有约束力的指导性文件,成为用户与开发人员之间的技术合同,作为下阶段系统设计的依据。

因此,系统说明书的编写很重要。它应简明扼要,抓住本质,反映系统的全貌和系统分析员的设想。系统说明书的优劣:它是系统分析人员水平和经验的体现,也是系统分析员对任务和情况了解深度的体现。

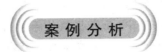

某汽车公司管理信息系统的开发经历

某汽车公司成立不久,就开始着手准备实施管理信息系统——MRP Ⅱ系统。企业选择实施MRP Ⅱ的目标是实现全公司订单、生产、库存、销售、人事、财务等的统一管理,以提高公司运行效率,增进企业经济效益,适应快速发展的汽车行业要求。

1988年公司开始制定投资计划。由于该公司属中外合资企业,外方总经理和专家在决策层中起决定性作用。外方总经理照搬外国母公司的模式,决定实施MRP Ⅱ,设计网络系统使用20年。1989年企业已经组建了自己的企业信息网,1992年又实施了比利时MSG公司的MACH 7财务系统,1993年开始实施零配件销售管理系统SMS。总投入有2 000多万法郎。

该公司在实施MRP Ⅱ时,没有进行前期必要的工作(包括详细调查、业务分析、数据流程分析等),只是初步了解了现行系统的运作情况,认为相同类型的企业,而且生产的产品也都一样,照搬母公司MRP Ⅱ的实施模式肯定没错。

在系统开发过程中,用户认为实施信息系统就是软件提供方的事,自己的工作就是操作信息系统。这种情况导致软件提供方并没有透彻地理解用户需求,软件所提供的功能并不符合用户需要,结果导致用户对信息系统使用热情下降。

这样,某汽车公司所选用的MRP Ⅱ系统的十几个功能模块,已经启用的仅有非生产件的库存管理模块,不到该MRP Ⅱ软件内涵的1/10,1993年以后就没有多大进展;MACH 7财务系统仅完成凭证录入、过账、对账、结账等功能,报表只能用计算机处理;PMS人事系统准确地说只是一个数据库,只有输入、修改和删除功能(没有查询),报表及各种统计均靠计算机进行。整个来看,投下巨额资金后,效益与当初的宏图大略相去甚远。

思考与讨论题

1. 为什么在母公司已经成功实施的管理信息系统却在中外合资企业中会失败?
2. 用户在管理信息系统的开发中到底应该担任什么角色?
3. 管理信息系统为什么不能像其他工程项目一样成为一种"交钥匙"工程,用户只要付钱就可以得到一个成功的系统?

讨 论 题

王星是一位计算机专业的大学毕业生，学过程序语言，并在一家商业公司做过三年的程序设计，负责维护"公司销售信息系统"。他十分胜任这份工作，但是他很想能够从事系统开发的工作，但是短期内企业没有新系统的开发计划。

王星在报上看到一家小公司招聘系统分析师，就去应聘。该公司刚开始使用计算机不到半年，很欣赏他的资历，就相约面试。面试时，王星表现出良好的专业训练，包括程序相关知识和熟悉许多计算机网络的知识，能够熟练地组网，并能为计算机安装各种个人电脑的套装软件，如文字处理、电子表格软件等。因为这家公司没有人有系统开发经验，他们认为他有能力担任一个系统的开发工作，就雇用了王星。

一开始，王星确实表现不错，他帮助公司的同事使用PC上的套装软件，并建议购买怎样的数据库软件。然后他就开始设计一套收账系统，他用C语言来编写这套系统。4个月之后，他就完成了收账系统的开发，账务部的人员一开始用这个系统就遇到各种麻烦，他们不知道该做什么，也不知道什么时候要做。因为该系统没有完整的系统文档，包括系统使用手册和系统维护文件都没有编制。因此王星随时待命，帮助他们进行操作。一星期后，账务人员把资料都输入了系统，并检查了所有的输入资料。然后，就打印账单，看来也都对，就邮寄给客户。

两天后，公司就开始接到许多客户的抱怨电话，气愤地指责账单有错误。检查后，他们发现许多账单确实不对，一时又不知道问题出在哪里，只好人工重新填写邮寄账单。

问题
1. 请问王星在信息系统开发的过程中有哪些失误？
2. 上述失误该如何防止？

习 题

1. 试述系统分析的目标和内容，及其在管理信息系统开发中的作用。
2. 组织结构调查的内容有哪些？一个企业的组织结构能反映什么？
3. 业务流程图的作用及描述对象是什么？
4. 什么是数据流程图？其作用和组成有哪些？
5. 数据流程图的局限性表现在哪些方面？
6. 如何绘制数据流程图？在绘制过程中要注意哪些事项？
7. 数据字典在系统分析中有什么作用？数据字典主要包括哪些条目及如何定义这些条目？
8. 描述处理逻辑的工具有哪些？各自的特点是什么？
9. 在系统分析中，如何处理企业组织结构、业务流程和数据流三者的关系？
10. 按照数据的动态特性分类，数据的属性可以分为几类？进行这种分类的意义何在？
11. 简述管理信息系统中常用的管理模型。
12. 什么是新系统的逻辑模型？如何建立系统的逻辑模型？

13. 某旅馆的业务处理过程是：住宿登记时，如果旅客有预约，服务总台就根据预约登记本上的记录安排相应房间。如果是非预约客人，则在住房状况表上查找旅客所需要类型的房间，如果有空房间则安排住宿。房间安排好后，服务总台需要根据旅客预计住宿时间、房间等级收取一定的押金，在住房状况表上注明房间已经出租，并在住房客人登记表上登记旅客的姓名、身份证/护照号码、入住时间、预计退房时间。结账退房时，服务总台根据旅客实际住房时间、客房等级、住宿期间的各种消费计算实际应交房款。请依据上述业务描述给出该系统的业务流程图和数据流程图。

14. 选择一个企业或某个组织中一个相对独立的部门，在系统规划的基础上，为该部门即将开发的管理信息系统进行系统分析，按照系统分析的步骤进行。系统分析内容包括需求的简单描述、业务流程图、数据流程图（至少包括顶图层、第一层图和底层图），并编写关键的数据字典条目。

第 5 章

管理信息系统的设计

> **学习目标**
>
> 通过本章的学习，学生应：了解系统设计的原则；掌握计算模式的选择和系统结构框架的设计；熟练掌握系统总体结构设计中的模块结构图设计及详细设计中的、代码和数据库的设计；了解系统设计说明书的编写方法。
>
> 本章重点是：系统的总体设计和系统的详细设计。
>
> 本章难点是：如何确定系统的总体结构框架，怎样根据数据流程图设计模块结构图，如何灵活应用模块优化原则对模块结构图进行优化处理。

系统设计（system design），也称新系统的物理设计，是管理信息系统开发过程中非常重要的一个阶段。系统设计是依据新系统的逻辑模型建立物理模型，也就是根据新系统的逻辑功能要求，结合实际条件，进行具体的设计，确定系统的实施方案，解决系统"怎么做"的问题。

5.1 系统设计概述

系统分析的任务是建立系统逻辑模型，而系统设计则是在逻辑模型的基础上，进行物理模型设计，解决系统怎样做的问题。系统设计通常分为概要设计和详细设计两大部分：概要设计阶段的主要任务是完成系统的结构框架设计和系统总体结构设计；系统的详细设计则主要完成系统的代码设计、数据文件/数据库设计、输入/输出设计和模块处理过程设计等任务。

为保证系统能够顺利设计，应遵循以下原则。

（1）系统性

信息系统是一个统一的整体，在设计过程中必须从系统的整体角度出发进行设计。从整体角度考虑各个子系统的相互关系、使各个子系统的信息能够得到共享，不至于形成信息孤岛。系统设计的系统性必须依靠规范的设计标准保障，其中主要是代码的规范、I/O 的规范、模块的规范和文件的规范。

(2) 可变性

由于管理信息系统的外界环境是管理系统，而管理系统是最具活力、最易变化的一种系统。为使管理信息系统能保持较长的生命周期，就要求系统具有很强的环境适应性。为此，需要系统具有较好的开放性和结构可变性。在系统设计中，需要采用模块化结构，提高各模块的独立性，降低模块间的联结，使各子系统之间的相互依赖降至最低限度。这样，既便于系统的修改，又便于增加新的功能，使系统适应环境变化的能力得到提高。

(3) 可靠性

可靠性是指系统抵御外界干扰的能力及失效后的恢复正常运转的能力。一个成功的 MIS 必须具有较高的可靠性，如安全保密、检错及纠错能力、系统恢复能力、软硬件的可靠性、抗病毒能力等。通常可以用系统的平均无故障时间、平均修复时间来衡量系统的可靠性。

(4) 高效率

系统的高效率是指系统能够以较高效率处理事务，即系统在单位时间内处理事务的能力较强，能够迅速地对处理请求做出响应。系统的效率涉及系统的软硬件、人机界面及组织结构。系统的效率实质上是系统进行事务处理的整体效率，高效的机器与低效的人工操作不可能组成高效率的系统。

(5) 经济性

系统的经济性是指在满足系统需求的前提下，尽可能减少系统开销。一方面，在硬件投资上不能盲目追求技术上的先进，应以满足应用需要为前提；另一方面，系统设计中应尽量避免不必要的复杂化，各模块尽量简洁，首先保证重要功能，以便缩短处理流程、减少开发费用，确保项目开发计划按时完成，降低风险。

系统设计必须根据实际需要和可能性进行综合分析，选择其中的最重要原则作为优先实现的设计指标。例如，财务系统的设计首先应该考虑的是可靠性，一个大规模的系统首先应该关注的是系统性，经常进行输入、输出和查询的系统可能首先要考虑系统的效率。而且，这些原则有时是相互矛盾的，例如，在提高系统的可靠性时，往往以降低系统的效率为代价。

5.2 系统结构框架设计

系统结构框架设计的任务主要包括系统总体布局设计、系统数据布局设计、系统硬件配置设计、系统软件平台设计和系统计算模式设计。

5.2.1 系统的总体布局设计

在设计系统总体布局时，需要考虑系统的处理功能和存储能力能否满足系统的要求；系统使用是否方便；系统的可维护性、可扩展性、可变更性是否得到保证；系统的安全性、可靠性是否能满足要求；系统是否经济实用。

系统的总体布局方式主要有：集中式系统（centralized systems）和分布式系统

（distributed systems）两种。

集中式系统是一种将信息处理设备、软件系统与数据资源集中管理的系统；而分布式系统则是利用计算机网络将分布在不同地点的计算机硬件、软件和数据等资源联系在一起，实现相互通信和资源共享的系统。

分布式系统运行的网络环境有：局域网（LAN）、广域网（WAN）、局域网和广域网混合形式及互联网（Internet）、内联网（Intranet）、外联网（Extranet）及其混合形式。

分布式系统的计算模式有资源共享方式、客户机/服务器（C/S）计算模式和浏览器/服务器（B/S）计算模式。

进行系统布局设计时候，一般需要考虑以下几个问题。

① 系统类型：根据系统的分布距离、数据的安全需要确定是采用集中式还是分布式。

② 处理方式：根据用户对信息处理速度的要求确定是采用批处理方式、还是联机处理方式，或者是混合使用方式。

③ 数据存储：根据数据量的多少、存储方式的要求、数据资源的安全性来确定系统的数据存储是采用分布存储还是集中存储。

④ 硬件配置：根据系统对信息处理的要求确定系统所需要的机器类型和工作方式。

⑤ 软件配置：根据市场商品软件供给情况、系统开发队伍力量确定是购买还是自行开发。

5.2.2 系统的数据布局设计

系统的数据布局设计对一个信息系统的建设和运行具有重要的影响。它不同于系统分析，又有别于系统的详细设计，通过数据布局的设计不仅使系统分析中对数据的需求描述从逻辑上进一步具体化，又可以为数据存储设计从系统上提供更好的支持。

系统的数据布局设计主要涉及数据的分类、数据存储结构的确定、数据存储规模的确定、数据存储空间的分布设计和数据库管理系统的选择。

1. 数据的分类

在系统分析中已经根据系统的逻辑功能和系统规划，对数据进行了分类。在系统设计阶段，应在上述分类的基础上根据软件系统处理数据的特点和数据在处理过程中的地位与作用进一步分类，以便根据不同数据的类型确定数据的存储结构和存储方式。系统中所涉及的数据一般可分为基础数据、中间数据、工作数据和临时数据。

基础数据是指整个系统的输入数据、代码、各种工作和技术标准、规范以及主要子系统的共享数据，这些数据一般存储在系统的主文件中；中间数据是指在数据处理中需要保存的中间结果，这些数据一般作为系统的周期文件存储，保存的时限一般为系统的一个处理周期，在进行新的信息处理时候将被新的中间数据替代；工作数据是指为提高某项信息处理的效率而事先加工好的数据；临时数据是指在信息处理过程中为处理方便而临时生成的数据，通常在处理结束后立即清除。

2. 数据存储结构的确定

在系统的数据布局中需要从数据处理与存储的实际需要出发，对系统所涉及的各类数据进行存储结构的描述，以便确定数据布局的总体结构。这些描述主要包括：各类数据记录和

第 5 章　管理信息系统的设计

数据项的逻辑描述，各类数据文件的组织方式确定，各类数据文件之间的逻辑关系。

在确定数据的存储结构时，需要考虑数据结构的合理性、数据存储的安全性及数据存储的维护和管理的便利性。

① 数据结构的合理性。即根据数据的分类和数据的处理需要确定数据文件的组织，数据元素的合理归类和划分，以及数据项的合理描述。

② 数据存储的安全性。从存储总体结构上考虑如何保证数据的安全性、一致性和完整性。一般情况下，提高安全性的最有效措施是增加数据的冗余，而数据的大量冗余往往会给维护数据的一致性带来困难。这是一对矛盾的两个方面，因此，需要对数据进行合理取舍，在尽量降低数据冗余的前提下，确保数据的安全性与可靠性。

③ 数据维护和管理的便利性。数据管理和维护上的便利性是提高系统运行效率的基础，只有便于数据的管理与维护才能更好地发挥信息资源的价值。

3. 数据存储规模的确定

数据作为一种非消耗性资源，往往随着系统的不断运行而大量积累和增加，随着时间的推移，势必增加系统负荷，影响系统的运行效率，给数据维护带来一定的困难。因此，在进行数据存储总体结构设计时，不仅要依据数据字典的描述来确定现有数据量的存储规模，还要预见未来数据量的增长趋势。在对数据分类的基础上合理地组织数据的存储格式，应用各种必要的数据压缩技术并选择合适的外部存储设备。

4. 数据存储空间的分布设计

数据存储空间的分布设计实质上是与系统总体设计的物理环境配置协调一致的，例如，系统的基础数据、共享数据一般应集中存储于分布式网络环境中的服务器上，而最新的数据、独享数据、中间数据、工作数据则就近分别存储于各自应用部门的工作站上，以保证使用和管理上的方便。因此还需要分析数据在网络上的传输量，对一些共享数据需要考虑是否在一些不同的工作站点上存储备份数据，以减轻网络的传输压力。

5. 数据库管理系统的选择

目前数据库已成为建立信息系统的基本数据存储环境，在进行数据布局的总体结构设计时，必然要考虑选择什么样的数据库管理系统（DBMS）才能更有效地实现数据存储设计的要求。目前市场上可提供的 DBMS 产品种类较多，可适用于不同的软、硬件和应用环境。这就需要从系统总体设计角度出发，选择既可满足系统总体布局设计的需要，又能够实现数据存储设计目标的 DBMS。

5.2.3　系统的硬件配置设计

系统的硬件配置设计主要是指为信息系统选择合适的硬件配置，即选择合适的计算机系统和网络平台。

1. 计算机系统配置

现代信息系统的主要支撑环境是完整的计算机系统，它通常由软件和硬件两大部分组成，合理地选择和配置这一系统环境，可以使系统能够发挥最大的效益，因此这也是系统结构框架设计的主要任务之一。计算机系统配置的选择可以考虑以下几个方面的因素。

① 选择依据。计算机系统方案的提出应主要依据系统的可行性分析报告、系统说明书

和系统结构框架设计及技术发展和市场有关产品的性能与价格等。

② 功能要求。主要考虑的是数据处理功能、数据的存储功能、系统外设功能（即文字、图形、声像等多媒体的处理能力）、通信功能（即指数据的通信方式：点对点通信还是网络通信）。

③ 市场因素。计算机的选型，通常应考虑系统未来的升级可能性和第三方软件的支持情况，即系统应具有延续性。

④ 系统的配置。从硬件和软件两个方面来考虑，如优选硬件，则软件必须与之兼容；如优选软件，则硬件必须与之配套。另外，还应注意两者的可扩充性。

⑤ 培训要求。应以用户为主，尽量满足他们的要求，完善的培训计划是系统有效运行的基本保证。

⑥ 评价。系统方案的评价依据主要考虑是否能满足所有的功能要求，并考虑系统今后的发展：配件是否齐全，软件是否丰富，技术是否先进，后援是否可靠，价格是否合理。

2. 系统网络平台设计

信息系统的网络平台是由计算机和通信设备组成的计算机网络系统。网络选型的原则是实用性、先进性、开放性、可扩充性和经济性。目前可供选择的网络类型很多，如光纤分布式网络、异步传输模式、交换式以太网和快速以太网等，它们都有各自的优缺点。

网络的拓扑结构有总线形、环形、星形、树形及它们的组合。网络拓扑结构一旦确定，光纤和电缆就会永久性或半永久性地铺设，如果网络拓扑没有选择好，则过一段时间又要改变，就可能造成前期投资的损失。

常见的网络协议有 TCP/IP 协议、NetBEUI 协议和 IPX/SPX 协议等。最广泛使用的协议是 TCP/IP，它不仅广泛用于 Internet 和 UNIX 环境，局域网操作系统如 Netware、Windows NT、Windows 2000 等也都支持该协议。

网络硬件是组成网络的基本部件，这些硬件主要包括各级网络服务器、工作站、路由器、交换机、集线器、网卡、网络线缆、光纤、收发器和无线收发设备等。网络设备的选择原则为：选择先进的、成熟的技术和主流厂家的产品，合适的产品性能价格、售后服务的承诺及对未来新技术的支持。

网络软件有网络操作系统软件、网络管理软件、应用软件、工具软件和支撑软件等。正确地选择能够相互配合、完成网络系统需求功能的软件组合是网络平台建设的关键。

总之，网络平台的建设首先要考虑信息系统规模、组织机构布局、子系统功能关联情况、地理环境及外部通信要求，用户对网络站点分配及联网范围要求；其次要考虑作为网络平台的软硬件产品功能与性能、网络平台的发展主流趋势、项目的投资状况及专业技术人员的技术支持水平等因素。在此基础上才能建设一个比较适用的网络通信平台。

5.2.4 系统的软件平台设计

信息系统软件支持平台是指支持系统开发和运行的软件平台。信息系统软件平台的选择对于系统的开发运行和维护有重要的意义。一个好的软件平台不但使系统的开发维护简单易行，而且能保证开发出的系统运行高效可靠，这往往是信息系统建设成功、生存和发展的重要因素之一；反之，设置不当的软件平台会使系统开发维护工作困难、系统运行环境恶劣而造成系统运行效率低下及难以维护。

1. 信息系统软件支持平台的构建原则

为建设一个良好的信息系统软件平台，应遵循以下 3 个原则。

（1）软件平台环境须符合开放式系统的发展方向

开放式系统是遵循标准化的可兼容、可移植、互操作的系统。开放式系统涉及操作系统、网络、数据库、开发工具等各层次的软件平台。利用开放式系统可以保证管理信息系统的开发、运行与硬件环境相对独立，用户不必担心由于硬件的落后和更新换代而重新开发系统。而且还可以随着硬件技术的发展，在同一软件平台上发展新技术的应用。

开放式系统的另一个主要优点是与其他系统的互连及互操作性。一般来说，一个系统从地理位置、建设时间，或者包含的功能方面都有差异，但是常常要与其他系统相联系，包括在上下级系统或业务关联系统之间建立联系。这些因素就必然要求系统是一个有较强的互连和互操作性的系统，使其能够很容易地进行各部分的集成或与其他系统进行连接。开放式系统恰恰提供了这一解决方案。

（2）所设置的软件平台必须支持必要的软件开发工具

软件工具不仅可以大大提高软件开发效率和软件维护能力，还能减少软件开发中由人为因素而造成的各种错误，可极大地提高系统的可靠性。常用的软件工具主要有数据库开发工具、高级语言开发工具、界面开发工具、应用生成工具、调试工具等几种。

（3）软件平台对新技术的支持能力

当今世界 IT 技术发展日新月异，应用技术发展不断向纵深发展。只有支持新技术能力的平台才能适应系统今后发展的需要。

除了以上 3 个技术原则外，选择软件环境时还要考虑软件产品的可靠性及性能价格比等常规选择标准。

2. 信息系统软件支持平台的选择

信息系统的软件支持平台主要是指操作系统平台。能够支持信息系统的软件平台主要是 UNIX、Windows 和 Linux 三大类型。

（1）UNIX 系统

UNIX 系统自 1969 年在 AT&T 贝尔实验室诞生以来，已发展成为功能强大、技术成熟的主流操作系统。它的标准化、可移植性、兼容性等优点，被公认为是开放式系统的典型。它是一个多用户多任务的操作系统，支持 TCP/IP、OSF、DEC、NFS、NOVELL 等多种网络。有标准的多窗口图形界面，UNIX 在安全性方面已达到 B2 级，可以用于只有较高安全要求的非一般性使用。特别是该系统的多平台运行特点使其在信息系统应用中具有很大的适应性。

（2）Windows 系统

Windows 系统是微软公司推出的窗口化操作系统，1985 年推出 1.0 版，Windows 采用了 GUI 图形化操作模式，比起从前的指令操作系统如 DOS 更为人性化。Windows 操作系统是目前世界上使用最广泛的操作系统。随着电脑硬件和软件系统的不断升级，微软的 Windows 操作系统也在不断升级。

（3）Linux 系统

1991 年，芬兰赫尔辛基的学生 Linus Torvalds 为了自己使用与学习的需要，开发了类

UNIX 的操作系统，命名为 Linux。为了使每个需要它的人都能够容易得到它，Linus Torvalds 将其变成了"自由"软件。Linux 后来发展成一个完整的操作系统。

这些系统除了可以分别选用外，还可以通过 TCP/IP 网络环境联合使用。目前，以 UNIX 和 Linux 为服务器，Windows 为客户机系统的平台环境应用较为普遍。

3. 信息系统的数据库支持平台选择

信息系统的数据库支持平台包括数据库及相关的工具软件。信息系统的数据库一般选择采用 SQL 标准查询语言的关系数据库系统主流产品。要求数据库管理系统（DBMS）能够支持客户机/服务器结构；支持多种通信协议，如 TCP/IP、SPX/IPX、X.25 等；提供常用语言编程接口，支持 4GL（第四代语言）开发工具；提供 ODBC 连接能力，具有与 VB、Power Builder、Delphi 等开发工具的互联功能。

考虑数据库的技术指标时需要考虑：数据库能够支持的并行用户数；能够加载的数据量；数据库的备份和恢复机制是否完善，在安全性方面是否能够限制访问保密的数据，可以监测用户的操作和未授权的访问等；是否具有对数据库、数据表及页面级的封锁机制。

目前，流行的 DBMS 产品有 Xbase 系列、SQL Server 和 Oracle 等。Xbase 系列数据库产品对系统开销的要求较低、速度较快，在我国有广泛的用户基础，因此很多用户熟悉其使用和操作，可以自行开发，目前仍然占据一定的市场。但是 Xbase 在多用户环境下的数据完整性、安全机制、并行控制和系统管理等方面难以达到客户机/服务器结构的要求。

微软公司的 SQL Server 目前已经能与 Oracle 等大型数据库相比，开始用于大中型系统的应用，不再局限于小系统的应用。SQL Server 是典型的关系数据库系统，它与 Xbase 等微机数据库不同，可以通过 SQL 命令来实现关系完整性。它是单进程、多线程的数据库，与多进程、单线程的数据库相比，耗用较少的系统资源；而且专门为客户机/服务器结构设计，可以提高客户机/服务器系统的运行效率。

Oracle 公司的 Oracle 数据库是一种大型的开放式关系型数据库。主要特点是：允许多用户共享程序和数据，降低硬件开销，增加吞吐量。由于高性能的行级锁，可以使多用户同时对一个表检索、更新和删除而无须等待；系统采用先进的快照技术，在数据更新时，应用程序仍能获得数据库的准确数据。在出现异常情况时能够对事务进行前滚和回滚，以保证数据的一致性而不牺牲其他性能；系统采用优化技术，通过索引来存取一列或多列数据，保证了数据的安全性。Oracle 的安全审计功能还可以跟踪所有的数据请求，给出详细的数据使用分析；SQL NET 支持所有工业标准的网络协议，如 TCP/IP、IPX/SPX。它将应用程序从一种协议移植到另一种协议上时，无需改动程序；Oracle 作为一种通用数据库系统，几乎可以在所有的操作系统平台上运行。

4. 信息系统专用支撑软件平台选择

信息系统的专用支撑软件是指那些信息系统专用的软件包，如数据库开发工具，文字/文件处理软件包、商业图形软件、统计软件包和预测计划软件包等。这些信息系统领域的通用软件与其他开发工具或数据库平台有调用接口。为信息系统开发提供了专用支撑，可大大减少应用系统的重复开发工作量。

5.3　系统总体结构设计

系统总体设计又称系统结构设计或系统概要设计。系统总体设计的核心任务是完成系统模块结构设计，即在系统逻辑模型的基础上，将系统划分为若干个子系统，再将子系统分解成功能单一、彼此相对独立的模块，形成具有层次关系的模块结构，确定系统模块的组成、模块的功能和模块间的相互关系。

5.3.1　系统结构化设计方法

结构化设计方法（structured design，SD）是系统结构化分析方法基本原则和思路在系统设计阶段的自然延续，也是系统设计中应用最广泛的一种方法，该方法与结构化系统分析与结构化程序设计相结合形成了一整套完整的系统开发方法。该方法的设计思路是从建立具有良好体系结构的系统出发，按照"自顶向下，逐步求精"的原则将系统的结构分解成由许多按层次组合起来的功能结构图，即模块结构图。在 SD 方法中采用图形表达工具描述模块结构层次，并用一组设计原则与方法实现从数据流程图到模块结构图的转换和模块结构图的优化。

1. 模块

在系统设计阶段要将一个系统分解成若干彼此独立，且又具有一定联系，能够完成某项特定任务的组成部分。这些组成部分就称为功能模块，简称模块。一个模块的规模可大可小。它可以是一个程序，也可以是程序中的一个程序段或一个函数、过程或子程序。模块是模块结构图中最基本、最主要的元素。

模块一般具有输入/输出、逻辑功能、程序代码和内部数据 4 个属性。输入/输出分别是模块需要的数据和产生的数据，模块从调用它的模块处获得输入，然后把产生的输出返回调用它的模块。逻辑功能指明模块能做什么，表示它将输入加工成输出的功能。程序代码用于实现模块的功能。内部数据是属于模块为完成功能所需要的内部临时数据。输入/输出和逻辑功能是模块的外部属性；程序代码和内部数据则是模块的内部属性。在系统总体设计中，主要关心模块外部属性，模块内部属性在系统实施阶段的程序设计工作中去考虑。

理想的模块最好是一个"黑箱"，具有这样一些特点：已知输入就可得到预定的输出，不需知道模块内部构造及如何实现模块功能。由"黑箱"模块组成的系统，比较容易理解、易于编程、测试、修改及维护。

2. 模块结构图

运用 SD 方法设计系统时，通过系统的逐层分解，获得具有层次结构的模块体系，构成系统的功能结构，即模块结构图。模块结构图是结构化设计的主要工具，也是模块结构设计的成果，它不仅可以表达一个系统的层次结构关系，而且还反映出模块之间的调用关系和模块之间数据的传递关系。

在模块结构图中,模块用方框表示,方框中写有模块名称。模块的名称应该反映模块的功能,通常由一个谓语动词和一个作为宾语的名词组成。

模块的调用反映了模块结构图中模块间的联系,通过调用可以将系统中所有模块有序地组织在一起。模块间的调用关系用箭头表示,箭头从调用模块指向被调用模块。调用只能是上一级模块调用下一级模块,不允许下一级模块调用上一级模块,也不允许同级模块间的调用。模块的调用分为直接调用、选择调用和循环调用3种(见图5-1)。模块结构图在表示调用关系时,往往是按照从上而下、从左向右的顺序进行。

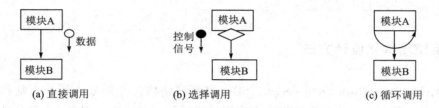

图 5-1 模块调用及通信关系

一个模块可以直接调用一个下层模块,也可直接调用多个下层模块。模块间的判断调用表示根据判断条件,决定是否调用某个下级模块。判断条件用菱形符号表示。模块间的循环调用表示模块调用关系中存在一个循环,以便循环调用某个或多个下级模块,循环调用可用半圆形符号表示。

模块调用时,一般要在模块间传递信息,称为模块间的通信。模块间的通信有数据通信和控制通信两种。数据通信表示一个模块向另一个模块传送数据,控制通信表示传送的是控制信号。模块间的数据通信与控制通信均用短箭头表示,不同之处在于数据箭头的箭尾为空心圆,控制信号箭头的箭尾为实心圆。应该注意的是,在模块结构图中,一个模块只能与它的上一级模块或下一级模块直接通信,不能越级或与它同级模块直接通信。

5.3.2 模块的特性

模块结构之间的联系越多结构就越复杂,它们之间的相互依赖程度就越高,模块的独立性就越低,模块就越不易维护。模块的独立性一般采用耦合度与聚合度来衡量。

1. 模块耦合度

模块的耦合度是指模块间相互联系的紧密程度,又称为模块联结。系统结构的一个重要衡量指标是尽可能降低模块间的耦合度,以提高模块的独立性。模块就很少会受到其他模块的影响,模块的修改、维护工作也就很少会影响到其他模块。模块间的耦合关系主要有5种。

(1) 数据耦合

如果模块间只有数据通信,那么模块间的耦合就是数据耦合。数据耦合的模块联系最简单,耦合度最低,模块独立性最好,模块间的影响度最小,是最理想的一种耦合形式。

（2）特征耦合

若两个模块都与同一个数据结构有关，那么模块间的耦合就为特征耦合。由于同时使用同一个数据结构，当一个模块由于处理的需要改变数据结构时，必然要影响到另外一个模块，从而增加模块间的依赖性，降低模块的独立性。因此在设计系统结构时，应当尽量将模块间的数据结构传递改变为数据传递，使特征耦合变为数据耦合，降低模块耦合度。

（3）控制耦合

如果模块间传递的是控制信号，那么模块间的耦合就为控制耦合。这种模块耦合对系统结构影响较大，它影响到接收控制信号模块的运行状况，不利于模块的修改与维护。虽然控制耦合不是一种理想的模块耦合关系，但这种耦合有时是必要的，尤其是在传递反映模块运行状态标志时，就必须采用控制耦合了。

（4）公共耦合

如果两个模块都与同一个公共数据域有关，那么这两个模块间的耦合就是公共耦合。由于两个模块都要引用同一个公共数据域，因此模块之间有较高的耦合度。一旦公共数据有变化，与之有关的模块都要随之修改，增加了系统维护的工作量及难度。

公共耦合是一种不好的耦合关系。因为当一个公共数据做了修改时，很难判定究竟有多少模块使用了该公共数据，在修改与维护公共数据时就有可能出现模块被遗漏的情况。所以，在模块设计时，尽量不要用公共耦合。

（5）内容耦合

如果一个模块与另一个模块的内部属性有关，不经直接调用关系而使用了另一个模块的程序代码或内部数据，那么这两个模块之间就存在内容耦合。这种耦合表明一个模块与另一个模块的内部数据或程序代码有关，当一个模块的程序代码被修改或内部数据变化时，必然引起另一个模块出错。而出错模块的出错原因又很难查清，这给模块的修改、维护带来极大的困难。内容耦合的耦合度最大，为一种"病态耦合"，在设计时，应避免这种耦合关系。

上述 5 种耦合在模块间相互影响程度、模块的可读性、可维护性和通用性等方面具有不同的影响。从上面分析可以看出，数据耦合的可维护性最好，而内容耦合与公共耦合的可维护性最差。因此在模块设计时，应以数据耦合为主，少用特征耦合和控制耦合，避免公共耦合和内容耦合。

2. 模块的聚合度

模块的聚合度是指模块内各个组成部分之间的凝聚程度，表示模块功能的专一化程度。聚合度越高，表示模块内各组成部分的凝聚程度越强，模块的独立性越好。在设计模块时，应尽量做到模块内部有很强的聚合度，它的各个组成部分都是彼此密切相关的，是为完成一个单独的功能而组合在一起的。模块的聚合程度可分为 7 种形式。

（1）功能聚合

若一个模块内各组成部分全都为执行同一个功能而存在，且只执行同一个功能，那么这种聚合就称为功能聚合。由于这种模块只完成一个单独的、能够定义的功能，它对确定的输入进行处理后，必然得到确定的输出结果，这是一种"黑箱"模块。这种模块的聚合度最高。判断一个模块是否为功能聚合模块，只要看该模块是只完成一个具体任务，还是完成多种任务或者做一些相互无关的事。

(2) 顺序聚合

顺序聚合指模块内各组成部分的执行顺序以某一固定顺序进行，不能随意改变。在顺序聚合模块内，前一处理动作所产生的输出数据是后一个处理动作的输入数据，并且这些处理动作是与同一处理功能密切相关的，例如，数据输入检查存储模块，该模块具备了数据的输入、检查和存储3个功能，而且这3个功能的顺序是不能变动的。顺序聚合的凝聚度较高，仅次于功能聚合，这样的模块维护起来不如功能聚合模块方便。若要修改顺序聚合模块内的一个子功能，就会影响到同一模块内的其他子功能。顺序聚合模块是不完全的"黑箱"模块。

(3) 通信聚合

如果模块内部各组成部分的处理动作因具有相同的输入数据或输出数据而聚合在一起，那么这种聚合就称为通信聚合。例如，日销售报表处理模块需要根据日销售文件生成日销售报表和每种商品销售明细表，在生成两种不同报表过程中使用了同一日销售文件。通信聚合模块结构比较清晰，聚合度中等偏上，略低于顺序聚合，也属于不完全的"黑箱"模块。

(4) 过程聚合

如果一个模块内部的各个组成部分的处理动作各不相同，也没有很强的联系，但都受同一个控制流支配，决定它们的执行次序。那么这种聚合就是过程聚合。例如，库房月统计模块包含了出库统计和进库统计两个子功能，该两个子功能均受到一个按月的循环控制，形成了过程聚合模块。过程聚合的聚合度较低，在设计中应当尽量避免这种聚合。

(5) 暂时聚合

如果模块内的各个子功能因经常需要在同一个时间段内完成而聚合在一起，那么这种聚合就称为暂时聚合，又称时间聚合。例如，大多数系统中的初始化模块，包含的各个子功能虽然彼此无关，但因都需要在系统正式运行前的一个时间段内执行，因此初始化模块就属于暂时聚合模块。暂时聚合模块的聚合度较差，模块的可修改性也差，维护也较困难。

(6) 逻辑聚合

如果一个模块内的各个组成部分的处理动作在逻辑上相似，但功能彼此不同或无关，那么这种聚合就是逻辑聚合。例如，查询数据显示模块，该模块根据用户的需要将查询数据分别用数据、表格或图形方式显示，这些数据的显示功能在逻辑上都是查询数据显示，但是具体的显示功能是不同的。调用这种模块时，就需要有一个功能控制开关，根据上级模块的控制信息选择执行某个子功能。逻辑聚合的聚合度差，模块的可修改性也很差，维护相当困难。

(7) 机械聚合

如果一个模块各组成部分的处理动作没有任何关系，而是偶然地组合在一起，那么这种聚合就称为机械聚合，又称偶然聚合。机械聚合模块的修改、维护都非常困难。为了修改、维护该种模块，必须完全了解模块的内部属性。

上述7种聚合在模块的聚合程度、可读性、可维护性和通用等方面具有不同的性能。就聚合度而言，功能聚合最强，机械聚合最弱。由于功能聚合模块具有凝聚程度强，与其他模块联系少的特点,"一个模块,一个功能",成为模块结构设计的一条重要原则,也是系统设计人员在进行模块设计时希望达到的目标。

模块间的耦合和模块内部的聚合,从两个方面描述了模块设计的质量,是两个相辅相成的标准。通常,提高模块内部的聚合度,必然会降低模块间的耦合度。降低模块间的联系,提高模块内部的聚合是模块结构设计的一个重要原则。

5.3.3 从数据流程图向模块结构图的转换

模块结构图的设计分两阶段进行。第一阶段是从数据流程图(DFD)导出系统的初始模块结构图,第二阶段是对系统的初始模块结构图进行优化,并增加系统维护、初始化和安全控制等辅助功能模块。

在 DFD 中所有的处理逻辑都处于平等地位,无上、下级之分,而模块结构图中的功能模块则反映上下级之间的调用关系。但是在 DFD 中却有不同层次的 DFD,不同层次的 DFD 为设计具有上下级调用关系的模块结构图提供了设计线索。通常顶层模块结构图对应顶层 DFD,上层模块对应上层 DFD,下层模块对应下层 DFD。

DFD 一般有变换中心型和事务中心型两种典型结构。变换中心型结构的 DFD 是一种线性结构,它可以明显地分成输入、主处理和输出 3 个部分;而事务中心型结构的 DFD 则可将它的输入数据流分离成一束平行的数据流输出,然后选择执行后面的某个事务处理。将变换中心型结构 DFD 和事务中心型结构 DFD 转换为模块结构图时,可分别应用变换分析设计法和事务分析设计法。

1. 变换分析设计法

变换分析设计法是以变换中心型 DFD 为基础,通过变换中心的分析设计模块结构图的一种方法。用变换分析设计法进行模块结构设计的步骤如下所述。

(1) 确定主处理、逻辑输入及逻辑输出

为确定系统的主处理、逻辑输入及逻辑输出,只需要确定系统的逻辑输入与逻辑输出,剩余部分就形成了系统的主处理。

确定逻辑输入时,需要沿着每个数据源流入的方向跟踪分析,逐个分析它所经过的处理逻辑。如果处理逻辑只对输入的数据流做形式上的转换,而没有进行实质性的数据处理,那么这些处理逻辑就属于系统的逻辑输入部分。这样沿着数据流的流入方向一直跟踪分析到数据流被真正处理的处理逻辑为止。在此处理逻辑以前的所有处理逻辑即为系统的逻辑输入部分。

为确定系统的逻辑输出,需要从系统每个数据终点逆向跟踪分析,逐个分析它所经过的每个处理逻辑,如果这些处理逻辑只对输出的数据流做形式上的转换,而没有进行实质性的数据处理,那么这些处理逻辑就属于系统的逻辑输出部分,这样逆向数据流输入方向一直跟踪分析到数据流发生实质性处理的处理逻辑为止,在此处理逻辑后面的所有处理逻辑即为系统的逻辑输出部分。

一旦确定了系统的逻辑输入与逻辑输出,夹在其中的所有处理逻辑即构成了系统的主处理部分。例如,图 5-2 中的预测计算处理为该数据流程图的主处理部分。

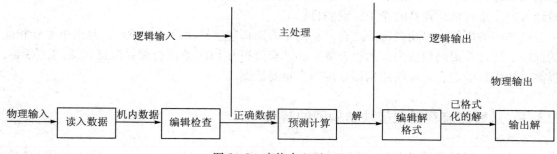

图 5-2 变换中心型 DFD

（2）设计模块结构图的顶层及第一层模块

为了构造一个模块结构图，先要设计一个顶层模块。顶层模块表明系统整体功能或主要功能，按变换中心整体功能或关键处理给顶层模块命名标识。在顶层模块下设计第一层模块，第一层模块一般设计成输入、主处理、输出 3 种模块，它们由顶层模块调用。输入模块控制并协调所有输入处理模块，并向顶层模块提供数据输入；主处理模块控制、协调所有变换处理模块，将逻辑输入变换为逻辑输出；输出模块控制和协调所有输出处理模块，提供数据输出（见图 5-3）。

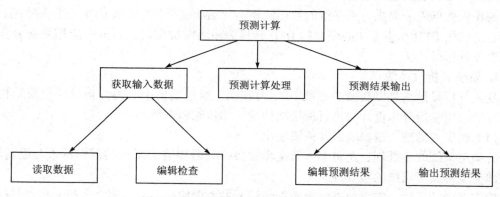

图 5-3 变换中心型 DFD 的模块结构图

（3）设计模块结构图的中下层模块

从第一层模块开始自顶向下，逐层分解和细化，直至分解到 DFD 的物理输入和物理输出为止。其具体做法是将 DFD 中的各个处理逻辑转换成相应模块，即将 DFD 中所有输入部分的处理逻辑转换为输入模块的下级模块。同理，将所有输出部分的处理逻辑转换为输出模块的下级模块，将变换中心的各个处理逻辑转换为主处理的下级模块。

2. 事务分析设计法

当 DFD 为事务中心型时，需要根据不同的判断结果进行不同的业务处理。此时，就需要采用事务分析设计法转换为模块结构图。用事务分析设计法进行模块结构设计的步骤如下所述。

（1）确定事务中心

在事务型 DFD 中，存在一个事务中心处理逻辑，该处理逻辑根据输入事务类型，在若干个事务处理逻辑中选出一个来执行。事务中心的处理存在明显的放射状输出,它将输入数据流分解成一束平行的数据流输出,然后有选择性地执行后面的某个事务处理(见图5-4)。

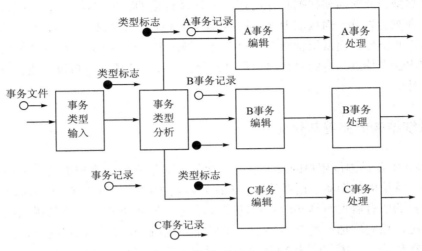

图5-4 事务中心型DFD

(2)设计模块结构图的顶层及第一层模块

确定事务中心后,可以设计一个顶层模块,顶层模块表明系统整体功能或主要功能,用于控制第一层模块。第一层模块设计成一个输入模块和一个事务中心模块。输入模块用于接收输入事务数据,事务中心模块用于分析事务类型,调用相应的下级模块(见图5-5)。

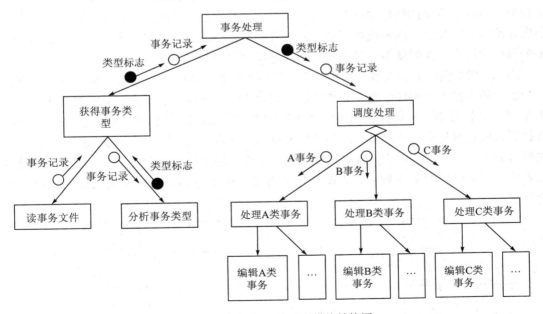

图5-5 事务中心型DFD模块结构图

(3)设计模块结构图的中下层模块

将DFD中事务中心前的输入处理转换成输入模块的中下层模块;事务中心后的不同事

务处理转换成事务中心模块的下层模块。

值得注意的是,在实际设计时,DFD 往往不是单一的变换中心型或事务中心型,而是两者的混合类型,此时需要根据具体的情况来选择合适的转换方法。而且一般高层 DFD 常常是按照管理职能划分,而低层 DFD 则常常是对具体的业务流程进行描述,因此高层 DFD 往往是事务中心类型,而低层常常是变换中心类型。因此在将数据流程图转换成模块结构图时,可以利用这个特点,有针对性地运用变换分析设计法或事务分析设计法,进行系统的模块结构图设计。

5.3.4 系统结构的完善与优化

由于 DFD 主要是围绕用户的需求进行构建的,对于一些新系统的特殊需要并没有反映出来,例如,系统的控制流、出错处理、系统自身的维护等,而系统模块结构图则应该反映出为满足用户的所有需求而具备的一切功能。因此,在由 DFD 导出系统模块结构图后,要根据实际情况,相应增加一些功能模块,主要是系统维护、初始化和安全控制等方面的模块。此外,在从 DFD 向模块结构图转换的过程中并没有考虑系统的结构,还需要从系统的可修改性和可维护性出发,对模块结构图进行优化处理。在模块结构图优化时,可以遵循以下几个原则。

第一,提高模块聚合度,降低模块间的耦合度。高聚合、低耦合的功能模块可以使系统模块功能明确、独立性好、模块易实现、易维护。

第二,模块的规模适中。如果模块规模过大时,内部组成部分可能比较复杂,聚合度就会较低,与其他模块的耦合度就会较高。如果模块过小,虽然模块聚合度较强,但模块间的层次和接口必然复杂,这种模块需要合并。合并时需要注意,如果某个模块尽管较小,但有多个模块调用它,此时就不应将该模块与其他模块合并。

第三,加大模块的扇入数,模块的扇出数应控制在合适的范围之内。模块的扇入数是指一个模块的直接上级模块个数,模块的扇出数是指一个模块拥有的直属下级模块的个数,见图 5-6。在设计中,一般要把模块的扇出数控制在 7±2 范围内。因为模块的扇出数越大,所属下级模块就越多,该模块管理的事情就越多,功能就越复杂,模块聚合度就会降低。模块扇出数太小也不好,因为这样必然导致模块结构图层次过多。在设计中,应当加大模块的扇入数。因为模块的扇入数大,表明该模块被多个模块调用,说明模块的通用性强,冗余度低。

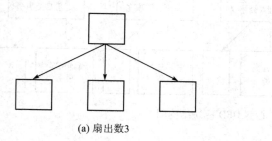
(a) 扇出数3

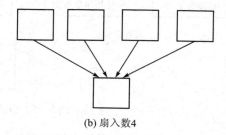
(b) 扇入数4

图 5-6 模块结构图的扇入与扇出

第四，模块的作用域应是它控制域的子集。模块的作用域是指该模块中判断处理功能所影响的其他模块集合。模块的控制域是指从属于它的所有下级模块集合。一个理想的模块结构是模块的作用域应是它的控制域一个子集。当模块的作用域不在其控制域内时，对系统模块的修改与维护是极不方便的，必须改进。例如，图 5-7（a）中模块 B 的判断影响到模块 C、B 和 H，模块 C 已经超出模块 B 的控制范围，模块 H 虽然在模块 B 的控制范围内，但是离模块 B 太远。此时模块 B 的判断结果必然要通过某个控制标志传递给模块 C 和 H，使模块 B 与模块 C、H 之间出现控制耦合。因此需要将模块 C 转移到模块 B 的控制范围之内，将模块 H 提升到离模块 B 较近的位置上（见图 5-7（b））。

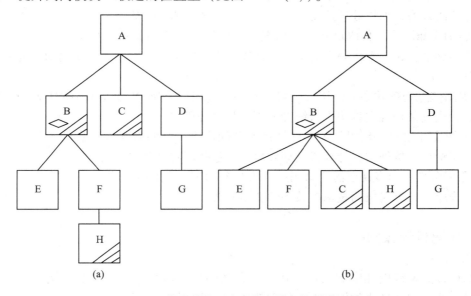

图 5-7　模块结构图中的作用域与控制域关系

第五，设计单入口和单出口模块。单入口和单出口是指从模块的顶部进入、从模块的底部退出。在模块设计过程中，应使所有模块只有一个入口与一个出口，尽量不允许任何模块违反此原则。因为多入口、多出口模块的聚合度较差，这样的模块不利于实现、修改与维护。

以上所提出的一些模块结构优化原则，是从大量系统设计中所获取的经验教训，并不是在系统总体结构设计中必须遵循的普遍规律。在系统的设计中应该本着"具体问题具体分析"原则，根据系统设计的最主要目标采取合适的设计方法，这才是系统总体结构设计的正确选择。

5.4　系统代码设计

代码是代表事物名称、属性和状态等的符号，即给特定对象实例一个唯一的标识或编号。为了便于计算机处理，一般用数字、字母或它们的组合表示代码。代码设计是系统设计中一项重要而繁杂的详细设计工作,做好这一设计对于解决接口和实现信息资源共享具有重要意义。

5.4.1 代码的作用

代码设计在系统分析阶段就已经开始,系统分析过程中所进行的数据分析与数据字典的编制已经为代码设计奠定了必要的基础。在系统设计阶段需要根据信息处理的要求设计具体的代码体系。通过代码,有利于提高系统的通用化水平,使信息资源共享;有利于采用集中化措施以节约人力,加快处理速度,便于检索。具体来讲,代码具有以下主要作用。

① 鉴别功能。这是代码最基本的功能,任何代码都必须具备这种基本功能。在一个信息分类编码标准中,一个代码只能唯一地标识一个分类对象,而一个分类对象只能有一个唯一的代码。

② 提高信息处理效率。使用代码可以提高信息处理的效率和精度。按代码对事物进行排序、累计或按某种规定算法进行统计分析,将十分迅速。

③ 人机交互工具。代码是人和计算机的共同语言,是两者交换信息的工具。管理对象经过代码交给计算机处理,计算机处理好后,通过代码将处理结果告知用户。

④ 专用含义。当客观上需要采用一些专用符号时,代码可提供一定的专门含义,如数学运算的程序、分类对象的技术参数和性能指标等。

5.4.2 代码设计原则

代码设计是系统设计中的关键工作,不合适的代码体系,不是引起系统程序的重新编写,就是导致数据文件或数据库系统的重新建立,或者影响到系统的扩展性、通用性、与其他系统的互联性。因此在代码设计中必须遵循以下基本原则。

① 唯一性。一个对象可能有多个名称,也可按不同的方式对它进行描述。但在一个编码体系中,一个对象只能赋给它一个唯一的代码。一个编码只能标识唯一的一个对象。

② 合理性。代码结构应与相应的分类体系相对应,应该能够正确地将所标识的对象归类于正确的体系结构中。尽量使代码结构对事物的表示具有实际意义,便于理解与交流。

③ 可扩充性。应留有充分的余地,以备将来不断扩充的需要。一般来说,代码越短,分类、准备、存储和传送的开销越低;代码越长,越能满足系统的数据检索、统计分析和多样化处理要求。但是编码太长,冗余太多,多年用不上,也是系统资源的浪费。

④ 简单性。结构尽可能简单,尽可能短,以减少各种差错。尽量采用不易出错的代码结构。当代码长于4个字母或5个数字字符时,应分段描述。这样读写时不易发生错误。

⑤ 适用性。代码尽可能反映对象的特点,以助记忆,便于填写。不要使用易于混淆的字符。例如英文的 O 和数字的 0,英文字母 l 和数字 1 等均易引起用户的误解。

⑥ 规范性。行业、国家或国际的有关编码标准是代码设计的重要依据,已有标准的必须遵循,在一个代码体系中,代码结构、类型和编写格式必须统一。

⑦ 系统性。有一定的分组规则,从而在整个系统中具有通用性。

⑧ 设计的代码在逻辑上必须满足用户需要，在结构上应当与处理的方法相一致。例如，在设计用于统计的代码时，为了提高处理速度，能够在不需调出有关数据文件的情况下，直接根据代码的结构就可以进行统计。

5.4.3 代码的种类与类型

1. 代码种类

目前系统设计中经常采用的代码主要有以下几种。

1）顺序码

顺序码是一种无实际意义代码。这种代码只作为分类对象的唯一标识，只代替对象名称，而不能提供对象的任何其他信息。

顺序码是一种最简单、最常用的代码。这种代码是将顺序的自然数或字母赋给分类对象。例如，按国家标准《个人基本信息分类与代码　第1部分：人的性别代码》（GB/T 2261.1—2003）规定1为男性，2为女性。

顺序码的优点是代码简短，使用方便，易于管理，易添加，对分类对象无任何特殊规定；缺点是代码本身没有给出对象的任何其他信息。通常对非系统化的分类对象采用顺序码。

2）系列顺序码

系列顺序码是排序码的一种。排序码将对象按预先选择的某种顺序排序，按顺序赋予代码。

系列顺序码是一种特殊的顺序码。它将顺序代码分为若干段并与分类对象的分段一一对应，给每段分类对象赋给一定的顺序代码。

例如，国家标准《中央党政机关、人民团体及其他机构代码》（GB/T 4657—2009）采用的就是系列顺序码，用3位数字表示一个机构，第一位数字表示类别标识，第二和第三位数字表示该机构在此类别中的数字代码，如300～399为国务院组成部门，700～799表示民主党派机关全国性人民团体。

3）区间码

区间码是将分类对象按照其不同的属性进行代码编制，每个属性给予一个特定的区间。这些区间按照相互之间是否有关分成上下关联区间码和多面码。

例如，《国民经济行业分类》（GB/T 4754—2019）采用3层的层次码。第一、二、三层代码分别代表大类、中类、小类，这是一种上下关联区间码。上下关联区间码常常采用从左向右编排代码的方式，代码左端对应大类属性，右端对应该大类所包含的小类属性，每个区间的代码可采用顺序码或序列顺序码。

又比如，每个公民的身份证号码分别按照地区、出生时间和性别3个不相关的区间进行编制。这是一种按照不同区间进行组合的区间码，也简称为多面码。

层次码有着广泛的应用。其优点是能明确标出对象的类别，有严格的隶属关系，代码结构简单，容量大，便于机器汇总。但是，当层次较多时，弹性较差。

2. 代码类型

代码的类型指代码符号的表示形式，一般有数字型、字母型和混合型。

数字型代码是用一个或多个阿拉伯数字表示的代码。这种代码结构简单，使用方便，也便于排序，易于在国内外推广。这是目前各国普遍采用的一种形式，如前面提到的《个人基本信息分类与代码 第1部分：人的性别代码》等国家标准中都采用数字码。这种代码的缺点是对象特征的描述不直观。

字母型代码是用一个或多个字母表示的代码。例如，火车站站名字母缩写码中，BJ代表北京，HB代表哈尔滨。这种码的优点是便于记忆，人们有使用习惯。另外，与同样长度的数字码相比，这种代码容量大得多。一位数字最多可表示10个类目，而一位字母可表示26个类目。这种代码缺点是不便于机器处理。特别是编码对象多、更改频繁时，经常会出现重复和冲突。

混合型代码是由数字、字母和专用符号组成的代码。这种代码基本上兼有前两种代码的优点；但是这种代码组成形式复杂，计算机输入不便，录入效率低，错误率高。

5.4.4 代码校验

代码作为系统的重要输入内容之一，其正确性直接影响到整个处理工作的质量和数据的准确性。为了保证输入的正确性，有意识地在原有代码的基础上加一位校验位，使它成为由原代码生成的一个标识。由此校验位可以检查代码的输入是否正确。

产生校验位的方法很多，但是最常用的是模数加权法，例如对原代码 27483 设计校验位的过程如下所述。

① 选定一个适当的模数。通常理想的模数是质数，模数愈大检错的能力也就愈强，常用的模数有 7、10、11、13、17、19、23、27、31、37 等。例如，选择模数为 11。

② 选定代码各位的权值。对于原代码的每一位都应有一个加权值，而且各位的权值应不相同。加权值的选定，可以使用与模数互为质数的数字（如 13、11、7、3、1 等）或连续的数（如 1、2、3、4、5、6、7、8、9 等）。这里，选择 1、2、3、4、5 为加权值。

③ 将代码的每位与对应的加权值分别相乘，并将各个乘积相加得到总和。即 $2 \times 1 + 7 \times 2 + 4 \times 3 + 8 \times 4 + 3 \times 5 = 75$。

④ 将乘积和除以选定的模数，并求得余数。即 $75 \div 11 = 6 \cdots\cdots 9$。

⑤ 以选定的模数减去上项所得到的余数，其差即为校验码。若校验码的位数有两位，可以利用英文字母将它转换为一位数，如余数为 10 取 A，余数为 11 时取 B 等。即 $11 - 9 = 2$。

⑥ 将这个校验码加入代码，一般置于代码的最后一位，即完成整个代码设计。

因此，原代码 27483 在系统中实际使用的代码是 274832。很显然，只要系统按照同样的计算公式计算所输入代码的前 5 位，并检查计算结果是否与输入的最后 1 位相等，就可以判定输入是否正确。

5.4.5 代码设计的步骤

代码设计的步骤主要有：确定代码对象，考察现有代码使用情况，设计代码种类与类型、设计代码的检错功能、通知使用。

首先，根据系统所处理的对象确定编码的对象。然后，考察这些编码对象的现有代码使用情况，是否已有标准代码。如果国家标准局或行业主管部门对编码对象已规定了标准代码，那么应遵循这些标准代码；如果没有标准代码，那么在代码设计时要参考国际标准化组织、其他国家、其他单位的编码标准，设计出便于今后标准化的代码。其次，根据代码的使用范围、使用时间，根据实际情况选择代码的种类与类型。再次，考虑代码的检错功能，根据代码在使用中的出错情况增加代码的检错功能。最后，编写代码表，进行详细说明，通知有关部门，组织学习，熟悉使用。

5.5　数据库设计

数据库设计的主要任务是在 DBMS 的支持下，按照系统的设计要求，为某一部门或组织设计一个结构合理、使用方便、效率较高的数据库系统。

5.5.1　数据模型的转换

模型是对现实世界进行抽象的工具。在信息管理中需要将现实世界的事物及其有关特征转换为信息世界的数据才能对信息进行处理，这种转换需要经历从现实到概念模型，从概念模型到逻辑模型，从逻辑模型到物理模型的转换过程。图 5-8 显示了数据库开发过程中的数据模型变化关系。

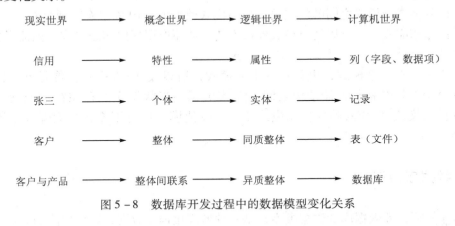

图 5-8　数据库开发过程中的数据模型变化关系

现实世界是存在于现实之中的各种客观事物，它反映了客观事物及其相互之间的关系。

概念世界是现实情况在人们头脑中的反映，人们需要利用一种模式将现实世界在自己的头脑中表达出来，便于相互交流。概念模型也就成为数据库设计人员和用户之间交流的语言，因此概念模型具有丰富的语义表达能力和直接模拟现实世界的能力。概念模型的表示方法很多，数据库设计中最常用的是实体-联系（E-R）方法。

逻辑世界是人们为将存在于自己头脑中的概念模型转换到计算机中的物理存储过程中的一个计算机逻辑表示模式。利用这个模式，人们可以很容易地将概念模型转换成计算机世界的物理模型。

计算机世界是指现实世界中的事物在计算机系统中的实际存储模式，只有依靠这一物理存储模式，人们才能实现利用计算机对现实世界的信息管理。

5.5.2 数据库模式结构

数据库系统是由外模式、模式和内模式组成的3级模式结构。

（1）外模式

外模式也称子模式或用户模式，它是数据库用户（包括应用程序员和最终用户）看见和使用的局部数据的逻辑结构和特征描述，是数据库用户的数据视图，是与某一应用有关数据的逻辑表示。一个数据库可以有多个外模式。

（2）模式

模式也称逻辑模式，是数据库中全体数据的逻辑结构和特征的描述，是所有用户的公用数据视图。一个数据库只有一个模式。

（3）内模式

内模式也称存储模式，它是数据物理和存储结构的描述，是数据在数据库内部的表示方式。一个数据库只有一个内模式。

数据库系统在这3级模式之间提供了两层映像：外模式/模式映像、模式/内模式映像。正是这两层映像保证了数据库系统的数据能具有较高的逻辑独立性和物理独立性。

模式描述的是数据的全局逻辑结构，外模式描述的是数据的局部逻辑结构。对应于同一个模式可以有任意多个外模式。对于每一个外模式，数据库系统都有一个外模式/模式映像，它定义了该外模式与模式之间的对应关系。当模式改变时，由数据库管理员对各个外模式/模式的映像作相应改变，可以使外模式保持不变，从而应用程序不必修改，保证了数据的逻辑独立性。

数据库中只有一个模式，也只有一个内模式，所以模式/内模式映像是唯一的，它定义了数据全局逻辑结构与存储结构之间的对应关系。当数据库的存储结构改变时，由数据库管理员对模式/内模式映像作相应改变，可以使模式保持不变，从而保证了数据的物理独立性。

5.5.3 数据库模型

数据库模型，即数据库的数据模型，是一种形式化描述数据、数据之间的联系及有关的语义约束规则的抽象方法。数据库是数据的有机集合，其中存储的数据反映了现实世界中有意义、有价值的信息，它不仅反映数据本身的内容，而且反映数据之间的联系。由于计算机不能直接处理现实世界中的具体事物，所以人们必须事先把具体事物转换成计算机能够处理的数据，数据模型正是对现实世界中的数据和信息进行抽象表示和处理的方法。

数据模型按不同的应用层次可划分为两类：概念数据模型和逻辑数据模型。其中，逻辑数据模型就是通常所说的数据模型，它是一种面向数据库系统的模型，主要用于DBMS的实现，一般分为层次数据模型、网状数据模型和关系数据模型（见图5-9）。

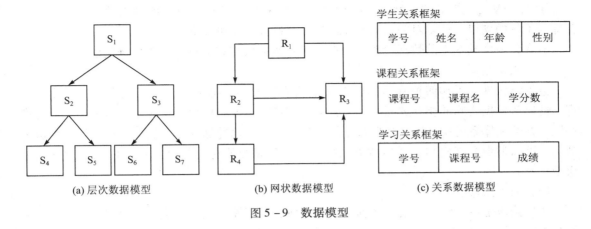

(a) 层次数据模型　　　　(b) 网状数据模型　　　　(c) 关系数据模型

图 5-9　数据模型

1. 层次数据模型

层次数据模型是指数据库中的数据按照层次进行组织的数据模型。在层次数据模型中，用树型结构表示实体集之间的联系，用节点表示实体集，节点之间联系的基本方式是 $1:n$。层次数据模型的特点是每棵树有且仅有一个节点无双亲，即根节点；除根节点外的任何一个节点有且仅有一个双亲节点。在现实世界中，许多实体集之间的联系呈现出一种层次关系，如家族关系、行政机构和生物类别归属等。

层次数据模型由于结构简单，对层次结构数据有较高的处理效率，因而在数据库发展早期得到广泛应用。然而，随着关系数据库技术的迅速发展，层次数据库的局限性表现得更为突出。目前，许多层次数据库应用领域已经被关系数据库代替。

2. 网状数据模型

网状数据模型是指数据库中的数据按照网状进行组织的数据模型。网状数据模型的基本特征表现在不但一个双亲记录型允许有多个子女记录型，而且一个子女记录型也允许有多个双亲记录型。网状数据模型反映了实体集间普遍存在的更为复杂的联系，是一种比层次数据模型更具普遍性的结构，而层次数据模型只是网状数据模型的一个特例。

3. 关系数据模型

关系数据模型是以关系运算理论和关系模式组织的数据模型，即用二维表表示实体集之间的联系。在以二维表为基本结构的关系数据模型中，字段称为属性，字段值称为属性值。每个属性有一个取值范围，称为值域。每个属性对应一个值域，不同的属性可以对应同一个值域。记录类型称为关系模式。记录称为元组，元组的集合称为关系或实例。

关系数据模型建成的数据库是目前的主流数据库，它具有下列优点。

① 数据高度结构化。关系数据库系统中采用统一的结构类型，即二维表作为数据结构，数据高度结构化，而且不存在复杂的内部连接关系，具有高度的简洁性。

② 数据独立性高。关系数据库系统的组织应用不涉及物理存储因素和过程性因素，因此数据的物理独立性和程序独立性都很高。

③ 功能强大。关系数据库系统能直接构造复杂的数据模型，特别是多联系间的模型。它可以一次获取多个记录，可以修改数据间的联系，同时也有一定程度修改数据模式的能力。

④ 理论基础扎实。关系数据库的理论主要有关系运算理论和关系模式设计理论。由于有理论工具的支撑，使得对关系数据库的进一步研究有了可靠保证。

通常，一个数据库的数据模型由数据结构、数据操作和数据约束 3 部分组成。

（1）数据结构

数据结构规定了如何把基本的数据项组织成较大的数据单位，以描述数据的类型、内容、性质和数据之间的相互关系。它是数据模型最基本的组成部分，规定了数据模型的静态特性。在数据库系统中，通常按照数据结构的类型来命名数据模型，例如，采用层次型数据结构、网状型数据结构和关系型数据结构的数据模型分别称为层次模型、网状模型和关系模型。

（2）数据操作

数据操作是指一组用于指定数据结构的任何有效的操作或推导规定。数据库中主要的操作有查询和更新（插入、修改、删除）两大类。数据模型要给出这些操作确切的含义、操作规则和实现操作的语言。因此，数据操作规定了数据模型的动态特性。

（3）数据约束

数据约束是一组完整性规则的集合，它定义了给定数据模型中数据及其联系所具有的制约和依存规则，用以限定相容的数据库状态的集合和可允许的状态改变，以保证数据库中数据的正确性、有效性和相容性。

5.5.4 数据库模型设计

数据库设计一般分成数据库的用户需求分析、数据库概念模型设计、逻辑模型设计和物理模型设计 4 个阶段。数据库的用户需求分析一般在系统分析阶段已经完成，因此数据库的设计主要任务是完成数据库概念模型、逻辑模型和物理模型的设计。

1. 数据库概念模型设计

数据库的概念模型设计主要采用两种方法，一是直接通过系统分析构建数据库的概念模型，另一种方法则是利用数据流程图构造概念模型。此时的设计步骤主要是：首先根据系统分析的结果（数据流程图、数据字典等）对现实世界的数据进行抽象，设计各个局部视图，即局部 E-R（实体－联系）图，然后将局部 E-R 图合并成全局 E-R 图。

1）设计局部 E-R 图

在系统分析阶段，对应用环境和用户需求进行了详尽的调查分析，并用多层数据流程图和数据字典描述了整个系统。设计局部 E-R 图的第一步，就是根据系统的具体情况，在多层数据流程图中选择一个适当层次的数据流程图，让这组图中的每一部分对应一个局部应用，从这一层次的数据流程图出发，设计局部 E-R 图。由于高层的数据流程图只能反映系统的概貌，中层的数据流程图能较好地反映系统中各局部应用的子系统组成概况，因此往往以中层数据流程图作为设计局部 E-R 图的依据。

每个局部应用都对应了一组数据流程图，局部应用涉及的数据都已经收集在数据字典中了，设计局部 E-R 图就是要将这些数据从数据字典中抽取出来，参照数据流程图，确定局部应用中的实体、实体的属性和实体的关键字，以及实体之间的联系和类型。

例如，在第 4 章中的图 4-8 销售管理系统的顶层数据流程图包含两部分：一部分是订单处理,即生成销售计划和库存处理;另一部分是客户资料处理,即生成客户资料并生成订单。根据该数据流程图可以分别转换为对应的 E-R 图(见图 5-10 和图 5-11)。

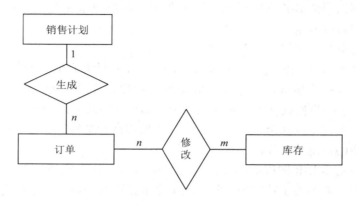

销售计划:计划编号、计划名、商品名称、数量　　库存:商品名称、商品编号、货架号
订单:订单编号、客户名称、商品名称、数量　　　修改:订单编号、商品编号、货架号

图 5-10　订单处理局部 E-R 图

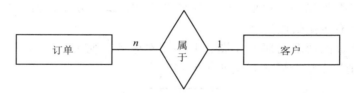

订单:订单编号、客户名称、商品名称、数量　　　客户:客户名称、客户编号、联系人

图 5-11　客户资料处理局部 E-R 图

2) E-R 图的集成

设计完成各个局部 E-R 图后,还必须将这些局部 E-R 图集成,集成为一个整体的数据概念结构,即全局 E-R 图。E-R 图的集成一般采用逐步累积方法,即首先集成两个局部 E-R 图(通常是比较关键的两个局部 E-R 图),以后每次将一个新的局部 E-R 图集成进来。如果局部视图简单,也可以一次集成多个局部 E-R 图。集成局部 E-R 图需要经过合并及修改重构两个步骤。

(1) 合并局部 E-R 图

合并局部 E-R 图不是简单地将所有局部 E-R 图画到一起,而是要消除局部 E-R 图中的不一致性,以形成一个能为全系统中所有用户共同理解和接受的统一概念模型。合理消除各局部 E-R 图的冲突是合并局部 E-R 图的主要工作与关键所在。在集成过程中可能存在三类冲突:属性冲突、命名冲突和结构冲突。

属性冲突包括属性值的类型、取值范围、取值单位的冲突。属性冲突可以通过与相关用户的讨论协商来解决。

命名冲突包括同名异义和异名同义。同名异义指不同意义的对象在不同的局部 E-R 图中具有相同的名字;异名同义指同一意义的对象在不同的局部 E-R 图中具有不同的名字。命名冲突可能发生在实体、联系一级上,也可能发生在属性一级上。这也可以通过讨论协商解决。

结构冲突包含3种情况：一是同一对象在不同应用中具有不同的抽象；二是同一实体在不同局部 E-R 图中所包含的属性不完全相同，或者属性的排列次序不完全相同；三是实体之间的联系在不同局部 E-R 图中呈现不同的类型。解决方法是根据应用的语义对实体和联系的类型进行综合或调整。

（2）修改与重构，生成基本 E-R 图

局部 E-R 图经过合并生成的是初步 E-R 图，其中可能存在冗余数据和实体间冗余联系。冗余数据和冗余联系容易破坏数据库的完整性，给数据库维护增加困难。因此在获取初步 E-R 图后，还应进一步检查其中是否存在冗余，如果存在就应设法予以消除。有时为了提高某些应用效率，不得不以冗余为代价。在设计数据库概念结构时，需要根据用户的整体需求来确定哪些冗余的信息该消除。

修改、重构初步 E-R 图以消除冗余主要采取分析方法，即以数据字典和数据流程图为依据，根据数据字典中关于数据项之间逻辑关系的说明来消除冗余。除此之外，还可以用规范化理论来消除冗余。

局部 E-R 图集成形成一个整体的数据库概念模型后，对其还须进一步验证，确保它能够满足：概念模型内部必须具有一致性，即不能存在互相矛盾的表达；概念模型能准确地反映原来的每个 E-R 图结构，包括属性、实体及实体之间的联系；概念模型能满足需求分析阶段所确定的所有数据处理要求。

例如，将上面的两个局部 E-R 图合并相同实体后，统一实体的属性个数、类型，画出整体 E-R 图。销售系统全局 E-R 图如图 5-12 所示。

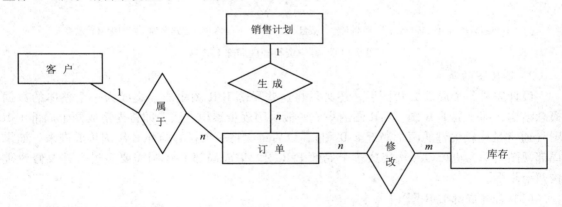

销售计划：计划编号、计划名、商品名称、数量　　库存：商品名称、商品编号、货架号
订单：订单编号、客户名称、商品名称、数量　　　修改：订单编号、商品编号、货架号
客户：客户名称、客户编号、联系人

图 5-12　销售系统全局 E-R 图

2. 数据库逻辑模型设计

逻辑模型设计的目的，是从概念模型导出特定的 DBMS 可以处理的数据库逻辑结构（数据库的模式和外模式），这些模式在功能、性能、完整性和一致性约束及数据库可扩充性等方面均应满足用户的需求。

1）数据库逻辑模型的设计步骤

① 将 E-R 图的实体和联系类型，转换成所选定的 DBMS 支持的记录类型（层次、网状、

关系)。

② 子模式设计。子模式是应用程序与数据库的接口。允许有效访问数据库而不破坏数据库的安全性。

③ 模式评价。对数据库逻辑模型，根据定量分析和性能测算做出评价。定量分析是指处理频率和数据容量及其增长情况。性能测算是指确定系统在运行过程中所涉及的数据访问性能，包含逻辑记录访问量、应用程序传输的总字节数和数据库的总字节数等。

④ 优化模式。为使模式适应信息的不同表示，可利用 DBMS 性能，如索引、散列功能等优化数据库模式，但不修改数据库的信息。

2) E-R 模型向关系数据模型的转换

E-R 模型可以向现有的各种数据库模型转换，不同的数据库模型有不同的转换规则。向关系模型转换的规则如下所述。

① 每个实体类型转换成一个关系模式，关系的属性就是实体的属性，关系的码就采用实体的码。

② 实体之间的联系需根据不同的情况进行转换。一个 1∶1 联系可以与联系的任意一端实体所对应的关系模式合并，并在该关系模式的属性中加入另一个实体的码和联系本身的属性。

一个 1∶n 联系可以与 n 端实体所对应的关系模式合并，注意不能与 1 端实体所对应的关系模式合并，此时需要在该关系模式的属性中加入 1 端实体的码和联系本身的属性。

一个 m∶n 联系可以转换为一个关系模式。与该联系相连的各实体的码及联系本身的属性均转换为关系的属性，而关系的码为各实体码的组合。

三个或三个以上的实体间的多元联系可以转换为一个关系模式。与该多元联系相连的各实体的码及联系本身的属性均转换为关系的属性，关系的码为各实体码的组合。

按照转换的原则可以将图 5 – 12 的 E-R 模型转换为对应的逻辑模型：

销售计划（计划编号#，计划名，商品名称，数量，…）；

库存（商品名称，商品编号#，货架号#，现有量，…）；

订单（订单编号#，客户名称，商品名称，数量，…）；

客户（客户名称，客户编号#，联系人，…）；

修改（订单编号#，商品编号#，货架号#，出库量，…）。

3. 数据库物理模型设计

数据库物理模型设计是为已确定的数据库逻辑模型研制出一个有效的、可实现的数据库物理结构。数据库物理设计的主要任务是对数据库中的数据在物理设备上的存放结构和存取方法进行设计，这些设计依赖于给定的计算机系统及具体选用的 DBMS。

1) 数据库物理模型设计的步骤

物理设计可分为 5 步：前三步为结构设计，后两步为约束和程序设计。

① 存储记录的格式设计。对数据项类型特征进行分析，确定对存储记录的格式，决定如何进行数据的压缩或优化处理。可使用"垂直分割方法"，对含有较多属性的关系，根据属性的使用频率进行分割，使用频率高的数据与使用频率低的数据分别进行存储。这样可以减少数据的 I/O 操作；或使用"水平分割方法"，对含有较多记录的关系，按某些条件进行分割，例如按照时间进行分割。把分割后的关系定义在相同或不同类型的物理设备上，或相

同设备的不同区域上，从而使访问数据库的代价最小，提高数据库的性能。

② 存储方法设计。物理设计中最重要的一个考虑是，把存储记录在全局范围内进行物理安排，存放的方式有顺序存放、杂凑存放、索引存放及聚簇存放等。

③ 访问方法设计。访问方法设计主要为存储在物理设备上的数据提供存储结构和查询路径，这与数据库应用系统有很大关系。

④ 完整性和安全性考虑。根据逻辑设计提供的对数据库的约束条件、具体的 DBMS 性能特征和硬件环境，设计数据库的完整性和安全性措施。

⑤ 应用设计。包括人机界面设计、代码设计、处理加工设计等。

在物理设计中，应充分注意物理数据的独立性，即消除由于物理数据结构设计变动而引起应用程序的修改。

2）物理设计的性能改善

数据库的性能可以用数据操作的时间、空间及花费的代价来衡量，对物理设计来说，主要考虑操作开销，即用户获得及时、准确的数据所需要的开销，主要考虑以下几点。

① 查询的响应时间。响应时间定义为从查询开始到查询结果开始显示之间所经历的时间。

一个好的物理设计可以减少 CPU 服务时间和 I/O 时间。例如，如果有效地使用数据压缩技术，选择好的访问路径和合理安排记录的存储等，都可以减少服务时间。

② 更新事务的开销。主要包括数据库的索引修改、重写物理块或文件处理等方面的开销。

③ 报告生成开销。主要包括检索、重组、排序和结果显示等方面的开销。

④ 存储空间开销。包括程序和数据所占用空间的开销，可以对缓冲区分配进行适当控制，以减少空间开销。

⑤ 辅助存储空间。通过控制索引块的大小、装载因子、指针选择项和数据冗余度等方法减低其存储空间的需要。

5.5.5 关系模型的规范

任何一个 MIS 都要处理大量的数据，如何以最优方式组织这些数据，形成以规范化形式存储的数据库，是 MIS 开发中的一个重要问题。为使数据存储有一定的标准和简化数据存储的结构，IBM 公司的科德（E. F. Codd）在 1971 年首先提出了规范化理论。利用规范化理论指导数据库的设计，可以提高数据的完整性、一致性和可修改性，使数据库能够应对各种处理逻辑的需要。

1. 第一规范化形式

在规范化理论中，关系必须是规范的，所谓规范化是指在一个数据模式中必须满足以下几个条件。

① 列属于同一属性。数据模式中每个列的值均来自同一个属性，具有相同的值域。

② 列不得相同。数据模式中不能存在完全相同的列。

③ 行不得相同。数据模式中不能出现完全一致的行。

④ 行、列顺序无关紧要。数据模式中的列或行出现的先后顺序无关紧要，谁先谁后并

不影响到数据模式的处理。

如果一个规范化的数据模式没有重复的列,那么就可以称其为第一规范化,简称第一范式(1NF)。

例如,表5-1中所列的数据模式不是规范化的。为了将其转换成规范化的关系,需要将该数据模式重新设计,将具有重复项目的工资与扣款重新分解为基本工资、岗位工资、保险和所得税,此时表5-2的数据模式就是满足1NF的数据模式。

表5-1 非第一范式的数据模式

工号	姓名	工资		扣款		实发工资
		基本工资	岗位工资	保险	所得税	
09485	张静	2 900	400	165	187	2 948
09874	李力	2 300	360	133	138	2 389
09896	王玲	3 200	550	188	221	3 342

表5-2 满足第一范式的数据模式

工号	姓名	基本工资	岗位工资	保险	所得税	实发工资
09485	张静	2 900	400	165	187	2 948
09874	李力	2 300	360	133	138	2 389
09896	王玲	3 200	550	188	221	3 342

2. 第二规范化形式

如果在一个关系模式 $R(A,B,C,\cdots)$ 中,数据元素 B 的取值依赖于数据元素 A,则称 B 函数依赖于 A。换句话说,A 决定 B,用 "A→B" 表示。

如果一个规范化的数据模式,它所有的非关键字数据元素都完全函数依赖于整个关键字,则称它是第二规范化形式的数据模式,简称第二范式(2NF)。例如,在表5-3中关键字为商品编码与供应商名称,但供应商地址只依赖于供应商名称而不是整个关键字。这样的数据结构存在弊病。如果供应商提供了上百种商品,该供应商的地址发生了变化,就需要逐个地修改这几百个"供应商地址",此时很容易出现修改遗漏。将已是第一范式的数据模式变换为第二范式办法是要保证数据模式中的非关键字数据元素必须完全函数依赖于整个关键字,这就需要将数据模式分解成若干个属于2NF的数据模式,使每个数据模式中的非关键字数据元素都完全函数依赖于整个关键字。例如,将表5-3中的数据模式分解成两个2NF的数据模式,即"商品库存文件"和"供应商文件",见表5-4。

表5-3 非第二范式的数据模式

商品名称	商品编码#	供应商名称#	供应商地址	价格	库存量

表5-4 满足第二范式的数据模式

商品名称	商品编码#	供应商名称#	价格	库存量

供应商名称#	供应商地址

3. 第三规范化形式

如果某一满足 2NF 的关系模式 $R(A, B, C, \cdots)$ 中的所有非主属性对任何候选关键字都不存在传递函数依赖,则称关系 R 属于第三范式。

例如,表5-5中由于只有一个由学号属性组成的关键字,因此肯定是一个满足 2NF 的关系模式。但是非关键字属性系地址函数依赖于系编号,而系编号又函数依赖于关系模式中的关键字学号,这样系地址就传递函数依赖于关键字学号。

表5-5 非第三范式的数据模式

学号#	学生姓名	系编号	系名称	系地址

在这种关系模式中将出现大量的数据冗余,其中系编号、系名称、系地址等非主属性将重复存储,此时对该数据模式的插入、删除和修改将产生类似以上的各种异常情况。解决的方法就是消除关系模式中的函数传递依赖关系,将关系模式分解为多个数据模式,见表5-6。

表5-6 满足第三范式的数据模式

学号#	学生姓名	系编号

系编号#	系名称	系地址

第三范式数据存储结构与非规范化的数据存储结构相比,一般可以减少存储空间。实现"一事一地"的存储原则,大大提高数据的访问及修改效率;同时,还提高了数据库的逻辑性、完整性、一致性和安全性。在某些特殊情况下,如比较复杂的查询,可能要求对若干第三范式的数据存储结构进行连接运算,从而占用较多的机器时间。如果这类查询比较多,为了减少查询时间,可以将若干第三范式的数据存储结构合并成为第二范式甚至是第一范式的数据存储结构。

5.6 系统输出设计

管理信息系统能否为用户提供准确、及时、适用的信息是系统优劣的标准之一。从系统开发的角度看,输出决定输入,即输入信息只有根据输出要求才能确定。因此在系统的详细设计过程中首先进行系统的输出设计,然后才进行系统的输入设计。

5.6.1 输出设计原则

在输出设计中需要考虑这样一些原则。

① 用户第一的原则。即在输出设计中需要从质和量上满足用户的需要、满足管理的需要。

② 灵活性原则。由于管理信息的需求往往根据实际需要有增有减,输出信息的内容也会发生变化,这就需要系统的输出具有灵活性,可扩展、可定义,尤其要为用户根据管理需要自定义输出信息提供便利。

③ 需求多样性原则。随着管理水平的提高,用户对输出信息的要求也趋向多样化。除了常规的报表外,有的用户需要输出图形,有的需要将输出转到文本文件或其他系统中,这就需要系统的输出能满足多样性要求。

④ 统一原则。为使用户容易理解系统的输出,需要统一输出标准,统一输出风格,使输出能够实现标准化、系统化。

5.6.2 输出设计内容

输出设计要确定输出内容、选择输出设备与介质和确定输出格式。

(1) 确定输出内容

首先确定用户的输出信息要求,包括输出信息的使用目的、输出速度、输出频率、输出数量、输出有效期、输出日期、保管方法、密级和复写份数等;其次要根据用户的管理需要,设计输出信息的内容,包括信息形式(表格、图形、文字)、输出项目及数据结构、数据类型、位数及取值范围,数据的生成途径、完整性及一致性。

(2) 选择输出设备与介质

常用的输出设备有显示器、打印机、磁带机、绘图仪、缩微胶卷输出器和多媒体设备等。输出介质有纸张、磁带、磁盘、缩微胶卷、光盘和多媒体介质等。这些设备和介质各有特点,应根据用户对输出信息的要求,结合现有设备和资金条件选择。

(3) 确定输出格式

输出格式首先要满足用户的要求和使用习惯,达到格式清晰、美观、易于阅读和理解。其次在输出格式设计中还需要确定非直接提供给用户的信息格式,例如对有的系统允许用户自定义报表,此时就需要对提供二次开发的接口确定对应的数据输出格式。对于导出数据给其他文件的系统(如Excel、Word等),需要确定接口格式。

5.6.3 报表设计

报表是将系统数据处理后具体表现的一种形式,它用简单明了、美观、易于了解的形式反映用户所要得到的信息。报表设计除注意数据的正确性外,还要精心安排数据的输出位置,以充分表达输出数据的信息。

对于单个用户一次性使用的报表，常常选择在显示终端上输出的方式；对于多用户多次使用的表格，可打印输出。打印输出的报表，要考虑时间划分、装订等问题。长期保留的报表，可采用文件形式输出到磁盘或光盘上。

报表的输出格式需要根据对外上报与对内管理使用两种方式分别设计。对外上报的报表需要按照有关管理部门的要求进行设计，不得随意改动。对内管理使用报表则需要尽量与组织中流行的报表格式保持一致。如果要更改现行报表格式，必须由系统设计员、分析员与用户共同讨论，经有关部门批准后才能实施。

根据报表内容和用途，报表可分为明细表、业务文件和管理报表三种。明细表主要记录企业和组织某一时期内明细数据内容，如交易明细报表、库存进出清单等。业务文件主要包含了企业或组织正式的交易文件，如职工工资单、收据发票等。管理报表主要是作为管理使用的统计报表，可以是摘要的统计报表，也可以是统计图形，如业务状况统计图和生产情况统计表等。

报表设计任务主要是对表头、内容明细、表底和备注4个部分进行设计。表头位于报表的最上端，主要由报表的名称、使用单位名称、报表印制时间、报表页次和报表编号等组成；内容明细位于报表的表头与表底之间，主要叙述此份报表的详细内容，如交易明细或统计结果等，内容明细是报表的组成主体；表底位于报表的底部，主要由一些总结性的数据所组成，如总计、合计等数据项，有时页码也可放置于此；备注一般位于报表的最下面，主要针对这份报表内的数据来源及其意义做一些说明，如表中数据的计算方式、各数据项包含的意义等。

5.7 系统输入设计

输入数据的正确性直接决定系统处理结果的正确性，如果输入数据有误，即使计算和处理十分正确，也无法获得正确的输出信息。同时，输入设计还决定了系统的处理效率，作为人机系统的管理信息系统其运行效率的高低往往取决于系统的输入。

5.7.1 输入设计原则

输入设计包括数据规范和数据准备的过程。在输入设计中，提高效率和减少错误是两个最根本的原则。为此，在系统的输入设计中需要做到以下5个方面。

① 控制输入量。由于数据输入与计算机处理相比相对缓慢，在数据录入时，系统大多数时间都处于等待状态，系统效率将显著降低；同时，数据录入工作一般需要人的参与，大量的数据录入将浪费大量的人力资源，增加系统的运行成本。因此，在输入设计中，应尽量控制输入数据的总量。在输入时，只需输入基本的信息，其他能通过计算、统计和检索得到的信息则由系统自动生成。

② 减少输入延迟。输入数据的速度往往成为提高信息系统运行效率的瓶颈，为减少延迟，可采用周转文件、批量输入等方式。

③ 减少输入错误。输入设计中应采用多种输入校验方法和有效性验证技术，减少输入错误。

④ 避免额外步骤。在输入设计时，应尽量避免不必要的输入步骤，当步骤不能省略时，应仔细验证现有步骤是否完备、高效。

⑤ 输入过程应尽量简化。输入设计在为用户提供纠错和输入校验的同时，要保证输入过程简单易用，不能因为查错、纠错而使输入复杂化，增加用户负担。

5.7.2 输入设计内容

输入设计内容主要包含输入原始表格设计和输入信息内容设计。

1. 输入原始表格设计

为了便于系统使用人员在输入过程中减少输入错误和保留系统审计的原始记录，需要设计专门的输入原始表格，表格上填写输入系统中的内容。输入表格应该与输入屏幕保持一致，这样不仅可以提高输入速度，而且还可以减少输入错误。

输入表格要兼顾现场管理人员填写数据与系统输入的便利，使现场管理人员容易填写，易于阅读，便于分类、使用和整理归档。

2. 输入信息内容设计

输入信息内容主要包括输入数据项名称、数据类型、精度、数值范围与输入格式等。这些内容基本上由输出内容所确定，扣除输出中可以通过计算取得的内容以外，都是需要输入的数据。输入格式则需要考虑数据库的组织方式、数据结构和输入介质。

系统中大量数据的输入是通过输入接口软件来完成的，在设计中必须对这些输入接口提出具体的要求。

输入内容确定后，还需要设计这些输入内容的录入格式、数据记录的描述、数据在输入介质上的格式（例如屏幕格式）与输入说明等。

5.7.3 数据输入设备的选择

输入设备的类型和输入介质选择是输入设计中的重要任务，目前常用的输入设备有以下几种。

① 终端输入。终端一般是计算机上的键盘输入，操作人员直接通过键盘键入数据，终端可用在线方式与主机相联系，主要用于少量数据、控制信息及原始数据的输入。

② 键盘/磁盘输入装置。由数据录入员通过工作站录入，经审核检查、可靠性验证后存入磁记录介质（如磁带、磁盘等）。这种输入方法成本低、速度快，易于携带，适用于大量数据输入。

③ 光电阅读器。采用光笔读入光学标记条形码或用扫描仪录入纸上文字。光电阅读器适用于自选商场、借书处等少量数据录入的场合。而纸上文字的扫描录入尚处于试用阶段，读错率和拒读率较高，价格昂贵，速度慢，但具有较好的发展前景。

④ 多媒体输入设备。主要是指那些用于输入多媒体信息的话筒、数码相机和摄像机等。

在输入设备选择时要考虑输入的数据量和输入频率、输入数据的来源和形式、输入数据的类型和格式、输入数据的速度和准确性要求、输入的校验方法与允许的差错率、数据的收集环境等因素。

5.7.4 输入检验设计

输入设计的一个重要目标是尽可能减少数据输入过程所发生的错误。因此在输入设计中，要根据输入数据可能发生的错误，采取合适的校验方法。

1. 输入错误的种类

① 数据本身错误。这是由于原始数据填写错误等原因引起的输入数据错误。

② 数据多余或不足。这是在数据收集过程中产生的错误。如数据（单据、卡片等）的散失、遗漏或重复等原因引起的数据错误。

③ 数据的延误。数据延误也是数据收集过程中所产生的错误，但它的内容和数据量都是正确的，只是由于时间上的延误而产生差错。这种差错多因开票、传送等环节的延误而引起，严重时，会导致输入信息毫无使用价值。因此，数据的收集与传送必须考虑可能出现的延迟，并要确定处理数据延迟的对策。

2. 数据出错的校验方法

数据的校验方法有人工直接检查、计算机程序校验及人与计算机分别处理后再相互核对等多种方法。常用的方法有以下几种，可单独使用，也可组合使用。

① 重复校验。对同一批数据先后输入两次，然后由计算机程序自动予以对比校验，如两次输入内容不一致，则显示或打印出错数据。

② 视觉校验。输入数据的同时，由计算机打印或显示输入数据，然后由输入人员核对原始单据，查找差错。视觉校验不可能查出所有的差错，其查错率为75%～85%。

③ 控制总数校验。采用控制总数校验时，工作人员先用手工求出数据的总值，然后在数据的输入过程中由计算机程序累计总值，将两者对比校验。

④ 数据类型校验。校验是数字型还是字符型。

⑤ 逻辑校验。即根据业务处理中各种数据的逻辑性，检查有无矛盾。例如，月份最大不超过12，否则出错。

⑥ 界限校验。即检查某项输入数据的内容是否位于规定范围之内。譬如，商品的单价，若规定在50元至1 000元范围内，则检查是否有比50小或比1 000大的输入数据。

⑦ 顺序校验。即检查记录的顺序。例如，要求输入凭证无缺号时，通过顺序校验，可以发现被遗漏的凭证。又如，要求记录的序号不得重复时，则可查出重复输入的记录。

⑧ 记录计数校验。这种方法通过计算记录个数来检查记录是否有遗漏和重复。不仅对输入数据，而且对处理数据、输出数据及出错数据的个数等均可进行计数校验。

⑨ 平衡校验。平衡校验的目的在于检查相关项目是否平衡。例如，会计工作中检查借方会计科目合计金额与贷方会计科目合计金额是否一致。又如银行业务中检查普通存款、定期存款等各种数据的合计，是否与日报表各种存款的分类合计相等。

⑩ 对照校验。对照校验就是将输入的数据与基本文件的数据相核对，检查两者是否一

致。例如，为了检查销售数据中的用户代码是否正确，可以将输入的用户代码与用户代码总表相核对。当两者的代码不一致时，就说明出错。当然，凡是出现新的用户，都应该先补入用户代码总表。

3. 出错改正方法

输入数据出错的改正方法往往根据出错的类型和原因而异。

（1）原始数据错

发现原始数据有错时，应将原始单据送交填写单据的原单位修改，不应由输入操作员或原始数据检查员想当然地予以修改。

（2）机器自动检错

由机器自动检错时，出错的恢复方法有以下几种。

① 待输入数据全部校验并改正后，再进行下一步处理。该方法常常用于工资计算等批处理计算。

② 舍弃出错数据，只处理正确的数据。这种方法适用于市场动向调查分析的情况，此时不需要太精确的输出数据，如计算市场占有率等。

③ 只处理正确的数据，出错数据待修正后再按同样方法进行处理。

④ 删除出错数据，继续进行处理，出错数据留待下一运行周期一并处理。此种方法适用于运行周期短而剔出错误不致引起输入信息正确性显著下降的情况。

5.8 用户界面设计

用户界面是人机对话的窗口，是输入、输出设计中必须考虑的。用户界面设计应尽可能坚持友好、简便、实用、易于操作的原则，避免烦琐、花哨的界面。

用户界面设计方式主要有菜单方式、会话方式和提示方式等。

（1）菜单方式

菜单是信息系统功能选择操作的最常用方式。尤其在图形用户界面中菜单集中了系统的各项功能，直观、易操作。菜单的形式可以是下拉式、弹出式或快捷菜单，也可以是按钮选择方式等。

菜单设计时应和系统的划分结合起来，尽量将一组相关的菜单放在一起。同一层菜单中，功能应尽可能多，菜单设计的层次尽可能少。一般功能选择性操作最好让用户一次就进入系统，避免让用户进行多次选择后再进入系统。菜单设计中在两个邻近的功能之间选择时，应使用高亮度或强烈的对比色，使它们的变化醒目。

（2）会话方式

当系统需要根据用户的选择执行不同的操作程序时，系统需要采用会话方式与用户进行沟通。在一些决策模型的选择操作中，也需要采取会话方式的人机界面使系统能够在与用户充分交流的情况下选择正确的决策模型。

（3）提示方式

当用户操作错误时，系统要向用户发出提示和警告性的信息。对于一些重要操作，例如，删除操作、终止系统运行和执行退出等操作时都需要有提示方式的人机界面。系统的提示方式可用小标签的形式显示在屏幕上，或以文字方式显示在屏幕的旁边。

在人机界面设计中，应遵循用户第一、方便使用的原则。不同类型的用户会有不同的要求，熟练用户往往希望系统界面尽可能多地显示信息、使用命令和功能键导航，较少显示描述与帮助信息；而不常使用系统的用户，则往往希望系统屏幕上有标题和提示符的描述及更多的提示信息。

5.9 模块处理过程设计与模块设计说明书

系统的模块设计是按照系统总体设计对各个模块处理功能的要求，考虑系统开发环境与开发工具的特点编写每个模块的详细处理过程。在进行模块设计时，要注意模块化的设计原则，即模块需要具有各自独立作业能力，只通过一个接口与外界发生联系。

1. 模块处理基本功能

信息系统处理方式的选择，就是一个处理过程的设计。需要根据系统的任务、目标和环境条件，合理地选择信息处理的形态及其具体的信息处理方法。

信息系统的基本处理方法有：传递、核对和变换，分类、合并、更新和存储，检索、抽出、分配和生成，计算，表现。

① 传递、核对和变换。这些方法的基本功能是完成数据的输入、校验及将输入、输出文件变换成格式文件。传递即数据输入，核对就是将两个文件的有关内容进行对比校核，变换主要指介质的变换，即输入或输出介质的转换处理，如软盘、磁带或磁卡文件变换为规格化的磁盘。

② 分类、合并、更新和存储。这是数据文件的主要处理方式，为数据的检索和再利用提供条件。分类即排序，它是根据数据项中所包含和指定的关键字，将文件项目整理成逻辑序列的一种处理；合并是在同类文件中进行的一种处理方式，它将两个以上文件的同类数据合并在一个文件中；更新是将原文件的数据及时追加、删除和置换成新数据的处理过程；存储则是将数据存储于内存或外存设备中。

③ 检索、抽出、分配和生成。这是为数据的利用进行的一种处理方式，也就是检索出所需要的文件记录，然后按一定的要求抽出、分配或生成其他文件。

检索即查找，可以有各种不同的查找方式，如顺序查找、随机查找等；抽出就是将原文件中有关的数据取出，作为新文件内容的一种处理方式，如从发货文件中抽出已到交货日期的记录；分配是将文件按照分配条件，分配为两个或两个以上文件的处理过程，如把销售费用分配到产品销售成本中去；生成是将不同性质文件的数据按需要组合成新文件数据的处理过程，如用凭证事务文件登账生成明细账文件。

④ 计算。信息处理过程中，主要指统计、成本核算，加、减、乘、除等一系列的数值计算处理。

⑤ 表现。即通过输出工具输出文件的格式，如输出报表和查询结果等。

实际上，不同的信息系统可能只含有上述基本处理功能的一部分或大部分，或具有所有的处理功能。

2. 模块设计说明书

模块设计说明书又称程序设计说明书。编制说明书的目的是说明系统各个层次中每一个模块（子程序）的实施考虑，作为系统实施中编写程序的唯一依据。模块设计说明书内容如下：

一、引言

1. 编写目的
2. 背景
3. 定义
4. 参考资料

二、系统模块设计说明

1. 模块1设计说明

（1）模块名称、编号等描述；
（2）模块功能；
（3）模块性能；
（4）实现语言，即编写本模块的程序语言；
（5）启动条件，模块在何种情况下使用；
（6）模块输入项；
（7）模块输出项；
（8）模块流程逻辑与算法；
（9）模块接口；
（10）模块存储分配；
（11）模块注释设计；
（12）模块限制条件；
（13）模块测试计划；
（14）可能存在的问题。

2. 模块2设计说明

……

5.10 系统设计说明书与设计报告

系统设计人员应在满足系统需求的基础上，提出多个设计方案。并由有关专家评审这些方案，从中选择一个最适合的设计方案投入实施。系统的设计方案由系统概要设计说明书与模块设计说明书组成。

概要设计说明书又称系统设计说明书，编制的目的是说明系统的设计方案。其中包括应用系统的设计、系统运行平台及系统运行网络结构和设备的设计。系统设计说明书的格式和基本内容可以参考以下内容。

一、引言

1. 摘要

系统名称、目标和功能。

2. 背景

项目的承担者、用户；本项目和其他系统或机构的关系与联系。

3. 专门术语定义

4. 参考和引用资料

二、系统总体技术方案

1. 硬件、软件和运行环境方面的限制

2. 系统保密和安全的限制，国家安全保密条例和系统的安全保密设计

3. 有关部门业务人员所需数据来源及分布

4. 系统总体布局、数据布局、硬件配置和软件平台

5. 网络设计

系统的网络结构、功能设计。

6. 系统模块结构设计

（1）各主要模块结构图，相应的过程结构图或伪码，它们的名称、功能和接口说明；

（2）模块设计的评价与验收标准。

三、系统详细设计方案

1. 编码设计

（1）编码表的类型，名称、功能、使用范围、使用要求的说明等。

（2）编码设计的评价与验收。对编码的识别、标准化、存储情况、运算速度及编码的特性进行评价。

2. 输入设计

（1）输入项目。

（2）输入的承担者。对输入工作承担者的安排，指出操作人员的水平与技术专长，说明与输入数据有关的接口软件。

（3）主要功能要求。从输入的正确性、速度、简单和方便用户等方面进行说明。

（4）输入要求。输入数据类型、来源、所用设备、介质、格式、数值范围和精度等。

（5）输入校验。校验方法和效果。

（6）输入设计的评价与验收标准。

3. 输出设计

（1）输出项目。

（2）输出接收者。

（3）主要功能。

（4）输出要求。输出数据类型、所用设备介质、格式、数值范围与精度等。

（5）输出设计的评价与验收标准。

4. 数据库设计

（1）概述。目标、主要功能及用户的安排。

（2）需求规定。精度、有效性、时间要求及其他专门要求。

第 5 章 管理信息系统的设计

(3) 运行环境要求。设备、支撑软件、安全保密等要求。

(4) 逻辑结构设计。本系统内所使用的数据结构中有关数据项、记录、文件的标识、定义、长度及它们之间的关系。

(5) 物理结构设计。本系统内所使用的数据结构中有关数据项的存储要求、访问方法、存取单位、存取的物理关系、设计考虑和安全处理。

四、本方案附加说明

方案审查说明，包含本方案审查结果与审查人员名称。

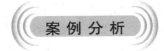

房地产交易系统设计

兴隆房地产公司为了推广所开发的房地产，经过系统分析决定开发一个包括房地产交易子系统、客户管理子系统、财务管理子系统和统计子系统的房地产交易管理系统。

1. 系统的功能结构

系统模块结构采用结构化设计的方法，先按逻辑关系把系统分成若干层次结构，定义每个层次的功能及与其他层次之间的信息联系；再考虑用户操作的方便性等因素，将系统划分成若干子系统，并对每个子系统划分出若干模块、子模块，从而使系统形成自顶向下的模块结构，使系统层次结构良好，便于每个模块的编程、查错和修改，系统模块结构如图 5-13 所示。

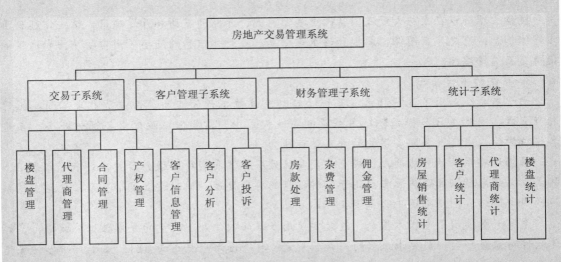

图 5-13 系统模块结构

交易子系统用于处理与房地产交易有关的事务，如楼盘管理、代理商管理、房产销售合同管理和产权管理等。本子系统可以实现房地产交易过程自动化，客户可以通过楼盘管理中的触摸屏查询房源信息，除了向客户展示文字、数据信息外，还将楼房的环境、地理位置、内部结构、装修效果通过图像、影像直观地展示给客户。

管理信息系统

客户管理子系统包含客户信息管理、客户分析和客户投诉等功能,该子系统目标在于通过对客户背景资料分析、销售实时跟进和客户服务支持获得潜在客户、减少客户流失、促进销售量的提高。

财务管理子系统主要处理房款的收退、与房屋销售有关的杂费处理及与代理商有关的佣金处理。

统计子系统包含房屋销售统计、客户统计、代理商统计和楼盘统计等功能。可以对房屋的销售情况、已购房客户的档案资料、潜在客户、代理商的基本资料、开发商的基本资料、楼盘基本资料、所开发的楼宇基本资料进行统计查询;并且还可以根据房屋销售的签订日期、付款方式等各种合同属性对售房合同进行报表处理,对套房所对应附属建筑物的销售情况进行统计查询,对特定套房的客户付款情况进行统计管理。系统还提供了销售控制报表,可以详细列出楼宇的实际销售情况、未售和预留情况。并根据需要,选择是否显示客户名称。在统计子系统中提供了各种报表的处理,其中主要有套房销售表、经济适用房销售明细表、销售合同管理台账、套房销售比率报表、客户应交款统计明细报表、客户已交款统计明细报表、合同退款查询报表和代理商佣金明细报表等。

2. 系统的设计模式

本系统除了设置在交易大厅内,供业务员与购房者使用外;同时还需要为远程购房者提供因特网房源查询、套房申请购买等功能,并将交易情况在因特网上发布。为此,系统采用了 B/S 模式和 C/S 模式相结合的设计模式。C/S 模式主要用于支持财务管理子系统和交易子系统中的代理商管理、合同管理、产权管理及统计子系统中不对外的统计报表。B/S 模式则主要用于支持客户管理子系统、交易子系统中的楼盘管理及统计子系统中可以对外的信息发布。

楼盘管理可以在交易大厅及因特网上展示房源,介绍开发商和开发项目,这些信息属于多媒体信息,有文字、图像、影视和动画等信息。多媒体信息的演播采用自动演播和通过触摸屏交互选择演播。

3. 系统的平台设计

由于本系统采用了 B/S 模式,系统必须具有连续工作的能力,保证 7×24 不间断工作的可靠性。同时在 B/S 模式和 C/S 并存的系统模式中,需要保证收发数据通信业务、系统各窗口的响应速度及联网多用户的并发处理能力。

根据这些系统的性能要求,分别采用局域网服务器和因特网服务器支持 C/S 模式和 B/S 模式,并采用数据库服务器专门用于各种信息的存储处理,同时设立了十多个工作站支持系统的内部运转。信息系统平台见图 5-14。

系统大量使用了多媒体信息,这就要使用多媒体软件处理大量的并发数据流数据,多媒体软件对系统平台一般要求机器的内存尽量大、具有图形用户界面 GUI、便于组织各种媒体信息、具有良好的扩充性与移植能力、应用软件丰富。为此采用了 Windows 2000 平台,这样可以利用该平台的多媒体支持和目标联结嵌入 OLE 等功能,并利用 Windows 与设备无关的特性克服多媒体硬件兼容性的障碍,使系统可以在统一的界面下方便地存储、组织、展示多媒体信息。

第5章 管理信息系统的设计

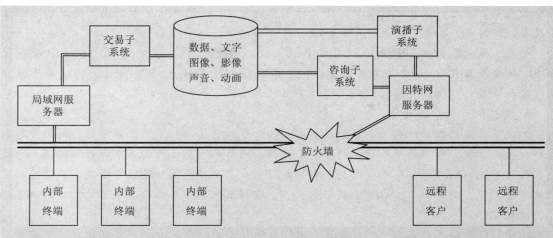

图 5-14 信息系统平台

4. 系统的编码设计

在系统的编码设计中，按国际标准、国家标准、省部级标准和地方标准的顺序进行设计，优先采用已有的标准（如币种代码等）；至于无标准可依的一些编码则根据管理实践，由企业有关部门制定统一标准，并予以执行，如客户代码等。

自行设计的编码采用区间码与顺序码相结合方式，编码中每位数字都有一定的意义。这样通过编码就可以知道信息的出处，便于分类，便于按区间进行统计分析。例如客户编码由客户的地区、年龄、职业加序列号组成。

5. 系统的数据库设计

系统中的多媒体信息，包括非结构化的声音 WAV 文件，照片 BMP 文件，文字 TXT 文件，影像 AVI、VID 文件，还有结构化数据库文件，在不同子系统中对这些数据使用方式不同。例如，在楼盘演播系统中，着重于交互式演播效果，而在交易系统中偏重交易信息处理。

由于演播系统交叉利用声音、图像和影像向用户介绍房产信息，这些信息就以节点为单位，节点中的信息有文字、图形、声音和动画等；而且用户往往还要对画面进行交互式查询，形成了节点间的非线性的网状结构，组成典型的超媒体结构。

根据超媒体的概念，将系统数据模型分为三个层次：表现层、抽象层和数据层。数据层用于处理所有媒体的存储管理；抽象层介于数据层和表现层之间，记录节点之间链的关系；表现层主要处理抽象层的信息表示。

数据层包括两类数据：一类是表现层以声音、文字、影像文件为单位的数据，这样既保证了整个系统数据的独立性与完整性，同时又为所有功能共有；另一类为抽象层数据，即节点数据和转向数据，也以关系数据库记录方式存储，以便管理。

由于交易系统不存在网状走向，因此，对关系数据库模型第一范式通过扩充，增加处理复杂对象和多媒体信息的能力，使之成为"多媒体数据库"。具体做法是在数据库中的通用类型字段中链入多媒体数据对象或使用字符字段存放文件名。

在统计、财务等子系统中数据库层的数据以文件为单位，保证了数据的独立，因此其数据能在交易系统中作为目标链入，对象链入并没有破坏原始数据文件，因此多媒体数据可方

199

管理信息系统

便地为交易系统与统计子系统共享，而统计子系统中文字和数据又可从交易子系统的库记录中获取，这样可以共享交易系统中规范数据库中的内容。

交易系统存取数据，首先通过系统界面，向服务器中的数据发存取申请，申请通过 ODBC 与服务器中 SQL 2000 建立连接，将申请转给 SQL Server，SQL Server 对数据库做查询、统计等操作，将满足要求的结果通过 ODBC 送给客户。

6. 系统的人机界面设计

为提高系统的操作便利性，在系统所有的操作中均有简单明了的操作提示，使用户界面友好、操作方便。数据维护尽量采用全屏幕编辑，所有的代码输入均有在线帮助功能。为减少各相关系统的输入操作，尽量利用已有的数据生成有关信息，如还银行按揭、应收应付账款结算等处理，均可自动生成有关的记账凭证，这样既保证了数据的准确可靠，又方便了用户的使用操作。

由于系统中的用户有客户、代理商、本企业员工、局域网用户、因特网用户，不可能花过多的时间培训使用人员。因此，系统菜单可以由用户根据工作分工自行定义和组合，甚至可以为每个操作人员分别定制菜单。

为保证系统运行安全、控制严谨，系统在数据录入及处理过程中，设置了大量的数据合法性检查功能，以保证输入数据的正确性及完整性。系统通过对不同用户权限的设定，保证操作的合法性。正式登账的数据必须严格经过制单、复核、审核及出纳处理后方能进行，正式登账后的数据只能通过凭证进行调整，以保证财务数据有痕迹的修改。

7. 系统的接口设计

为保障信息系统项目的成功实施，必须进行纵向的层次、横向的子系统和针对项目生命周期的建设实施阶段划分，使其复杂度降低到现有的技术和项目成本可以承受的程度。这样一来，在各个层次、子系统和阶段之间也就存在着许多联系和衔接的问题。要保证这些被切割开的部分能被组装起来，就需要进行专门的标准化设计：制定统一的行动规范和衡量准则，以及一系列统一的约束和规定。

系统在开发过程中涉及众多的不同类型信息，需要解决不同信息互联互通的接口问题；系统在开发中采用了 C/S 模式与 B/S 模式相互联结的设计，这又需要解决不同模式的连接问题。

信息的互联或系统的互联均有赖于接口的标准化，接口标准的实质就是数据标准，可以通过建立共享基础数据库和建立数据交换平台来解决。共享数据库采集对多个子系统都有利用价值的信息，同时为多个子系统服务；而数据交换平台可以实现任何业务部门之间安全的信息交换，能有效降低接口的复杂度。例如，一个拥有 10 个子系统的系统，每个子系统都与其他子系统发生耦合，就需要 45 个接口，而建立了标准交换平台后，只需要 20 个接口。随着耦合子系统数量的增加，这种差异会越来越大。

本系统中常常有多个子系统共同处理同一项业务，此时接口标准仅仅包括数据标准是不够的，还应包括业务处理的要求及业务处理的时序。接口标准是根据系统的总体设计而建立的，接口标准分为技术标准与管理标准两大类，技术标准主要对各子系统的接口进行约束，管理标准是对项目的各实施阶段进行约束。在接口设计上，基于模块调用的耦合方式执行效率会高一些，但由于其与语言相关，程序设计语言的某些隐含约定会影响系统的全局稳定性，同时也限制了参与耦合的各子系统今后的升级改造。而基于信息传递的耦合方式则有利于系统的稳定，因此在系统设计中采用了信息传递的耦合方式解决系统的接口问题。

思考与讨论题

1. 房地产交易管理信息系统的设计模式为什么要采取 C/S 与 B/S 相互结合的模式？
2. 从系统的设计角度分析本系统有哪些特点？

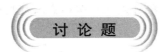

王洪志作为企业的信息主管为企业的办公自动化提出了一个规划，数日后，总经理将他找去协商办公自动化系统的开发问题。总经理同他说，企业的办公自动化方案已经得到高层管理的批准，并决定着手进行办公自动化，用计算机进行办公数据处理及支持应用等。但是关于网络一事，并未被采纳，而是决定采取单机作业。同时，决定完全采用现成的员工，而不雇用新程序设计师和系统分析师，但需要找一名全职操作人员，由王洪志负责面谈。

要求王洪志提供一些软件清单，除一些必要的文字处理软件外，还包括会计电算化系统，能够为管理者提供有"如何决策"（WHAT—IF）的软件及支持规划控制方面的软件。但考虑到企业内部工作人员数学不太好，管理人员也希望能经由查询数据库，来得到特别的决策信息。至于办公自动化，配合企业现有的计算机设备，尽量去做。

要求王洪志准备一个设计方案，然后再讨论这个方案。

问题

1. 请列出管理部门的所有要求。
2. 分析该企业如果采用单机而不采用网络系统，对每一个应用方案（如办公自动化、决策信息处理等），会有哪些限制？

习题

1. 系统设计的任务有哪些？
2. 系统设计的原则是什么？
3. 系统结构框架包括哪些部分？
4. 系统的数据布局设计应该考虑哪些因素？如何根据这些因素进行数据布局的设计？
5. 目前在系统设计中所采用的计算模式主要有哪些？这些不同的模式各有哪些优缺点？
6. 模块的耦合度和聚合度各指什么？在系统设计中如何判断模块的耦合度和聚合度？
7. 在从数据流程图向模块结构图转换过程中如何处理？一般的转换方法有几种？它们各有什么特点？
8. 系统的代码一般有几种？如何根据实际情况选择不同种类的代码？
9. 某企业为员工开发了一个数据库管理系统，企业员工的最后学历来自某一教育机构

（高校、中等学校等），员工可能先后在多个岗位工作，员工可能参加过多个新产品开发，每个员工只有一个家庭联系地址，有的员工可能来自同一个家庭，某一管理部门中的负责员工只有一人，某个员工只能在某一管理部门中担任负责工作。请根据以上调查描述和一般基本常识为该企业的数据库系统设计 E-R 图，并将 E-R 图转换成基于关系数据库的逻辑模型。数据库中实体的属性请通过实际调查确定。

10. 在系统的输入设计中，一般可以采用哪些输入数据检验方法？在实际设计中如何使用这些输入检验方法？

第 6 章

管理信息系统的实施

学习目标

通过本章的学习，学生应：掌握系统实施阶段中的主要活动，尤其是程序设计的软件开发工具的应用；熟悉系统测试中的黑盒测试和白盒测试方法；了解系统的导入方法，系统维护的内容及系统维护所要注意的事项。

本章重点是：系统实施中的系统程序设计方法选择和系统实施的组织。

本章难点是：系统实施中的测试方法与系统的导入。

系统实施的主要内容包括物理系统的实施、建立数据库、程序设计、系统测试、人员培训、系统转换、系统导入和系统维护等。系统实施阶段既是成功实施新系统，又是取得用户对系统信任的关键阶段。管理信息系统的规模越大，实施阶段的任务就越复杂。为此，在系统正式实施之前，需要制定周密的计划，以保证系统实施工作的顺利进行。

6.1 系统实施

系统实施是在系统设计的基础上，将系统设计的结果转换成能够实际运行系统的过程。系统实施阶段，涉及大量的人力、物力，花费时间也比较长，实施过程中有大量的组织协调工作，需要管理人员进行全面安排，所以这个阶段必须有周密的计划和安排。

6.1.1 系统实施阶段的任务

系统设计完成后，就可以进入新系统开发的实施阶段。系统实施阶段的主要目标是将新系统的物理方案转换成可执行的应用软件系统，其任务主要包含实现、运行和维护管理信息系统项目而进行的一系列活动。其中包含物理系统的实施、程序设计、系统调试、项目管理、人员培训、数据准备与录入、系统转换或导入及系统维护等。系统实施阶段是新系统开发过程中的最后一个阶段，也是任务最繁重的一个阶段。在此阶段系统开发人员不仅要完成系统的具体实施，而且还需要将系统正确地导入到用户的管理环境，使用户能够顺利地接收、使用系统。

在系统分析和系统设计阶段，系统开发工作主要是集中在逻辑、功能和技术设计上，工作成果是以各种系统分析与设计文档来体现的。系统实施阶段要继承此前各阶段的工作，将图纸上的设计转化成为实际的物理系统。因此，系统实施工作必须在系统分析和系统设计工作完成后，严格按照系统开发文档进行。系统实施工作是以系统设计文档资料为依据的。系统开发者只有通过系统开发文档，对系统目标、系统总体设计、系统物理配置与计算模式设计、代码设计、数据库设计、系统输入输出设计等有了明确理解和认识之后，才能开始系统实施工作。

6.1.2 系统实施阶段的领导

一般而言，管理信息系统的规模越大，实施阶段的任务就越复杂。因为系统实施不仅仅是技术上系统的实现问题，而且还牵涉各个方面的协调运作。随着系统的实施，可能导致组织结构、管理体制、业务流程等方面的变化。为保证系统顺利实现，需要投入大量的人力、财力和物力，因此，系统实施阶段的组织与管理工作非常重要。系统实施领导工作应有专门的领导小组，小组的组长必须是组织的最高管理者。在系统正式实施开始之前，由领导小组和实施专家制定出周密的系统实施计划，确定系统实施的方法、步骤、所需的时间和费用。并且及时监督计划的执行，经常检查计划完成情况，分析实施滞后原因并及时调整计划。做到既有计划又有检查，以保证系统实施工作的顺利进行。

6.1.3 系统实施阶段的主要活动

系统实施的一系列活动可以分为4个阶段。第一个阶段是由系统设计文档到物理系统的实现系统阶段，包括物理系统的实施、建立程序设计标准和程序设计等活动。第二个阶段是对物理系统进行测试的系统测试阶段。第三个阶段是系统试运行阶段，系统的试运行是系统测试的延续，系统实际运行是对系统最好的检验和测试方式。系统在正确试运行一段时间后，才可以正式投入运行，此时就进入了系统实施的第四个阶段——系统正式运行阶段。在系统的运行阶段中将进一步考察系统工作质量及系统产生的效益，这就需要对系统进行必要的维护和管理。

系统实施阶段的主要活动有以下几个方面。

（1）物理系统的实施

包括计算机及网络产品的购置和机房的建立。根据系统设计阶段所确定的系统物理配置，选择合适的计算机及网络产品。目前市场上众多厂家、型号的计算机和网络产品为物理系统的实施提供了广阔的选择余地。购置计算机和网络产品的基本原则是能够满足管理信息系统的设计要求，并且考虑具有合理的性能价格比和良好的可扩展性与兼容性。购置好计算机及网络产品后，就要按照安全、规范和实用的原则，建立计算机机房，安装和调试设备。

（2）建立数据库

数据库是管理信息系统的一个基本组成。建立系统数据库的工作分为两个阶段，即建立数据库结构和加载基本数据。在系统分析和系统设计阶段，已经完成了数据与数据流程分析、数据库的设计工作。系统实施阶段在前期规范的工作基础上，就能够很快地建立一个大型的数据库结构。

完成数据库的结构实施后，需要为数据库加载必要的基础数据。系统的运行不仅需要输入管理过程中所发生的业务数据，而且还需要输入大量的基础数据。这就要组织大量的人员收集整理各种基础数据，核对无误后输入到数据库中。

(3) 程序设计

在系统设计阶段，各个功能模块的设计方案已经基本成型。程序设计，就是根据模块设计说明书，选择合适的程序设计语言书写源程序以完成系统的功能。

(4) 系统测试

系统测试是保证系统顺利运行的必不可少的步骤，运用一定的测试方法对初步实现的系统进行由模块到子系统，再到整个系统逐级测试和全面测试，以排除错误，完善功能。

(5) 人员培训

管理信息系统的正常运转离不开高素质的员工队伍。人员培训是保证管理信息系统实施成功的一个重要步骤。人员培训工作一般与程序设计和测试工作同步进行。

(6) 系统转换

系统转换是指以新开发的系统替换旧的系统，并使之投入使用的过程。新系统投入运行时必须做好与现行系统的转换工作，以保证组织业务不受影响。

(7) 系统维护

在系统运行过程中可能会发现一些在系统测试过程中所没有发现的问题，用户可能会发现需要增加一些在系统需求过程中没有提及的功能，此时需要对系统进行一些必要的维护，才能保证系统能够正常运行或发挥更大的作用。

6.2　程　序　设　计

程序设计是系统实施中非常重要的一步，程序设计工作是依据系统设计说明书中模块处理过程描述，选择合适的计算机语言，编制出正确、清晰、容易维护、容易理解、工作效率高的程序。

6.2.1　程序设计任务

在购置安装好各种设备后，就可以进行程序设计的工作。程序设计的任务是为新系统编写程序，即将系统设计中关于模块的详细实现说明——模块设计说明书转换成某种计算机程序设计语言程序。系统设计人员应将模块设计说明书及有关资料提供给程序设计人员，程序设计人员根据模块设计说明书的要求，编制程序。程序设计的好坏直接关系到能否有效地利用计算机圆满地达到系统的预期目标。

在程序设计过程中，程序设计人员应仔细阅读系统设计文档，充分理解系统模块的内部过程和外部接口。同时还需要熟悉程序设计语言、软件开发环境和开发工具，以保证系统功能的正确实现。程序设计的目的是实现开发者在系统分析和系统设计阶段所提出的系统构想，为保证系统的开发质量，系统开发者应该尽量使用先进的程序开发工具，使系统能够尽快、尽好地实现。

系统设计是程序设计工作的先导和前提条件，而程序编码是之前各阶段的工作结晶，不仅体现了程序设计人员的工作成果，而且还体现了系统开发各阶段所有开发人员的劳动。

6.2.2 衡量程序设计工作的技术指标

衡量程序设计工作的技术指标是多方面的，并且随着系统开发技术和计算机技术的发展在不断变化。例如在计算机出现的早期，由于计算机内存小、速度慢、价格高，人们在程序设计的时候注重于效率，即计算机资源能否得到有效的利用，系统运行时应尽量占用较少的空间，能用较快的速度完成规定的功能。但是随着硬件性能的不断完善、提高及价格的下降，程序设计人员不再将大量的精力集中于程序的效率上了。从目前的技术发展来看，衡量程序设计工作的指标大致可分为 5 个方面。

（1）可靠性

可靠性是衡量程序设计工作的首要技术指标，它包含两方面的内容。一方面是程序或系统的安全可靠性，如数据存取的安全可靠性，数据通信的安全可靠性，操作权限的安全可靠性等。对于这些问题，在系统的分析与设计阶段就应该有充分的考虑。另一方面是程序或系统运行的可靠性，即程序能在正常情况下长期正确地工作，并且在意外情况下也能适当处理而不会造成系统崩溃，从而避免严重损失。

（2）实用性

实用性是从用户的角度来看系统是否方便实用，如系统界面是否友好，操作使用是否简单方便，响应速度是否可以接受等。实用性是系统能否顺利交付使用的重要保证。因为系统最终是交付用户所使用的，一个操作复杂，使用起来不方便的系统一定不为用户所欢迎。

（3）可维护性

在管理信息系统的使用过程中，系统的需求可能会随着环境的变化而变化，因此，需要对系统进行完善和调整，即对程序进行补充和修改。可维护性也是衡量程序设计工作的一个重要的技术指标，如果一个系统的可维护性差，那么它会因不能满足环境变化的需求而被淘汰。可维护性要求程序各部分相互独立，没有调用子程序以外的其他数据关联。也就是说，不会发生那种在维护时牵一发而动全身的连锁反应。

（4）可读性

程序的可读性是指程序清晰、可理解性好，能够让他人容易读懂。程序的可读性对于系统的维护和修改是非常重要的。如果程序的可读性不强，除了编写程序的程序设计人员，别人很难读懂，也就很难进行程序的维护和修改，影响未来的系统使用。可读性要求在程序设计过程中避免复杂的个人程序设计技巧，同时在程序中插入大量注释性语句，对程序做详细的说明，这样可以帮助他人对程序的理解。

（5）规范性

程序的规范性指的是程序的命名、书写格式、变量的定义和解释语句的使用等都参照统一的标准，有统一的规范。这对于今后程序的阅读、修改和维护都是十分必要的。规范性要求在程序设计之前,建立程序设计标准,即建立程序的写作标准。在程序设计的时候遵循程序设计标准,使程序源代码有统一的外观和质感,提高程序的可读性和可维护性。

6.2.3 程序设计方法

程序设计方法是指按照一定的规则书写程序结构,目前常用的程序设计方法主要有结构化程序设计方法、速成原型式的程序开发方法和面向对象程序设计方法等。

1. 结构化程序设计方法

结构化程序设计方法(structured programming,SP),由 E. Dijkstra 等人于 1972 年提出,用于指导人们用良好的结构化思想,开发出正确又易于理解的程序。结构化程序设计的主要思想是采用自顶向下逐步求精的设计方法、3 种基本的程序结构组成程序的框架结构和单入口单出口的子程序控制技术。

1)自顶向下的模块化设计

自顶向下的模块化设计是在程序设计中首先对程序的功能有一个全面理解,然后分析这个功能的完成可以由几部分完成,将功能分解成若干个较低一层的模块,每个模块分别完成上层功能中一个较小的功能。接着对分解出来的每一个下层模块,反复运用上述处理方法,逐层分解,直到最低一层的每个模块。结构都非常简单、功能单一,容易用程序语句实现。这样就将程序划分为大小适当、功能明确、具有一定独立性、并容易实现的子程序,从而把一个复杂的程序的设计转变为多个简单子程序的设计。在具体程序设计时,首先实现下层模块,逐步向上,最后实现上层模块。

2)结构化程序设计的基本结构

在结构化程序设计方法中还规定了 3 种基本结构:顺序结构、选择结构和循环结构(见图 6 - 1)。所有的程序都可以由这 3 种基本控制结构及其组合实现。

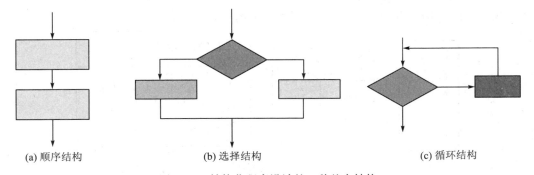

图 6 - 1 结构化程序设计的 3 种基本结构

顺序结构的特点是计算机按照程序书写的先后次序逐条顺序执行多个连续的程序语句。选择结构的特点是在程序的执行过程中出现了分支,要根据某个逻辑表达式的取值选择其中一个分支执行。循环结构的特点是在程序的执行过程中一条或多条语句被重复多次执行。它有两种类型:一种称为"当型"循环结构。在测试条件成立时,重复执行特定的语句;另一种称为"直到"型循环结构,这种循环结构与"当型"循环结构无本质区别,只是测试条件在执行特定的语句之后执行。因此"直到"型循环结构不管测试条件为何值,至少要执行一次特定的语句。

这3种基本结构在程序中都只有一个入口和一个出口,即"单入口单出口"结构。这样就能保证不论一个程序中包含多少个控制结构,整个程序仍能够保持一条清晰的线索。

2. 速成原型式的程序开发方法

速成原型式的程序开发方法的具体实施方法是:首先将系统中具有类似功能的、带有普遍性的功能模块选出集中,如菜单模块、报表模块、查询模块、统计分析和图形模块等。然后寻找有无相应和可用的软件工具,若有则直接使用这些工具生成原型模块;如果没有,则考虑开发一个能够适合各种功能模块的通用模块作为原型模块。最后,在这些原型模块的基础上,根据各个模块自身实际的具体要求进行修改。

使用速成原型式的程序开发方法可以快速高效地实现系统的各个功能模块,提高软件的开发速度。

3. 面向对象程序设计方法

面向对象的程序设计方法一般应与OOD所设计的内容相对应。它实际上是一个简单、直接的映射过程,即将OOD中所定义的范式直接用面向对象的程序设计语言,如C++、VB、Delphi、Java等来取代。

6.2.4 程序设计表达工具

为了帮助程序设计,许多设计人员采用各种设计工具使程序设计过程更加容易实现。其中主要有NS图和PAD图。

1. NS图

NS图就是一种比较有特色的程序设计工具。NS图的主要特色,就是只能够描述结构化程序所允许的标准结构,根本取消了表现诸如GOTO语句的非标准结构的手段,如图6-2所示,只有顺序结构、选择结构和循环结构3种表达方式。

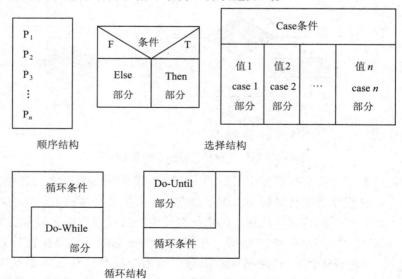

图6-2 NS图组成

NS 图的优点是，所有的程序结构均用方框来表示，无论并列或者嵌套，程序的结构清晰可见。并且，只能表达结构化的程序逻辑，使应用 NS 图来描述软件设计的人不得不遵守结构化程序设计的规定。久而久之，就可自然地养成良好的程序设计风格。不足的是，当程序内嵌套的层数增多的时候，内层的方块越画越小，不仅会增加画图的困难，并将使图形的清晰性受到影响。图 6-3 显示了用 NS 描述在一组数中求最大数的程序设计过程，很显然，不论谁来完成这一程序设计，只能获得如图 6-4 中所示的程序段。

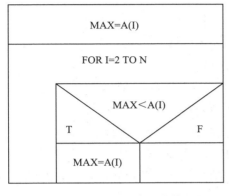

图 6-3　"求一组数中最大数"的
　　　　NS 图程序结构

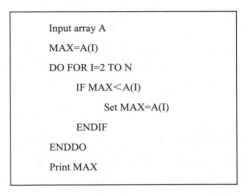

图 6-4　"求一组数中最大数"
　　　　程序清单

2. PAD 图

PAD 是问题分析图（problem analysis diagram）的首字母英文缩称。它是由日本二村良彦等人提出的又一种主要用于描述软件详细设计的图形表达工具。它最初发表于 20 世纪 80 年代初期，很快受到日本国内外软件人员的注意，现已成为受到许多人欢迎的结构化程序设计的表达工具之一。

与 NS 图一样，PAD 图只能描述结构化程序允许使用的几种基本结构（见图 6-5）。显

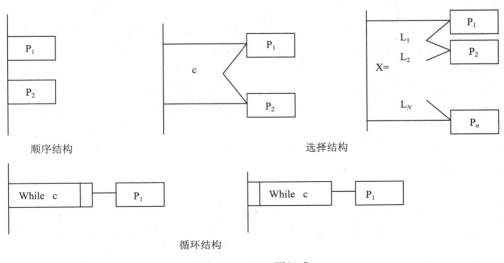

图 6-5　PAD 图组成

而易见，用 PAD 图表达的软件过程将呈树形结构。它既克服了传统的流程图程序结构不清晰的缺点，又不像 NS 图那样受到把全部程序结构约束在一个方框内的限制。这就是 PAD 图受到欢迎的原因。

图 6-6 是用 PAD 图表示"求一组数中最大数"的表达过程。

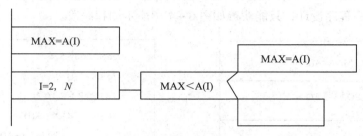

图 6-6 "求一组数中最大数"的 PAD 表达图

从 NS 图和 PAD 图的实际应用情况看，这两种程序设计表达工具的优点是：设计出的程序必然是结构化程序；层次结构清晰，PAD 图中的竖线总数就是程序总层次数；二维结构易读、易懂、易记；容易转换成高级语言程序；可表示程序逻辑和数据结构；支持自顶向下、逐步求精的程序设计方法。

6.2.5　程序设计风格

良好的程序设计风格是保证程序易阅读、易修改的先决条件，也就可以使程序易测试、易维护。良好的程序设计风格由规范的程序编写说明文档、良好的数据结构说明、正确的算法解释、清晰的注释说明、明晰的程序结构和程序设计规范组成。

编写程序过程前一定要完成程序编写说明文档，程序编写说明文档在系统设计中所完成的模块设计说明书基础上进一步完善形成，除了要说明程序所完成的模块功能、输入、输出和处理逻辑以外，还要说明实现该模块所采用的算法和数据结构。这种文档一定要非常详细，保证任何程序设计员都可以根据该文档编写出具有相同质量的软件。在程序编写中还需要在出现新的数据结构和算法之处，及时用注释对数据结构和算法进行说明，以利于程序的测试和今后的维护。明晰的程序结构除了使用 3 种程序结构来支持外，还需要采用缩格表明程序的结构框架，提高程序的可阅读性。程序设计规范包含了命名规范、界面规范、提示帮助规范和热键的定义规范等，这些规范的制定可以保证程序设计的统一性、完整性，提高程序设计的效率。

6.2.6　软件重用

应用系统要求不断提高和复杂程度的日益增加，使软件开发表现出很少能按期交付、需求分析与实际开发脱节、失败率较高等特点，如何跨越程序设计复杂性的障碍一直是困扰软件开发的难题之一。但是与软件开发困难重重相反，硬件系统开发却取得很大成功。硬件系统的复杂性并不亚于软件系统，但设计和实现错误较少，具有很好的稳定性和较高的生产效率。主要原因在于硬件系统的设计从内部的集成电路到外部系统组成,都充分体现了技术重用的思想。利用可靠性高、易于扩展和可重用的子部件来构建更高层的系统,合理地将系统的复杂性进行分解。硬件开发的成功思想给软件开发者带来很多启迪,软件人员希望能采用积木"装配"的方式来轻松地构造出大型复杂的应用系统,软件重用就是实现这种希望的有效途径。

1. 软件重用的概念

软件重用(software reuse)又称软件复用或软件再用。早在 1968 年的 NATO 软件工程会议上就已经提出可复用库的思想。软件重用的定义也很多,比较权威和通用的说法是:软件重用是利用事先建立好的软部品创建新软件系统的过程。这个定义蕴含着软件重用所必须包含的两个方面。

① 系统地开发可重用的软部品。这些软部品可以是代码,但不应该仅仅局限于代码。必须从更广泛和更高层次来理解,这样才会带来更大的重用收益。比如软部品还可以是分析、设计、测试数据、原型、计划、文档、模板和框架等。

② 系统地使用这些软部品作为构筑模块,来建立新的系统。即软件重用是利用已有的软件成分来构造新的软件。

2. 软件重用的优点

软件重用具有以下优点:提高软件生成率;缩短开发周期;降低软件开发和维护费用;生产更加标准化的软件;提高软件开发质量;增强软件系统的互操作性;减少软件开发人员数量;使开发人员能比较容易地适应不同性质的项目开发。

以后新应用程序将会由构筑模块(building blocks)构成,这些构筑模块(如软构件和应用程序框架)加快了产品的开发速度和企业的应变能力。以设计模式,框架和商业构件形势出现的软部品可以通过重用显著地提升开发品质和生产力,重用反过来也可以显著地降低成本和缩短软件开发周期。未来应用程序的开发依存于一个开放的、便利构件选择和装配的综合体系结构。

6.3 系 统 测 试

系统测试是保证管理信息系统质量的一个重要环节。程序编制完成后,要用各种测试方法检查各个部分是否达到了规定的质量标准。系统测试是为了发现程序和系统中的错误。好的测试方案有可能发现从未发现的错误,能够发现从未发现过的错误的测试才是成功的测试,否则就没有必要进行测试了。

6.3.1 系统测试的基本概念

系统测试包含广义的测试和狭义的测试。广义的系统测试是从保证系统运行的安全性、有效性角度考虑,一切可能导致系统运行失败的错误都应该在系统投入正式运行之前测试出来。因此,系统的测试应该包含设备的测试、网络的测试、各种运行平台的测试和应用软件的测试。而狭义的系统测试则只考虑应用软件的测试,这里主要讨论狭义的系统测试。

系统测试是在计算机上用各种可能的数据和操作条件，反复地对程序进行试验，力求发现系统中可能的错误和不足并加以纠正的过程。系统测试是保证系统质量的关键，是对整个系统开发过程的最终审查。在管理信息系统开发周期的各个阶段都不可避免地会出现差错，系统开发人员应力求在每个阶段结束之前进行认真、严格的技术审查，尽可能及时发现并纠正错误，但开发过程中的阶段审查并不能发现所有的错误。这些错误如果等到系统投入运行后再改正，将在人力、物力上造成很大的浪费，甚至导致系统的失败。此外，在程序设计过程中，也会或多或少地引入新的错误。因此，在应用系统投入运行之前必须纠正这些错误，这是系统能够正确、可靠运行的重要保证。统计资料表明，对于一些较大规模的系统来说，系统调试的工作量往往占程序系统编制开发总工作量的40%以上。

系统测试的目的是发现程序中的错误，而不是证明程序的正确性。测试是为了发现错误而执行程序的过程，这就要精心选取那些易于发生错误的测试数据，以十分挑剔的态度，检测系统程序。好的测试方案是能够发现至今尚未发现错误的测试方案，成功的测试是发现至今尚未发现错误的测试。但是，要特别注意的是，测试只能证明错误的存在，而不能证明错误不存在。

为做好系统测试应该注意以下原则。

① 避免测试自己所编写的程序。由于测试的目的在于寻找错误，从心理学的角度考虑，每个人都对自己所编写的程序存有偏见，往往会认为没有错误或很少有错误，如果错误是由于对程序设计文档理解错误而造成的，就更难发现其中的错误。如果由他人来测试将会更加客观、更加有效。

② 制订周密的测试计划。在测试前必须制订严密的测试计划，测试工作必须按照测试计划执行，避免由于随意性而造成系统测试的失败。

③ 完善测试用例。测试用例常常由输入与输出两组测试用例组成，这样可以进行测试的对照检查。测试用例不仅要包含正确的输入数据，而且还要包含错误的输入数据，这就可以测试出系统可能隐含的一些副作用。也就是说，测试用例不仅要能够测试出系统应该具备的功能，而且还要能够测试出系统是否执行了它不该执行的功能。注意应该保留已经使用过的测试用例与相应的测试结果，因为在系统的测试过程中往往需要对系统进行修改，此时系统的回归测试是必须的，这样才能发现修改是否给系统带来新的错误。在系统投入运行后，测试用例还需要保留，为系统今后的维护测试提供方便。

④ 关注错误较多之处。在测试过程中一旦发现某处存在较多的错误，一定要对其进行深入测试，因为错误多发之处必是系统质量低劣之地，而对系统的修改往往又会引入新的错误。

6.3.2　系统的测试内容

系统的测试工作可以分为模块测试、子系统测试和系统测试。

1. 模块测试

模块测试是以系统的程序模块为对象进行测试，验证模块功能及其接口与设计说明书是否一致。在一个设计系统中，每个模块完成一个清晰定义的功能，可以把模块作为一个单独的实体来测试。模块测试的目的是测试模块在语法、格式和逻辑上的错误，保证每个模块本身能正常运行，在该测试中发现的问题大都是程序设计错误或系统设计中的错误。

模块测试主要从下述几个方面进行。

① 模块功能。测试模块功能是否正常，即能否在正常输入情况下获得应该得到的结果。

② 内部数据结构。测试模块内部数据结构的内容、数据形式及数据之间的相互关系是否正确，这些数据结构是否能够正确地支持模块功能的实现。

③ 出错处理。测试模块运行出错时，出错处理功能是否能及时启动并有效工作。

④ 边界条件。软件往往容易在边界条件上发生问题，因此需要测试模块在其各种边界参数处能否正常工作。

2. 子系统测试

完成每个模块的测试以后，需要按照系统设计所完成的模块结构图把它们连接成子系统，即进行子系统测试。有些模块能够单独地正常工作，但是连接起来就不能正常运行，这里可能存在接口和整体协调问题。例如，数据可能在接口的传递中丢失、一个模块的运行可能会干扰其他模块运行等都是子系统测试需要关注的问题。子系统测试是在模块测试的基础上，解决模块间的相互调用问题。主要测试子系统中各个模块的外部功能，以及模块之间的接口和调用关系。

子系统测试的主要有以下内容。

① 各模块的连接是否有错误。测试模块接口是否正常，即模块调用参数的数目、顺序和类型是否正确，数据能否正确无误地流入、流出模块；能否保证数据的有效传输、数据的完整性和一致性。

② 运行中的人机界面及各种通信接口能否满足设计要求。

③ 与所涉及的外部设备是否能正确连接，与相关外部设备的通信功能是否满足设计要求。

3. 系统测试

系统测试就是将经过子系统测试的模块群装配成一个完整的系统进行测试，以检查系统是否达到了系统分析的要求，系统测试的依据是系统分析报告，系统的测试不仅是对软件的测试，而且是对系统的软件与硬件一同进行测试。系统测试包含功能测试、恢复测试、安全测试、强度测试和性能测试。

① 功能测试。系统功能测试是对系统分析报告中的目标和软件系统所实现的目标进行逐个比较，用以检查目标功能是否遗漏。

② 恢复测试。系统恢复测试主要检查系统的容错能力。测试系统出错时，能否在指定的时间间隔内修正错误并重新启动系统。

③ 安全测试。系统安全性测试主要检验系统是否存在安全保密漏洞。在测试期间，测试人员假扮非法入侵者，采用各种办法试图突破防线。

④ 强度测试。系统强度测试主要检测系统的信息处理能力最高能达到什么实际限度。强度测试迫使系统在它的设计能力极限状态下进行，进而测出系统的极限。

⑤ 性能测试。对于一些实时和嵌入式系统，软件部分即使满足功能要求，也未必满足性能要求。性能测试要全面、可靠地测试系统运行中的各种性能指标是否能够达到用户的实际需要。

模块测试、子系统测试和系统测试，每一步都是在前一步的基础上进行的，其过程如图6-7所示。

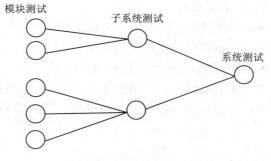

图 6-7 系统的测试过程

6.3.3 系统的测试方法

常用的两种系统测试的方法是黑盒测试和白盒测试。

1. 黑盒测试

测试人员把被测程序看成一个黑盒子,在完全不考虑程序的内部结构和处理过程的情况下,测试程序的外部特性,即测试系统的功能与接口是否达到了预定的目标。由于黑盒测试着重于检查程序的功能,所以也称为功能测试。

在黑盒测试中所采用的方法主要有等价类划分与边界值分析等方法。

1)等价类划分

程序中所输入的数据按照程序功能说明可以分成若干个等价类,按输入条件可以将每一个等价类分成有效输入等价类与无效输入等价类两种。因此,对于每一个有效或无效的等价类可以设计一些测试用例,如果这些测试用例不出现错误,说明对于同一类的其他数据也不会出错,否则肯定出错。

例如,在测试销售定价处理程序时,由于产品销售价格主要依赖于客户所订购的产品数量、客户是否老客户、客户是否具有拖欠货款的记录等条件。因此在对该程序测试中可以按照这 3 个条件设计不同的等价类测试用例。

2)边界值分析

由于许多软件在处理边界值时容易发生错误,用大于、等于、小于边界值的数据作为测试用例更容易发现程序中的错误。而等价类测试方法往往是在某一等价类中进行随机选择,未必代表了边界状况。因此,边界值测试方法可以对等价类测试方法进行有效的补充。例如,某一程序的输入数据为 0~1 000,可以选择 -0.1、0、0.1、999.9、1 000、1 000.1 作为测试用例。

2. 白盒测试

测试人员将被测程序看作一个透明的白盒子,要求测试人员完全了解程序的结构和过程,按照程序的内部结构和处理逻辑来设计测试数据,对程序所有逻辑路径进行测试,检查它与设计是否相符。通过在不同点检查程序状态,确定实际状态是否与预期的状态一致。由于被测程序的结构对测试者是透明的,因此又称这类测试为结构测试。

白盒测试常用的测试方法有语句覆盖、路径覆盖、判断覆盖、条件覆盖、判断/条件覆盖和条件组合覆盖等。

① 语句覆盖。语句覆盖是利用所设计的测试用例，使程序中的每一条语句至少都执行一次。

② 路径覆盖。路径覆盖是指设计的测试用例可以使程序中所有可能出现的选择路径至少执行一次。

③ 判断覆盖。判断覆盖是指设计的测试用例可以使程序中每个选择判断点的各种可能分支至少执行一次。

④ 条件覆盖。条件覆盖是指设计的测试用例可以使程序中每个选择判断点中各种条件是否成立情况至少执行一次。

⑤ 判断/条件覆盖。判断/条件覆盖是指设计的测试用例不仅可以使程序中每个选择判断点的各种可能分支至少执行一次，同时还可以使程序中每个选择判断点中各种条件是否成立的情况至少执行一次。

⑥ 条件组合覆盖。条件组合覆盖是指设计的测试用例可以使程序中每个选择判断点的所有条件的全部组合至少执行一次。

由于在程序设计中常常采用了顺序结构、选择结构和循环结构。语句覆盖、路径覆盖、判断覆盖、条件覆盖、判断/条件覆盖和条件组合覆盖等测试用例可以对顺序结构和选择结构进行测试。而对循环结构的测试则需要根据循环的具体结构情况设计测试用例，循环结构一般包含简单循环、串联循环、嵌套循环和非结构循环。对一个循环 20 次的简单循环，如果内部有 5 个不同的分支。要将该简单循环结构全部测试一遍，需要的测试次数为 5^{20} = 95 367 431 640 625，如果采用运算速度达到每毫秒计算一次循环的计算机进行测试，大约需要测试 3 024 年。因此，对循环结构的测试只能测试其结构的有效性，而不能简单地采用语句覆盖方式进行测试。

3. 系统的调试

在对系统进行测试以后可能会发现系统中存在错误，此时就需要对系统进行调试，以确定系统错误的位置和发生的原因，并对错误进行改正。系统的调试方法可以通过在程序中设置输出语句、只运行错误程序和利用调试工具等。

① 在程序中插入输出语句。利用输出语句可以反映程序的动态变化过程，能够了解与源程序运行的有关信息，这样可以从中分析导致错误发生的原因与位置。这种调试方法虽然简单，但是程序往往会输出大量的无关信息，从这些信息中找出错误的根源就带有较大的偶然性。

② 只运行有错误的程序。如果为了调试某一错误而去运行整个系统，将使大量的时间浪费在已经正确的程序运行上。因此，在调试系统中应该设法只运行需要调试的程序，以提高程序调试的效率。

③ 借助调试工具。目前许多程序设计语言都带有配套的调试工具，利用这些调试工具可以分析程序的运行状况，查找程序错误发生原因。例如，利用调试工具中的"追踪"可以追逐子程序的调用、循环与分支的执行路径，需要分析的变量变化状况。利用调试工具的"断点"可以执行某些特定语句或改变特定变量值引起的程序中断，以检查程序的当前状况。

6.4 系统转换

系统转换是指用新开发的系统替换旧系统，并投入实际应用的过程。系统转换就是将系统的全部控制权移交用户，在转换过程中要注意尽可能地平稳过渡，使新系统正常投入运行，逐步安全取代原有系统的功能。

6.4.1 转换前的准备工作

系统转换前，要做好转换前的各项准备工作，包括组织结构准备、人员准备、数据准备和文档准备。

1. 组织结构准备

为使系统转换工作顺利进行，必须加强管理。组织建立专门机构，并明确权力和职责，落实各项工作的分工，使系统的转换工作能够有序地顺利进行。

2. 人员准备

对系统使用人员和维护人员的培训是系统投入应用的重要前提。所以在系统转换之前要做好有关人员的培训工作，这些人员包括管理决策人员、操作人员和系统管理员。

对管理决策人员、操作人员和系统管理员培训的侧重点不同。管理决策人员的培训内容主要是信息系统能做什么、子系统有什么功能、是怎么工作的，系统能够为管理和决策提供哪些信息等；对操作人员的培训是在系统操作使用层面上进行培训，培训内容主要是信息管理制度、计算机软硬件基础知识、相关功能子系统的操作使用等；对系统管理员的培训内容主要涉及系统运行安全与数据备份等系统管理和维护方面的技能。

3. 数据准备

除了做好组织结构准备和人员培训以外，最重要的而且工作量最大的是数据准备工作。数据准备是指按照系统分析所规定的内容，组织系统运行所需要的数据。

在数据准备过程中要注意以下几个方面。

① 数据准备工作要科学化，企业需要实现科学化的管理，在具体收集准备数据时，方法要做到程序化和规范化。

② 收集数据的计量工具、计量方法和数据采集渠道及程序都应固定化、程序化。

③ 各类统计和数据采集报表要标准化、规范化。

4. 文档准备

在系统开发过程中形成了各种文档，如可行性研究报告、系统分析报告、系统设计说明书等，在系统转换之前，这些文档应当移交给用户，以便于用户对系统的理解、使用和维护。

6.4.2 转换方式

新系统在试运行成功之后，需要通过系统转换以投入实际运行。系统的转换主要有3种方式，即直接转换、并行转换和逐步转换（见图 6-8）。

图 6-8 系统转换的 3 种方式

1. 直接转换

直接转换是在某一特定的时刻，旧系统停止使用，新系统立即投入运行。这种转换方式简单，节省人员费用，但是风险大，如果转换期间运行错误将严重地影响到组织的业务处理。因此，该转换方式一般适用于不太重要的、小型的、不太复杂或批处理的信息系统。

2. 并行转换

并行转换指新老系统同时运行一段时间，各自完成相应的工作，并且相互对比审核。系统转换前期业务处理以老系统为主，新系统只用于考察。转换后期业务处理以新系统为主，老系统只用于验证新系统的业务处理正确性。经过一段时间的考验以后，再用新系统正式全面代替老系统。并行转换方式的转换费用高，但是系统的运行可靠性得到了极大的提高，风险小。并行转换方式适用于重要的、大型的、较为复杂或实时处理的信息系统。

3. 逐步转换

逐步转换是用新系统一部分一部分地替换旧系统，最终完成整个系统的转换。这种转换方式实际上是以上两种转换方式的结合。优点是既保证了可靠性，费用又不会太高，但是该转换方式存在转换过程难以流畅进行的缺点，需要仔细选择系统转换的先后顺序，一般先转换进行基础数据处理的子系统，后转换管理决策子系统；先转换为其他子系统提供数据的子系统，后转换需要其他子系统作为输入数据的子系统。逐步转换方式比较适用于大型信息系统的转换。

6.5 系统的导入

目前许多开发管理信息系统的软件公司在长期系统开发中积累了大量的相关行业知识，所开发出的系统越来越适应不同公司管理的需要，同时许多软件公司所提出的 ERP 或类似 ERP 系统的整体解决方案可以使用户省略烦琐的系统分析、系统设计、系统实施中的程序设计、测试等工作，直接进入系统的转换。这些整体解决方案的系统可以立即上马，成本一般比自行开发要低，同时又可以借用整体方案中的先进管理思想提高组织管理水平。因此，许多企业都倾向于从外界获取管理信息系统，越来越多地委托外界软件公司开发或购买商品软件。因此如何将外界的系统成功地转换到企业中成为许多企业在信息化过程中所面临的重要问题。为了与企业自己所设计的系统转换有所区别，这里将从外界获取的成熟的系统转换称为系统导入。

6.5.1 ERP 的导入

ERP 导入流程如图 6-9 所示。其流程可主要分 4 个阶段：项目启动、导入准备、实施与磨合、持续变革，见图 6-9。

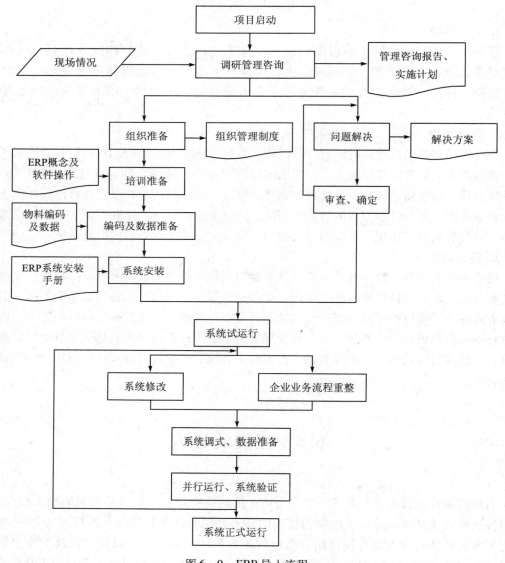

图 6-9 ERP 导入流程

1. 项目启动

ERP 项目是一个投资大、期限长、伤筋动骨的系统工程，启动 ERP 项目的目的是解决管理工作中存在的问题、降低管理成本，因此 ERP 项目的启动必须建立专门的项目导入小组和进行 ERP 项目规划。

1) 成立专门的项目导入小组

ERP 项目的导入要整合组织的管理理念、业务流程，以及基础数据、人力和物力等各种资源，消除部门间的壁垒，进行权利和利益的重新分配。这是一项复杂的管理改造工程，涉及多种因素和组织的多个业务领域。因此，必须成立一个专门组织来协调各方面的工作，以保证 ERP 项目的实施成功，这个专门组织包括项目领导小组和项目工作小组。项目领导小组由总经理、副总经理和专职的项目负责人组成，负责项目计划执行情况的审查，及时解决实施过程中存在的问题和矛盾，协调各方面的工作，确保 ERP 项目的顺利实施。项目工作小组由专职人员、各业务部门的部门主管和业务骨干等组成，负责 ERP 具体实施，如制定管理咨询报告、编制项目实施计划、报告计划执行情况及解决实施中存在的问题等。

2) ERP 项目规划

ERP 的规划必须在企业诊断的基础上，通过管理咨询找到企业目前管理工作中存在哪些无效或低效的环节，明确企业的规模、生产类型及对 ERP 系统的特殊要求，为 ERP 项目的选型提供依据。

为了确定企业该不该上 ERP，有没有条件上 ERP，什么时候上，上了之后能解决什么问题，在 ERP 规划中需要明确这样一些问题：企业的市场环境与生产特点是什么？影响企业竞争力和制约企业赢利与发展的主要因素有哪些（可以从市场开拓、产品结构、生产技术、工艺装备、质量控制、人力资源和管理体制等方面进行分析）？企业当前最迫切需要解决的问题是什么？ERP 系统能否解决？上 ERP 的时机是否成熟？资金投入是否能够保证到位？ERP 的投资回报或投资效益如何？各个部门的业务需求及其目标是什么（主要从业务的数据流程、数据处理方式，特别是从产品结构、物料管理、生产工艺和成本核算等方面进行分析）？使用权限、业务报表的特殊需求有哪些？如何处理 ERP 系统与已有信息系统之间的关系？

在 ERP 规划中必须通过管理咨询明确企业的定位与愿景，以及企业管理的需要。建立一份企业再造蓝图，充分地描述导入 ERP 系统可能带给企业的效益。借由这份详细的说明，项目小组可以明确地界定整个项目的涵盖范围，同时作为企业不断完善改进的引导方针。

实施 ERP 还需要制订一份切实可行的实施计划，以保证 ERP 项目顺利实施。实施计划应主次分明，分阶段详细列示，主要内容包括实施阶段的划分、阶段目标、起止时间、具体工作内容、责任人及应提交的工作成果等。

2. 导入准备

在管理顾问的协助下，项目工作小组开始准备 ERP 的导入。准备工作中包括 ERP 的选择、组织准备、人员的培训、数据的准备和管理中问题的解决等。

1) ERP 选择

企业实施 ERP 系统需要有相应的软件，软件既可以自主开发取得，也可以购买取得；既可以选择国外厂商的产品，也可以选择国内厂商的产品。自主开发可以针对企业自身的业务特点及管理需要进行软件设计，避免通用软件复杂的设置与配置，最贴近企业实际，简单实用，同时可锻炼一支信息技术队伍，但耗时过长，需要长期的相对稳定的 IT 队伍，才能保证软件的运行和维护工作，且往往受制于企业当前业务环境和管理需求，很难突破原有的业务处理流程，体现现代管理思想，而购买商品化的软件可以克服自主开发方式的不足。因此，除了极少数企业考虑自主开发外，绝大多数企业都会选择购买商品化 ERP 软件的方式。

国外 ERP 软件产品集中了国外几十年的管理经验，其中蕴含了许多先进的管理思想，为规范我国企业的业务流程、优化管理模式提供了可借鉴的参考模型，具有全面集成、技术稳定、功能灵活和系统开放等诸多优势，为企业的不断发展与管理的持续改进提供了较大的空间，但设计过于复杂，购置成本和维护费用高，用户化的工作量大，学习和掌握的难度大，而国内 ERP 管理软件在购置成本和维护方面成本低，用户化的工作量小，符合国内的习惯，易学易用，服务响应快。因此，一般企业，特别是中小企业大都选择购买国内的商品化 ERP 软件，只有一些大型企业集团选择购买国外商品化 ERP 软件。

在选择 ERP 系统时，应以满足企业当前和今后发展的需要为出发点，选择功能适用、技术先进、容易扩充和集成的 ERP 软件，并且注意选择信誉好、售后服务有保障的软件供应商。

2）组织准备

在导入 ERP 之前必须在组织上做好 ERP 导入的准备，这些准备包括 ERP 实施后组织结构的变化、组织管理制度的变革。根据这些组织变化，事先拟订在 ERP 实施后的组织管理制度。

3）人员培训

人始终是生产管理最重要的一个因素，是所有业务的具体参与者。ERP 的实施和应用对于大多数企业来说是新生事物，用一套全新的工具来管理和运作一个企业，必然伴随着从高层领导到一般员工的思维方式和工作方式的变革，解决这个问题最有效的方法就是培训。通过培训一方面增加人们对 ERP 的理解和认识，掌握 ERP 软件的操作方法；另一方面更新广大员工的思想观念，改变人们的思维方式和行为方式。因此，应重视人员培训工作，做好人员培训计划的制定和实施工作。培训计划的内容主要包括培训对象、目标、时间、地点、内容和教材等。培训的对象包括总经理、副总经理、中层管理人员，以及整个企业的广大员工，培训的内容包括 ERP 原理、概念、技术、应用方法和软件系统操作等，培训的形式可采取走出去、请进来的方式，并注重培训的实际效果。

4）数据准备

为了保证 ERP 系统的顺利实施，在安装运行 ERP 系统之前，要收集、分析、整理、录入一系列数据，这些数据包括两类。一类是物料清单、工艺路线、仓库货位、会计科目、结算方式等企业日常生产活动中相对固定的数据；另一类是库存记录、客户合同等企业日常经营活动中经常变动的数据。由于企业所处的客观环境是不断变化的，因此第一类数据需要定期维护，而第二类数据需要随时维护。

5）管理中问题的解决

在 ERP 导入前对组织现状进行了必要的咨询、诊断，了解到组织管理中存在的问题及实施 ERP 可能遇到的困难，这些问题必须在 ERP 正式导入前提出各种解决方案并加以解决。

3. 实施与磨合

ERP 的实施过程是组织与系统的磨合过程，在这一磨合过程中逐步使组织与系统达成一致。在 ERP 实施过程中会发现，阻碍 ERP 成功应用的最大障碍是企业管理实际状况与 ERP 软件的差别。如何消除差别，一方面要在项目实施准备中事先进行详细的组织准备，设定阶段性目标和具体的实施计划，抓住主要矛盾，解决重点问题；另一方面要采用"双向位移、逐步精确"的实施策略。即一方面使管理现状向系统靠拢，适应系统的管理模式，另一方面根据无法变动的管理现状修改系统中的管理方法。

4. 持续变革

ERP 中包含了各种先进管理理念和方法，组织应该大胆尝试、勇于创新，对组织业务流程进行重整；对于特殊的行业特点、国情特点、产品特点，或者是组织多年总结的有效管理机制和方法，如果现有软件不能涵盖，就要通过有针对性的二次开发进行软件的完善，防止出现系统和手工管理两张皮的现象发生。这一过程需要多次重复进行，直至 ERP 成功导入。

ERP 的转换一般采用并行方式，这样一方面可使有关人员深入理解 ERP 系统，分析它与现行系统的差异，熟悉 ERP 系统提供的各项功能，掌握 ERP 系统业务处理方法、流程和各项功能的操作方法，弄清各种数据之间的关系；另一方面可以检验各种数据处理结果的正确性，发现存在问题，为以后运行打下一个良好的基础。

6.5.2 供应链的导入

供应链是跨组织的信息系统，该系统涉及产业水平分工原理中上下游企业间的统一管理问题，其实施难度高于限于企业内或垂直整合企业组织的系统。因此，供应链的导入相当困难，导入过程中要考虑的问题十分广泛。在导入过程中一般在概念上应该将供应链视为完整的个体，解决在导入过程中各层面所遇到的问题，进行企业间信息资源的整合与协调，有效地管理供应链，这样才能快速地响应客户需求。

1. 供应链的实施步骤

1）计划与准备

在计划与准备阶段，首先，应调整本企业的活动体制，确定企业的经营战略和活动目标。如削减库存或者想增加自有流动资金等，都要有针对性地设定项目目标，出示具体数值；锁定的具体目标是能使项目成员保持一致的前进方向，同时还可以作为今后活动的判断、评价基准。其次，完善企业内信息系统和推进业务的标准化。考虑本企业内的采购、生产、库存、物流和销售这一系列供应链的业务时，多环节的信息是否统一、准确？如果库存管理系统的库存信息得不到各成员的信赖，那么现状确认以及生产部门和销售部门的产品条形码就容易出现差错，这样就很难推进企业内的活动。再次，从企业内部的生产流程为切入点，在实施跨越企业的供应链管理之前，调整本企业内的协作机制，消除瓶颈。最后，考虑拓宽业务改革的范围。在准备阶段，准确地认识业务的环境与现状，制定出可行的战略和活动计划；起步阶段，应以小的项目为对象，在取得成功的基础上，循序渐进地应用供应链，以取得更大的成效。总之，计划与准备工作是在明确活动目标的基础上，从完备企业内部体制角度扩大活动范围。

2）选定合作伙伴

在推进供应链管理向纵深发展时，合作伙伴企业的选择应由企业内设置的实施活动调查小组负责筛选，最后由最高经营者决定是否能与合作伙伴构筑相互信赖的关系。供应链构筑过程中，那些交易成效好的企业往往易于被选中。因而，从选择方来看，重视的是将来与哪家企业进行交易，而从被选择方应考虑的是本企业作为合作伙伴是否合适。总之，合作伙伴的选定，不单单要看交易业绩，还应从供应链的改革成果来选择。

3）计划与设计的实施

共同改革供应链的合作伙伴选定后，有以下3个步骤。

首先，实施小规模的试验项目，合作伙伴之间通过相互交换信息，了解现状，以此来制定改善的计划，推进业务、人员和组织的变革。在这一阶段，共同分享利润和风险，转变观念和改变业务模式是计划与设计实施的3个要点。

一般情况下，企业间相互公开信息是相当难的事情，因为公布出准确信息的数字，如实地反映企业的强势和弱势，稍不留意就会泄露到竞争对手企业，或者被合作伙伴企业恶意利用，招来致命的打击。但供应链管理的活动始于合作伙伴企业间的信息共享，根据相互间的信赖关系，挖掘共同实现最佳供应链的信息，并向对方提供正确、迅速的高质量信息，才能降低供应链的成本和提高对消费者的附加价值。这就要求合作伙伴企业本着共享利润和风险的同时，相互公开各自经营现状和信息，公开其责任和成果的测定方法，求得认同，共同构建准确把握活动的责任和成果的体制，努力构建双赢关系。

其次，在供应链业务中，要时刻考虑整体的最佳，来决定库存计划、订货计划、需求预测、生产计划和销售计划等，这就使准备进入供应链的企业的业务目标发生变化。例如，以前销售人员以扩大销售增加销售额为目标，而现在需要考虑销售客户的库存量，分批适量地销售成为新的目标。另外，为了提高下游企业的供应链效率，要求供应链上游企业要从事贴商标、分检、信息沟通等不能给本企业带来直接效益的工作，这就要求"人"的观念能跟上这种变化，使业务的目标适应变化后的业务评价标准。

最后，业务目标的变化和人的观念的转变，势必带来供应链企业的业务模式改变，使采购管理、生产计划、库存管理、物流、销售管理等业务系列化，其中最重要的是通过彻底地实施考虑现状而改变业务的"业务流程再造"，则能取得更大的效果。例如，可省略被认为是理所当然的票据交换和验货作业等。

4）评价

对实施后的项目进行评估，并将其评估结果用于下一个项目，特别是成功经验的积累，有利于加快下一个项目实施的步伐。根据情况，对于企业战略和活动目的进行反馈，并重新实施计划。

2. 供应链实施中的问题

（1）先导者的出现

实施供应链管理的重点在于供应链体系内的上中下游企业之间彼此分享信息，以顾客的利益为出发点，共同进行供应链的流程与活动。而分享信息的前提就是供应链成员间彼此的互信。

（2）成功协调者

供应链的结盟关系必须要有一位成员担任协调者角色，能够充分了解成员间的相互需求及彼此的利害关系，具有说服力，并能获得成员的信任。在互信、互利、公平的基础上，才能巩固长期的合作关系。

（3）企业间流程整合

供应链实施中会发生"长鞭效应"，即当供应链中的某一点发生波动时，连带造成供应链,其他成员也发生波动,而且距离波动发生源越远,波动就越大。而长鞭效应发生的原因往往是企业无法立即取得信息或无法回应外界环境。因此个别企业必须先从内部进行流程改造,在企业内部流程已大幅改善并获得效益的情况下,再进行供应链流程的整合,才能真正解决长鞭效应的问题。

(4) 信息资源的共享

供应链成员在合作结盟的基础上,必须借用信息科技,共享销售信息,使上下游成员能同步了解市场的需求变化,以利采取应对之策。

(5) 物流系统的建立

供应商成员间除了信息共享外,建立商品流通的物流系统也扮演重要角色,在市场发生需求时,拥有可靠的物流系统,才能正确将顾客所需的产品,适时送达指定的地点。

(6) 商品条码化

由于供应链关注的主题是商品与信息的快速移动,因此双方在做信息交换时能清楚地识别商品有利于提升效率,所以商品条码化是实施供应链管理的基本要素。

3. 供应链导入注意点

(1) 主导者的出现与折冲

在供应链的成员关系中,制造商位居中枢要冲,加上消费者的最终需求应是产品而非渠道,所以通常是由制造商扮演先导者的角色。

(2) 成员签订书面协议

由于供应链是跨组织的结盟,成员间在互信、专业、权责分明及合作的基础上签订书面协议,有助于合作。

(3) 供应链管理流程设计

供应链成员间在彼此内部流程重整、改善后,进行跨组织的流程设计,依成员签订的协议,共同依据消费者的需求,发展出最佳的供应链流程与供应服务特色,并制定供应链管理绩效评估的标准。

(4) 供应链管理实际营运

流程确定后,供应链投入实际运作,在运作的过程中要确实依据所制定的流程准则进行,以利于往后的绩效评估。

(5) 供应链管理稽核评估

供应链成员对供应链的实施结果,应定期检查运作是否符合原先设计准则和协议要求,是否满足成员的需求与目标。

(6) 实施效果评估与持续改善

如果实施效果未达到预期目标,应寻找发生差异的原因,并与相关成员讨论决定改善的方法。还应密切观察竞争环境的变化,对流程进行持续修正与微调,使供应链流程时时保持最佳的状态。

6.5.3 客户关系的导入

企业导入客户关系管理系统的目的是拓展营销业务、发展定制化产品、提升客户服务品质和提升经营绩效。但是在导入过程中发现存在不少障碍,主要有:初期成本过高,导入的费用相当昂贵，使许多企业不敢贸然进行投资；其次，初期效益不明显，客户关系管理系统与企业资源规划系统相似，其成效都必须在一段时间之后方能显现出来，若企业只重视短期效益，会妨碍系统的导入；此外，提供解决方案的软件公司能力不足，许多企业担心所提供的解决方案与企业实际不符，并且在刚起步的情况下厂商专业知识还有待加强；最后，企业内部缺乏人才，组织需重新调适。为解决这些障碍需要按照一定的步骤进行系统的导入。

1. CRM 导入的关键

（1）组建强有力的 CRM 项目实施小组

CRM 项目小组由企业内外部人员共同组成。一般来讲，项目小组应包括企业高层领导、销售人员、营销人员、客户服务人员、财务人员、IT 技术人员及 CRM 厂商、咨询服务公司的专业人员。项目实施小组的成员应具备精湛的 CRM 技术和全面的管理知识。

在组建项目小组和进行分工后，小组成员应着手调查、研究企业各部门的具体情况；评估客户对 CRM 应用的需求状况。若客户处于不得不使用 CRM 或完全不想使用 CRM 的状况，则 CRM 的实施必须暂缓，企业应先致力于改善业务流程。

（2）长规划、短安排

客户关系管理的主要目标是建立良好的客户关系，培养忠诚的客户群；在与客户的每一个"接触点"上都更加接近客户、了解客户、关怀客户；最大限度地增加利润，提高市场占有率。实施一项完备的 CRM 系统需要 3～5 年的时间，将这一中长期规划分阶段、分步骤地加以实施，从最迫切、最可行的领域开始，逐步完成。如客户信息存储用一年半的时间完成。呼叫中心、管理信息系统与商业决策分析智能、信息技术管理和电子数据交换作为 CRM 系统建设的重点。控制 CRM 项目的每一阶段，确保各阶段出成果、有效率。

（3）业务流程重整

利用信息技术，对企业的业务流程进行彻底的再思考和重新设计，从而提高顾客满意度，取得经营业绩质的飞跃。在 CRM 中，它包括企业的销售实现、市场营销、客户服务 3 个业务流程的优化；对企业与客户接触、交互和合作的业务流程联络中心管理、业务信息系统、Web 集成管理进行优化和重整。业务流程重整是 CRM 实施的条件。首先专业技术人员需要预测客户与竞争对手在未来 5 年内会如何变化，而 CRM 又是如何跟进并驱动这一变化。通过调查和业务分析，确定哪些领域最需要自动化，哪些领域需要业务流程的改善，再进行战略规划、评估，实现向以客户为中心的业务流程重整。重新设计的业务流程要使每一步都尽可能有效执行，并配合客户的需求。要配合客户的需求，企业业务流程的设计必须考虑以下 4 个方面：

① 向客户推销产品的方式、内容以及所耗费的人、财、物；

② 如何让客户接收企业信息和如何方便客户购买企业产品；

③ 了解如何物色新客户，使之成为回头客；

④ 如何使不满意的客户回心转意。

总之，将流程与客户连接到一起，更好地提高客户满意度，对客户需求的反应更迅速。

（4）领导支持与推动

CRM 的建设涉及公司内很多业务领域，如销售、营销、客户服务、财务、制造、库存和分销等。与 CRM 相关的商业过程往往涉及企业的方方面面，企业组织中的每一个层面都会被牵动，各个部门扮演的角色也会改变，企业业务流程要跨部门重新设计，企业文化也发生很大的变化。要成功实施 CRM，领导的支持与推动非常重要。首先，高层领导要大力支持 CRM。高层领导要有足够的权力，从总体上把握 CRM 项目，协调企业各部门的工作，提供 CRM 项目所需的人、财、物等资源。其次，中层领导对 CRM 项目意见要一致，并予以协助。中层领导要充分调动本部门员工的积极性，使其充分理解 CRM 项目的核心作用，密切配合 CRM 的实施。

（5）考虑 CRM 对应用系统的集成要求

CRM 在电子商务背景下，要努力实现企业级各种应用软件的最终集成，实现前后端应用系统的完全整合。

第一，对客户交互渠道的集成。如 CRM 系统中的呼叫中心是企业与客户联系的工具，是满足客户个性化需求的窗口。呼叫中心与销售流程自动化、营销自动化等结合，与后台业务流程整合，与其他信息系统进行集成，使企业与客户的交互能高效、统一地进行。

第二，CRM 与企业资源规划及供应链管理等紧密地集成起来。如 CRM 与 ERP 的集成，CRM 的销售子系统能及时向 ERP 系统传送产量及交货日期等信息。

第三，CRM 系统自身各子系统紧密地集成起来。

第四，对工作流进行集成，确保各部门、各系统能动态协调和紧凑完成。

（6）建设好客户数据仓库

有效的 CRM 依赖于客户端的各种信息，因此必须建立一个以客户为中心的"客户数据仓库"。所有 CRM 解决方案的核心在于掌握客户信息的数据仓库。企业应根据自身管理决策的需要，收集信息的能力和顾客的特征，确定客户数据仓库的内容。第一，数据信息的收集和集成。通过先进的数据库和决策支持技术收集客户信息，对来自不同信息源的客户数据进行合并、整理、匹配，将企业内部和外部所有与客户相关的资料和数据集成在同一个系统里。第二，实现信息共享。客户数据仓库把市场营销、销售与服务等前台领域的信息连接起来，让企业各类人员都能方便、快捷地得到相关数据，员工、客户和合作伙伴都能共享信息数据资源。第三，实施管理、查询、更新。所有与客户接触的一线人员，例如，市场营销人员、销售人员、服务人员及网站都能够得到必要的授权，可以实时地输入、共享、查询、处理和更新客户数据，其他部门的有关人员也可根据权限实施信息查询和更新。

2. CRM 导入的步骤

（1）拟订 CRM 目标和实施路线

CRM 作为一个复杂的系统工程需要分阶段来实施。在确立实施过程之前，首先要定位顾客的关心点，例如，产品的质量、出货的时间或响应速度，据此拟订出 CRM 实施过程中的阶段目标。最后是将目标量化，比如：对于顾客满意度，设定产品的质量占 30%，当产品合格率达到 99.9% 时该指标可得 30 分；出问题时的响应时间占 10%，如响应时间不超过 5 分钟，该指标可得 10 分。

（2）构建客户智能平台

客户智能平台，也称客户支持平台，是客户关系管理体系的核心部分，着重于客户数据的采集和分析，通过对各个渠道的客户历史数据及在线数据的采集和分析，协助企业更好地了解客户并将获得的客户知识运用到客户服务、市场营销、生产计划等各个方面。这一过程主要包括客户研究与客户挖掘、客户响应与交易记录、客户追踪与客户评价等内容。也就是利用信息技术与多种渠道收集顾客资料、消费偏好及交易历史资料，储存到顾客资料库中，而且是将不同部门或分公司的顾客资料库，整合到单一顾客资料库内。在这一过程中，要站在客户角度进行观察，从而发现他们想要获得什么，甚至是预测他们现在虽不想获得什么但是将来却想获得的产品或服务。同时，对客户进行差异分析。

（3）构建客户交互平台

客户交互平台是为企业运用客户知识提供个性化服务，提高客户满意度，增加市场营销机会，提高管理水平的平台。具体包括销售自动化、市场营销自动化、智能电话服务中心、呼叫中心、智能化管理监控及个性化服务等。构建客户交互平台关键是保证客户的全满意和立体化服务体系。客户交互平台的目标和目的也是建立客户的全满意和立体化客户服务体系。

（4）重整工作流程

重新设计工作流程的作用在 CRM 中是非常明显的。为了使客户处在营销工作中心，企业必须改变部门的角色和职责。有两个基本的选择：一是通过重新设计来使工作流程的每一步执行都尽可能有效；二是重新设计使营销从开始到结束的生产能力最大化。值得注意的是，企业的最适流程也必须是顾客的最适流程才有意义；否则，只会为企业与顾客的关系带来伤害。

（5）绩效的分析与衡量

CRM 通过各种活动、销售与顾客资料的综合分析，将建立一套标准化的衡量模式，衡量实施成效。目前 CRM 的技术，已经可以在出现差错时，顺着活动资料的模式分析，找出问题出在哪个部门，甚至哪个人员。企业在 CRM 上的人力与财力投资，通常是非常大的，企业在进行这样的投资前，必须要衡量成本与效益，更重要的是现阶段的顾客关系是否需要改变。企业可以先考虑与顾客的关系，是比较倾向合作解决顾客问题的关系导向，还是倾向提供商业与趋势知识的信息导向。CRM 强调的是长期互利关系。因此企业在衡量成本效益时，必须审视这种关系所带来的利益，是否高于投资成本。

6.6 系 统 维 护

管理信息系统作为一个复杂的人机系统，受到系统内外诸多因素的影响。即使一个经过精心设计、实施的系统，在实际的运行中仍有需要改进的地方。而且管理信息系统的外界环境是一个受到各种因素影响的多变的管理系统，管理人员为了提高管理效果，经常会根据变化的环境提出新的管理思路和管理方法，而这些管理思路和管理方法的出现，就对管理信息系统提出了新的修改要求。这些原因导致了管理信息系统在运行过程中，需要进行大量的系统维护工作。

随着管理信息系统应用的深入，以及使用寿命的延长，系统维护的工作量越来越大。根据有关的统计资料显示，在管理信息系统的整个生命周期中，系统开发所用的经费仅占整体费用的 1/3，而系统维护费用则占 2/3。显然，系统维护工作是非常重要的。那种重开发、轻维护的观点是不正确的。

6.6.1 系统维护内容

根据维护对象的不同，系统维护内容可分为以下几类。

(1) 程序维护

管理信息系统的数据处理对象是以管理为根据的，当环境变化导致管理方法发生变化时必然导致程序的变化；有时在系统的运行过程中，发现了一些系统测试中没有发现的错误或随着用户对系统的熟悉，提出了对系统功能的改进和扩充的要求，系统程序也要随之修改。一般来说，管理信息系统的主要维护工作量是对程序的维护。

(2) 数据维护

数据维护指的是不定期地对数据文件或数据库进行修改。当系统涉及的业务发生了变化导致数据有比较大的改变后，就需要对数据文件或数据库进行修改，如建立新文件或者修改现有文件结构等。

(3) 代码维护

随着组织内部结构的变化或者经营规模、范围的变化，系统原有代码可能无法满足新的需要，所以必须对旧代码进行一定程度的增加、修改和删除，或者重新编制新的代码体系。

(4) 设备维护

设备维护主要是指对主机及外设的日常维护和管理，如机器部件的清洗、润滑、设备故障的检修，易损部件的更换等。其目的就是保证管理信息系统的正常工作。硬件维护人员应该对系统设备进行定期的保养和检修工作。

(5) 文档维护

当程序、数据、代码在维护过程中发生变化时，都应该修改对应的文档，反映维护以后的系统实际状况。

6.6.2 系统维护类型

根据维护活动的目的不同，可将维护分成改正性维护、适应性维护、完善性维护和预防性维护四大类。

(1) 改正性维护

系统测试不可能发现系统中所有潜在的错误，这些潜在的错误在某些特定的环境下才会暴露出来。为了识别和纠正这些潜在错误而进行的维护就是改正性维护。

(2) 适应性维护

适应性维护是为了使系统适应环境的变化而进行的维护工作。进行适应性维护的原因有两个，一个是由于管理体制的改变、机构的调整等带来系统服务环境的变化，另一个是由于计算机技术的飞速发展，计算机的硬件软件不断更新带来系统运行环境的变化。

(3) 完善性维护

完善性维护是为了扩充原有系统的功能，提高其性能而进行的系统维护工作。在系统的使用过程中，由于业务处理方式和人们对管理信息系统功能需求的提高，用户往往会提出增加新功能或者修改已有功能的要求，例如修改输入格式，调整数据结构使操作更简单、界面更漂亮等。为了满足这类要求就需要进行完善性维护。

(4) 预防性维护

预防性维护是指主动采取预防性的措施。为了适应未来软硬件的变化，对那些使用期长、目前尚能正常运行，但有可能发生变化的部分进行提前维护。

6.6.3 系统维护方法

良好的系统维护方法不仅可以提高系统维护的效率，而且还能够延长系统的生命周期。为保证系统的维护质量和维护效果，在系统维护中需要注意以下几点。

(1) 详细记录日常运行状况

系统的运行状况与工作效率是系统维护的依据，因此在日常的系统运行中，必须将系统的实际运行状况记录下来，其中包含系统的处理效率、文件存取率、数据更新率和数据查询率。对系统运行过程中所发生的意外情况必须有详细的记录，其中包含意外发生的时间、原因和处理结果等。

(2) 维护工作的规范性

系统的维护并不是由维护人员随意进行，首先必须由系统用户提出维护的请求，然后维护人员对该请求进行分析、制定维护计划。维护计划得到有关部门批准以后，维护人员才能进行维护。在正式维护之前还必须对被维护系统进行备份。

(3) 文档及时修改

一旦维护完成，必须对有关文档及时进行修改，保证文档与系统的一致性。

(4) 建立明确的维护质量控制标准

系统维护往往由于系统质量低劣而经常发生，这些低劣质量的系统往往出现多次、经常性的维护。为避免这种情况的发生，需要制定严格的系统维护质量控制标准，保证被维护系统的可理解性、可靠性、可测试性、可修改性和可移植性。

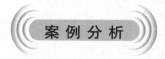

天龙股份公司的 ERP 系统实施

天龙股份公司系中外合资企业，专业生产各种输变线路。公司始建于 1994 年，经过 10 年的发展，到 2004 年资产总额达 1.8 亿元，销售收入 3.34 亿元，实现利润 400 万元，出口创汇 1 586 万美元。

1. 天龙公司 ERP 实施背景

天龙公司生产十大系列近百种产品，各种元器件、备品备件近万种，年采购和销售总额超过 6 亿元。随着企业规模的不断扩大，出现了很多管理上的问题。

① 企业产供销脱节的现象时有发生，主要原因是相当一部分部件材料是从国外进口，由于订货周期长、海关商检通关需一段时间及部件本身质量等因素，都会影响产品的交货日期，出现销售接下订单生产不出来，或者生产计划排好但原材料供应短缺等问题。

② 财务与业务经常脱节。主要是费用不清，源出多头，财务报告滞后，无法实时跟踪，及时采取对策；或决策处理不及时。

③ 供应信息难沟通。客户不能及时将市场情况反馈给企业，企业对零部件供货情况又不能及时掌握。

2. ERP 实施目标

以提升企业核心竞争力为目标，不断优化组织机构和业务流程，实现企业内部信息集成和企业外部信息集成。内部集成包括产品研发、核心业务和数据采集。外部集成是实现与企业外部各个经济实体之间的实时、互动的供需链管理模式，通过 ERP 的实施，强化供需链上各个经济实体之间的沟通和相互依存。

3. ERP 实施的准备工作

(1) 做好规划，为 ERP 的实施准备良好基础

公司成立了以总经理为组长的"ERP 系统项目领导小组"，对 ERP 选择遵循"知己知彼，合理规划，分步实施"的原则。首先公司决策层和项目领导小组接受 ERP 基本原理培训，了解什么是 ERP，它能解决什么问题，不能解决什么问题，然后再进行企业管理诊断，研究分析企业存在和迫切需要解决的问题。同时与软件供应商做进一步的沟通与选择，并在此基础上与软件公司合作，以确保选用的软件性能满足企业发展需要。为保证实施成功，公司制订了严格的实施计划（见图 6-10）。

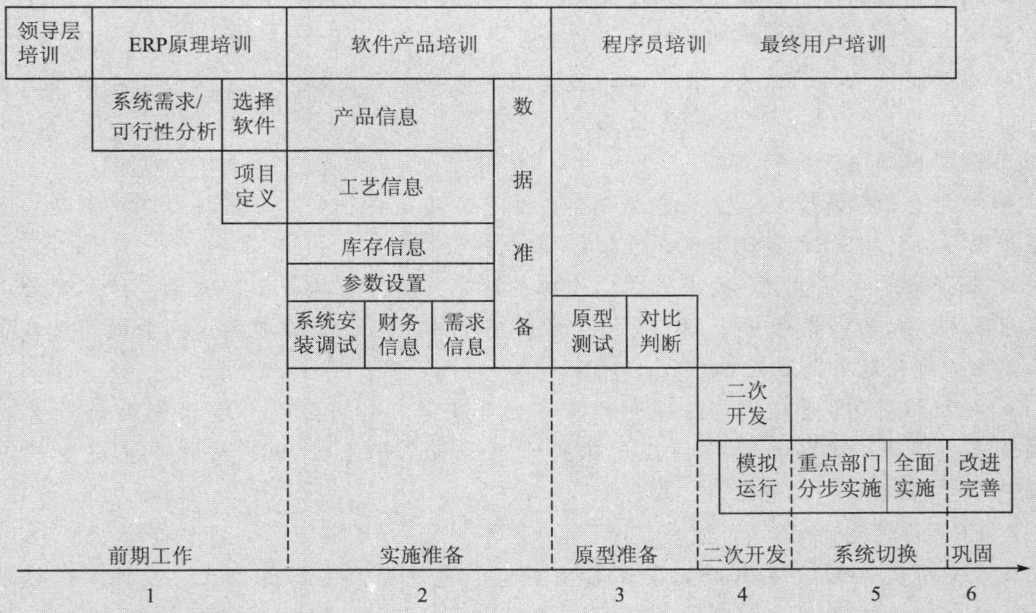

图 6-10 天龙公司 ERP 实施计划

公司 ERP 领导小组主要成员与某信息公司共同研讨，ERP 系统要实现以下几个方面的功能。

● 为满足企业多元化经营的需求，增加适应不同生产类型（内贸型和外贸型）的信息化管理功能，弥补传统 MPR Ⅱ 系统的不足。

- 提高售后服务功能，实时向产品研发和质量管理部门提供产品实际使用状况反馈信息。
- 加强物流管理功能，提高运输管理和仓库管理能力。
- 为缩短交货期，采用主生产计划与物料需求计划安排，并将计划的范围扩大到需求链各个环节，采用优化排产方法。
- 实现与制造执行系统的集成，提供海关电子账册管理接口、成本管理系统、财务管理系统的无缝连接。
- 增加企业高层管理决策与支持功能，例如，高层经理信息系统（EIS）及商业智能系统（BI）。
- 实现与企业信息门户和电子商务的连接。

(2) ERP 实施的基础整顿

① ERP 实施前，对所有参加培训人员进行了分类：企业高中层管理人员、项目实施小组成员、部门业务人员（班组长、工艺员及相关业务人员）及系统管理员和技术支持人员。

② 调整组织机构。按照业务流程重整的原则，对组织机构进行改革，将外经科、资材科和生管科的业务进行改进，理顺委托加工业务管理流程。

- 将对外出口的部件采购由外经科变更为资材科；
- 对外出口的生产计划和仓库管理由外经科变更为生管科；
- 外经科仅负责产品及部件的进出口业务；
- 逐步将技术科的工艺、技术和设备管理职能下放到制作部门，以利于制作部门高效运行。

③ 改革内部运行机制。

- 推行全面预算管理。主要包括销售、生产、直接材料采购、直接人工、制造、管理财务等预算，利用 ERP 实现从预算控制到成本控制管理。
- 加强采购库存管理。要求采购部门协调好客户服务与物料库存关系，控制资金占用与库存成本。对物料库存进行 ABC 分类，确定安全库存与安全提前期，批量规划及盘点方法，建立规范化的采购流程。
- 积极推行 JIT 管理，消除一切无效作业与浪费，全面推行 TQM（全面质量管理）、控制物流，实现"看板拉动"作业，日产计划均衡生产，在 MRP 系统中实现生产作业控制。

4. ERP 的实施过程

天龙公司从 2002 年 8 月开始实施 ERP 建设，包括信息平台的建立、软件实现技术选择、业务系统的实施。

(1) 构建硬件网络支持环境，建立可靠的 ERP 运行平台

为了提高网络的安全性、可靠性及可管理性，确保信息畅通，公司进行网络改造，将 10M 网络改造成 100M 网，主干网配置了智能交换机，局域网配置了近百台计算机；用 Microsoft Visual Studio.NET 2003（ASP.NET、C#）等先进的开发工具和 Microsoft SQL Server、Oracle 9i 等数据库管理软件，实现系统的 B/S 模式。

第 6 章　管理信息系统的实施

(2) 软件系统实现技术

① 用"层次对象数据表达技术"存放企业生产计划与生产过程所涉及的所有基础数据（包括工作中心、成本中心等数据），完整地表达出各个生产过程的对象衔接与继承关系；在软件设计技术方面，将所有标准的对象都设计成"类"的形式，应用程序在此基础上产生各种相关的对象实例，用户修改工作规程时，可以在不修改程序的情况下完成系统的调整。

② 适应新时期海关对进出口企业实时监管的需要，增加了与海关监管系统的连接，使海关可以通过互联网直接查询且仅能查询到海关需要监管的有关内容，如出口产品配套情况、物料保税性质、物料动态进口数据与库存、出口产品在制品动态分布与库存数据等；使海关可实现对天龙公司进行"电子账册"的管理。

(3) ERP 软件系统的实施

为了彻底解决技术开发、供产销等业务一体化，解决以往管理业务不透明，订单管理混乱，部门成品跟踪不到位等诸多管理漏洞问题，重点抓住作业管理，实现了开发部、采购、生产调度、工作中心及库存管理等部门的信息网络化传输。生产管理中的各层基础数据全部实现计算机管理，网络化共享。包括：生产计划的下达，任务的变化，物资采购技术开发，产品发运，制作部门的生产统计、报表、质检、化验等业务处理数据。考虑行业特点，对 ERP 系统与业务流程进行了有效结合，包括以下内容。

① 按重整的业务处理流程对系统进行客户化权限设置或调整。本着"集权有道，分权有序，授权有章，用权有度"的原则，规范公司管理、业务部之间的关系，业务上相互协作、相互支持，业务流上相互监督、相互制约。

② 采购业务流程透明化、程序化，避免人为随意性采购计划。结合 ERP 实施，推行委托招标采购制，成立采购部门，负责公司所有物资的采购。形成了一个由使用部门、招标办、采购部门、财务部门和检验部门等组成的集业务处理、过程控制、信息采集和科学决策为一体的采购信息管理。所有的物资采购计划依据生产计划、消耗定额、库存量、储备定额自动生成，采购计划的调整通过储备定额进行，储备定额的确定依据安全储备量、采购资金、采购季节、资源状况等因素由相关部门共同决定。

③ 通过对采购计划、比价、合同、出入库、库存的信息化管理，根据岗位进行授权管理，业务操作分步制约，实现从供应商信息收集到物资发放给使用部门的全过程业务监控，所有业务的基础数据采集都必须通过计算机完成。

5. ERP 实施成果

(1) 员工素质不断提高，形成自我信息开发能力

① 公司管理层能够全部使用计算机进行管理活动分析；

② 锻炼出一批懂管理、懂技术的软件开发人员，具备系统自我分析、开发能力；

③ 公司操作岗位人员全部经过计算机培训，能熟练使用管理信息系统。

(2) 管理效率大幅度提高

① 信息化管理的推行，将手工方式很难实现的成本利润核算变成现实；

② 实现了生产经营动态监控，经营指标不断改善；

③ 建立了高效精干的扁平化管理机构，管理流程缩短，运行效率提高；

④ 建立起快速灵活的市场反应机制，初步形成了完善的供应链信息管理系统。

(3) 直接经济效益分析

降低原材料成本 10%，库存资金占用从过去的 2 000 万元降低到 1 000 万元，进口部件的采购提前期从 60 天缩短为 45 天，国产部件从 20 天缩短为 10 天，存货周转率从 2.1 次/季提高到 3.9 次/季，全员劳动生产率从 36 万元/年提高到 45 万元/年，产品优质率从 94.5% 提高到 99.8%，年利润从 2004 年的 400 万元提高到 2005 年的 650 万元。

(4) 间接效益分析

① 使企业的生产经营实现物流、资金流、信息流和工作流的高度统一与并行运作，并通过 Intranet、Internet 实现企业内、外部的信息交流，形成有效的敏捷供需链系统。

② 按各种物料的采购提前期和生产提前期编制物料需求计划。建立一个有效、灵活的由主生产计划、物料需求计划和车间作业计划的三级计划所组成的生产计划管理体系，最大限度地缩短产品生产周期、采购周期，能够快速响应客户需求。

③ 实现全公司基础数据（如物料、产品结构、产品设计工艺、生产能力等数据）统一生成、统一维护和统一管理，真正做到"数出一家、数据共享、避免冗余"。

④ 加强财务管理和健全成本核算功能。真正建立起二级成本核算体系，采用先进的成本核算方法，较为准确地核算出零部件成本和产品成本，为销售报价和财务核算提供可靠依据。

⑤ 加强质量数据的统计分析。充分利用质量检测数据，进行深入的统计和分析，有力地提高产品质量水平。

思考与讨论题

1. 为什么要对人员进行分类培训？分类培训能够提高 ERP 的实施成功率吗？
2. 二次开发在 ERP 的实施中有何作用？

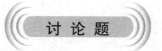

张长林在一家信息咨询公司上班。一天，他的客户要他去看看他们的信息系统。经过总经理简短介绍后，张长林首先拜访程序设计部李经理。张长林问："李经理，听说贵部门程序设计人员流动率很高，是真的吗？"

经理：没错，我想这是因为做程序维护的关系。我们大都雇用没有经验的人员，开始时他们都认为这工作很简单，当他们发现只要做程序维护时就走了。程序都是在结构化语法问世前写的，连程序说明文件都没有，培训时也没有结构化语法的课程，我们又忙得连改写的时间都没有。

张长林又去拜访财务部王副经理，当他询问计算机使用者自建系统时，发现王副经理并不懂什么是"使用者自建系统"。同时，很多管理人员想经由计算机多得到些信息，但信息管理部门无法派人为他们工作。

张长林认为有足够理由不必再继续访谈，然后他去找总经理讨论此次访问的印象。

问题

1. 程序设计师的流动率高,谁应负责?为何?
2. 李经理是否有办法,可以减少花时间在程序的维护上?若有,该如何做?
3. 对程序设计师聘用和培训的政策,是否该进行改变?如果要改变,如何改?有何好处?
4. 若不增加程序部门人员,怎么做可以使管理信息系统对管理人员更有帮助?

习　题

1. 信息系统实施的主要任务有哪些?
2. 白盒测试方法和黑盒测试方法的主要区别在哪里?
3. 系统的转换方法有哪几种?如何根据具体的条件选用不同的转换方法?
4. 系统维护工作的内容有哪些?
5. 在系统维护中需要注意哪些问题?
6. 系统测试中除了采用正常数据进行测试外,为什么还需要用一些异常数据或错误数据进行测试?
7. 在从外部导入先进的信息管理系统时,组织自身应该怎样处理外部系统与组织磨合的问题?
8. 客户关系导入组织时,要注意解决哪些问题?

第7章

管理信息系统的管理与评价

> 📖 **学习目标**
>
> 通过本章的学习,学生应:掌握管理信息系统的管理内容,学会使用甘特图与PERT图进行项目计划管理;掌握项目风险评价的方法与对项目风险进行管理的措施;了解管理信息系统的文档管理内容、管理信息系统的质量管理;熟悉管理信息系统的评价,能进行信息外包的管理。
>
> 本章重点是:管理信息系统开发的项目管理、质量管理和信息外包管理。
>
> 本章难点是:项目计划编制方法中的甘特图和PERT图。

管理信息系统的管理,涉及管理信息系统整个生命周期,包含了从系统规划、系统分析、系统设计、系统实施到系统运行维护的一系列管理活动,这些管理工作的好坏直接影响到管理信息系统的成败。为使组织的信息化工作得到提高,需要对管理信息系统的开发应用进行评价,以积累经验、总结教训为今后的发展提供依据。

7.1 管理信息系统开发项目管理

对任何组织来说,管理信息系统开发与应用的实质是一种变革的努力,它对组织的结构、管理方式都会产生巨大的推动作用。也正因为如此,信息系统的开发往往会受到组织内传统观念和文化习惯的阻碍。这种阻力主要来自各个层次的管理人员:基层管理人员担心自己的工作被计算机替代或难以改变自己的工作方式而采取不合作的态度;中层管理人员担心新系统会使权力结构与管理方式发生变化,从而影响自己的权力;高层管理人员则由于不真正了解信息系统及其作用,不重视、不亲自参与、不能给予强力支持。

除了与管理人员有关的不利因素外,信息系统管理工作的不确定性和不稳定性特点也是增加开发难度的主要因素。管理工作的不确定性反映在组织的管理过程难以准确地用文字表达,对信息系统的功能需求不能一次性表达清楚。这就要求在系统开发过程中不断地完善管理过程的描述与目标系统的需求。管理工作的不稳定性是指管理工作的要求、内容与方法经常发生变化,这种变化使得刚开发出来的系统与实际情况不符,需要重新修改。

第 7 章　管理信息系统的管理与评价

由于管理信息系统的开发是一项涉及面广、技术难度大的综合性系统工程，需要投入大量的人力、财力、物力和时间等资源。而且在管理信息系统的开发过程中会出现很多预想不到的问题，这些问题在制定系统目标时是无法预计的，只能采取相应的措施来预防和解决。因此，需要对信息系统的整个开发过程按照系统的观点，使用现代项目管理的科学理念和方法进行控制，才能以较小的投入，取得较为理想的效果。"三分技术，七分管理"也是对信息系统开发和实施的高度概括，指明了项目管理对信息系统的重要性。

尽管管理信息系统与传统的工程项目有很大的区别，但是管理信息系统开发也是一种工程项目。因为，项目是以一套独特而相互联系的任务为基础，有效地利用资源，为实现特定目标所做的努力。项目应该有一个明确的目标，即有一个期望的产品或结果；项目的目标完成需要执行一系列相互关联的任务；项目任务的执行则需要有充足的人力、组织、设备和资金等各种资源支持；项目的完成有具体的时间要求。这些项目特点在管理信息系统开发过程中也同样存在。因此管理信息系统的开发过程管理同样可以采用传统项目管理的理论和方法。当然在管理信息系统的项目管理中应该强调管理的系统性、综合性和程序化，以通信为基础，将质量管理和时间进度控制集成到统一的环境中，实现二者的协调。

7.1.1　项目管理的主要任务

项目管理是指在一定资源（时间、资金、人力、设备、材料、能源和动力等）约束下，为了高效率地实现项目的既定目标，按照项目的内在规律和程序，对项目的全过程进行有效的计划、组织、协调、领导和控制的系统管理活动。针对管理信息系统项目本身的特点，管理信息系统项目管理的主要任务有以下内容：

- 明确项目总体目标，对项目完成进行系统的思考，对开发过程进行切合实际的全局性安排，保证项目总体目标的顺利实现；
- 严格选拔和培训人员，合理组织开发和管理团队；
- 通过合理的计划安排，对项目进行最优化控制；
- 组织项目各阶段评审和书面文档资料的审查与管理；
- 对软件质量提供保证；
- 降低项目风险；
- 提供准确、一致和规范的文档资料。

7.1.2　项目管理的主要内容

按照结构化生命周期开发方法，管理信息系统的开发分系统规划、系统分析、系统设计、系统实施、系统运行与维护等阶段。从项目管理的角度看，一个完整的管理信息系统项目管理通常包括立项、任务分解与定义、制订开发计划、资源需求估算、规定各任务应交付的文档及标准、项目执行、收尾及交接管理、运行管理及项目评价等内容。管理信息系统的开发过程与相应的项目管理如图 7-1 所示。

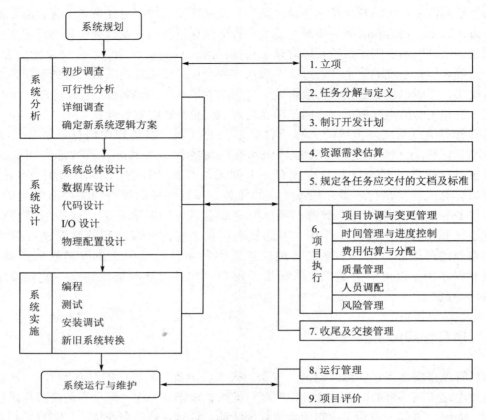

图 7-1　管理信息系统的开发过程与相应的项目管理

从图 7-1 中可以看出，管理信息系统项目管理的主要内容包括以下几方面。

1. 任务分解

任务分解又叫任务划分或工作分解，是将整个信息系统的开发工作定义为一组任务的集合，这组任务又进一步划分成若干个子任务，进而形成有层次结构的任务群，使任务责任到人、落实到位、运行高效。

任务分解的方法主要有 3 种。

（1）按信息系统的结构和功能进行划分

将整个开发系统分为硬件系统、系统软件和应用软件系统。硬件系统包括服务器、工作站和计算机网络环境等，硬件系统的任务有选型方案、购置计划、购置管理和安装调试等；系统软件任务包含网络操作系统、后台数据库管理系统和前台开发平台的选型、购置与安装调试等；应用软件系统的任务可划分为需求分析、总体设计、详细设计、编程、测试、检验标准、质量保证和审查等任务。

（2）按系统开发阶段进行划分

按系统开发阶段进行划分主要是按系统开发的系统分析、系统设计、系统实施与系统实施阶段划分应完成的任务、技术要求、软硬件系统的支持、标准、人员的组织及责任、质量保证、检验及审查等，同时还可根据完成各阶段任务所需的步骤将这些任务进行更细一步的划分。

（3）两种方法结合起来进行划分

采用这种方法主要是从实际应用考虑，兼顾两种方法的不同特点进行。

在进行任务分解分过程中应特别注意以下两点。

一是分解任务的数量不宜过多，但也不能过少。过多会引起项目管理的复杂性与系统集成的难度；过少会对项目组成员，特别是任务负责人有较高的要求，从而影响整个系统的开发。因此，应该注意任务细分程度的恰当性。

二是在任务分解后应该对任务负责人赋予一定的职权，明确责任人的任务、界限、对其他任务的依赖程度、确定约束机制和管理规则。

2. 计划安排

根据项目任务分解的结果，估算每一项任务所需的时间及各项任务的先后顺序，然后用计划编制方法（甘特图、网络图等）制订整个信息系统开发计划，并制订任务时间计划表。开发计划可以分解为配置计划、应用软件开发计划、测试和评估计划、验收计划、质量保证计划、系统工程管理计划和项目管理计划等。计划安排还包括培训计划、安装计划和安全保证计划等。

当所有项目计划制订出来后，可以画出任务时间计划表，明确任务的开始时间、结束时间及任务之间的相互依赖关系。这个任务时间计划表可以按照任务的层次形成多张表，系统开发的主要任务可以形成一张表，它是建立所有子任务时间计划表的基础。这些表是所有报告的基础，同时还可以帮助对整个计划实施监控。任务时间计划表的建立可以有多种方法，可以采用表格、图形来表达，也可以使用软件工具，其表达方式取决于实际的应用需求。

3. 项目经费管理

项目经费管理的目的是保证在预算范围内完成项目任务，包括估算每项活动的成本，进而对项目的总成本进行预算；项目的资金分配需要按照任务量大小和复杂程度分配适当的可支配资金；在项目实施过程中进行费用控制。

项目经费管理是信息系统项目管理的关键任务，项目经理可以运用经济杠杆来有效地控制整个开发工作，达到事半功倍的效果。在项目管理中，赋予任务负责人一定职责的同时，还要赋予其相应的支配权，并要对其进行适当的控制。

4. 项目风险管理

在信息系统开发项目实施过程中，尽管经过前期的可行性研究及一系列管理措施的控制，但其效果一般来说还不能过早确定。有可能达不到预期的效果，费用也可能高出计划，实现时间可能比预期长，硬件和软件的性能可能比预期低等各种不确定性。因此，任何一个信息系统开发项目都应进行风险管理。

5. 项目质量管理

项目质量管理是指为使项目能达到用户满意的预先规定的质量要求和标准所进行的一系列管理与控制活动。项目质量管理包括质量规划、安排质量保证措施、设定质量控制点、对每项活动进行质量检查和控制等。

7.1.3 项目计划管理

按时保质地完成项目是项目经理的最大愿望。但是，在实际工作中，项目不能按时完成的情况时有发生。因此，制定合理的项目计划，并对计划的执行进行组织、监督和控制是管理信息系统项目管理的一项关键内容。进行项目计划管理的目的是保证按时完成预定目标下的管理信息系统，合理配置资源，提高工作效率。

1. 项目计划编制

编制项目计划时，要根据工作任务分解的结果确定开发阶段、子项目之间的相互依赖关系、各项任务的工作量。在此基础上，根据项目的总体进度要求，用项目计划方法编制出具体的工作计划。常用的项目计划编制工具有甘特图和PERT图。

（1）甘特图

甘特图（Gantt chart）是基于二维坐标，用条形图表示项目任务及其持续时间，纵坐标表示工作任务，横坐标表示任务持续的时间。图7-2是用甘特图编制的项目计划。其中，图的左边是项目分解后的任务名称和对应的完成工期，右边部分是项目每个任务完成所预定的时间区段，时间区段的单位可以选择周、月、年。

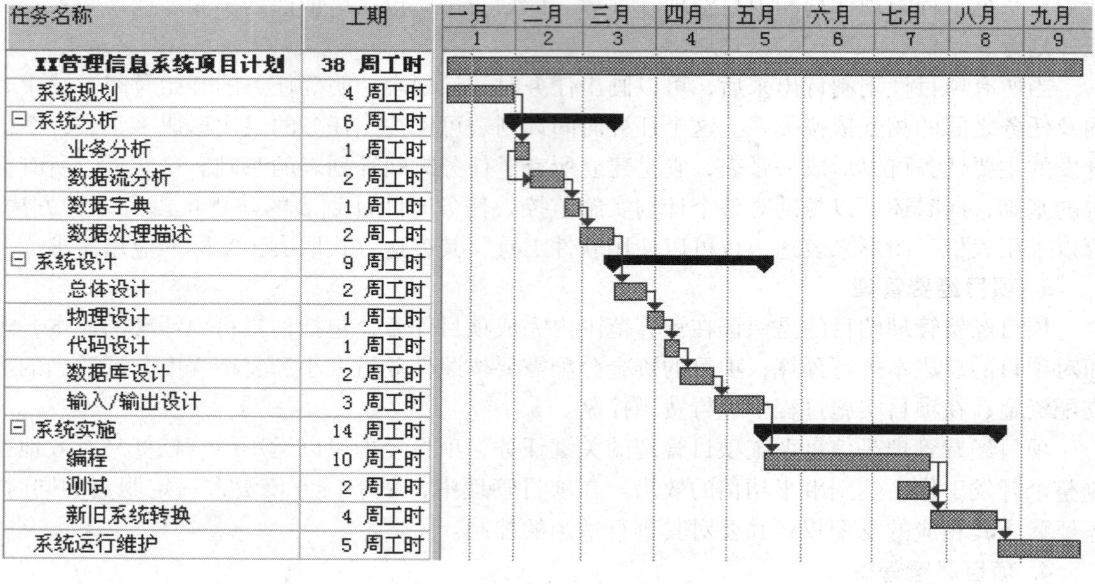

图7-2 用甘特图编制的项目计划

（2）PERT图

计划评审技术（program evaluation and review technique，PERT）是项目执行的可视化计划图，从图中可以观察到项目所包含的相关任务、执行情况、时间周期及相互关系等。PERT图的符号如图7-3所示。

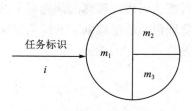

图7-3 PERT图的符号

PERT 图的圆代表一个任务的起始节点或终止节点，m_1 表示任务编号，m_2 表示最早开始时间，m_3 表示最迟开始时间，i 表示任务的持续时间。一个 PERT 图只能有一个起始节点和一个终止节点。关键路径是指从项目的起始节点到项目的终止节点的最长时间路径，该路径上的任务节点最早开始时间与最迟开始时间是一致的，即该任务没有冗余时间可以拖延。图 7-4 是用 PERT 图编制项目计划的示例。从图中可以看出，项目周期为 17 周，项目的关键路径是 A—B—D—G。

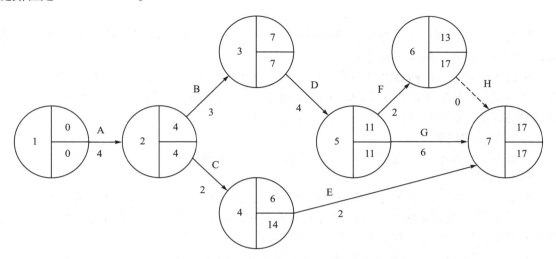

图 7-4　用 PERT 图编制项目计划的示例

管理信息系统开发的项目计划一般分为两层：第一层按开发阶段安排，作为总体计划，该层计划一般采用甘特图编制；第二层按各开发阶段或子项目的工作步骤安排，制定详细的工作计划，可以具体到天，该层计划一般采用 PERT 图编制。

2. 项目进度控制

在管理信息系统的实际开发中，能完全按照项目计划完成任务的很少，这给用户和开发方都造成了很大的损失。因此，在编制项目计划后，对项目进度的控制显得尤为重要。项目进度控制是通过对计划执行的监督和跟踪，及时发现计划延误，并采取相应措施来调整计划，尽力保证项目进度与计划一致。

导致管理信息系统项目开发计划延误的主要原因有：
- 各项任务的工作量都是凭经验估算的，实际工作量与估算经常有很大的差别；
- 开发过程中经常产生一些预料以外的工作，使工作量增加、计划拖延；
- 由于需求发生变化，使已完成的工作要进行修改，导致计划延误。

上述情况导致计划延误是管理信息系统开发过程中不可避免的，针对这些情况，要采取不同的措施，尽量减少延误。通常的解决措施如下。

① 针对开发中存在的不确定性问题，可事先在项目计划中留有一定的余地，如预设"不可预计时间"。

② 在开发过程中要经常与用户沟通，随时掌握用户的需求变化，发现问题及时解决。

③ 当关键路径上的活动延误时，要合理配置资源，适当地增加开发人员或通过加班等方式，最小化关键路径的延误。

管理信息系统

④ 如果通过以上方法仍难以解决计划延误问题，则需要对原计划进行整体调整，综合平衡资源。

管理信息系统的开发是一个复杂的过程，项目进度的控制也较困难，只有在开发过程中不断地积累经验，逐步提高计划制订的准确度，才能更好地控制项目进度。

7.1.4 项目风险管理

项目风险主要来自3个方面：项目规模、使用技术的经验和项目结构。项目的投入越多，时间消耗越多，风险也就越大。

项目风险管理是对项目潜在的意外损失进行规划、识别、估计、评价、应对和监控的过程，是对项目目标的主动控制手段。采取主动行动，创造条件，尽量减少风险的有利结果，以最少的成本保证项目目标能够安全、可靠地实现。

1. 风险管理内容

项目风险管理的内容包括风险辨识、风险分析和风险跟踪。

（1）风险辨识

风险辨识就是找出潜在的风险源，在管理信息系统的开发中，风险源主要有：

- 在总体规划和系统分析阶段进行的需求分析不完整、不稳定或不可行，最终影响到系统的开发，从而使项目不能达到预定目标要求；
- 在管理信息系统的设计过程中，设计结果的可用性、可实施性、可测试性较差，影响系统的具体实施，使开发出来的系统技术性能达不到预期目标；
- 在系统的程序设计过程中，可能出现一些不一致性或系统的支持较差或所选的软硬件不匹配；
- 在项目的管理过程中，计划的准确性、可控性、经费运用分配的合理性等都会对整个开发工作带来风险。

（2）风险分析

辨识出风险后，就需要对风险做进一步的分析，制定规避风险的措施，将风险带来的影响降低到最小。

（3）风险跟踪

对辨识出的风险在系统开发过程中要进行严密的跟踪管理，随时确定风险的变化趋势，并及时调整计划。具体风险跟踪方法包括：

- 加强对重大风险跟踪监控；
- 定期对风险进行跟踪分析；
- 风险跟踪应与项目管理中各阶段、各环节的管理活动相一致；
- 风险的内容和对项目开发的影响应随时间的不同而有相应的变化。

因此，在项目管理过程中，随时研究项目风险并及时制定相应的风险应对策略是项目管理中不可缺少的工作。

2. 风险因素

影响项目风险的因素主要有3个：项目规模、决策的结构化程度和技术难度。

(1) 项目规模

项目规模越大，内容越多，所涉及的人员就越多，投入也越大，项目周期也就越长，从而项目风险也越大。项目规模的大小是项目管理者无法控制的，因此，对于大型项目的管理，在风险管理方面要做更多的投入，在编制项目计划时，要充分考虑大项目的风险，为项目的安全开发提供必要的保证。

(2) 决策的结构化程度

如果某项管理决策的目标明确，有确定的信息需求，解决问题过程有规律可循，则称这类决策为结构化决策；反之，如果管理决策的目标本身含糊不清或多个目标混淆并且相互冲突，信息不全、无固定的规则和程序来解决问题，解决问题时主要依靠决策人员的智力、知识和经验，则这类决策称为非结构化决策。如果管理信息系统开发项目所涉及的决策多是结构化决策，则项目风险就小，因为其问题明确、有章可循、不可预见因素少，用户需求明确，项目计划就会更加准确。如果项目所涉及决策的结构化程度低，不确定因素多，且多涉及组织的中高层管理，用户需求难以确定，项目风险就大得多。

(3) 技术难度

如果开发项目所采用的技术相当成熟且开发人员十分熟悉，则项目的技术难度相对较低，风险也就相对较小。如果所采用的技术不成熟，或者开发人员对相应的硬件、操作系统、数据库管理系统等不熟悉，或缺乏相应环境下的开发经验，在这种情况下开发项目，项目风险必然加大。

3. 风险评价

要控制风险，首先要对风险进行评价，针对不同危害性的风险采取对应的管理措施。风险的评价内容主要有识别风险、分析风险，然后确定风险的等级。对于一个项目来说，任何可能发生并危害项目成功的条件、形势或事件都会构成风险。为了控制风险，先要识别风险。将识别出的风险汇总形成项目中可能发生的风险表。这个表是控制项目风险的起点，可以帮助项目经理识别出当前项目可能存在的风险。

已经识别出的项目风险只是给出了可能危害项目达到其目标的事件，但是这些风险可能造成的危害大小、可能出现的概率大小是不同的。因此，在进行风险管理之前，必须先确定风险的危害等级，这样可以将管理力度集中到危害等级较高的风险上，以便利用有限的风险控制资源获取尽可能大的风险管理收益。

确定风险优先级的基本步骤如下所述。

- 对于每个项目风险，可以将风险发生的可能性划分为低、中、高三个级别。如果风险较多，可以根据需要，在每个给定级别的范围内分配可能性数值：0.1、0.2、0.3……直至1.0。
- 根据每个风险对项目的危害程度评价为低、中、高或非常高风险等级。如果需要，为危害后果的级别按照0.1～1.0分别分配权重。
- 综合风险发生的概率和风险发生后所带来的危害程度划分风险的综合等级。显然，那些高概率、高危害性的风险项目所具有的风险等级应该比那些低概率、低危害性的风险项目更高。
- 选择具有高等级的风险项目进行跟踪和管理控制。

对各种风险项目进行评价的主要目的在于确定最高的几个风险项，然后重点关注这些风险项,而并不是对所有的风险项进行管理控制。一般情况下,具有高概率和严重危害性的风险是具有高代价的风险,对风险管理来说,这些风险项目应该优先管理。但是这种评价对风险管理控制中的成本—收益分析却不起作用。如果要实现真正有效的风险管理,需要从风险管理控制的成本—收益角度来考虑风险所带来的经济损失与控制该风险所需要付出的代价之比,在成本高过效益的情况下甚至可能放弃对风险的管理控制。

4. 风险管理措施

确定了风险及其危害等级后,问题就变成如何将风险带来的危害降到最低。首先需要制定风险缓解计划,然后执行风险缓解计划并监督风险的控制状况。

风险缓解计划实质上是列出有针对性的缓解风险的各种对策,将这些对策汇总形成一个缓解风险步骤计划,以帮助项目管理人员选择合适的风险缓解控制步骤。一般的风险类型和缓解风险的方法有以下几种情况。

① 缺乏培训过的技术人力。估计项目开发需要多少经过培训的技术人力、经过培训的现有技术人力及两者之间的差额。为补充这一差额需要多少人员参加培训?需要多少培训时间?准备进行的特定培训活动?这些培训活动所需要的资源?

② 过多的需求变更。要求用户对最初需求说明的确认;使用户明白需求的变化会严重影响到项目实现的进度;建立用户需求变更的处理程序,要求用户对需求变更所引发的工作量额外付费。

③ 不清楚用户需求、不了解用户业务知识。增加与用户的交流,并确保能够从用户那里获取足够的业务知识;加强对开发团队的用户业务知识培训;使用系统开发的经验和逻辑来制定一些假设前提,模拟用户业务事务或为用户建立原型,并获得用户的确认。

④ 人力短缺。确保关键项目有多种资源支持;建立合适的团队、保持团队的积极活动;为团队成员提供工作轮换机会,使团队成员能够熟悉各种岗位的工作,便于成员随时补充各种可能出现的不同岗位的人力短缺;及时、正确地维护每个团队成员工作的文档,便于其他成员的接替、补充。

⑤ 强加于项目的外部驱动决策。用所支持的事实或数据来列出外部决策的缺点,并与强加决策人进行协商;如果这些外部决策不可避免,需要认真分析可能带来的实际风险并制定相应的缓解计划。

⑥ 系统没有满足性能需求。清晰地定义性能准则,并交给用户评审;定义必须遵守的标准来支持性能准则;实施能够满足性能准则的设计,并由专家对其进行评审;模拟关键处理行为的性能或为其建立原型;在可能的位置,用有代表性的大量数据进行测试。

⑦ 无法完成的进度计划。与用户商讨一个更好的、实际的进度;确定可以并行的任务;及早准备所需要的资源;确定可以自动完成的领域;如果无法通过关键路径问题的解决实现进度计划,需要与客户进行协商,按照实际工作进度重新调整进度计划。

风险贯穿于项目全过程。在一定程度上,细节的风险管理已经突破项目管理的范畴,如开发团队中的人员流动率。在风险管理中需要注意将风险管理包含在项目规划中,项目预算必须包含解决风险所需的经费。在管理信息系统项目开发中,风险是必然存在的。想彻底消除风险是不可能的,因此,如何采取合适的措施来降低风险、减少风险带来的损失是风险管理的重点。

7.1.5 项目监理和审计

项目的监理和审计是管理信息系统项目管理的重要内容，它是保证系统开发工作在预算的范围内，按照任务时间表来完成已定开发任务的重要手段。系统监理和审计的步骤如下所述。

① 制定系统开发的工作制度。按照所选择的系统开发方法，明确每类开发人员的具体开发任务，确定其在工作中的责任、完成任务的质量标准等。

② 制订审计计划。按照总体目标和工作标准，制订详细的审计计划。

③ 分析审计结果。针对每一开发阶段进行审计，分析任务计划表执行情况和经费变化情况，根据审计结果，对计划和经费等内容做出相应调整。

④ 控制。根据任务时间计划表和审计结果，掌握项目的进展情况，及时处理开发过程中出现的问题，及时修正开发过程中出现的偏差，保证系统开发工作的顺利进行。

对系统开发过程中出现的各种问题，项目经理要及时与用户联系，取得他们的理解和支持，并针对出现的情况及时采取对策。在必要的时候，可以请第三方监理与审计，以更有利于实现项目目标和保证系统质量。

7.2 系统文档管理

文档是记录人们思维活动及其结果的文字资料。在管理信息系统的开发过程中，会产生各种类型的文档，这些文档描述了管理信息系统从无到有整个发展过程及各种状态的文字资料。管理信息系统并不仅指最终运行的应用软件，它应由应用软件及其相应的文档两部分组成。而且在管理信息系统的整个开发过程中，系统的开发都是以文档为依据的，系统的运行和维护更需要文档的支持。

系统文档并非在系统开发之前一次性形成，它是在系统规划、分析、设计、运行与维护的整个过程中不断地依次编写、修改、完善与积累而成的。如果没有规范的系统文档，管理信息系统的开发、运行和维护将处于一种混沌状态，系统质量根本无法保证。因此可以说，系统文档是管理信息系统的生命线，没有规范的系统文档就没有管理信息系统成功的保证。

7.2.1 系统文档分类

文档管理是有序地、规范地开发与运行管理信息系统的前提条件。按照管理信息系统开发生命周期的各个阶段产生的文档及文档的性质，可以把文档分为技术文档、管理文档和记录文档三大类（见表7-1）。此外，还可以按照文档的存放载体分成原始单据、磁盘文件、打印文件、大型图表、原始文件和光盘文档等。

表7-1 系统文档分类

文档类别	文档内容	产生阶段	备注
1. 技术文档	系统可行性分析报告	系统规划	
	系统总体规划报告	系统规范	
	系统分析报告	系统分析	
	系统概要设计	系统设计	
	系统详细设计	系统设计	
	系统测试说明	系统实施	
	系统测试报告	系统实施	
	系统使用手册	系统实施	
	系统维护手册	系统实施	
2. 管理文档	系统需求报告	系统规划	
	系统开发计划	系统规划	
	系统开发合同	系统规划	委托或合作开发时
	系统总体规划评审意见	系统规划	
	系统分析评审意见	系统分析	
	系统实施计划	系统设计	
	系统设计评审意见	系统设计	
	系统试运行报告	系统实施	
	系统维护计划	系统实施	
	系统运行报告	系统运行与维护	
	系统开发总结	系统运行与维护	
	系统评价报告	系统运行与维护	
	系统维护报告	系统运行与维护	
3. 记录文档	会议记录	各阶段各次会议	
	调查记录	各阶段	主要在分析阶段
	系统运行情况记录	系统运行与维护	
	系统维护记录	系统运行与维护	

7.2.2 文档规范管理的内容

文档的标准与规范要以国家或行业标准为基准,并结合系统的特点在系统开发前或至少在开发阶段前期制定,用于指导开发人员编写相关的文档。管理信息系统文档规范化管理主要体现在以下几个方面。

1. 文档标准化、规范化

管理信息系统开发前,必须制定或选择各类文档的标准,开发人员根据标准编写相应的文档资料。文档的编写应尽量符合已有的规范,对于个别无现行规范的文档要在项目组内统一其内容格式和编写要求,以求与其他文档基本一致。

2. 文档一致性

管理信息系统的开发过程是一个不断变化的动态过程，一旦需要对某一文档进行修改，就要及时、完整地修改与之相关联的所有文档，确保文档的一致性，否则会引起系统文档的混乱。

3. 文档的可追踪性

由于管理信息系统开发的动态性，系统的修改是否最终有效，需要经过一段时间的检验，因此文档要分版本来管理，而各版本的发布时机与要求也应有相应的制度要求。

4. 文档规范管理的制度化

系统开发必须形成一套文档管理制度，其内容包含文档的编写规范、修改文档和发布文档新版本的条件、开发人员在系统开发不同时期就其文档编写工作应承担的责任和任务、文档借阅制度和文档使用权限规定等。文档的编写规范是指文档书写的规范、图表编号规则和文档目录编写标准等；文档借阅制度是指文档的借阅允准权限规定与借阅记录。

5. 文档管理目录标准化

为了文档的管理与使用方便必须编写文档目录。文档目录中的内容必须包含编号、名称、载体、份数、页数或件数、存放地点、存档日期、保管人等（见表7－2）。文档的编号一般要能够反映这样一些信息：文档出自开发周期的哪一阶段，属于哪一种类型文档，文档中的哪一部分内容。例如，编号2－1－03－04对应的是系统分析阶段中分析报告中的业务流程图的第4份文档。文档的名称要规范完整。

表7－2　信息系统文档目录

编号	名称	载体	份数	页数或件数	存放地点	存档日期	保管人
2－1－03－04	销售业务流程图	大型图表	3	10	24号档案柜	2004－06－23	王琳

6. 文档管理手段现代化

从文档管理角度来看，管理信息系统开发各阶段的工作是一个不断产生草稿、反复讨论、修改定稿的过程，这就要求开发人员必须有一定的文档编写能力。但是如果采用手工方式来编写这些文档，很难适应这种不断变化、修改、完善的需求。因此，应当充分利用计算机实现文档管理的自动化，将文档的存储、检索、一致性和可靠性等交由计算机协助完成，使文档管理成为一个人机结合体。如果整个开发活动是在多个工作站的网络系统中进行，整个开发活动的所有技术文档、程序员的临时工作文档、管理人员的管理文档都可以存入计算机。这样，文档的生成、修改、更新、传递、删除、检索和维护将成为系统开发工作的一个有机组成部分，从而能有效地加快系统开发速度，保证文档质量。

7.3　管理信息系统的质量管理

管理信息系统的质量管理是贯穿于管理信息系统生命周期全过程的全面质量管理，包括系统分析、系统设计、系统实施的软件、文档、开发人员和用户培训的质量管理。

7.3.1 管理信息系统质量管理意义

管理信息系统的质量对用户和开发者都是至关重要的。管理信息系统不同于一般的软件系统，它是一种管理软件，涉及许多复杂的管理过程和众多的人为因素，因此信息系统的质量管理和质量保证难度更大。

由于用户在建设管理信息系统过程中需要投入大量的人力和金钱，系统质量的好坏将直接影响项目的经济效益。开发过程中的任何疏忽都会给系统带来影响，而导致系统开发的失败，甚至影响用户（企业）的经营发展。

在软件市场日益成熟的今天，用户不再接受对产品表面价值的说明，而是希望得到有质量保证的软件系统。软件开发者只有保证软件产品符合一定的国际质量标准，才有机会占领市场，否则必将失去竞争优势。

7.3.2 管理信息系统质量保证

管理信息系统的质量保证任务是及时发现影响系统开发质量的问题并给予解决。问题发现越早，对整个项目的影响就越小，项目成功的把握也就越大。软件质量保证的方法和措施主要有以下几种。

1. 软件质量保证过程

通过监控软件开发过程来保证软件质量，保证生产的软件产品及软件开发过程符合相应的标准和规范。软件质量保证手段主要有审计、评审等方法。审计包括对软件产品、软件工具和设备的审计，是为了评估软件产品及开发工具设备是否符合组织和项目的标准，鉴别偏差以便跟踪评价；评审是指对软件开发过程中的活动进行评审，保证软件定义在开发过程中得到遵循；对于审计和评审过程中所发现的不符合标准处，软件质量保证人员要进行跟踪和处理，直到问题得到解决。

2. 同行评审

同行评审是由同行进行软件产品验证的活动，以便尽早从软件产品中识别并消除缺陷。与一般评审流程相似，同行评审包括策划、准备和实施3个阶段。同行评审的重点是确定产品的缺陷，而不是如何解决问题。在评审结束后，软件产品的开发者应该依据评审记录，修正软件产品中的缺陷，然后向同行评审负责人确认缺陷的修正。

在系统开发前期引入同行评审，可以加大软件开发前期工作质量保证的力度。提高对前期产品质量的保证，降低软件开发的成本，提高软件产品的整体质量。

3. 软件质量管理

软件质量管理的目的是建立对软件产品质量的定量控制，以便实现特定的质量目标。例如，在流程、时间表、功能、性能、接口和界面上的特定需求目标。对管理信息系统中所描述的软件部分实施内容丰富的测量计划，进行定量的质量管理。

4. 缺陷预防

缺陷预防的目的是鉴别缺陷产生的原因，并防止其再次发生。具体预防方法是建立项目缺陷分析的数据库,将分析结果尤其是具有普遍价值的分析过程与结果存储在数据库中,并通知组织中的其他软件项目组,避免产生类似的更复杂的缺陷。

5. 其他措施

为了提高系统质量,加强系统质量管理,系统的高层经理和项目经理应大力提倡并严格执行"七化原则",即在软件质量管理中做到:行为规范化、报告制度化、报表统一化、数据标准化、信息网络化、管理可视化和措施及时化。

6. 管理信息系统质量控制点

在系统开发过程中可以通过对管理信息系统开发各阶段的一些质量控制点的质量控制,提高管理信息系统的质量。

系统规划阶段的质量控制点有:系统的目标和实现方法是否正确合理?系统的结构是否合理?系统的资源是否得到有效的应用?系统开发的基础条件是否具备?系统开发的计划是否可行?

系统分析阶段的质量控制点有:现行系统的描述是否正确?新系统功能是否明确?新系统逻辑模型是否合理?子系统的划分是否合理?

系统设计阶段的质量控制点有:系统结构的划分是否合理?数据存储的设计是否正确?系统的代码是否适合信息的处理?

系统实施阶段的质量控制点有:系统的结构化程度如何?程序测试过程中的错误是否得到了纠正?系统的运行速度等性能指标是否实现?

7.3.3 管理信息系统质量的指标体系

ISO 9000 系列国际标准作为企业建立质量体系,提供质量保证的模式,被业界普遍接受。ISO 9000 系列标准自从 1987 年发布以来,已经陆续发布了十几个相关的标准和指南,形成了质量管理和质量保证的标准体系,目前已被世界各国普遍采用。1992 年我国在 ISO 9000 系列标准的基础上制定了更合适我国特点的 GB/T 19000—1994 系列标准,为我国企业与国际接轨奠定了基础,被我国企业广泛采用。ISO 9000 系列标准包含了综合的质量管理概念和指南,是现代质量管理和质量保证理论的结晶,也是质量管理实践经验的总结。

在 ISO 9000 系列中,ISO 9001 是一个可以适用于所有行业的质量管理标准,尤其是 2008 版的 ISO 9001,将产品的实现过程流程化,并以模块化的形式对生产组织的管理体系、管理职责、资源、产品实现、测量与改进等提出了质量管理的要求,更加适合管理信息系统开发和维护过程的质量管理。

软件产品不同于一般的物质产品,软件产品的质量问题经常是不可见的,只有在使用后才能发现。因此,对于软件产品的质量管理主要从技术和管理两方面进行。

从管理上保证软件质量就是要加强软件开发过程中的质量管理。通过质量管理相对净化系统开发环境,使开发过程尽可能少产生差错或缺陷,从而减少查错和排错的工作量,提高软件质量。这就是 ISO 9000 质量管理和质量保证标准的基本思想,它把与质量相关的问题集中到管理职责、质量体系、合同评审、设计控制、采购、检验、交付、培训及服务等 20 个要素中,要求明确,具有很好的可操作性。在遵循这些要求的基础上,可以结合管理信息系统本身的具体特点,建立相应的质量保证体系,贯彻实施这些质量要求,从而取得较好的质量管理效果。

在管理信息系统开发过程中推行 ISO 9000 标准的步骤主要有：
- 识别原有的系统开发质量控制体系，找出缺陷；
- 任命管理者代表，组建在系统开发过程中推行 ISO 9000 的机构；
- 制定出系统开发的质量目标；
- 对各级人员进行必要的管理意识和质量意识训练，特别是 ISO 9001 标准的培训；
- 编写系统开发质量体系文件；
- 在整个开发组织内部宣传系统开发质量体系文件，正式发布、培训和试运行；
- 进行若干次内部系统开发质量体系评审；
- 在内审的基础上对管理者进行评审；
- 完善和改进开发组织的质量管理体系。

7.3.4 软件能力成熟度模型

1. 软件能力成熟度模型简介

软件能力成熟度模型（capacity maturity model，CMM）是一个行业标准模型，用来定义和评价软件企业开发过程的成熟度，提供提高软件质量的指导。它是美国卡内基-梅隆大学软件工程研究院（SEI）为了满足美国联邦政府评估软件供应商能力的要求，于 1986 年开始研究的模型，并于 1991 年正式推出 CMM1.0 版，1993 年推出 CMM1.1 版。CMM 自问世以来备受关注，在一些发达国家和地区得到了广泛应用，成为衡量软件公司软件开发管理水平的重要参考因素和改进软件开发过程的事实工业标准。

CMM 为软件开发过程能力提供了一个阶梯式的改进框架，阶梯共有 5 级，如图 7-5 所示。每一级定义了一组过程能力目标，并描述了要达到这些目标应该采取的关键实践活动。软件组织通过努力一步步达到这些预定目标，从而改进软件开发过程，实现高效率、低成本交付高质量软件产品的战略目标。第一级实际上是一个起点，任何准备按 CMM 进行质量管理的企业一般都处于这个起点。除第一级外，每一级都设定了一组目标，如果达到了这组目标，则表明达到了这个成熟级别，可以向更高的一个级别迈进。CMM 不主张跨越级别的进化，因为从第二级起，每一个低级别目标均是实现高级别的基础。

CMM 五级成熟度分为初始级、可重复级、已定义级、定量管理级和优化级。

（1）初始级

初始级的软件开发过程是未定义的随意过程，项目的开发过程是随意性的甚至是混乱的。也许，有些企业制定了一些软件开发工程规范，但若这些规范没有覆盖软件开发的基本关键过程，并且在实际执行时没有政策、资源等方面的保证，那么该企业的软件开发过程依然被看作初始级。

（2）可重复级

根据多年的软件开发实践，人们发现软件开发的首要问题并不是技术问题而是管理问题。因此，第二级的焦点集中在软件开发管理过程上。一个可管理的过程必须是一个可重复的过程，一个可重复的过程则能逐渐进化和成熟。在可重复级，必须有管理软件开发项目的方针及为贯彻执行这些方针的措施。企业能够利用类似项目的开发经验对新

第 7 章　管理信息系统的管理与评价

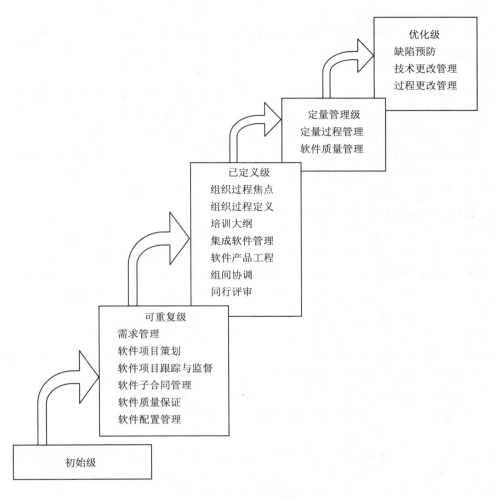

图 7-5　CMM 阶梯图

项目进行策划和管理，并能将开发过程置于项目管理的有效控制之下。可重复级的企业可以通过实施这些管理过程实现一个按计划执行的、阶段可控的软件开发过程。在可重复级企业中可以对软件的开发成本、开发进度和功能进行跟踪，并能在类似项目开发中重复以前的功能。

（3）已定义级

在可重复级仅定义了管理的基本过程，而没有定义执行的标准。在已定义级则要求制定企业范围的软件开发工程化标准，而且无论是管理还是工程开发都需要一套文档化的标准，并将这些标准集成到企业软件开发标准过程中去。企业已经形成了管理软件开发和维护活动的标准过程，包括软件工程过程和软件管理过程。各种软件项目能够依据组织标准，定义自己的软件过程，并能进行管理和控制。已定义级的特点是管理活动和工程活动两方面的软件工程均已文档化和标准化，并已集成到软件组织的标准化过程中。

（4）定量管理级

在定量管理级，组织对软件产品和过程都设置定量的质量目标。软件项目通过将过程性能的变化限制在可接受的范围内，实现对产品和过程的控制，使组织的软件开发能力可预测，软件产品也具有可预测的高质量。本级的特点是已采用详细的有关软件过程和产品质量的度量方法，并使软件过程和产品质量得到定量控制。

（5）优化级

该级的目标是使软件开发过程达到一个可持续改进的境界。组织通过缺陷预防、技术创新和变更过程等多种方式，不断提高软件项目的过程性能，以持续改善组织软件开发能力。其特点是能及时应用新思想、新方法和新技术不断改进整个组织的软件过程。

CMM 为软件企业提供了控制开发和维护软件过程、培养优秀的软件工程和管理文化等方面的指导，为企业不断提高软件开发能力和管理水平指明了方向，最终也为管理信息系统开发质量的提高提供了努力方向。

2. 软件能力成熟度集成模型

自 1991 年 SW-CMM 首次发布后，SEI 又开发了其他成熟度模型。为了整合不同模型中的最佳实践，建立统一模型，覆盖不同领域，供企业进行整个组织的全面过程改进，SEI 于 2001 年 12 月正式发布了能力成熟度集成模型（capability maturity model integration，CMMI）1.1 版本，这次发布标志着 CMMI 的正式使用。随后在 2006 年 8 月发布了 1.2 版本，2010 年 11 月发布了 1.3 版本。CMMI 模型最终取代了 CMM 模型。

CMMI 目前致力于 3 个领域的模型。

① 产品和服务开发——CMMI 开发模型（CMMI-DEV），该模型是目前在全国使用最广的模型，通常说的 CMMI 模型即指该模型，该模型主要用于软件工程、硬件工程、系统工程等产品开发领域。该模型基本上覆盖了产品研发的各个过程领域，包括项目管理、需求、设计、开发、验证、确认、配置管理、质量保证、决策分析以及对研发的改进和培训等一系列活动。

② 服务建立、管理和交付——CMMI 服务模型（CMMI-SVC）该模型可以用于任何服务行业，包括 IT 服务、医疗卫生、教育、餐饮酒店等各类服务领域。

③ 产品和服务采购——CMMI 采购模型（CMMI-ACQ）。该模型适用于政府、电信、金融等各领域的采购管理。

CMMI 实施时有连续式和阶段式两种改进实施方式。在阶段式中有 5 个等级。由于第一级"初始级"是组织的初始状态（可以认为每一个没有通过 CMMI 评估的公司或组织都处于"初始级"），故成熟度级别评定从 2～5 级被授予。每个成熟度级别都包含不同的过程域，下一个级别是在上一个级别所有过程域都满足的基础上实现的。

CMMI 开发模型中，成熟度级别（maturity levels）与过程区域（process area）如下。

（1）初始级（initial）

（2）管理级（managed）

配置管理（configuration management，CM）；

度量和分析（measurement and analysis，MA）；

项目监督与控制（project monitoring and control，PMC）；

项目计划（project planning，PP）；

过程和产品质量保证（process and product quality assurance，PPQA）；

需求管理（requirements management，REQM）；

供应商协议管理（supplier agreement management，SAM）。

(3) 定义级（defined）

决策分析与解决方案（decision analysis and resolution，DAR）；

集成项目管理（integrated project management，IPM）；

组织过程定义（organizational process definition，OPD）；

组织过程焦点（organizational process focus，OPF）；

组织培训管理（organizational training，OT）；

产品集成（product integration，PI）；

需求开发（requirements development，RD）；

风险管理（risk management，RSKM）；

技术解决方案（technical solution，TS）；

验证（validation，VAL）；

确认（verification，VER）。

(4) 量化管理级（quantitatively managed）

组织过程绩效（organizational process performance，OPP）；

量化项目管理（quantitative project management，QPM）。

(5) 优化级（optimizing）

原因分析与解决（causal analysis and resolution，CAR）；

组织绩效管理（organizational performance management，OPM）。

3. 中国的软件过程及能力成熟度评估

中国的"软件过程及能力成熟度评估"，即 SPCA 评估。SPCA 依据的评估标准是《软件过程能力评估模型》（SJ/T 11234）和《软件能力成熟度模型》（SJ/T 11235），这两个标准是在深入研究了 CMM、CMMI、ISO/IEC TR 15504、ISO 9000、TL 9000 以及其他有关的资料和文件以及国外企业实施 CMM 的实际情况后，结合国内企业的实际情况，以 CMMI 作为主要参考文件最终形成的，这两个行业标准由信息产业部于 2001 年 5 月 1 日发布实施。

SJ/T 11234 针对软件企业对自身软件过程能力进行内部改进的需要，与 CMMI 连续表示形式基本相同。该模型有 22 个过程，分为四大类，即：过程管理类、项目管理类、工程化类和支持类，每个过程能力从 0 到 5 划分为 6 个评估等级，每个等级包含了通用目标、通用惯例、特定目标和特定惯例，它们组成一套衡量准则。按此准则对实际运行的过程进行评估，可以确定当前软件过程的能力状态。对每个过程评估后，可以得到企业软件过程能力的一条"谱线"。企业还可以针对软件开发项目，根据项目的目标和要求，有针对性地"弄清楚"有关过程的能力状态，实施必要的过程改进，以支持项目的完成。

SJ/T 11235 针对软件企业综合能力第二方或第三方评估的需求，与 CMMI 分阶段表示形式基本相同。该模型用成熟度 1～5 个等级来描述综合软件能力。与 SJ/T 11234 相同，也有 22 个过程方面。除了成熟度等级 1 外，每个等级包含若干个过程方面，每个过程方面的实施情况由相应目标和惯例的实施情况体现。采用这种衡量准则可以评估软件企业的综合能力——软件能力成熟程度。

7.4 信息系统的运行管理

管理信息系统在交付使用后，并非意味着管理信息系统的管理工作结束，反而对信息系统的管理提出了更高的要求。要使系统能够正常运行还需要加强系统的远行管理，使系统能够得到合理利用，提高系统运行性能和可靠性。信息系统的运行管理主要包括：系统运行管理制度的制定、系统安全管理等工作。

7.4.1 系统运行管理制度

管理信息系统运行管理的目的是保证信息系统能长期有效地正常运行，这就需要有关部门和人员在管理信息系统的支持下相互配合、协调一致地工作。此时，制度上的保证就成为能否实现该目标的关键。由于原有的各种管理规章制度所依赖的环境发生了很大的变化，必须根据以管理信息系统为中心的管理环境制定相应的规章制度，以保证系统的正常运行。

例如：代码化后有关报表的填制方法、部门间及人员间的工作配合、系统操作人员的岗位责任、系统安全措施、网络安全措施、计算机病毒的防范、机房管理等，都应建立一套科学完整的规章制度，从制度上保证管理信息系统的正常运行。这些规章制度一般可分为5类：

- 保证原始数据准确性、真实性、完整性和实时性的数据采集制度；
- 系统的操作规程和管理制度；
- 系统的安全管理制度，如密码管理制度、备份保存制度和病毒防治制度等；
- 系统运行故障的控制与恢复制度；
- 系统管理人员的岗位职责制度。

这些规章制度主要体现在对系统的运行管理、日常维护管理和适应性管理等活动的支持。

第一，系统的运行管理活动包含每天工作站点计算机的开机、应用系统的登录、功能项目的执行、数据的备份、存档、系统关机等，都要按照规章制度要求就系统的运作情况作详细的记录。运行情况的记录对系统问题的分析与解决有重要的参考价值。系统运行情况的记录等具体工作主要由使用人员完成，为减少使用人员的工作量可以设计系统运行情况自动记录系统，自动登记保存系统有关运行情况的记录。系统运行情况记录应作为基本的系统文档进行长期保管，以备系统维护时参考。

第二，系统运行的日常维护是定时、定内容地重复进行有关数据和硬件的维护或对突发事件的处理。

7.4.2 系统的安全管理

管理信息系统的建设需要企业投入大量人力与资金，系统的各种软硬件是企业的重要资产,尤其是软件系统,它记录了企业的大量信息,反映了企业的过去、现在和未来。系统软硬件的损坏或信息的泄露都将给企业带来巨大的经济损失,甚至关系到企业的生存与发展。因此,管理信息系统的安全保密问题是一项极其重要的管理工作。

管理信息系统的安全与保密是两个不同的概念,安全是为了防止有意或无意破坏系统软硬件及信息资源行为的发生,避免企业遭受损失所采取的措施;保密是为了防止有意窃取信息资源行为的发生,使企业免受损失而采取的措施。

1. 影响信息系统安全保密的因素

信息系统能否正常运行与安全性能密切相关。在系统运行过程中,存在着各种各样的风险和不安全因素。其中主要有网络安全、计算机安全、信息安全和密码安全。

① 网络安全。网络安全包括与网络相关的各种因素,如物理设备、软件及各类人员的非授权访问、偶发性或蓄意的干扰或破坏。

② 计算机安全。指非授权人员、计算机或其他程序对计算机数据或程序文件的非法访问、获取或修改的各种因素。

③ 信息安全。指对信息系统中各种信息的偶发性或蓄意性非授权泄露、修改、破坏或导致数据处理能力丧失的因素。

④ 密码安全。指各类非法盗取信息系统密码的因素。

为保证信息系统的安全性,需针对各种影响系统安全保密的因素,采取相应的防范措施。

2. 信息系统的安全保密措施

信息系统的安全保密措施主要是指为了安全地保护信息资源、确保数据和信息的完整性而采取的管理规划和有关对策。对信息系统加以控制是确保信息系统安全的有效方法,有效的控制能够减少信息系统运行过程中的各种风险。因此在日常管理中应将信息系统的实施控制作为管理人员的责任,至少应与其他管理职能一样,受到各级管理人员的同等重视。由于计算机处理过程的不可预见性及各类难以预料的错误,信息系统的管理控制必须注意其独特性。

信息系统的管理控制涉及范围十分广泛,从简单的物理控制措施(如安装防盗门锁等以减少信息系统设备被盗的威胁),到用各种高科技手段防止各类非法访问信息系统资源及数据的行为。这些管理控制可以根据其具体特征,大致分为物理控制、电子控制、软件控制和管理控制4种类型。

(1)物理控制

采用物理保护手段的各种控制措施,如防盗门锁、键盘锁、防火门、排水泵、各种隔离设施等。

(2)电子控制

采用电子手段确定或防止威胁的各种控制措施。如移动传感器、热敏传感器、湿度传感器等电子感应技术,以及用指纹、语音与视网膜录入来防止入侵者进入的技术。

(3)软件控制

指在信息系统应用中为确定、防止或恢复错误、非法访问和其他威胁而使用的程序代码控制。如在特定时间内启动计算机终端的监控程序,以监督登录用户、登录时间、存取了哪些文件、使用了哪些存取方式等。

（4）管理控制

保证信息系统安全和正常运行的管理制度。表现为两个方面：首先是对机房的监控，如各类人员进入机房时的身份登记与审查、系统启动与关闭的专人负责、系统运行过程与状况的跟踪记录、操作人员规范等；其次是对软件、信息、数据的监控，如重要软件系统管理、数据管理、口令管理、通信安全管理和病毒防治等各种管理制度。

软件是保证信息系统正常运行的主要因素和手段，数据是信息系统的中心，数据的安全管理是信息系统安全的核心。对信息系统控制的关键就是对信息系统中数据的存取控制。即依靠物理、电子、软件及管理等多种控制类型来实现对系统的监测，完成对用户的识别、对用户存取数据的权限确认，保证信息系统中数据的完整性、安全性和正确性，防止合法用户有意或无意的越权访问，防止非法用户的入侵等。

存取控制的核心是用户权限控制，通过设置合理、全面的用户权限管理体系，规范用户对系统、数据的访问控制。用户权限授予的设置应遵循以下基本原则。

① 最小特权原则。只赋予用户完成所分配任务所必需的最小权限。

② 最小泄露原则。用户获得了对敏感数据信息的存取权限时，就有责任保护它们不被其他无关人员得到，不得将它们泄露出去。

③ 最大共享策略。让用户最大限度地利用数据库中的信息，实现授权许可下的最大数据共享。

④ 推理控制策略。防止某些用户可以在已给予的各种授权信息基础上，通过一系列的查询、统计，从而推断出其他不应知道而且应当保密的信息。

3. 系统平台的安全保密措施

信息系统在物理上首先表现为由企业内部若干计算机、通信网络及其相关软件所组成的系统。系统平台的安全保密措施主要是针对计算机系统与通信网络系统。

通常，信息系统的客户端设备分散在企业的各部门、科室和车间，而各种服务器则相对集中地放置在中心机房，配备若干专业技术人员和工作人员，从事信息系统的运行管理及系统维护。因此，计算机系统的安全保密措施主要包括各种系统设备的安放位置（机房）的合理规划、机房进出的控制、各种防灾和防干扰措施的设置、其他辅助设备及材料的选择和配置等。另外，为了保证系统能处理由于环境干扰、磁盘读写等而引起的错误，可采用磁盘镜像、服务器双工等工作方式，以确保系统和数据的安全。

计算机网络安全是指利用网络管理控制和技术措施，保证在网络环境中数据信息的保密性、完整性和可利用性受到保护。网络安全的主要目标是确保经过网络传送的信息，在到达目的地时没有任何增加、改变、丢失或被非法读取。因此，必须保证网络系统软件、应用软件系统、数据库系统具有一定的安全保护功能，且在所有网络设备的功能不变的前提下，只有被授权的合法用户才能访问。

① 网络系统的基本安全服务功能。网络系统的基本安全服务应该提供保密性、认证、数据完整性和防抵赖等功能。

② 网络安全技术。目前所采用的网络安全技术主要有防火墙技术、网络安全漏洞扫描技术、入侵检测技术、物理隔离技术、安全内核技术和信息泄露防范技术。

4. 系统运行安全保密控制措施

企业要根据自身的具体情况，制定严格的安全保密制度，并贯彻执行。同时提高信息系统操作人员的安全保密意识,加强企业全体人员的自觉参与度,从根本上解决信息系统的安全保密问题。

系统的运行安全保密控制措施主要是指保证信息系统安全和正常运行的日常管理制度,包括对机房、软件和数据的监控制度。机房的监控主要是对各类人员进出机房时的身份登记、系统启动与关闭的专人负责、系统运行状态的跟踪记录等。对软件、数据的监控主要是制定相关的管理制度,如重要软件系统管理、数据管理、口令管理和病毒防治等各种管理制度。

设计一套保证系统安全运转的措施,尤其是保证软件和数据安全可靠运行的措施。这些措施要求能够防止对系统信息的篡改、越权获取和蓄意破坏等犯罪行为,以及对自然灾害的防范。

这些安全措施主要有:制定安全计划并定义系统使用的安全保护级别,制定措施防止用户对信息的越权使用;采取措施加强对设备实体和软资源的保护;制定处理各种灾害的应急计划;进行风险分析和效益分析,权衡对安全的要求和系统费用的增长等。

系统的运行安全措施包含安全控制机构的设定,包括人员组织、人员的职责、安全计划制定和协调。

① 系统运行控制。加强系统日常管理,如操作的启动、调度、控制等安全规程的建立。
② 应急计划。发生灾害时尽量保护系统的安全,减少损失,缩小灾害对工作的影响。
③ 软件安全控制。包括防止对文件和程序的非授权访问和篡改。

7.5 管理信息系统的评价

管理信息系统正常运行一段时间以后,需要对系统进行全面评价,考察和评审新系统是否达到了预期目标,技术性能是否达到设计要求,系统的各种资源是否得到充分利用,经济效益是否理想。系统评价的目的在于能够更好地使用管理信息系统,使系统更加完善,可以产生更大的经济效益。同时通过评价找出系统目前存在的不足,为系统今后的改进提供依据。

管理信息系统的评价是一项困难的工作,因为管理信息系统是一个大型的、复杂的人机系统,一方面是由人、计算机硬件、软件组成的人机系统,另一方面由众多的分布在各部门的子系统组成,彼此之间信息紧密联系,组成一个庞大而复杂的系统。要进行管理信息系统的评价,首先需要建立比较完善的评价指标体系。

信息系统评价指标体系的设计应遵循:指标体系科学性、先进性、系统性和可测性原则,能有效地反映管理信息系统的基本特征,全面地反映被评价对象的综合情况,从中抓住主要因素,既能反映系统直接效果,又能反映间接效果,以保证综合评价的全面性和可信性。

目前,管理信息系统评价方法主要有模糊评价方法、层次分析法、基于神经网络的评价模型、决策支持系统评价方法等。简单的系统评价可以通过新旧系统对比分析得出新系统的经济效果及性能状况。系统评价应由系统开发人员、用户、领导和操作人员共同参加。

系统评价包括系统运行评价和系统经济效益评价。

7.5.1 系统运行评价指标

系统运行评价是指对整个信息系统的综合评价，主要侧重于评价软件质量和系统性能。系统运行评价的指标主要有以下几个方面。

① 系统的总体技术水平。包括系统的网络结构、总体结构，系统所采用技术的先进性、实用性，系统的正确性和集成程度等。

② 系统的功能范围。指系统对各个管理层次及业务部门业务功能的支持程度，满足用户要求的程度，数据管理的规范性等。

③ 系统质量。人机交互的灵活性与方便性，系统响应时间与信息处理速度满足业务需求的程度，与其他系统交互或集成的难易程度等。

④ 信息资源开发和利用的深度。主要评价系统是否优化了业务流程，人、财、物等资源是否在系统的支持下得到了合理的利用。

⑤ 系统的可靠性。指系统在运行过程中，抗干扰能力和正常工作的能力。系统的可靠性评价包括：系统是否具有较强的检错、纠错能力；在错误干扰下，系统是否会崩溃；系统重新恢复及重新起动的能力如何；系统对于非法窃取或更改数据的抵制能力如何等。

⑥ 系统的安全性。系统运行期间是否发生了数据丢失、泄密、被非法使用等现象；在出现软硬件故障时系统是否受到破坏，是否能及时恢复；设计的安全保密措施是否有效；系统管理和操作方面的规章制度是否完善和落实。

⑦ 系统的可维护性。系统的可维护性又称灵活性或适应性，它是指系统被修改和维护的难易程度。它是系统开发人员技术水平高低的一个重要标志，也是用户能否长期维护该系统的重要条件。

⑧ 系统的实用性。建立管理信息系统就是为了使用，用户一般不关心软件的技术，而关心系统中的信息内容、人机界面，以及系统操作使用是否方便等，也就是说系统用户对系统的满意程度如何。

⑨ 系统的先进性。考虑到系统的开发周期比较长，为了使系统有较长的生命周期，在确定系统的支撑环境时，是否选用了先进开发平台，采用了先进的开发技术和开发方法。

7.5.2 经济效益评价

经济效益是评价管理信息系统优劣的一个重要指标。由于系统取得的效益往往是综合效益，因此要对其做出准确的评价具有一定的难度和复杂性。众所周知，建立管理信息系统所产生的效益并不是立竿见影，它有一定的滞后性，其效益是逐步体现出来的。而且系统越发展、越完善，效益也越显著。

一般认为，管理信息系统的应用，可以促使企业提高管理水平和管理效率，其经济效益有些可以直接定量计算，有些则很难准确测算。因此管理信息系统的经济效益可以分为直接效益、间接效益和社会效益三大类。

1. 直接效益

直接效益是指直接取得的可以定量计算的效益。管理信息系统的应用，增加了投资和一些费用，但可以减少管理人员，减少相应的工资及劳务费用。通过先进的信息处理系统所带来的管理现代化可以节约物资消耗、降低成本消耗、减少库存资金、节约管理费用，还能够堵塞资金漏洞。科学的计划决策更能带来难以估价的经济效益。

直接经济效益评价主要有以下几项。

① 系统的投资额。包括系统硬件和软件的购置、安装，应用系统的开发等投入的资金、人力和材料等成本。

② 系统运行费用。包括消耗性材料费、系统投资折旧费、硬件维护费及其他费用。

③ 系统运行所带来的效益。主要体现在成本降低、质量提高、库存积压减少、流动资金周转加快、资金占用额减少、人工费减少和企业利润增加等方面。

④ 投资回收期。投资回收期为通过新增效益逐步收回投入的资金所需的时间，也是反映系统经济效益好坏的重要指标。

2. 间接效益

间接效益主要表现在由于企业整体管理水平的提高所带来的综合经济效益，这类综合性的效益，往往要经过一段时间才能反映出来，而且越是向高级阶段发展，这类效果就越显著，并能对企业产生质的战略性的影响。它主要反映在以下几个方面。

① 企业管理的变革。管理信息系统对企业的组织结构、管理模式、管理制度带来了巨大的冲击，使企业在管理方面产生突变性的变革，从而为企业带来无法预料的效益。

② 完善企业的基础管理。管理信息系统的应用基础是管理基础的科学化、规范化，企业可以利用信息化过程使企业的基础管理工作得到完善，为企业的其他管理工作提供有力的支持。

③ 提高企业的管理水平。企业的信息化不仅使员工从繁重的、琐碎的日常管理工作中解脱出来，使员工有时间去思考日常管理中所遇到的一些问题，而且使员工有机会、有能力去获取许多新知识、新技术、新方法，提高了员工的管理技能和管理素质。

④ 提高了企业的凝聚力。系统的信息共享使企业各个部门的员工从原来的部门小团体中跳出来，提高了员工的团结互助精神与企业的凝聚力。

3. 社会效益

管理信息系统的应用不仅给本企业带来经济效益，甚至还能产生一定的社会效益。这些社会效益是由于企业通过信息化工程不仅使企业自身的经济效益得到提升，而且还带动了与企业相关的行业、社区及社会的经济效益提升。

系统评价的结果应形成正式的书面报告，即系统评价报告。报告就新系统的概况、系统组成、设计目标的实现情况、系统的可靠性、安全保密性、可维护性和系统的经济效益等内容做出客观的评价。

7.6　信息外包及管理

信息外包早在 20 世纪 60 年代就已经开始应用，那时主要是将管理信息系统外包开发，也就是管理信息系统开发方式中的委托开发。演变至今已经不再局限于管理信息系统外包开发,所有与信息相关的活动,甚至信息资源、人员都可以一并外包经营。信息外包的传统目的是希望简化企业运营的复杂性,提高企业的运营效率,降低企业成本、弥补信息人才的不足。随着经济的全球化,许多企业用组织网络和虚拟组织来实现弹性和扩大资源。这就迫使企业只保留核心竞争力,而将其他企业活动外包经营以提高企业的竞争能力。

信息外包指将组织中与信息相关的活动,部分或全部由组织外的信息服务提供者来完成。这些信息活动主要包含系统的运行、管理、规划、开发和评估等,信息活动的主体包含信息、信息技术、信息系统、信息设施和信息处理相关人员。在信息外包活动中,可以分成信息处理外包、信息系统外包、信息设施建设与维护外包、系统整合服务外包、系统整体规划服务外包等。

信息外包除了考虑经济和技术方面的要求外,更多地应考虑对组织的战略影响。希望以外包的方式来实现响应市场全球化的快速变化,提高在信息技术快速发展过程中的投资回报率,有效运用信息技术争取市场竞争优势。

7.6.1 信息外包的决策与实施

信息外包对于组织而言,具有举足轻重的作用,良好的信息外包可以为组织带来高效率与高收益,而失败的信息外包不仅给企业带来财务或效率上的损失,而且还将削弱企业的竞争能力、危及企业的生存。因此,信息外包的决策与具体实施是准备信息外包组织必须解决的问题。

1. 信息外包的决策

企业的信息外包决策必须考虑:是否一定要外包?外包哪些内容?选择哪个承包者?

在考虑是否外包的过程中必须仔细研究选择外包以后是否能够解决组织原有的信息管理问题?是否会产生组织无法控制的问题?要解决这些问题组织需要考虑整体的市场环境及内部环境的影响,即经济环境的变化、政府的法令、产业状况、投资者或股东的态度及同行在信息活动过程中所采取的方式或竞争对手的条件。在内部环境中首先需要考虑组织自行开发成本与外包成本的比较、项目收益及组织的财务状况等经济因素;其次,还需要考虑组织的整体目标、公司的组织结构、公司文化、公司的整体绩效等组织因素,此外,还需要考虑高层主管的态度、相关人员的看法、信息人员的发展、人员的管理与培训、管理流程与控制的改革等管理因素;最后,还需要考虑以往信息化的经验、是否能提升技术环境、对组织的紧迫性、对组织竞争优势的影响、信息技术在组织中的角色等战略因素。

一般而言,在信息外包决策中如果外包内容是一些外包处理容易且未来成本逐渐降低的操作型、支持型信息活动均可以采用外包;而对一些在组织战略中占有重要地位的、整合成本比较高的、属于战略性应用的信息活动不外包经营。在外包过程中还可以考虑以部门为单位进行不同的外包经营,而不必一定要以组织整体为单位考虑。

在外包决策中往往首先考虑那些高度结构化的、信息技术层次高的或维护成本高的项目作为外包对象。而半结构化的或非结构化的项目,由于在外包过程中常常会产生过高的协调成本与管理问题,因此较少选择为外包项目。信息外包一般会导致组织在结构、业务流程和管理方面发生变化,如果企业此时正好进行组织重整,往往会使信息外包获得较好的成效。在外包决策中,如果原有的系统开发与作业是相互独立的或分属于利润中心的,那么选择外包比较容易成功，因为外包对组织的冲击和影响较小。

在信息外包决策中，还需要确定外包的项目及外包的执行方式。外包项目通常与是否外包一同考虑，两个决策具有不可分离的关系。而外包的执行方式除了要考虑组织战略与管理层的因素外，还与选择承包者决策密切相关，因为外包的执行方式实质上是外包单位与承包单位之间彼此互动与合作方式的决策。

选择承包者需要考虑承包商的声誉、发展前景、地理位置和业界中的地位等外部因素，此外，还需要考虑承包商的规模、运营状况、财务状况及外包经验等经营因素；其次，还需要考虑承包商的技术能力、组织资源、技术环境和服务品质等技术因素；最后，在管理层面上还需要考虑外包组织的管理、安全保密机制、与客户配合程度和组织战略目标配合度等因素。

2. 信息外包的实施

为使信息外包活动能够正常运转，需要执行正确的外包步骤，信息外包经营的步骤主要包括：定义外包内容与需求、组成外包小组、选择承包商、签订外包合同和外包管理。

① 定义外包内容与需求。主要是确定信息外包的项目、范围、外包的需求目标与外包服务水平。

② 组成外包小组。选择信息部门和信息活动涉及部门人员组成外包小组进行信息外包相关事宜的执行、管理与协调，在外包小组中必须包含有实权的管理者，该小组的任务主要是处理由于信息外包所引起的管理变革，而不是处理由于外包活动开始后发生在外包单位与承包单位之间的关系。

③ 选择承包商。根据信息外包内容，同时考虑选择承包商的内外部因素选择合适的承包商。

④ 签订外包合同。在签订外包合同中要注意合同的弹性，目前信息外包合同的时间可能长达 10 年，而 10 年中信息技术的变化和组织整体环境的变化是很大的。因此在合同中必须有很大的弹性，以适应环境的变化、组织的成长和技术的改变。在签订信息外包合同中应有合同的期限、最低服务水准、信息的所有权、信息的机密性与安全性、保证服务条款、价格机动调整空间、不可履约的处理、破产的处理、绩效衡量方式、文件的管理控制等内容。目的在于确保信息易于获取、信息正确性有保证、双方软硬件设备能相容。

⑤ 外包管理。外包管理是指外包开始以后双方的关系管理，具体的细节部分在下面介绍。

7.6.2 信息外包的管理

信息外包不仅可以为组织带来众多的收益，同时也会引发一些潜在的问题，要解决这些问题需要进行良好的信息外包管理。在信息外包管理中特别注意信息外包的收益和信息外包问题的处理，信息外包的一种良好的管理模式是建立信息外包联盟。

1. 信息外包的收益

信息外包以后组织面临着如何与承包商建立长期稳固的关系，使组织能够通过信息外包获取更多的收益，这些收益涉及经济、管理、技术和战略等方面。

经济收益反映在使组织的信息技术与相关人力资源的投资得以减低，可以预知信息活动所需的成本,将固定成本转变成变动成本,使合作双方由于规模经济的出现而降低成本提高收益。

在管理方面通过信息外包可以促进组织的流程再造和重组,减少组织的臃肿,增加组织的效率与效益,使成本中心演化为利润中心,在组织变动或成长时不必大幅度地改变组织的信息基础建设,使组织的运营更有弹性,更能够快速响应变化环境的挑战。

通过信息外包可以使组织能够获取更新更好的信息技术,得到更好的信息服务,避免了难以获取优秀信息技术人才的困难,降低了组织的信息技术投资风险,改善了组织的生产能力。

信息外包可以使组织将一些非核心能力外移,使组织能够专注于核心能力和事业,使组织能够对现有的资源进行更佳的配置,但是信息外包并不是以降低组织对外界的反应能力为代价,而是使组织能够更有效、更迅速地执行组织的核心战略。

2. 信息外包的问题

尽管信息外包会给组织带来各种不同的收益,但是信息外包在实际操作中也会衍生各种问题。如果对这些问题不加关注,常常会导致外包的失败。这些问题主要体现在经济、管理和技术三方面。

在信息外包决策中的成本估算往往难以准确定位,尤其是初次进行信息外包,成本的估算更为困难。即使外包成本在投资与运作方面能够估算准确,可以发现外包确实降低了组织的信息活动成本,但是在实际操作中却发现外包增加了不少组织的内外沟通、协调成本,这些由于信息外包而产生的隐藏成本和潜在成本,如果处理不当往往增加了组织的整体成本。

信息外包过程中对外包实施的管理、人员的调配适应、组织文化与承包商文化的适应、组织对丧失信息活动控制权的担忧、外包时间的无法控制甚至比自制时间更长、双方缺乏应有的相互信任、缺乏对承包商的控制、合同签订的先天不足、长期合同管理与调整的困难、信息活动质量的标准不一致、内部信息基础设施转变为外包管理后的联盟管理问题。这些问题有的是组织内部的不适应所导致,有的是承包商的问题,有的是双方的沟通、协调问题。

信息外包过程的技术问题也是困惑信息外包管理的一个重要方面,在这些问题中涉及信息技术的质量认定问题、信息安全的监控与保密的问题、与信息技术环境变化适应的问题、双方信息技术标准的兼容问题、双方技术水平及服务标准的差异问题。

很显然,在信息外包管理中,对这些问题如果处理不当,就可能造成信息活动成本过高、对组织核心竞争力的支持下降、甚至丧失组织的竞争优势。因此,对这些问题的评估与处理,必须给予及时的关注。

3. 信息外包的联盟架构

在 20 世纪 90 年代之前,企业与信息服务提供者之间的关系大多属于"合同关系"。依靠双方所签订的合同作为彼此行事与确认的准则,通过法律的程序,提供保障,但这样的方式也是造成许多信息外包失败的原因之一。因为信息相关活动结果的衡量,很难以量化方式呈现,因此也很难行诸文字,见于合同。而信息活动属于人与机器、人与人之间的互动结果,进行中经常会因为人的需求而变动,这些变动则很难预见。通常较长的信息外包合同都长达 10 年以上,10 年中环境的变化之大,是难以在合同中表述的。如果将合同的期限缩短,来解决这个问题,看起来可以较有弹性地响应变化与挑战。但承包商往往对短期合同不感兴趣,因为承包商在合同执行的初期,必须投入大量的资源,需运行一段时间后,才能开始回收投资，太短的合同期限对承包商而言是无利可图的。但是面临市场竞争的巨大压力，将信息活动外包经营已是不得不为之的选择，因此必须架构更积极的新关系来创造彼此的利益，这种新的关系形态就是战略联盟的伙伴关系。以战略联盟的方式，更紧密地结合双方（或多方）的关系，提高双方的依存程度，使双方的关系由对立转变成共生共荣，且以联盟的方式经营信息外包双方之间的关系，可安全地简化外包管理的程序，提高管理的效果，能更稳定双方关系。换言之，联盟的方式可使企业专注于其价值链的核心，也会因强有力的信息伙伴的加入而产生相辅相成的综合效果。

1）成功的外包联盟影响因素

要架构成功的外包联盟，必须注意这样一些重要因素：弹性的合同、标准与控制、外包范围的界定、转换的问题和组织的配合。

（1）弹性的合同

根据哈佛大学的案例研究发现，大多数的信息外包合同都长达十年，而十年之中无论商业环境或科技环境都变幻莫测，若是一个缺乏弹性的合同，根本无法应对变局，更会成为双方争执、冲突的来源。如何订立一个严谨又不失弹性的信息外包合同，成为架构外包联盟的第一步，也是相当关键的一步。

（2）标准与控制

在信息外包中，"控制权的丧失"是一个相当大的问题，尤其是在外包的信息活动中包含了重要的信息资源，或有战略价值的信息系统时更为严重，此时必须以合同及外包联盟来解决和弥补这个问题。必须在外包的合同中详述处理的标准和控制的程序，并以战略性的联盟关系来解决有关战略性问题，避免由于信息外包而被第三者控制。因此在外包协商之际，必须制定详尽的系统响应时间、服务等级、对要求的响应能力等关于执行的细节标准，以免日后成为冲突的根源。

（3）外包范围的界定

信息外包的范围可以是信息处理服务、支持业务服务，或是系统整合服务、整体系统规划服务，或是部分或完全外包，不论是怎样的范围，都可以考虑由同一承包公司来承揽，或分别由不同的承包商来运作。但若选择不同的厂商来承包，将会引发相当大的协调成本，这是在外包之初就必须考虑到的问题。而且在架构外包联盟时，也必须考虑多个组织间如何沟通、协调的组织架构与管理方式。因为一旦将信息活动大规模外包经营之后，很难再回归内部自我经营，所以必须对外包的长期生存能力及利益做完善的评估。

（4）转换的问题

不论何种的信息外包，都会发生转换问题，只是层次不同。而这些转换问题，对于IT人员与非IT人员都会造成影响，都需要一些转换机制及一些适应的期间，一般可能要6～8个月。这些转换的机制，必须在外包联盟中一并考虑。

（5）组织的配合

合作双方长期而良好的伙伴关系比最低的承包价格更重要，这是长期信息外包成功的条件。因此，两个（或多个）企业之间的配合，成为架构外包联盟的要素，尤其企业文化的配合比单一的人员配合更为重要，因为人总可以替换，而企业文化则无法简单地替换。

2）外包联盟的管理

架构好一个外包联盟并不意味着，就可以管理好外包联盟。要管理好外包联盟，还需要注意发挥 CIO 的作用、建立可测量的效能、建立合适的外包组织。

（1）CIO 的功能

外包企业必须维持一个强大且有活力的 CIO 功能，而 CIO 的中心工作就是规划——确保信息资源配置在正确的层次与位置。在信息外包之后，CIO 的主要工作是：合同与伙伴关系的管理、信息架构的规划、对新信息科技的了解与管理及持续的学习。

（2）外包效果的测量

对于成果的理性评价是外包联盟管理中相当困难的一环，所以必须制定相关的测量标准、评估准则，并且持续进行。最重要的是在外包联盟架构中，建立一套完善的机制、执行的程序及选择适合执行的人员。

（3）外包组织的建立

无论外包企业或承包厂商都需要一个常态的、全时间的伙伴关系管理与协调组织，也就是须通过这一组织的存在与运作，来维系与管理双方的关系。这个界面通常是由外包企业与承包厂商组成任务小组，以网络形态的方式来运作。

外包联盟的管理目前还缺乏有范本可依的程序，只是一种"战略性应变与运作"的艺术。当这些信息活动都在一个组织内完成时，还会有层出不穷的问题发生，何况是涉及不同组织的信息活动。但时代的压力与趋势已显示这是不得不为之的方向，尤其在越来越多战略性信息活动外包经营的今日，信息外包联盟的架构与管理成为企业信息管理中不可或缺的内容。如果在企业战略规划、信息规划与计划执行之际就全盘考虑，配合组织结构、战略、管理及人员一并规划与调整，才能更好地发挥信息外包的作用，实现成功的信息外包。

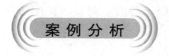

某企业生产销售管理信息系统开发项目

随着全球 IT 技术的广泛应用，信息化已经成为各行各业的热门话题，随之而来的管理信息系统开发管理也日益受到重视。

1. 案例背景

某企业是国内知名的包装品制造企业，企业下设 4 个分厂。企业共有员工近万人，年创收上亿元。由于目前同类企业之间的竞争日趋激烈，该企业认识到提高本企业的市场占有率对企业的发展至关重要。为此，企业的销售部门在各个大中城市都设有办事处，每个销售代表隶属于一个办事处，最后由办事处分别派其销售代表到以该办事处为中心的周边地区开展业务。为使企业能够及时管理和监控各个办事处及每个销售代表的销售数量、销售额，并了解市场需求，跟踪价格、库存和竞争对手的情况，企业决定建立一个销售跟踪系统。另外，企业下设 6 个分厂，为使生产制造与销售情况挂钩，更好地掌握市场所需产品的品种和数量，企业决定建立一个生产销售管理系统。该管理信息系统的主要功能包括：生产制造部门的生产管理、库存控制及销售部门的销售跟踪管理。该系统中最主要的模块要求生产与销售部门的销售情况相关联，从而避免生产的盲目性，能根据销售情况安排生产计划，使企业的生产销售成为一个有机的整体。

第7章 管理信息系统的管理与评价

2. 项目管理过程

(1) 项目目标

为实现企业发展的战略目标,即"减少成本,提高效益,最有效地利用各种资源,实现最高的生产率和最大利润,扩大市场占有率和企业知名度"。要求管理信息系统具有实用性、可靠性、适应性和先进性;实现库存信息的动态管理,降低库存数量和在制品数量,减少资金占用;制订切实可行的生产计划,缩短计划编制时间,提高计划的精确度;跟踪、了解销售情况;更好地了解产品的定价及竞争对手的情况;使供、产、销三者更好地结合,实现信息共享。

(2) 项目计划

项目最重要的任务是编制和执行计划。几乎所有的项目都要编制详细的计划和进度,因为计划要受到时间、范围和经费的约束,并且受到资源的配置优先级别的控制。

本管理信息系统开发项目的项目经理首先要做的事就是找出开发该项目需要完成的所有任务,根据项目的要求、项目的资源限制条件及对软件产品的性能要求等进行工作任务分解、制定初步的时间进度表。本项目的工作分解结构如表7-3所示。

表7-3 项目工作分解结构表

任务编号				任务名称
1				● 系统规划
	1.1			收集数据
	1.2			可行性研究
	1.3			系统规划报告
2				● 系统分析
	2.1			详细调查
	2.2			现行业务分析
	2.3			数据流分析
	2.4			数据处理分析
	2.5			系统分析报告
3				● 系统设计
	3.1			设计原则
	3.2			系统功能设计
		3.2.1		数据处理
			3.2.1.1	菜单
			3.2.1.2	录入
			3.2.1.3	定期汇总
	3.3			数据库设计
	3.4			设计评审
	3.5			系统设计报告
4				● 系统实施
	4.1			系统开发
		4.1.1		软件开发

续表

任务编号			任务名称
	4.1.2		硬件配置
	4.1.3		网络服务
4.2			系统测试
	4.2.1		软件测试
		4.2.1.1	软件单元测试
		4.2.1.2	软件集成测试
		4.2.1.3	软件系统测试
	4.2.2		硬件测试
	4.2.2		网络测试
4.3			系统运行维护
	4.3.1		培训
	4.3.2		系统试运行
	4.3.3		系统维护
	4.3.4		用户手册和系统维护手册
4.4			系统实施报告

完成工作任务分解后，在其基础上制定每项任务的主要责任人和次要责任人。每项工作都被分配到项目组成员后，项目经理还要根据每项工作的具体内容制定时间进度表，一般用甘特图表示。在制订出项目计划后，再利用PERT图对各项任务的先后次序进行排列，根据项目各项任务的前后关系和预计工期进行网络优化，制定具体的项目进度计划。

（3）项目实施与项目进度控制

项目的范围、规模已经确定，项目计划尤其是软件开发项目的进度及主要负责人的安排已经确定，项目的组织结构已经组成，各种资源也被分配到各相关项目小组，这一切准备工作完成之后，项目管理的重点就是项目进度和成本控制。

监督和控制是项目实施阶段中的两大重要部分。监督是控制的必要手段和前提条件。在项目控制中，项目经理一般都会把项目的实际状态与项目计划中的状态进行比较，如发现不同，项目经理则会指示相关项目组成员采取必要的措施，改善项目目前的状况，使项目状态更接近项目计划。在对项目进行控制和监督时，项目经理必须充分收集有关项目进展情况的信息，这样才能采取适当的、有效的控制项目的行动。因此，项目信息收集是项目控制的前提条件。在本项目开发中项目经理采用了网络图方法控制项目进度。

（4）项目质量管理

该企业采取的是委托开发方式，被委托方是一个小型软件开发公司（简称B公司）。B公司规模较小，没有完整的质量保证体系，只是在开发过程中逐渐形成了一些软件开发规范。因此，整个开发过程中没有具体的质量管理办法，这也导致最终实施的软件质量无法度量，只有在运行一段时间后，根据软件的运行情况及软件性能来评价其质量。根据该系统最终运行情况，只能认为软件质量保证水平一般。

3. 系统评价

B 公司为该企业开发的生产销售管理系统实施后，经过 3 个月的试运行后，开始正式运行。通过软件在功能覆盖面、安全性、可靠性、可维护性、实用性等方面的实际表现情况，该管理系统的总体性能评价结果尚可。企业在实施生产销售管理系统后，企业的产、供、销的连接相当紧密，生产计划的可执行性提高、库存积压减少、资金周转加快、销售数量明显增加。另外，通过实施生产销售管理系统，使企业的管理模式有了重大变革，从只重视销售数量转变到同时关注在制品库存、客户满意度和产品的市场占有率及产品信誉，同时企业领导也意识到信息系统的应用确实提高了企业的经济效益和企业的活力。

思考与讨论题

1. 该企业在开发生产销售管理系统时采用了哪些方法对系统的开发进行管理？
2. 该企业在采用了委托开发方式以后，对系统开发的管理应该集中在哪些方面？

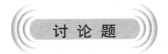

1994 年欧洲福特公司将其位于德国、英国和西班牙的零件与服务部门三个数据中心的运作，以及新信息系统的开发工作，以 5 年的合同外包给位于美国加州的 CSC 公司。

一般汽车公司都会将零件与服务这种被视为关键性、战略性部门的信息系统掌握在公司内，但福特公司认为他们需要提升整个零件与服务部门的效率，必须借由 CSC 公司协助完成这个跨欧洲各地区的零件库存管理系统。新的零件库存系统可让各服务中心找到零件位于何处，或是在另外的哪个服务中心可以找到，寻找的时间由 20 分钟降低为 2 秒。

因为 CSC 的人员所接触的是福特公司专属于机密性的信息，因此这些人员必需如同福特公司成员一样忠诚地替福特工作，福特公司希望 CSC 替福特工作后，放弃替其他汽车公司的零件与服务部门工作，以维系彼此间的合作关系。此外，CSC 公司即使再寻求其他汽车公司的非零件与服务部门的信息外包合同时，要预先通知福特公司。

由于福特将 CSC 视为外包联盟的伙伴，因此也同意 CSC 可以将福特的三个数据中心的计算机运算资源提供给非汽车公司零件与服务部门之外的其他客户，致使 CSC 公司在欧洲赢得更多的外包合同，成为欧洲极为成功的信息外包公司。

问题

1. 福特公司将其关键性、战略性信息系统外包将会面临哪些风险？而公司应如何来管理这些风险？
2. 福特公司应如何维持与外包伙伴 CSC 的联盟关系？

习 题

1. 什么是项目管理？管理信息系统项目管理的主要任务和内容是什么？
2. 管理信息系统作为一项工程项目，与一般的工程项目相比，有哪些异同？
3. 管理信息系统生命周期中各阶段的项目管理内容与目标有哪些？
4. 在管理信息系统的项目管理中，如何进行项目计划管理？
5. 你如何看待管理信息系统开发中的风险问题？
6. 文档在管理信息系统的管理中有哪些作用？
7. 管理信息系统的文档有哪些分类？
8. 管理信息系统投入运行后，还需要对其进行管理吗？如何管理？
9. 管理信息系统的安全保密的重要性及应对措施有哪些？
10. 试分析管理信息系统项目中质量管理的意义及质量保证措施。
11. CMM是如何进行软件质量管理的？
12. 试分析实施管理信息系统给企业带来的影响。
13. 综述如何对管理信息系统开发项目进行项目管理。
14. 企业为什么要进行信息外包？
15. 企业在信息外包中要注意哪些问题？
16. 信息外包联盟是指什么联盟？如何才能建立一个良好的信息外包联盟？

第 8 章

企业信息化规划、实施和评价

学习目标

通过本章的学习,学生应:理解企业信息化的基本理念;掌握企业信息化的基本概念;了解企业信息化的基本原理;掌握企业信息化规划的方法和步骤;了解企业信息化实施过程,以及企业信息化的评价方法。

本章重点是:企业信息化规划的内涵、企业信息化基本理念、企业信息化指导思想和策略、企业信息化规划的方法和步骤、企业信息化评价。

本章难点是:企业信息化的基本理念、企业信息化规划的方法和步骤。

通过对我国信息化实践进行总结分析,我们发现信息化过程中出现了观念落后、各自为政、重复投资、建多用少等问题;通过调查分析和经验总结,得出应该从企业整体的角度来看待信息系统的建设和运维,提出统一规划、阶段实施、不断完善、逐步升级的信息化建设总体思路。企业信息化规划通过 6 个步骤来实现,企业信息化实施需要借助项目管理的理论和方法,企业信息化评价包括基本评价和效能评价,通过评价对信息化项目进行不断完善和升级。

8.1 企业信息化的概念

8.1.1 企业信息化的内涵

企业信息化是指企业利用现代信息技术,通过对企业信息资源的深入开发和广泛利用,不断提高企业的生产、经营、管理、决策的效率和水平,降低成本,进而提高企业经济效益和竞争力的过程。

具体到一个企业,企业信息化就是要实现企业生产过程的自动化、管理方式的网络化、决策支持的智能化、商务运营的电子化。

企业信息化包含了人才培养、咨询服务、方案设计、设备采购、网络建设、软件开发、软件选型、应用培训、二次开发等具体过程。

8.1.2 企业信息化的本质

企业信息化的本质就是应用信息技术优化企业生产、运营、管理的过程。
具体包括：
- 实现管理流程的改造、管理效率提高的过程；
- 实现企业体制创新、技术创新和管理创新的过程；
- 实现改造传统产业、调整行业和产品结构、增强企业核心竞争力的过程。

因此，企业信息化实质上就是将企业的生产过程、物料移动、事务处理、现金流动、客户交互等业务过程数字化、自动化和智能化。

8.1.3 企业信息化基本理念

在总结信息化实践经验的基础上，结合企业信息化的本质，得出了企业在推进信息化的过程中应重视以下基本理念：
- 信息技术是企业发展不可轻视的重要工具；
- 企业信息化的目标是促进企业管理优化和战略目标实现；
- 企业信息化是一个过程；
- 信息资源是企业重要的资源，应尽早开发利用；
- 企业信息化过程要善于整合外部资源来降低由于信息不对称而造成的风险；
- 企业信息化应该总体规划、阶段实施、不断完善、逐步升级。

8.2 企业信息化基本原理

8.2.1 企业信息化模型

中国社会科学院信息化研究中心的研究人员认为，企业信息化的过程就是企业信息系统投入、运行、应用和改进的动态过程，它需要企业各个部门协调运作。企业信息化取得的效益取决于信息系统在企业各个部门应用的效果，并在此基础上给出了如图8-1所示的企业信息化模型。

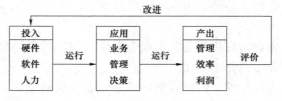

图8-1 企业信息化模型

8.2.2 企业信息化的发展层次

1. 初级企业信息化

初级企业信息化是指企业主要以单项信息技术应用为主，生产和经营管理业务中使用单项信息系统。常见的单项信息系统包括企业门户网站、办公自动化系统、人力资源管理信息系统、财务管理信息系统、生产管理信息系统、进销存管理信息系统、客户关系管理信息系统、战略管理信息系统、决策支持系统、知识管理系统、企业资源计划信息系统、供应链管理信息系统等。

2. 中级企业信息化

中级企业信息化是指企业借助现代信息技术，引进先进现代管理理念，对落后的经营方式、僵化的组织结构、低效的管理流程等进行全面而深刻的变革，对业务流程进行改造，实现企业管理的创新。中级企业信息化水平的主要表现是建立企业统一的信息资源数据库或企业数据中心，企业内部信息资源合理配置、充分共享，各级信息系统具备。

3. 高级企业信息化

高级企业信息化是指企业以价值为核心，对企业结构进行全面优化，向网上协同设计与制造阶段迈进，从以产品为中心转化为以客户为中心的电子商务。主要表现为企业内部资源通过网络与上下游企业形成价值链，价值链上的企业信息资源统一，充分共享。

8.2.3 企业信息化的指导思想和原则

通过对企业信息化实践进行分析和总结，得出企业信息化的总体指导思想是：总体规划、阶段实施、不断完善、逐步升级。

企业信息化的具体原则为：

- 以提高企业的效益和竞争力为目标；
- 以企业的改制、改组、改造和加强管理相结合为前提基础；
- 以企业管理的规范与优化为基础；
- 以一把手负责为原则；
- 以 CIO 为原则；
- 以持续稳定发展为原则；
- 以信息技术为基础；
- 以信息管理的规范化和标准化为基础；
- 以数据为中心；
- 以企业的产出为重点；
- 应针对不同的企业采用不同的信息化方式；
- 以人为本；
- 以信息服务的社会化与商品化为方向；
- 以网络贸易或电子商务为前景；
- IT 部门理想组织结构。

8.2.4 企业信息化的意义

从宏观上看，企业信息化可以增强国家经济的可持续发展，增强国家的综合实力；适应国际化竞争；有利于实现国有企业改革目标；有利于获得良好的发展机遇；有利于充分开发和利用信息资源；增加企业间的技术流通，总体提升整个行业的技术水平；实现企业全部生产经营活动的运营自动化、管理网络化、决策智能化。

从中观上看，有利于增强企业的核心竞争力，适应市场化竞争的要求；有利于理顺和提高企业的管理，实现管理科学化、规范化；提高设计效率、缩短设计周期、保证设计质量；降低企业的库存、节约占用资金、节约生产材料、降低生产成本；缩短企业的服务时间和提高企业的客户满意度，并可及时获取客户需求，实现按订单生产；加快资金的流动速度，实现资金快速重复有效的利用；加快信息的流动速度，实现信息的有效整合和利用；加速知识在企业中的传播，实现现有知识的及时更新和应用。

从微观上看，降低技术人才的劳动强度，用计算机实现繁杂、重复的简单体力劳动，从而提升技术人才的脑力价值；可以改善员工的工作环境，提高企业工作人员的工作效率。

8.2.5 企业信息化的发展趋势

企业信息化的发展趋势主要有以下 6 个方面：
- 数字化、智能化和网络化；
- 设计开发和试制过程虚拟化；
- 生产和服务柔性化、敏捷化；
- 电子商务得到全面普及应用；
- 企业组织结构扁平化、并行化、虚拟化；
- 企业决策支持系统高级化。

8.3 企业信息化现状

据国家统计局网站消息，2019 年 11 月结束的第四次全国经济普查结果显示，我国规模以上企业信息化基础稳步增强，信息化管理持续拓展，互联网应用不断深化。

信息化是企业整合内外部资源，提高管理效率，提升企业市场竞争力的重要手段。第四次全国经济普查显示，98.5 万家规模以上企业中，有 95.1 万家企业在生产经营过程中应用信息化管理，71.9 万家企业使用局域网，企业财务管理信息化达到较高水平。

1. 平均每家企业计算机拥有量首次超过 50 台

调查显示，98.5 万家规模以上企业中，有 98.2 万家在生产经营和管理中使用计算机，占全部被调查企业的 99.7%，与 2017 年持平。使用计算机 5 038.1 万台，比 2017 年增长 6.2%；平均每家被调查企业使用计算机 51.1 台，比 2017 年增加 2.1 台；每百名员工使用计算机 28.7 台，增加 2.4 台。2018 年企业使用计算机情况（分行业）如表 8-1 所示。

表 8-1 2018 年企业使用计算机情况（分行业）

行业门类	期末使用计算机总数量/万台	平均每家企业拥有计算机数量/台
信息传输、软件和信息技术服务业	640.6	309.5
电力、热力、燃气及水生产和供应业	201.2	170.5
教育	79.4	143.1
采矿业	114.2	117.5
科学研究和技术服务业	243.5	117.3

2. 七成企业拥有专职信息技术人员

调查显示，69.7 万家企业有专职信息技术人员，占被调查企业的 70.8%，共有信息技术人员 409.0 万人。平均每家被调查企业拥有信息技术人员 4.2 人，每百名员工中信息技术人员 2 人。

分行业看，信息技术人员集中度最高的行业为信息传输、软件和信息技术服务业，平均每家企业拥有信息技术人员 64.0 人，每百名员工中信息技术人员为 27 人。其他行业每百名员工中信息技术人员为 2 人左右，分布较为平均。

3. 企业信息化投入超过 6 500 亿元

调查显示，有 82.7 万家企业进行信息化投入，占被调查企业的 84.0%，比 2017 年提高 11.5 个百分点。信息化投入金额共计 6 533.5 亿元，比 2017 年增长 18.4%。其中，一次性投入 3 529.6 亿元，降低 2.6%；运营维护投入 3 003.9 亿元，增长 58.4%。2018 年信息化投入情况如表 8-2 所示。

表 8-2 2018 年信息化投入情况

投入金额	2018 年/亿元	2017 年/亿元	增幅/%
信息化投入金额	6 533.5	5 520.5	18.3
一次性投入金额	3 529.7	3 623.6	-2.6
其中：硬件投入	2 276.8	2 311.1	-1.5
其中：软件投入	1 252.9	1 312.5	-4.5
运营维护投入金额	3 003.9	1 896.8	58.4

4. 八成企业实现财务管理信息化

在企业内部管理上，有 84.4% 的被调查企业实现了财务管理信息化，32.8% 的企业实现了人力资源管理信息化，与 2017 年基本持平。分行业看，比例最高的 5 个行业分别为：电力、热力、燃气及水生产和供应业（91.0%），信息传输、软件和信息技术服务业（89.9%），采矿业（87.1%），科学研究和技术服务业（87.0%），水利、环境和公共设施管理业（87.0%）。2018 年企业财务管理信息化水平情况（分行业）如表 8-3 所示。

表8-3 2018年企业财务管理信息化水平情况（分行业）

行业门类	企业数/家	财务管理信息化企业数/家	比例/%
电力、热力、燃气及水生产和供应业	11 798	10 731	91.0
信息传输、软件和信息技术服务业	20 700	18 617	89.9
采矿业	9 716	8 462	87.1
科学研究和技术服务业	20 753	18 057	87.0
水利、环境和公共设施管理业	5 897	5 129	87.0

5. 四成企业实现购销存管理信息化

在企业生产销售中，43.8%的被调查企业实现了购销存管理信息化，18.0%的企业实现了生产制造管理信息化，与2017年基本持平。

分行业看，实现购销存管理信息化的企业中，比例最高的5个行业分别为：卫生和社会工作（61.6%），批发和零售业（58.9%），制造业（56.9%），电力、热力、燃气及水生产和供应业（44.9%），采矿业（42.9%）。2018年企业购销存管理信息化水平情况（分行业）如表8-4所示。

表8-4 2018年企业购销存管理信息化水平情况（分行业）

行业门类	企业数/家	购销存管理信息化企业数/家	比例/%
卫生和社会工作	6 212	3 829	61.6
批发和零售业	207 906	122 462	58.9
制造业	343 681	195 486	56.9
电力、热力、燃气及水生产和供应业	11 798	5 300	44.9
采矿业	9 716	4 165	42.9

6. 三成企业实现客户关系管理信息化

在企业经营辅助活动中，31.4%的被调查企业实现了客户关系管理信息化，10.5%的企业实现了物流配送管理信息化，与2017年基本持平。

分行业看，实现客户关系管理信息化的企业中，比例最高的5个行业分别为：信息传输、软件和信息技术服务业（44.1%），居民服务、修理和其他服务业（37.7%），批发和零售业（33.5%），住宿和餐饮业（33.4%），租赁和商务服务业（33.3%）。2018年企业客户关系管理信息化水平情况（分行业）如表8-5所示。

表8-5 2018年企业客户关系管理信息化水平情况（分行业）

行业门类	企业数/家	客户关系管理信息化企业数/家	比例/%
信息传输、软件和信息技术服务业	20 700	9 119	44.1
居民服务、修理和其他服务业	6 779	2 553	37.7
批发和零售业	207 906	69 750	33.5
住宿和餐饮业	45 884	15 310	33.4
租赁和商务服务业	33 542	11 158	33.3

第 8 章　企业信息化规划、实施和评价

7. 四成规模以上工业企业在生产过程中使用互联网或内部网络

第四次全国经济普查首次对规模以上工业企业，在生产过程中使用互联网或内部网络的情况进行了调查。调查显示，36.5 万家规模以上工业企业中有 16.5 万家，在生产过程中使用互联网或内部网络，占 45.1%。2018 年规模以上工业企业生产过程互联网或内网使用情况如表 8-6 所示。

表 8-6　2018 年规模以上工业企业生产过程互联网或内网使用情况

生产过程中	企业数/万家	占工业企业比例/%
生产过程自动控制	10.5	28.6
自动优化调度生产线	5.6	15.2
在线开展网络化协同生产	4.3	11.7
在线开展个性化定制生产	2.5	6.9
在线追踪产品生产过程	5.5	15.0

8. 互联网应用不断深化

九成企业通过互联网进行信息沟通。有 88.8 万家利用互联网收发电子邮件，占使用互联网企业数的 90.5%；有 51.3 万家利用互联网了解商品和服务信息，占 52.3%；有 50.3 万家从政府机构获取信息，占 51.3%。

通过互联网进行内部管理的企业比例提高。有 38.9 万家利用互联网招聘员工，占 39.6%；有 28.2 万家通过互联网培训员工，占 28.7%；有 17.2 万家拨打互联网电话或召开视频会议，占 17.5%，都提高了 2 个百分点。

八成企业通过互联网进行商务活动。有 76.4 万家使用网上银行，占使用互联网企业数的 77.9%，比 2017 年提高 2.7 个百分点；有 36.7 万家通过互联网提供客户服务，占 37.4%，提高 2.1 个百分点；有 14.0 万家在线提供产品，占 14.2%，提高 0.8 个百分点；有 81.8 万家利用互联网开展宣传和推广活动，占 83.4%，降低 1.0 个百分点。

8.4　企业信息化规划

8.4.1　企业信息化规划的含义

企业信息化规划又称企业 IT 规划，是指在企业发展战略目标的指导下，在理解企业战略目标与业务规划的基础上，诊断、分析企业管理现状，优化企业业务流程，结合行业信息化实践经验和对信息技术发展趋势的掌握，提出企业信息化的目标和战略，制定企业信息化的系统架构，确定信息系统各部分的逻辑关系，全面系统地指导企业信息化的进程，以促进企业战略目标的实现。

8.4.2 企业信息化规划的指导思想

信息化建设水平衡量着企业管理工作现代化程度，合理地运用信息化手段可以促进企业管理工作的现代化。因此，要运用信息化手段全面支持企业业务发展规划的要求。

企业信息化规划应做到整个企业的信息化标准统一。具体包括6个方面的统一：统一基础设施（一朵云）、统一门户（一张脸）、统一信息资源数据库（一个库）、统一空间地图（一张图）、统一应用支撑平台（一平台）、统一标准体系（一标准）。企业可以在6个统一的基础上构建满足不同业务需求的信息系统。

企业在信息化规划制定过程中，应整合外部资源，广泛听取意见，最终形成企业的信息化规划，并一以贯之。企业信息化规划应以自己的信息化部门来牵头负责，通过咨询产品提供商、软件开发商等了解具体产品的性能和价格，然后编写企业信息化规划报告；也可以委托专业的独立的第三方咨询公司来制定企业信息化规划。

8.4.3 企业信息化规划的组成和结构

企业信息化规划的组成和结构如图8-2所示。

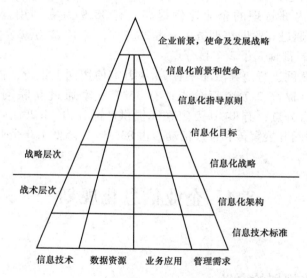

图8-2 企业信息化规划的组成和结构

从企业信息化规划的内容来看，企业信息化规划应综合考虑信息技术、数据资源、业务应用、管理需求等各个方面，并将这4个方面有机统一起来。应避免只考虑局部而忽略相互的协同。

从企业信息化规划的制定过程来看，企业信息化规划应先考虑企业使命和发展战略，然后采用战略目标集转化法，通过对企业发展战略的分析，形成企业信息化的战略，进而形成企业信息化架构和信息化的具体标准，并用该标准指导具体的信息系统的建设。

8.4.4 企业信息化规划的方法和步骤

1. 业务流程规划

业务流程规划（business process planning，BPP）是指在识别企业现有业务流程的基础上，优化和再造企业业务流程，并进行配套设计固化新业务流程。优化后的业务流程是管理信息系统设计的基础。

业务流程规划的具体步骤包括流程识别、流程优化、流程再造、配套设计，如图 8-3 所示。

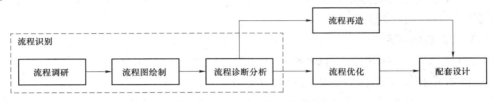

图 8-3 业务流程规划步骤

① 流程识别的实质是通过对企业现状调研，收集企业基本资料并进行分析，在此基础上，绘制出企业关键业务和支持性业务的业务流程图，然后进行业务流程诊断分析，识别企业现有业务中存在的主要问题，为流程优化、目标流程设计、管理模式设计、岗位及部门职责等配套设计奠定基础。

② 流程优化的主要方法是 ESIA 方法。
- 清除（eliminate），清除流程中非增值部分。
- 简化（simplify），简化流程，得到改进。
- 整合（integrate），整合流程，提升效率。
- 自动化（automate），通过自动化手段执行业务流程，提升效率。

③ 流程再造是在流程优化后对缺失的业务流程重新设计。流程再造涉及的变化较大，因此，为了降低风险，保持组织的稳定，应谨慎使用大面积的流程再造。

④ 配套设计是设计一套管理制度固化优化后和再造后的业务流程，避免在实际业务执行过程中出现混乱或退回到旧有的业务流程。配套设计具体包括组织结构调整、管理模式设计、岗位/部门职责设计、评价考核指标设计、管理制度设计等。

2. 信息资源规划

信息资源规划是指在优化后的业务流程基础上，采集数据视图，分析数据关系，构建数据模型，形成覆盖所有业务流程的数据资源，并形成企业整体的数据标准。

信息资源规划的具体步骤包括视图采集、视图分析、建立数据模型与数据字典。

3. 信息系统规划

信息系统规划是指在业务流程规划和信息资源规划的基础上，根据企业管理的实际情况，将业务流程切分成规模适当的部分，形成一个个具体的信息系统的功能范围，并对信息系统的建设顺序进行排序，最后形成初步的建设计划。

信息系统规划应形成覆盖企业所有业务流程的信息系统。如果企业处于成熟期或者企业的管理水平较高，则信息系统的规模可以适当放大。大规模的管理信息系统，其柔性低，协

管理信息系统

同度高。如果企业处于成长期或者企业的标准业务流程还没有形成，则信息系统的规模应尽量小。小规模的信息系统，其柔性高，但协同度低。最后，还需要根据企业需求的紧急程度、建设资金的充裕程度和企业对信息化风险的管控能力，确定多个信息系统的建设顺序，并初步确定建设计划。

信息系统规划的具体步骤包括信息系统的划分、信息系统的排序。

4. IT 基础设施规划

IT 基础设施规划是指根据信息资源规划和信息系统规划确定计算机网络和软硬件的需求，并根据需求形成信息技术基础设施的采购标准和采购计划。

IT 基础设施规划的具体步骤包括计算机网络规划、计算机系统软件规划、计算机硬件设备规划、计算机机房规划。

5. IT 人力资源规划

IT 人力资源规划是指根据信息系统规划和信息技术基础设施规划，确定 IT 人力资源的需求，并根据需求形成 IT 人力资源的建设计划。

IT 人力资源是指企业中专职从事信息技术系统的制定、设计、开发、安装、操作、维护、管理和评估的人员数量。

IT 人力资源规划的具体内容包括内部培训、在职进修、外部招聘。

6. IT 资金投入规划

IT 资金投入规划是指根据信息系统规划、信息基础设施规划、信息人力资源规划等确定建设投资和运维投资的需求，并形成投资计划。

IT 资金投入规划的步骤包括建设投资的估算、运维投资的估算、投资计划的制订。

8.5 企业信息化实施

企业信息化实施就是按照企业信息化规划来实施企业信息化建设的过程。这里，特别强调企业信息化规划的重要性。如果有企业信息化规划，那么企业信息化的实施就会有章可循，实施过程就不会盲目和混乱，就可以避免信息孤岛，整个实施过程就像搭积木的过程。规划的所有内容都实施完成后，企业信息化会从总体上达到较高水平，不仅可以达到中级企业信息化的层次，也可以为高级企业信息化水平奠定基础。

企业信息化实施的内容来源于企业信息化规划，但是在具体的实施过程中，还需要加强实施过程管理。可以将企业信息化实施的具体内容看作一个个独立的信息化项目，这样就可以采用项目管理的理论和方法，加强实施过程的计划、组织、领导和控制，降低实施过程的风险，提高信息化项目实施的成功率。

信息化项目的建设过程往往开始于项目的招投标，结束于项目的验收和移交，中间会经过需求分析、系统设计、系统实现、系统测试等建设过程。在项目招投标过程中，需要特别重视低价陷阱、围标串标、合同范围不明确、合同条款不完善等风险。在项目验收和移交时，要将最新的完整的源程序、全部文档和基础数据移交给用户。中间的建设过程可以采用

第 8 章　企业信息化规划、实施和评价

项目管理的理论和方法，加强项目质量、进度、费用的控制，加强与用户的沟通交流，提高用户的满意度。

信息化项目的运维过程往往时间跨度较长。在运维阶段，既有效益产生，同时也有运维成本的投入，因此在运维阶段，信息系统和信息技术基础设施运行的好坏、产生效益的多少、是否达到预期、是否还能继续运维等需要通过信息化项目后评价来确定。在运维阶段，也有可能对系统进行局部的修改或者整体的版本升级，这些都需要做出合理的计划和进行良好的管理。为了能获得更大的效益，企业可以将运维工作外包给专业的第三方机构，这样按照专业化分工，用户可以获得更好的服务。

8.6　企业信息化评价

企业信息化评价是指对企业信息化规划、企业信息化实施过程和实施效果进行的整体评价。企业信息化评价可以帮助企业了解信息化的现状，发现信息化实施过程中出现的问题，以及明确信息化的投入和产出的效果，为进一步优化提供依据，并为后续的信息化建设积累经验。

企业信息化评价最常用的方法就是指标评价法。国家信息化测评中心于 2001 年 7 月 29 日成立，2002 年 10 月 9 日发布了企业信息化基本评价指标体系和企业信息化效能指标体系，企业信息化基本评价指标体系主要对企业的信息化基本情况进行评价，企业信息化效能指标体系是对企业信息化取得的成效进行评价。

1. 企业信息化基本评价指标体系（见表 8 – 7）

表 8 – 7　企业信息化基本评价指标体系

一级指标	二级指标	三级指标
战略地位 10%	1. 信息化重视度	企业信息化工作最高领导者的地位
		首席信息官（CIO）职位的级别设置
		信息化规划和预算的制定情况
基础设施 20%	2. 信息化投入总额占固定资产投资比重	
	3. 每百人计算机拥有量	
	4. 网络性能水平	
	5. 计算机联网率	
应用状况 25%	6. 信息采集的信息化手段覆盖率	
	7. 办公自动化系统应用	
	8. 决策信息化水平	
	9. 核心业务流程信息化水平	
	10. 企业门户网站建设水平	
	11. 网络营销应用率	
	12. 管理信息化的应用水平	

续表

一级指标	二级指标	三级指标
人力资源 15%	13. 人力资源指数	
	14. 信息化技能普及率	
	15. 学习的电子化水平	
安全 5%	16. 用于信息安全的费用占全部信息化投入的比例	
	17. 信息化安全措施应用率	
效益指数 25%	18. 库存资金占用率	
	19. 资金运转效率	
	20. 企业财务决算速度	
	21. 增长指数	

企业信息化基本指标总分计算方法：

$$I = \sum_{i=1}^{21}(P_i W_i)$$

I 表示指标体系的总得分；P_i 表示第 i 个指标的得分，各指标的满分都是 100 分；W_i 表示第 i 个指标的权重，所有指标权重的和为 100%。

5 个大类的权重设计如下：战略地位权重为 10%，基础设施权重为 20%，应用状况权重为 25%，人力资源权重为 15%，安全权重为 5%，效益指数权重为 25%。

2. 企业信息化效能评价指标体系（见表 8-8）

表 8-8 企业信息化效能评价指标体系

一级指标	二级指标	说明
基础设施投入指标	（1）每百人计算机拥有量	计算公式：（企业拥有的计算机总量/企业员工总数）×100% 说明：计算机总量包括企业中正常运转的大中小型机、服务器、工作站、微机的总数量，单位为台；企业员工总数单位为百人
	（2）企业内部网规模	计算公式：（接入企业内部网的计算机总量/企业拥有的计算机总量）×100% 说明：计算机拥有量统计口径与指标（1）相同
	（3）互联网接入规模	计算公式：（接入互联网的计算机总量/企业拥有的计算机总量）×100% 说明：计算机拥有量统计口径与指标（1）相同
	（4）信息化投资率	计算公式：（企业信息化投资总额/企业固定资产投资总额）×100% 说明：信息化投资总额指企业最近 3 年信息技术投入费用（包括硬件、软件、网络建设、信息化培训、信息系统维护费用、信息系统安全费用）的平均数；企业固定资产投资总额为企业最近 3 年固定投资的平均数

续表

一级指标	二级指标	说　　明
信息系统运行指标	（5）信息化组织机构	说明：评价信息化组织机构，可从 CIO（或类似职务）的设立、信息管理部门的设立、企业管理规章制度的制定、信息化规划和预算的制定等方面进行综合评价。对此指标的水平从高至低分为 5 级，可通过德尔菲法得到评价结果
	（6）人力资源素质	计算公式：（大专（含）以上学历的员工总数/企业员工总数）×100%
	（7）信息技能普及率	计算公式：（掌握信息技能的员工总数/企业员工总数）×100%
	（8）信息化安全程度	计算公式：（企业已采用的信息化安全措施数目/信息化安全措施数目）×100% 说明：信息化安全措施主要包括：①建立信息安全制度；②全面安装单机防病毒软件（或硬件），并及时升级；③安装了企业级杀毒软件（或硬件）并及时升级；④安装了防火墙；⑤本地实时备份；⑥本地定时备份；⑦异地实时备份；⑧异地定时备份；⑨安装了邮件加密系统
信息化应用指标	（9）信息采集手段覆盖率	计算公式：（信息采集手段已覆盖的领域数目/信息采集手段可应用领域数目）×100% 说明：信息采集手段可应用的领域主要包括技术、生产、市场、销售、财务、人力资源、管理、政策法规
	（10）信息化覆盖率	计算公式：（企业信息化已覆盖的领域数目/企业信息化可应用领域数目）×100% 说明：企业信息化可应用领域主要包括办公自动化、财务管理、核心业务管理、进销存管理、人力资源、电子营销管理、客户管理、智能决策等。其中，核心业务管理内容与企业所属行业有关。例如：零售业应包括进销存管理，而制造业应包括生产制造管理、进销存管理
	（11）核心业务流程应用	说明：本指标为综合考核指标。其考核内容主要包括信息化技术覆盖的业务流程范围、业务数据的共享程度、业务流程是否实现最优控制等。对此指标的水平从高至低分为 5 级，可通过德尔菲法得到评价结果
	（12）电子商务应用	计算公式：网上采购率×50% + 网上销售率×50% 说明：网上采购率 =（当年电子商务产生的采购额/当年总采购额）×100%；网上销售率 =（当年电子商务产生的销售额/当年总销售额）×100%。只要是通过在线沟通并达成购销交易，无论是否采取在线支付方式，均认为是由电子商务产生的
	（13）企业门户网站建设水平	计算公式：（网站已有的服务对象数目/网站的服务对象数目）×50% +（网站已有的服务功能数目/网站的服务功能数目）×50% 说明：网站的服务对象包括企业员工、招聘对象、管理者、决策者、最终用户、供应商、其他合作伙伴。网站的服务功能包括信息发布、网上采购、网上销售、客户网上自助服务、员工入口、移动商务、消息自动传送、业务报警

续表

一级指标	二级指标	说　明
信息化应用指标	（14）财务管理应用	计算公式：（财务管理已覆盖模块数目/财务管理可采用模块数目）×100% 说明：财务管理可采用的模块主要包括应收账、应付账、工资、现金、流动资产、固定资产、投资、存货、流动负债、长期负债、总账等
	（15）办公自动化系统应用	计算公式：（办公自动化系统已覆盖模块数目/办公自动化系统可采用模块数目）×100% 说明：办公自动化系统可采用模块主要包括文档共享、收文管理、发文管理、会议管理、签报管理、周报（日报）管理、信息集成、信息发布、业务讨论、电子邮件、个人数据管理、档案管理、人力资源管理、日程管理、外部电子公文交换、信息流程跟踪
	（16）决策信息化水平	说明：本指标为综合考证指标，按决策信息化水平分为（从低到高）：①基础信息工作未做，无法提供决策依据；②已能利用信息系统整理信息数据，但需人工进行全部的决策；③具备较强的数据分析能力，能对决策方案进行优选；④采用专家（或智能）决策系统，进行管理决策智能化
业务流程指标	（17）产品开发信息化应用	计算公式：（采用信息技术进行开发（或设计）的产品数目/企业开发（或设计）的产品总数）×100% 说明：产品开发（或设计）采用的信息技术种类主要包括CAD、CAM、EDA等。只要在产品开发（或设计）中利用了上述信息技术，均可计入采用信息技术进行开发（或设计）的产品数目
	（18）产品生产周期效率	计算公式：[（信息化应用后生产周期效率 − 信息化应用前生产周期效率）/信息化应用前生产周期效率]×100% 说明：生产周期效率 = 产品加工时间/生产时间。生产时间为产品的加工时间、检查时间、搬运时间和等候时间之和；数据的采集跨度不超过3年
	（19）产品合格效率	计算公式：[（信息化应用后产品合格率 − 信息化应用前产品合格率）/信息化应用前产品合格率]×100% 说明：产品合格率 =（本期合格产品产量/本期产品总产量）×100%，数据的采集跨度不超过3年
	（20）产品销售效率	计算公式：[（信息化应用前产品销售周期 − 信息化应用后产品销售周期）/信息化应用前产品销售周期]×100% 说明：产品销售周期为从用户订货到产品到达用户手中的平均时间。数据的采集跨度不超过3年

续表

一级指标	二级指标	说　　明
经济效益指标	（21）库存资金占用效率	计算公式：[（信息化应用前库存资金占用率－信息化应用后库存资金占用率）/信息化应用前库存资金占用率]×100% 说明：库存资金占用率=（库存平均占用的资金/全部流动资金）×100%。数据的采集跨度不超过3年
	（22）财务决算速度	说明：此项指标考察企业实现一次完整的财务决算时间，分为5个档次（从高到低）：24小时内完成；1日至10日完成；10日至20日完成；20日至30日完成；30日以上完成
	（23）流动资金周转率	计算公式：（信息化应用后企业流动资金每年的周转次数/信息化应用前企业流动资金每年的周转次数）×100%
	（24）企业增长效率	计算公式：企业销售收入增长率×50%＋企业利润增长率×50% 说明：企业销售收入增长率=[（企业今年销售收入－企业去年销售收入）/企业去年销售收入]×100% 企业利润增长率=[（企业今年利润－企业去年利润）/企业去年利润]×100%

可以通过计算企业信息化指数（enterprise informatization index，EII）来对企业的信息化水平进行综合评价。EII 的计算公式为

$$\mathrm{EII} = \sum_{i=1}^{24}(P_i W_i)$$

其中，W_i 为第 i 个二级指标的权重，P_i 为第 i 个二级指标的得分。EII 满分为 100 分。

效能评价指标强调以应用和效益作为企业信息化建设的指导方向，所以在指标权重分配上侧重于应用指标和效益指标。5 个一级指标权重分配如下：W_1（基础设施投入）=10%，W_2（运行指标）=12%，W_3（应用指标）=36%，W_4（业务流程）=22%，W_5（效益指标）=22%。

企业在每个指标上达到的水平是不一样的，这可以通过指标分值 P 来区别。指标按评测结果分为两类。一类评测结果为百分比数值，其分数为指标结果乘以 100；若百分比数值超过 100%，P 按 100 分计算。另一类结果可分成等级处理，将每个二级指标达到的水平分为 5 个等级，从高到低依次给 P 赋值为 100 分、70 分、50 分、30 分、10 分；若连最低结果都达不到，则给 0 分。

根据 EII 的分数，可以将企业信息化水平分为 3 个等级：
- 初级信息化，当 EII<50 时；
- 中级信息化，当 50≤EII≤80 时；
- 高级信息化，当 EII>80 时。

案例分析

江苏科兴公司是一家专门从事工程监理和工程咨询的公司,公司员工400多人,专业范围覆盖了水利、公路、桥梁、船闸、航道、码头等领域,近几年合同额连续突破亿元,业务范围已经拓展到全国16个省。公司始终贯彻"科学严谨、公正独立、规范高效、持续改进"的质量方针,竭诚为各类工程建设提供优质、高效的监理咨询服务。

随着公司专业类型越来越多,服务的项目范围越来越大,项目的数量越来越多,传统的管理方式越来越显得捉襟见肘,经常出现投标时找不到相关资质证书,不清楚某个人在哪个项目上,不清楚项目的投标保证金是否退回,不知道某个项目是否竣工验收,导致公司的管理出现较多的困难,项目的成本居高不下。

为了改变管理现状,提高管理水平,提高效率和效益,降低成本,提高公司的竞争力,公司与河海大学项目管理信息化研究所合作,共同开发了"监理企业综合管理信息系统"。该系统结合公司的实际需求,将不同的管理模式整合到一个信息系统平台,实现了市场信息跟踪、投标过程分析、监理项目中标立项、项目团队组建、项目人力资源管理、项目沟通管理、项目财务管理、项目进度管理、项目质量安全管理、项目部日常管理、项目竣工验收管理、文件资料管理等功能。对监理项目全生命周期的信息资源进行实时管理,使得公司职能部门和公司领导可以实时查询每个项目、每位员工的状态,提高了决策的效率,提高了管理精细化程度。系统可以按照事先设定的规则,提前对项目进行预警,对人员和各类证书在到期日的前3个月进行提醒,对业务流程的下一个节点的人员提前进行提醒,极大地提高了业务的效率,降低了成本,初步实现了公司项目管理的智能化。

问题
1. 该公司在实际管理中碰到了哪些困难?
2. 监理企业综合管理信息系统具有哪些功能?
3. 监理企业综合管理信息系统为该公司带来了哪些效益?

讨 论 题

某食品零售商在全国各地拥有2 000多家门店。在未实施信息化建设之前,全部依靠人工来管理,到了月底,各个门店先将自己门店的销售报表上报区域公司,区域公司再进行汇总上报总公司,总公司完成报表计算大约需要一个月的时间,造成信息传递不及时,无法快速响应市场的需求,无法在激烈的市场竞争中把握商机。

经过一段时间的讨论后,公司领导层下定决心,全面实施信息化建设,首先推行的是一套智慧门店管理系统,每个门店都要求接入互联网,采用可连网的电子秤和收银机,这样每个门店销售的每一件商品都会实时记录并直接上传到公司总部,包括销售的商品名称、重量、销售时间、支付方式、支付金额等信息,对于有会员卡的客户还可以记录会员卡号。这些信息实时采集到总部后,总部的智能分析系统可以根据这些信息实时进行分析，能分析出哪一段时间什么商品销售量最大，某个门店所服务的区域的顾客偏好什么商品；还可以根据顾客偏好研发新的商品，新商品投放市场后，智能系统会自动给感兴趣的顾客发送提醒信息，邀请顾客在线购买或到附近的门店购买。到了月底后，系统在 24 小时内就可以计算完成并生成各类报表。公司对门店的管理实现了精细化和智慧化。

问题
1. 智慧门店管理系统可以采集哪些信息？
2. 公司推行智慧门店管理系统后，门店管理获得哪些改善？

习 题

1. 什么是企业信息化？
2. 企业信息化的本质是什么？
3. 简述企业信息化的基本理念。
4. 企业信息化的发展层次有哪些？各层次的标志是什么？
5. 企业信息化的指导思想是什么？
6. 简述企业信息化的意义。
7. 简述企业信息化规划的方法和步骤。
8. 简述企业信息化评价的方法。

第 9 章

管理信息系统的发展

> **学习目标**
>
> 通过本章的学习，学生应：了解信息资源管理中的有关信息管理内容；了解电子商务的开发过程及电子商务的功能模块；了解电子政务的概念和内容；熟悉地理信息系统的体系结构和开发过程；学会使用信息技术对管理决策提供支持；了解数据仓库的基本框架与数据挖掘的基本方法；了解智慧管理系统的概念和内容。
> 本章重点是：电子商务、地理管理系统和决策支持系统及其相关数据仓库的概念。
> 本章难点是：数据仓库技术的 OLAP 多维联机分析工具和数据挖掘技术。

随着管理环境的变迁与信息技术的发展，管理信息系统发生了很大的变化，从支持管理作业的系统向支持信息资源管理、支持决策管理发展，从支持内部管理向支持外部管理发展。在这一发展过程中，出现了信息资源管理、电子商务、电子政务、地理信息系统、决策支持系统、数据仓库与数据挖掘、智慧管理等新系统、新概念。

9.1 信息资源的管理

信息资源的管理主要涉及信息技术产品、支持与使用信息技术产品的专业人员和信息，由于信息技术产品基本上属于某种设备或由这些设备提供的服务，因此，信息资源管理的内容在很大程度上是设备管理和人力资源管理，而信息管理则是信息资源管理的核心，如果没有信息管理，信息资源管理就完全可以使用设备管理和人力资源管理来代替。

9.1.1 信息技术产品管理

在有关信息技术的产品管理中主要解决以下 4 个方面的问题。

（1）信息产品的需求规划任务

主要是根据组织的活动确定组织所需要的信息技术产品；分析信息技术产品在技术、经济与运营管理方面是否可行；了解这些信息技术产品的发展趋势；从工作实际需要出发分析所选信息技术产品的规格；根据组织的财务和人力资源情况确定所用信息技术产品的优先顺序。

(2) 信息技术产品的选购

信息技术产品的选购就是从众多的信息技术产品中选择购买合适的信息技术产品，这些产品包含硬件和软件部分。硬件主要是指计算机和网络通信设备，软件主要是指用于硬件设备运行的系统软件和用于管理的应用软件。

(3) 信息技术产品的使用

为保证一些复杂信息技术产品能够正常运行，必须对用户进行必要的培训。为使用信息技术产品，还必须制定一套合适的信息技术产品运行管理制度。

(4) 信息技术产品的维修

信息技术产品的维修主要涉及硬件和软件的维修。硬件设备维修一般依靠外部力量完成，应用软件的维修往往依靠组织内部力量。

9.1.2 信息专业人员管理

在信息技术人员管理中除了借用人力资源管理理论和方法外，还需要考虑信息技术人员工作的特殊性而采取对应的管理方法。这就需要考虑在企业的信息化过程中有哪些不同类型的信息技术人员？这些人员所需要具备的知识、技术和个性有什么特点？如何去评价这些人员的工作绩效？去督导他们的工作？去做他们的生涯规划？

一般而言，组织中的信息技术人员主要有系统分析师、系统设计师、网络工程师、数据库管理员、程序设计员、电脑操作员、数据管理员等。

9.1.3 信息管理

1. 信息的管理目标

信息管理的总目标可以确定为：保证信息资源的开发利用在有领导、有组织的统一规划和管理下协调一致、有条不紊地进行，使各类信息资源以更高的效率、效能和更低的成本在国家社会进步、经济发展、人民物质文化生活水平的提高中充分发挥应有的作用。

为保证上述总目标的实现，可以进一步将其分解为一系列并行不悖且相互联系的分目标。这些分目标包括以下内容。

① 信息资源开发分目标：主要是根据社会发展的需要来合理组织、规划信息资源的开发，确保相关的潜在信息资源能及时、经济地转化为现实的信息资源。

② 信息资源利用分目标：主要是按照社会化、专业化和产业化的原则合理组织信息资源的分配，确保信息资源能得到充分有效的利用。

③ 信息资源管理机制分目标：主要是遵循客观经济规律，建立健全科学、合理的信息资源管理机制，完善信息资源开发利用的保障体系。

2. 信息的管理任务

为了实现信息的管理目标，信息管理包括了一系列任务。从宏观上来说，这些任务主要包括以下内容。

① 制定信息资源的开发战略、规划、方针和政策，使信息资源的开发活动在国家统一的指导和管理下有条不紊地进行，使信息资源的开发成果不仅成本低、价格廉，而且能很好地做到三"贴近"（即贴近实际，贴近需求，贴近用户），满足国民经济和社会发展的总体需要。

② 制定信息资源管理的法律、规章和条例，建立信息资源管理的监督和保障体系，使信息资源管理真正有法可依、有章可循，使开发出来的信息资源能得到充分、及时、有效的利用。

③ 综合运用经济、法律和必要的行政手段协调各部门、各地区和各企业之间的关系，明确各级信息资源开发利用机构的责、权、利界限，使信息资源的开发利用机构在平等互利的基础上最大限度地实现资源共享。

④ 加强国家信息基础设施和信息资源管理网络的建设，使信息资源的开发利用活动建立在较高的起点和良好的社会基础上。

3. 信息管理内容

信息管理活动划分为宏观管理、中观管理和微观管理三个层次。在这三个层次的信息管理中，宏观管理和中观管理是微观管理的前提，微观管理是宏观管理和中观管理的基础。不同的管理层次包含不同的管理内容。

宏观层次的信息管理是一种战略管理，一般由国家信息资源管理部门运用经济、法律和必要的行政手段加以实施，主要是在宏观层次上通过国家有关政策、法规、管理条例等来组织、协调信息资源的开发利用活动，使信息资源按照国家宏观调控的目标，在不影响国家的信息主权和信息安全的前提下得到最合理的开发和最有效的利用。

宏观层次的信息管理是保证信息资源开发利用活动顺利进行及降低资源开发成本、提高资源利用率的最有效方式。其主要任务是从总量上和结构上组织、协调信息资源的开发利用活动，因而由此引发的一切管理效果都带有总量和全局性质。

中观层次的信息管理一般由各地区、各行业的信息资源管理部门通过制定地区或行业性的政策法规和管理条例来组织、协调本地区、本行业内部的信息资源的开发利用活动及本地区、本行业与其他地区、其他行业间的信息资源交流关系，使本地区、本行业的信息资源开发利用活动在总体上与宏观层次的信息资源管理活动发生冲突时，更符合本地区、本行业的客观实际，并体现本地区、本行业的利益。

中观层次的信息管理的主要任务是在本地区、本行业范围内组织、协调信息资源的开发利用活动，因而由此引发的一切管理效果都是对本地区、本行业的信息资源开发利用而言的，具有明显的区域或行业性质。

微观层次的信息管理是基层的信息资源管理，一般由各级政府部门、信息机构和企业等基层组织负责实施。其主要任务是认清组织内各级各类人员对信息资源的真正需求，合理组织、协调信息资源的开发利用。自 20 世纪 80 年代以来，在以美国为代表的西方国家中的一些大型企业里相继出现了"信息总监"（CIO）这样一个引人注目的高层管理职位（相当于企业的副总经理）。

20世纪90年代以来，随着知识管理新概念的出现，CIO开始逐步向"知识总监（chief knowledge officer，CKO）"演变，一些著名的大公司（如可口可乐公司、施乐公司）纷纷设立了CKO这一更加引人注目的职位。CIO和CKO的出现，使信息资源管理者的行政地位提升到了最高决策层，标志着微观层次的信息资源管理的地位与作用日趋重要。微观层次的信息资源管理再也不是企业虚设的"花架子"，而是影响企业命运的关键环节。

9.2 电子商务

电子商务作为一种新的经营模式影响着生产、管理及人们的生活方式。它是信息系统发展的结果，是计算机技术、通信技术、信息系统技术、安全保密技术、金融、商业营销与管理等多知识的综合结果。

9.2.1 电子商务概念

电子商务（electronic commerce，EC）是近几年兴起的利用因特网等信息技术在企业之间、企业与消费者之间进行网上交易，以及与此相关的企业内部事务联网处理的商业模式。电子商务是指在电子技术与信息技术高度发达的信息社会里，人们通过掌握信息技术与商务规则，系统地运用信息技术和因特网，实现商品交换的高效率、低成本。电子商务是信息系统在因特网时代发展的必然结果。

1. 电子商务的覆盖范围

电子商务包括了通过因特网来实现从原材料的查询、采购、产品的展示、订购到发货、储运及电子支付等一系列的贸易活动。除了货物贸易的电子交易外，电子商务还包括许多服务贸易活动，如数字化信息的联机传送、资金的电子转拨、股票的电子交易、电子提单、网上商品拍卖、合作设计和施工、远程联机服务及文件共享等。它既涉及产品的买卖（如各种生产物资、消费品等），又涉及服务的提供（如信息服务、金融服务和中介服务等）；既有传统的社会活动内容（如医疗保健、教育等），又有新兴的社会活动内容（如虚拟商店、虚拟贸易团体等）。

2. 电子商务的基本框架

电子商务的基本框架结构是指电子商务从技术到一般服务层所应具备的完整的操作结构。传统的市场交易链是在商品、服务与货币交换过程中形成的。电子商务的应用强化了信息这一重要因素，于是就出现了信息服务、信息商品和电子货币等新的内容和形式。但商品交易的实质并没有改变，只是交易过程中一些环节所依附的载体发生了变化，因而也就相应地改变了交易的形式。电子商务的基本框架结构如图9-1所示。自底向上，从最基础的技术层到电子商务的应用层共分为网络基础设施层、信息/消息发布层、交易文件与传播的基础设施层、交易服务的基础设施层及电子商务应用层。

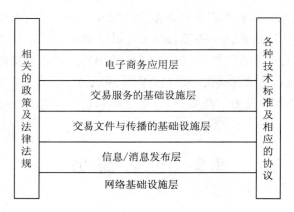

图 9-1 电子商务的基本框架结构

（1）网络基础设施层

网络基础设施层即信息高速公路，这一层是实现电子商务的最底层硬件设施，是信息传输系统，也就是说，由其提供电子商务所需的传输线路，其中包括基于因特网的互联网络。

（2）信息/消息发布层

信息传输线路上传输什么内容？这就是信息/消息发布层的任务。最常用的信息发布应用就是 WWW，用 HTML 或 JAVA 将各种信息发布在 Web 服务器上，然后通过网络传输协议将发布的信息传送给接收者。

（3）交易文件与传播的基础设施层

交易文件分为格式化与非格式化两种形式。用电子邮件（E-mail）传递的商品信息便是非格式化的形式，而订单、发票、发货单等都属于格式化形式。超文本传输协议 HTTP 是因特网上通用的信息传播工具，它以统一的显示方式，在多种环境下显示非格式化的多媒体信息。

（4）交易服务的基础设施层

当交易主体与电子市场进行交易时，由该层提供服务。主要包括标准的商品目录服务、建立价目表、电子支付工具的开发、提供交易信息安全传送的方法、提供认证买卖双方合法性的手段或方法等。交易的真正完成应该是在卖方收到货款、买方得到货物或服务时。网上支付的安全性是保证交易顺利进行的关键，目前主要通过 CA（Certificate Authority）认证为交易双方提供安全的保障。

（5）电子商务应用层

电子商务的实际应用内容广泛，包括供应链管理、电子商场及电子广告、网上购物、有偿信息服务、网上银行及网上娱乐等。

3. 电子商务的两个支撑点

电子商务的两个支撑点分别是：相关的政策及法律法规，各种技术标准及相关的网络协议。

（1）相关的政策及法律法规

包括如何制定电子商务的税收制度、信息传输成本的定价问题、保护隐私问题、信息收费标准等问题。此外，由于因特网是跨国界的，建立在其上的电子商务活动也必然具有跨国界的特点。但是，各国不同的管理体制和国情面对的是全球的电子交易，这必然会产生种种不协调和矛盾，所以必须建立一个全球性的标准和规则，以保证电子商务的顺利实施。如海关如何应对、跨国贸易如何付税等，这些都需要有相应的法律法规作保证。

（2）各种技术标准及相关的网络协议

电子商务是建立在因特网上的，因而各个网络与因特网互联时，接口问题、传输协议、安全协议及信息发布的标准都应该有统一的规定。各项标准对保证网络的兼容性和通用性是十分重要的。就像不同的国家使用不同的电压传输电流限制了不少电器在世界范围内的使用一样，使用不同的制式传输视频信号限制了很多信息在世界范围内的传输应用。

9.2.2　电子商务的服务功能

电子商务的服务功能主要体现在以下几方面。

（1）广告宣传

各个企业可凭借自己的 Web 服务器，在因特网上发布各类商业信息，其中包括企业形象、产品、服务等宣传。商家可以通过电子邮件和网页做广告宣传，涉及的范围可达世界各个角落，而且成本低廉，但提供给顾客的信息量却相当丰富。

（2）咨询洽谈

可借助于非实时的电子邮件、新闻组和实时的讨论组来洽谈交易事务、了解市场和有关商品的信息。网上的洽谈能超越人们面对面洽谈的限制，提供多种方便的异时交谈的形式。

（3）网上订购

可通过电子邮件或表单的交互传送实现网上订购。一般的电子商务通常都在 Web 上提供十分友好的订购提示信息和交互式订购表单。

（4）服务传递

有些货物是适于在网上直接传送的，如软件、电子读物、音像制品和信息服务等。对那些不能直接在网上传送的货物，则应通过物流配送系统解决。

（5）网上支付

网上支付是电子商务中可采用的支付形式之一，但以网络的安全传输为基础，防止发生网上冒用、窃取和欺骗行为。

（6）虚拟银行

电子商务是市场、沟通与销售的新渠道，也是引导交易、提供服务、产生价值和建立关系的一种新媒体。因此它涉及的不仅是硬件和软件问题，而且还涉及金融机构如何实现网上支付的解决方案问题。网上支付系统、虚拟银行是处于网络世界中金融机构参与电子商务所采取的措施之一。

（7）意见征询

电子商务可以方便地通过 Web 收集客户对销售和服务的反馈意见及市场信息。这不仅可提高售后服务质量，也可使企业发现市场的商机、获得目标市场和潜在客户、进一步满足已有客户的需求。

9.2.3 电子商务的类型

按照从事网络交易对象的不同和内容的不同，电子商务可以分为以下几种形式。

（1）企业之间的电子商务

企业之间的电子商务通常称为 B2B。

企业间的电子商务活动是指采购商与供应商的谈判、订货、签约、开具发票、付款、索赔、商品的发送管理与运输跟踪均在因特网上完成。企业间电子商务又可分为商业企业之间的、生产企业之间的、商业企业与生产企业之间的电子商务。

（2）企业与消费者之间的电子商务

企业与消费者之间的电子商务通常称为 B2C，属于传统商务中的零售业务。企业对消费者的电子商务是指以因特网为主要服务手段，服务对象是广大消费者，付款方式可采用网上的电子货币支付形式，或者采用货到支付现金的形式。从长远来看，企业与消费者之间的电子商务将会快速发展，最终将占据电子商务主导地位。

（3）政府与企业之间的电子商务

政府与企业之间的电子商务通常称为 G2B，是指政府与企业之间的事务采用电子商务的模式来完成，包括政府采购、税收、商检、政府信息发布等。

近年来，"电子政府"或"电子政务"在世界各国也得到了飞速发展。电子政府的主要内涵是运用信息及通信技术打破行政机关的组织界限，构建一个网上的虚拟机关，使企业可以方便地接收政府的信息及服务。各政府机关之间、政府与社会各界之间也可通过各种电子化渠道进行沟通，并在企业要求的时间和地点，为企业提供所需要的服务。例如，采用公开密钥等安全技术构建信息的安全环境，推动政府机关之间、政府与企业之间通信及交易处理。

（4）政府与消费者之间的电子商务

政府与消费者之间的电子商务是将政府的职能上网，即在因特网上实现政府的职能。目前政府对消费者的电子商务主要有：电子福利支付、电子资料库和电子身份论证等。电子福利支付是指将政府的各种社会福利通过磁卡或智能卡直接交付给受益人。电子身份论证是指在一张智能卡上集合个人的有关资料，如个人的医疗、信用、身份证、指纹等识别信息。

电子商务影响和改变的不仅仅是商业领域，而且还影响到人们的工作、生活和思维方式。电子商务缩短了生产厂家与最终用户之间供应链上的距离，这不仅大大增加了企业与消费者之间的联系，而且还减少了许多中间环节，使企业大幅度地降低了经营管理成本。

9.2.4 电子商务的开发

一般情况下，电子商务的开发包括以下 4 个主要环节。

（1）电子商务网站的规划与分析

电子商务网站的设计与管理直接关系到电子商务的交易过程及交易效果，如果不计后果盲目地在网上建一个网站，不但会造成资金、人员和时间的大量浪费，而且还会影响到客户对产品或服务的选择。因此，详细的规划和完整的设计是相当关键的环节，其中主要内容有商务上网的目的分析、目标客户分析、市场定位分析、技术与经济可行性分析、竞争对手分析、运行环境和技术及工具的选择、开发方案的选择和域名注册等。

（2）电子商务网站的设计与开发

电子商务网站的设计与开发是电子商务系统开发的关键内容，关系到客户对电子商务的接受与使用程度，是规划的执行层。因此，网站的设计与开发是整个开发过程的中心环节，其中主要内容有制定网站设计流程、确立网站设计的原则、构建网站信息结构、设计网站主页、网站可视化设计、网站链接设计和网页创建等。

（3）电子商务网站管理系统的设计

由于庞大、复杂的商务数据在处理时间、传递安全与处理速度等方面对网站的动态管理和维护提出了更高的要求。而且电子商务经营形态与经营环境的不断变化，使网站也要及时地调整发展方向与内容。因此，及时收集外部的信息和接受客户的反馈，全面分析电子商务网站管理及维护的内容与功能，有针对性地开发电子商务管理系统是保障电子商务网站有效运行的不可缺少的环节。电子商务管理系统包括网站管理的总体结构分析、文件管理、内容管理、安全管理、综合管理、客户管理和在线管理系统的建立等。

（4）电子商务网站的测试与推广

新建的网站是否达到了电子商务规划目标，是否满足了业务流程的要求，客户界面是否友好，操作是否简单，输入、输出的数据信息是否准确流畅等问题，都必须经过测试来验证。所以，在正式推出电子商务网站前的测试是十分必要的。当然，在创建网站内容与开发管理系统过程中会有大量的调试，但是这些无论如何都不能代替系统总体测试。测试的内容包括速度、兼容性、交互性、链接正确性、程序健壮性、超流量测试等。如果发现问题，就要及时记录并解决。

9.2.5 电子商务模块

目前一般企业的电子商务系统模块主要分为基本模块和扩展模块两大部分，每一部分又可分成前台和后台两类，如表 9-1 所示。

表 9-1 电子商务系统模块结构表

基本模块	前台	• 会员注册功能 • 商品发布功能 • 商品搜索引擎 • 购物车功能 • 收银台功能 • 订单查询功能
	后台	• 用户信息管理 • 商品操作功能 • 订单操作功能

续表

扩展模块	前台	个性化服务模块	• 创建、修改、删除我的搜索器 • 我的搜索器 • 我购买过的商品 • 我查询过的商品
		商品展示模块	• 最新商品展示 • 热销商品展示 • 推荐商品展示 • 特惠商品展示
	后台	统计信息管理模块	• 商品销售统计功能（包括进销存管理） • 会员信息统计分析 • 商品利润统计分析
	其他	• 网上调查模块 • 网上投诉模块	

1. 电子商务的基本模块

包含会员中心、权限定义、商品管理、购物车和收银台等。

（1）会员中心

会员中心的功能主要有会员注册、会员登录、会员修改信息、会员货运信息和会员的历史订单查询等。

① 会员注册与登录。客户想成为会员必须先进行注册。注册时客户需提供用户名、密码、E-mail、真实姓名、身份证号码、手机等信息。正确注册后，系统将把用户信息保存在后台数据库中。

会员在提供正确的用户名和密码后，才可以进入系统进行购物。会员登录时系统根据用户输入的用户名、密码、验证码和数据库中的信息进行对比，如果数据库中有该会员才可以正确登录，否则必须先注册。

② 信息修改。会员注册的信息除用户名外，其他信息都可以修改。

③ 会员货运信息。会员只有提供正确的货运信息才可以收到货物。货运信息包括：收货人姓名、性别、收货人所在省/市、详细地址、邮编、电话、手机、送货方式和货款支付方式。

④ 会员的历史订单查询。会员登录后，可以查询历史订单及货物发货情况。

（2）权限定义

权限包括超级管理员、购物会员和一般浏览者。超级管理员具备平台管理、全权管理所有的商品、订单、支付、货运和设置等权限，一个商店可以有多个商店管理员。购物会员享受购物折扣和积分优惠等优惠措施，同时购物会员可以拥有更改自己的基本信息、配送信息及查询历史购物等权力。购物会员需要在该商店登记注册。一般浏览者是不需要注册的，可以直接浏览商店。

（3）商品管理

商品管理包括商品库存管理、商品多级分类管理、商品价格管理（会员价格、顾客分组价格）、优惠商品、折扣商品、折扣率、配件商品管理和商品发布。

① 商品多级分类。允许管理员对商品进行分类管理，分类可以无限制分级。

② 商品管理。管理员可以添加、删除、编辑商品的相关属性与图片。
③ 商品价格管理。管理员可以设定、编辑和删除商品的价格。
④ 商品配件管理。允许管理员设定商品的相关配件及商品的附加属性。
⑤ 商品发布。商品发布功能包括商品分类、商品排行、最新商品、折扣商品、推荐商品和商品评论的显示。
⑥ 商品检索。允许顾客对商店的所有商品按照关键字进行搜索，使顾客可以快速找到所需要的商品。

（4）购物车

购物车主要提供购物的支持，允许购物者查看、更改和删除当前所选择的商品。

（5）收银台（结算）

收银台对购物者购买的商品进行统一结算，同时计算税收、货运等应支付款项，输出购物者的采购单。

2. 电子商务扩展模块

电子商务的扩展模块主要包括以下 5 个模块。

（1）个性化服务模块

① 创建、修改、删除我的搜索器。会员可以根据自己的喜好自定义（创建、修改、删除）我的搜索器，一个会员可以定义多个搜索器。
② 搜索器。会员通过自定义的搜索器可以加快检索自己所需要商品的速度。
③ 购买过的商品。对于历史购买的商品，系统会把其信息保存在数据库中。用户查看时，系统可以将其再调出来。购买过的商品具体内容包括商品名称、商品类别、商品品牌、商品规格、商品型号、商品市场价格、商品会员价格、购买时间和支付方式。
④ 查询过的商品。对于历史查询过的商品，系统会把其信息保存在数据库中。用户查看时，系统会再把它调出来。查询过的商品具体内容包括商品名称、商品类别、商品品牌、商品规格、商品型号、商品市场价格、商品会员价格和查询时间。

（2）商品展示模块

商品展示模块是根据数据库中的特殊商品分类，动态加载并展示给用户。特殊商品分类包括最新商品、热销商品、推荐商品和特惠商品等。每类商品的具体信息包括商品名称、类别、品牌、规格、型号、市场价、会员价、图片和库存等。

（3）统计信息管理模块

① 商品销售统计功能。包括对进销存管理活动中各种情况的统计。
② 会员信息统计分析。包括对下单次数、成交次数和成交金额等数据的统计。
③ 商品利润统计分析。包括商品总体利润、不同类别商品利润及各种利润的对比关系。通过该功能可以分析出哪些商品利润最高、哪些商品利润最低及商品销售的收益情况。

（4）网上调查模块

主要满足电子商务企业对商品和服务进行网上调查之用，可以由用户对商品和服务进行评级和就某类商品、服务进行不定期调查。

（5）网上投诉模块

允许客户对网上商品的销售与服务向企业投诉，投诉内容包括投诉时间、投诉人和投诉内容等。

9.3 电子政务

20世纪90年代以来,随着网络技术的成熟和互联网技术的运用,办公自动化在政府公共管理中的应用得到了进一步的加强和扩展,并推动了政府信息化向纵深发展,电子政务的概念随之孕育而生。

9.3.1 电子政务的概念

电子政务是指政府机构运用互联网等现代信息技术,将政府的管理与服务职能通过精简、优化、整合后在网络上实现运作,从而提高政府的运行效率和行政监管能力,并为社会公众提供高效、优质、廉洁的一体化管理和服务。

简而言之,电子政务概念主要包括以下3个方面的含义:第一,电子政务必然借助于信息技术、网络技术和办公自动化技术;第二,电子政务处理的是与公共权力行使相关的公共事务;第三,电子政务要对政府现有的行政管理和业务流程进行改造,以适应时代进步和发展的需要。

9.3.2 电子政务的发展历程

我国电子政务的发展最早可追溯到20世纪80年代初,从国家大力推动电子信息技术应用开始。按照不同时期的发展特点,我国电子政务的发展可分成3个不同的阶段。

1. 电子政务初级发展阶段

我国政府早在20世纪80年代已意识到信息革命带来的挑战与机遇,各政府部门已开始尝试利用计算机技术辅助一些最基础的政务活动,如文件电子化处理、数据电子化存储等。这一阶段最主要的特点是利用计算机替代一部分手工劳动,提高政府文书、报表处理等工作的效率。但由于当时计算机设备价格昂贵、软件易用性差,计算机并不很普及。到80年代末,全国各地不少政府机构已建立起了各种纵向或横向的内部信息办公网络,很多政府机构成立了专门的信息中心,为提高政府的信息处理能力和决策水平起到了重要作用。进入20世纪90年代,我国的政府信息化建设进一步加快,特别是一系列"金字工程"的启动,标志着我国政府与国民经济信息化的序幕正式拉开。1993年12月,我国政府成立了以国务院副总理邹家华为主席的国家经济信息化联席会议,确立了"实施信息化工程,以信息化带动产业发展"的指导思想,正式启动"金卡""金桥""金关"等重大信息化工程,这些工程都是由我国政府直接领导,以加强信息化基础设施为重点,以保证国民经济重点领域的数据传输和信息共享为主要目的。紧随"三金工程"之后的是"金税工程",它是为了配合我国财税体制的改革,推行以增值税为主体的流转税制度,严格税收征管,杜绝税源流失而实施的一项全国性的信息化工程。除此以外,国家又启动了"金审工程""金盾工程""金卫工程"等新的"金字工程"。这些工程的相继建设,对我国的政府信息化建设和电子政务发展起到了直接的推动作用。

2. 电子政务快速发展阶段

到了 20 世纪 90 年代的中后期，互联网已经开始在经济社会生活的各个领域进行广泛渗透。政府作为社会信息资源最大的拥有者和使用者，理所当然地要与互联网结合。1999 年 1 月，由中国电信和国家经贸委经济信息中心牵头，联合 40 多家部、委、办、局信息主管部门在京共同举办"政府上网工程启动大会"，倡议发起了具有历史意义的"政府上网工程"。2001 年，全国政府网站建设范围也已经延伸到乡镇级政府，并开始向社会发布政府信息，有的还尝试提供在线服务，政府专网、业务系统建设开始铺开。根据中国互联网信息中心公布的数据，到 2002 年 6 月底，全国各级政府在"gov.cn"下注册域名的数量为 6 686 个，已经建成的政府网站达到 4 929 个。绝大部分国家部、委、办、局与地市级以上地方政府都已经在互联网上建立起了自己的网站。与此同时，政府网页的内容也变得较为丰富，网站的功能也变得日益多样化，政府网站所发挥的作用也变得越来越大。2002 年 8 月，《国家信息化领导小组关于我国电子政务建设指导意见》（中办发〔2002〕17 号）指出，"两网一站四库十二金"作为后续一段时间重点建设的信息化工程。

在经历了声势浩大的"政府上网工程"后，我国电子政务的发展进入了理性发展阶段。特别是在我国国民经济与社会发展"十五"计划中提出了"以信息化带动工业化"，从中央到地方各级政府，都对政府信息化建设和电子政务的发展有了更深层次的认识，充分认识到政府在信息化建设中的"排头兵"的作用，发展电子政务是促进电子商务等经济活动的重要推动力量。在这一阶段，把发展电子政务与政府职能转变、政府机构改革、依法行政以及中国加入 WTO 后的政府与国际接轨的现实需要结合起来。与此同时，电子政务的发展也进入了整体规划、逐步推进、有序实施的阶段，一改过去技术主导的状态，而是逐渐把信息技术与政府的各项具体业务紧密地结合起来，使得电子政务的作用与价值得到了很好的体现。

3. 电子政务高质量发展阶段

在这一阶段，新一代信息技术在电子政务中的应用更加广泛，电子政务的发展进入高质量发展阶段。

2006 年 1 月，我国中央人民政府门户网站正式开通。中共中央办公厅、国务院办公厅印发《2006—2020 年国家信息化发展战略》，进一步谋划了此后 15 年我国电子政务发展的整体方向、基本路径、基本框架、重点领域。

2012 年 11 月十八大报告中提出的信息化带动工业化，促进了信息化与工业化的融合，梳理了各级政府的网站问题，使得政府网站更加规范、更加重视信息安全。

2014 年 2 月，中央网络安全和信息化领导小组正式成立，充分体现了中国全面深化改革、着力保障网络安全、推动信息化发展的决心。

2015 年，李克强总理在政府工作报告中提出"互联网＋"概念，《国务院关于积极推进"互联网＋"行动的指导意见》，政府与"互联网＋"的融合更加紧密。

2016 年 4 月，习近平总书记在网络安全和信息化工作座谈会上指出，加快推进电子政务，鼓励各级政府部门打破信息壁垒、提升服务效率，让百姓少跑腿、信息多跑路，解决办事难、办事慢、办事繁的问题。同年 10 月，习近平总书记主持中共中央政治局第三十六次集体学习时强调，我们要深刻认识互联网在国家管理和社会治理中的作用，以推行电子政务、建设新型智慧城市等为抓手，以数据集中和共享为途径，建设全国一体化的国家大数据中心。同年12月，国务院印发《"十三五"国家信息化规划》，提出支持善治高效的国家治理体系构建、形成普惠便捷的信息惠民体系等重点工作，电子政务被列入12项优先行动。

2017年7月，国务院发布《新一代人工智能发展规划》，电子政务与人工智能的结合更加紧密。同年10月，十九大报告指出，转变政府职能，深化简政放权，创新监管方式，增强政府公信力和执行力，建设人民满意的服务型政府。同年12月，习近平总书记主持中共中央政治局第二次集体学习时提出，要以推行电子政务、建设智慧城市为抓手，以数据集中和共享为途径，推动技术融合、业务融合、数据融合，形成覆盖全国、统筹利用、统一接入的数据共享大平台，构建全国信息资源共享体系。

2018年3月李克强总理在政府工作报告中明确提出，要深入推进"互联网+政务服务"，使更多事项在网上办理，必须到现场办的也要力争"只进一扇门""最多跑一次""加快政府信息系统互联互通，打通信息孤岛"等具体要求。同年4月，习近平总书记在全国网络安全和信息化工作会议上指出，要运用信息化手段推进政务公开、党务公开，加快推进电子政务，构建全流程一体化在线服务平台，更好地解决企业和群众反映强烈的办事难、办事慢、办事繁的问题。同年7月，《国务院关于加快推进全国一体化在线政务服务平台建设的指导意见》要求加快建设全国一体化在线政务服务平台，深入推进"放管服"改革，推动政府治理现代化。

2019年，中央政治局集体学习区块链技术，启动了区块链技术在电子政务中的应用。

2020年，疫情期间，各级政府对电子政务更加重视，加强了电子政务的在线服务能力。各地省、市一级政府都成立了"大数据局"，推广大数据技术在电子政务中的应用，正在朝着打造智慧政府的方向前进。

9.3.3 电子政务的架构

2002年，《中共中央办公厅 国务院办公厅关于转发〈国家信息化领导小组关于电子政务建设指导意见〉的通知》（中办发〔2002〕17号）指出，国家层面的电子政务网络由政务内网和政务外网构成，两网之间物理隔离，政务外网与互联网之间逻辑隔离。政务内网主要是副省级以上政务部门的办公网，与副省级以下政务部门的办公网物理隔离，政务外网是政府的业务专网，主要运行政务部门面向社会的专业性服务业务和不需要在内网上运行的业务。

典型的电子政务网络架构由政务内网、政务专网、政务外网和统一信息资源库4部分组成。

（1）政务内网

政务内网是各个行政机关内部的行政办公局域网，分别运行决策指挥、宏观调控、行政执行、应急指挥、监督检查、信息查询等各类相对独立的电子政务应用系统。

（2）政务专网

政务专网承载政府系统共建共享的政务资源信息库，通过连接各部门、各地方的内网，形成覆盖从国务院到各部门、各地方的政务资源网络，为政府运转提供最主要的信息服务和业务协同支撑环境。专网按照国家的安全保密要求，与公共管理与服务网络之间采用物理隔离，以确保内部政务办公、决策指挥等系统的运行安全性。

（3）政务外网

政务外网建立在公共通信平台之上，通过应用支撑平台与公共互联网络实现接口，并与其他政府部门的外网实现安全的互联和信息交换。公共管理与服务网提供公众政务服务的访问功能，并通过后面的应用网关实现 Web 服务系统与公共通信平台之间的逻辑隔离，以便确保内部业务系统的运行安全性。公共管理与服务网、宏观调控系统、行政执行系统、监督检查系统等部门的网络进行连接，并为有关部门之间的业务协同提供了网络支持和数据来源。

（4）统一信息资源库

政府各部门共建共享的包括党务、政务和行业部门的电子政务信息资源库，如国家的政策法规、工商、税务和海关等部门的业务管理信息或数据等。

9.4　地理信息系统

地理信息系统（geography information system，GIS），是 20 世纪 60 年代中期开始发展起来的新技术。1963 年加拿大测量学家 R. F. Tomlinson 首先提出了地理信息系统这一术语，并建成世界上第一个 GIS——加拿大地理信息系统 GIS，用于自然资源的管理和规划。80 年代后兴起的计算机网络技术使地理信息的传输时效得到了极大的提高，它的应用从基础信息管理与规划转向更复杂的实际应用，成为辅助决策的工具。从应用方面看，地理信息系统已在资源开发、环境保护、城市规划建设、土地管理、农作物调查与估产、交通、能源、通信、地图测绘、林业、房地产开发、自然灾害的监测与评估、金融、保险、石油与天然气、军事、犯罪分析、运输与导航、110 报警系统及公共汽车调度等方面都得到了成功的应用。许多管理信息系统在开发中也开始注意到采用 GIS 技术，以提高管理信息的表现力和可视化程度。

9.4.1　GIS 的应用

地理信息系统的主要特征是存储、管理、分析与位置有关的信息，即 GIS 使用的工具是计算机软、硬件系统；GIS 的研究对象是空间物体的地理分布数据及属性；GIS 的数据建立过程主要是对位置信息的采集、存储、管理、处理、检索、分析和显示。

1. 地理信息系统应用发展趋势

目前地理信息系统已在许多领域得到广泛应用，应用研究呈现出不断深入、社会化、全球化、集成化和多样化的趋势。

（1）GIS 应用研究不断深入

GIS 早期应用强调制图和空间数据库管理，这些应用逐渐发展为强调制图现象间相互关系的模拟，大多数应用都包括了制图模拟，如地图再分类、叠加和简单缓冲区的建立等。

新的应用集中体现在空间模拟上,即利用空间统计和先进的分析算子进行应用模型的分析和模拟。

(2) GIS 应用社会化

GIS 的用户数量每年以 2～6 倍的速度增长,呈现社会化应用趋向,成为人们科研、生产、生活、学习和工作中不可缺少的工具和手段。

(3) GIS 应用全球化

继美国之后,日、英、德、澳等国及亚洲和非洲的许多国家相继宣布了自己在信息领域的发展规划和蓝图,地理信息系统技术的应用正席卷全球,在美国、西欧和日本等发达国家,已建立了国家级、洲际之间及各种专题性的 GIS,GIS 应用国际化、全球化已成为一种趋势。

(4) GIS 应用环境网络化、集成化

在地理信息系统中,有很多基础数据,它们是社会共享资源,如基础地形库、人口库、资源库,经济数据库。在发达国家,常由政府投资建立实用基础数据库,由应用部门投资建立专业数据库。用户可通过网络及时地获取正确的基础数据。在我国已建立了 1∶1 000 000 国家基础空间数据库和 1∶250 000 地形数据库,已经初步实现了 GIS 应用环境的集成化。

此外,由于各行各业中信息数量的日益增长,信息种类及其表达的多样化,各种集成环境对地理信息系统的推广应用十分重要,如 3S 集成系统等。

(5) GIS 应用模型多样化

GIS 在专业领域中的应用,需开发本专业模型,随着专业应用的不断发展,GIS 应用模型越来越多,既有定量模型,又有定性模型;既有结构化模型,又有非结构化模型。GIS 在各个行业中的应用能否成功与模型开发的成败息息相关。

2. 地理信息系统应用领域

地理信息系统又称空间信息系统,因此,与空间位置有关的管理领域都是地理信息系统的重要应用领域。目前应用领域已发展到 60 多个,主要应用领域涉及地质、地理、测绘、石油、煤炭、冶金、土地、城建、建材、旅游、交通、铁路、水利、农业、林业、环保、教育、文化和军事等管理领域。

GIS 应用在环境评价和监测系统方面,主要用于环境影响评价、污染评价、灌溉适宜性评价、灾害监测(森林火灾、洪水灾情、救灾抢险等)、生态系统的研究、生物圈遗迹管理和自然资源管理等。

GIS 在土地和资源评价管理方面,广泛应用于土地管理、水资源清查、矿产资源评价(矿产预测、矿产评价、工程地质和地质灾害)中。

GIS 在市政工程建设方面,可用于公共供应网络(电、气、水、废水)、电信网络、交通领域、城市规划和道路工程中。

目前 GIS 新的应用趋势是将具体的模型与 GIS 方法结合起来用于规划管理、环境污染、公共供应网络模型、旅游规划模型、航空、生态生物学模型和政府及企业的管理等领域。例如,它可以用于企业生产经营管理、税收、地籍管理、宏观规划、开发评价管理、交通工程、公共设施使用、道路维护、市区设计、公共卫生管理、经济发展和赈灾服务等。

9.4.2 GIS 的类型与体系结构

地理信息系统按内容、功能和作用可分为两类：工具型地理信息系统和应用型地理信息系统。地理信息系统按其体系结构可以分为两类：C/S 结构和 B/S 结构。

1. 工具型地理信息系统

工具型地理信息系统也称地理信息系统开发平台或外壳，它是具有地理信息系统基本功能，供其他系统调用或用户进行二次开发的操作平台。

地理信息系统是一个复杂庞大的空间管理信息系统。用地理信息系统技术解决实际问题时，需要进行大量的软件开发。这些软件的重复开发对人力、财力是很大的浪费。工具型地理信息系统为地理信息系统的使用者提供一种技术支持，使用户能借助地理信息系统工具中的功能直接完成应用任务，或者利用工具型地理信息系统加上专题模型完成应用任务。目前国外已有很多商品化的工具型地理信息系统，如 ARC/INFO、Genamap、MapInfo、MGE 等。国内近几年正在迅速开发工具型地理信息系统，并取得了很大的成绩，已开发出 MAPGIS、Geostar 和 Citystar 等。

2. 应用型地理信息系统

应用型地理信息系统是根据用户的需求和应用目的而设计的解决实际应用问题的地理信息系统，除了具有地理信息系统基本功能外，还具有解决地理空间实体及空间信息的分布规律、分布特性及相互依赖关系的应用模型和方法。它是在比较成熟的工具型地理信息系统基础上进行二次开发完成，利用工具型地理信息系统建立的应用型地理信息系统。应用型地理信息系统也可以是为某专业部门专门设计研制的，这种系统的针对性明确、专业性强、系统开销小。应用型地理信息系统按研究对象性质和内容又可分为专题地理信息系统、区域地理信息系统和大众地理信息系统。

（1）专题地理信息系统

专题地理信息系统是具有有限目标和专业特点的地理信息系统，为特定的专门目的服务。如水资源管理信息系统、矿产资源管理信息系统、农作物估产管理信息系统、水土流失管理信息系统、地籍管理地理信息系统、土地利用管理信息系统、环境保护和监测管理系统、通信网络管理系统、配电网管理系统、城市规划管理系统、供水管网管理系统等都属于应用型地理信息系统。

（2）区域地理信息系统

区域地理信息系统主要以区域综合研究和全面信息服务为目标。可以有不同的规模，如国家级、省市级、地区（市）级和县级等为各种不同级别行政区服务的区域信息系统，也可以有以自然分区或流域为单位的区域信息系统。如加拿大国家地理信息系统、日本国土信息系统等面向全国，属于国家级的系统；黄河流域地理信息系统、黄土高原重点产沙区信息系统等面向一个地区或一个流域，属于区域级的系统；北京水土流失信息系统、县土地管理信息系统等面向地方，属于地方一级的系统。

（3）大众地理信息系统

大众地理信息系统是一种面向大众、不涉及具体专业的信息系统，使用者只需要有一般的计算机常识就可以了。例如：为了普及和加强国民的环境意识而开发出的环境教育信息系统就属于这种类型，它既不要求受教育对象有专业的环境知识，也不要求有专业的计算机知识，只需熟悉一般的计算机操作即可使用。

3. 地理信息系统的计算模式

目前的管理信息系统实现无外乎采用两种计算模式：一种是 C/S 模式，系统的可执行应用程序放在客户端，公共部分放在应用服务器端，主要应用于内部局域网环境；另一种是 B/S 模式，系统的可执行应用程序全部放置在应用服务器端，客户端只需配置一个浏览器即可，主要应用于因特网。应用型 GIS 系统的设计主要采用两种设计方式：采用组件式地理信息系统和 Internet 地理信息系统 WebGIS 设计，所谓组件式地理信息系统就是把 GIS 的各个功能模块分解为若干组件或控件，每个组件具有不同的功能，不同的组件可以来自不同的开发商，建立起的应用系统本质上仍然是 C/S 模式。

利用组件的 OLE（对象连接与嵌入）和 ActiveX（OCX）控件技术，用户可以在可视化开发环境中，如采用 GIS 的工具软件 MapInfo 和可视化开发工具 Visual C++、Visual Basic、Delphi 等和 MapX 组件进行集成化开发，使用 ADO 组件连接 Oracle 等数据库，使应用系统具有强大的数据库管理功能。在设计阶段只需将 GIS 组件嵌入到用户的应用程序中，就可以实现绘制地图和 GIS 功能。这符合软件资源重组，提高软件生产效率的思路。

系统开发初期采用 MapInfo Professional 工具软件绘制地图，然后利用可视化开发工具 Delphi 嵌入 MapX 组件进行编程，实现对地图的显示操作和空间分析功能。接着可以使用 ADO 连接存放属性数据的数据库完成一些高级功能。利用 SQL 语句，就可以对数据库进行可视化查询编辑。由于空间数据按地图进行存储，每个图层的属性表均有一个 ID 字段，通过这个 ID 号使空间数据库和属性数据库之间建立起关联，这样系统将空间数据与属性数据结合在一起，就可以充分实现空间数据与属性数据的双向查询，使基于 GIS 应用系统的功能更加直观、灵活、方便和适用。设计出的系统功能一般具有信息管理、地图操作、双向查询、数据库管理、统计报表、统计分析和系统维护等功能。

9.4.3 GIS 的开发

1. GIS 的开发方式

随着地理信息系统应用领域的扩展，应用型 GIS 的开发工作日显重要。应用型 GIS 开发又可分为独立开发、单纯二次开发和集成二次开发三种实现方式。

独立开发指不依赖于任何 GIS 工具软件，从空间数据的采集、编辑到数据的处理分析及结果输出，所有的算法均由开发者独立设计，然后选用某种程序设计语言，如 Visual C++、Visual Basic、Delphi 等，在一定的操作系统平台上编程实现。

单纯二次开发指完全借助于 GIS 工具软件提供的开发语言进行应用系统开发。GIS 工具软件大多提供了可供用户进行二次开发的宏语言，如 ARC/INFO 的 ArcView 提供了 Avenue 语言，MapInfo 的 MapInfo Professional 提供了 MapBasic 语言等。用户可以利用这些宏语言，基于 GIS 工具软件自带的开发平台，开发出针对不同业务逻辑的应用程序。

集成二次开发指利用专业的 GIS 工具软件，如 ArcView、MapInfo Professional 等，实现 GIS 的基本功能。而通用可视化开发工具则采用 Visual C++、Visual Basic、Delphi 等为开发平台，采用 OLE/DDE、GIS 控件，通过 ADO 与数据库系统连接进行两者的集成开发。

独立开发的灵活性较大，适合比较专业领域的开发，难度相对比较大；单纯二次开发受GIS工具提供的编程语言的限制，开发效果又差强人意；结合GIS工具软件与可视化开发语言的集成二次开发方式已成为GIS应用开发的主流。其优点在于可充分利用GIS工具软件对空间数据库的管理、分析功能，又可以利用其他可视化开发语言具有的高效、方便等编程优点，集二者之长，不仅能大大提高应用系统的开发效率，而且使用可视化工具开发出来的应用程序具有更好的外观效果、更强大的数据库功能，使系统可靠性高、易于移植、便于运行维护。

2. 应用型GIS的开发过程

应用型地理信息系统的开发过程是一项耗费大量人力、物力、财力和时间的系统工程。为使系统开发达到预期目标，必须按照管理信息系统的开发方法对系统开发全过程进行控制、协调。

应用型地理信息系统开发的主要内容有：系统总体设计、数据库详细设计、系统功能设计、系统应用模型和方法设计及系统的输入、输出设计。

① 系统总体设计。系统总体设计包括确定系统目标和任务、模块子系统设计、计算机系统选择、软件设计、代码设计及界面设计等。

② 数据库详细设计。数据库详细设计包括数据库的概念设计、逻辑设计、物理设计和数据模型选择等。

③ 系统功能设计。系统功能设计包括总体模块功能设计、属性数据库管理系统结构和功能设计、图形数据库管理系统结构与功能设计。

④ 系统应用模型和方法设计。应用模型和方法设计包括系统常用的应用模型设计和方法设计。

⑤ 系统的输入、输出设计。GIS的输入、输出设计主要包括系统的成图设计和各种图形文件的输出设计。

3. GIS的地理信息处理

在开发应用型的地理信息系统过程中，最主要的任务是对地理信息的处理，从地理数据的准备到地理数据的输出，必须经过各种数据转换，因此地理信息系统开发中一个重要的功能就是完成不同阶段的数据转换工作。

（1）数据采集与输入

数据采集与输入，即在数据处理系统中将系统外部的原始数据输给系统内部并将这些数据从外部格式转换为系统便于处理的内部格式。对多种形式、多种来源的信息，可实现多种方式的数据输入。GIS的输入主要有图形数据输入（如管网图的输入）、栅格数据输入（如遥感图像的输入）、测量数据输入（如全球定位系统GPS数据的输入）和属性数据输入（如数字和文字的输入）。

如何将地理数据有效地输入到GIS中是一项琐碎、费时、代价昂贵的任务。大多数地理数据是从纸质地图输入，常用的方法是数字化和扫描。地理数据的数字化输入效率低、代价高，而地理数据的扫描输入则面临如何将扫描得到的栅格数据变换成GIS数据库所要求的点、线、面、拓扑关系的属性，目前全自动的智能地图识别还没有完善。因而，交互式的地图识别是矢量化输入方法的一种较为现实的途径，市场上已有多种交互式矢量化软件出售。

管理信息系统

目前 GIS 的输入正在越来越多地借助非地图形式，遥感数据输入就是其中的一种形式。遥感数据已经成为 GIS 的重要数据来源。与地图数据不同的是，遥感数据输入到 GIS 较为容易，但通过对遥感图像的解释来采集和编译地理信息则是一件较为困难的事情；因此，GIS 中开始大量融入图像处理技术，许多成熟的 GIS 产品，如 MapGIS 中都具有功能齐全的图像处理子系统。

地理数据采集输入的另一项主要技术是 GPS 技术。GPS 可以准确、快速地定位在地球表面的任何地点，因而，除了作为原始地理信息的来源外，GPS 在飞行器跟踪、紧急事件处理、环境和资源监测管理等方面都有着很大的潜力。

（2）地理数据的存储

GIS 中的数据分为栅格数据和矢量数据两大类，如何在计算机中有效存储和管理这两类数据是 GIS 的基本问题。在计算机高速发展的今天，尽管计算机的硬盘容量已达到 GB 级，但要灵活、高效地处理地图信息仍然不够。GIS 的数据存储却有其独特之处，大多数的 GIS 系统中采用了分层技术，即根据地图的某些特征，把它分成若干层，整张地图是所有层叠加的结果。在与用户的交互过程中只处理所涉及的层，而不是整幅地图，因而能够对用户的要求做出快速反应。

地理数据存储是 GIS 中最低层和最基本的技术，它直接影响到其他高层功能的实现效率，从而影响整个 GIS 的性能。基于计算机平台的 MapGIS 能够快速、高效地处理多达上万幅的海量地图库，这不仅在国产 GIS 软件中处于领先地位，即使与国外同类产品相比仍是其中的佼佼者，这与 MapGIS 较好地解决了地理数据的存储问题密切相关。

（3）地理数据的编辑与更新

地理数据编辑主要包括图形编辑和属性编辑。属性编辑主要与数据库管理结合在一起完成，图形编辑主要包括拓扑关系建立、图形编辑、图形整饰、图幅拼接、图形变换、投影变换、误差校正等功能。数据更新用新的数据项或记录来替换数据文件或数据库中相对应的数据项或记录。它要通过删除、修改、插入等一系列操作来实现。由于空间实体都处于发展着的时间序列中，人们获取的数据只反映某一瞬时或一定时间范围内的特征。随着时间的推进，数据会随之改变。数据更新可以满足动态分析的需要，对自然现象的发生和发展可以做出合乎规律的预测预报。

（4）数据存储与管理

数据存储，即将数据以某种格式记录在计算机内部或外部存储介质上。其存储方式与数据文件的组织密度相关，关键在于建立记录的逻辑顺序，即确定存储的地址，以便提高数据存储的速度。属性数据管理一般直接利用关系数据库软件，如 Oracle、SQL Server、FoxPro 等。空间数据管理是 GIS 数据管理的核心，各种数据或图像信息都要以严密的逻辑结构存放在空间数据库中。

（5）空间查询与分析

空间查询与分析是 GIS 的核心，是 GIS 最重要和最有魅力的功能，也是 GIS 有别于其他信息系统的本质特征。它包括空间数据操作运算、数据查询检索与数据总和分析。数据查询检索即从数据文件、数据库或存储装置中，查找和选取所需的数据，是为了满足各种可能的查询条件而进行的系统内部数据操作，如数据格式转换、矢量数据叠合、栅格数据叠加等操作及按一定模式关系进行的各种数据运算，包括算术运算、关系运算、逻辑运算和函数运算等。总和分析功能可以提高系统评价、管理和决策的能力,主要包括信息量测量、属性分析、统计分析、二维模型分析、三维模型分析及多要素总和分析等。

(6) 数据显示与输出

数据显示是中间处理过程和最终结果的屏幕显示,通常以人机交互方式来选择显示的对象与形式,对于图形数据根据要素的信息量和密集程度,可选择放大或缩小显示。GIS 不仅可以输出全要素地图,还可以根据用户需要,分层输出各种专题图、各类统计图、图表及数据等。

9.5 支持决策活动的信息系统

MIS 使信息获得了系统的开发与利用,将企业的管理水平提高到一个新的层次,但它仅解决了组织中的一些结构化决策问题,而对半结构化、非结构化问题则无法解决。在此背景下,人们开始研制能有效解决半结构化、非结构化决策问题的新系统。20 世纪 70 年代开始推出的用于支持决策的各种系统正呼应着此种需求。

9.5.1 决策支持系统

1. 决策支持系统的产生与发展

20 世纪 70 年代中期 Keen 和 Scott Morton 首次提出了"决策支持系统(decision support system,DSS)"一词,标志着利用计算机与信息支持决策的研究应用进入了一个新阶段。整个 70 年代研究开发出了许多较有代表性的 DSS:支持投资者对顾客证券管理日常决策的 profolio management;用于产品推销、定价和广告决策的 brandaid;支持企业短期规划的 projector 及适用于大型卡车生产企业生产计划决策的 capacity information system 等。

20 世纪 70 年代末,决策支持系统开始形成,它由模型库、数据库及人机交互系统 3 种系统组成。DSS 是一个利用计算机强大信息处理能力和人的灵活判断能力,以交互方式支持决策者解决半结构化和非结构化决策问题的系统。

20 世纪 80 年代,出现了如图 9-2 所示的三库系统和四库系统,它们在初级 DSS 的基础上增加了方法库与知识库。方法库管理系统是以程序方式管理和维护各种决策常用方法和算法的系统。知识库管理系统是有关规则、因果关系及经验等知识的获取、解释、表示、推理、管理与维护的系统。

20 世纪 80 年代后期人工神经元网络及机器学习等技术的研究与应用为知识的学习和获取开辟了新的途径。专家系统与 DSS 相结合,充分利用专家系统定性分析与 DSS 定量分析的优点,形成了智能决策支持系统 IDSS,提高了 DSS 支持非结构化决策问题的能力。

近年来,DSS 与计算机网络技术结合构成了新型的供众多决策者共同参与,进行决策的群体决策支持系统(GDSS)。GDSS 利用便捷的网络通信技术在多位决策者之间沟通信息,提供良好的协商与综合决策环境,以支持需要集体做出决定的重大的问题决策。在 GDSS 的基础上,人们又将分布式的数据库、模型库与知识库等决策信息资源有机地集成,构建分布式决策支持系统 DDSS。

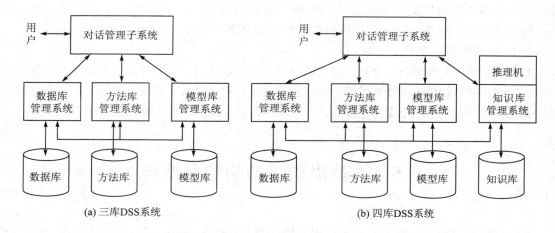

图 9-2　决策支持系统的基本模式

DSS 的研究与应用范围不断扩大，层次不断提高，相继出现了多种高级功能的通用和专用 DSS。1983 年，R. 博奇克研制成功 DSS 的开发系统，DSS 与人工智能相结合，出现了智能化 DSS（IDSS）；1984 年，DSS 与计算机网络相结合，出现了群体 DSS。现在，决策支持系统已逐步扩展应用于大、中、小型企业中的预算分析、预算计划、生产销售、研究开发等职能部门，并开始应用于军事决策、工程决策和区域开发等方面。

1985 年 Owen 等人提出了由专业人员组成的，支持决策者使用 DSS 解决决策问题的决策支持中心（DSC）的概念。

DSC 既容易实现，也能明显地改进决策环境。在新型框架方面，近年来还推出了智能型、交互型与集成化的决策支持系统 I^3DSS，它以面向决策者、面向决策过程，综合各种方法与工具为特色，适用面更广。DSS 的发展还体现在组成部件的扩展与部件组成的结构变化上。部件及结构的演变反映了 DSS 从专用到通用，从简单到复杂的发展过程。

2. 决策支持系统的目标与功能

DSS 的目标就是要在人工分析、判断的基础上借助计算机与科学方法，支持决策者对半结构化和非结构化问题的决策，以获得尽可能令人满意的解决方案。

DSS 目标的实现需要通过系统所提供的功能来实现，不同目标的系统，功能不尽相同。但总体上，DSS 的功能可归纳如下。

① 管理并随时提供与决策问题有关的组织内部信息，如订单要求、库存状况、生产能力与财务报表等。

② 收集、管理并提供与决策问题有关的组织外部信息，如政策法规、经济统计、市场行情、同行动态与科技进展等。

③ 收集、管理并提供各项决策方案执行情况的反馈信息，如订单或合同执行进程、物料供应计划落实情况、生产计划完成情况等。

④ 以一定的方式存储和管理与决策问题有关的各种数学模型，如定价模型、库存控制模型和生产调度模型等。

⑤ 能存储并提供常用的数学方法及算法，如回归分析方法、线性规划和最短路径算法等。

⑥ 使系统中的数据、模型与方法能容易修改和添加，如数据模式的变更、模型的连接或修改、各种方法的修改等。

⑦ 能灵活地运用模型与方法对数据进行加工、汇总、分析和预测，得出所需的综合信息与预测信息。

⑧ 具有方便的人机会话和图像输出功能，能满足随机的数据查询要求，回答"What…if…"之类的问题。

⑨ 提供良好的数据通信功能，以保证及时收集所需数据，并将加工结果传送给使用者。

⑩ 具有使用者能忍受的加工速度与响应时间，不影响使用者的情绪。

3. 决策支持系统的组成

1）决策支持系统的基本模式

决策支持系统的基本模式如图9-2所示。完整的决策支持系统模式可以表示为决策支持系统本身以及它与"真实系统"、人和外部环境的关系。管理者处于核心位置，他运用自己的知识和经验，结合决策支持系统的响应输出，对他管理的"真实系统"进行决策。对一个真实系统而言，提出的问题和操作的数据是输出信息流，而人们的决策则是输入信息流。

基本的决策支持系统是对话管理子系统、数据库系统、模型库系统和方法库系统4个子系统的有机结合，如图9-2(a)所示。

对话管理子系统是DSS与用户的接口，其突出特点是灵活方便。DSS中的数据，既包括企业内部的数据，也包括与企业有关的来自外部的数据。在决策过程中，特别是对高层决策者来说，外部数据极为重要。但是，数据是面向过去的，因为它反映了已经发生过的事实。利用DSS中的模型，就可以把面向过去的数据转变成面向现在或者将来的有意义的信息，模型体现了决策者解决问题的方法。

2）决策支持系统的基本结构

决策支持系统的基本结构大致有两大类：一类由语言系统、问题处理系统和知识系统为基本部件构成，称为基于知识的DSS结构；另一类是由各类库和库管理软件及对话管理子系统为基本部件构成的多库DSS结构。

(1) 基于知识的DSS结构

这种结构形式由语言系统（LS）、知识系统（KS）和问题处理系统（PPS）3个部分组成。

提供给决策者的所有语言能力的总和称为语言系统（language system，LS），一个语言系统既包含检索语言（可由用户或模型来检索数据的语言），也包含计算机语言（由用户操纵模型计算的语言）。决策用户利用语言系统的语句、命令、表达式等来描述决策问题，编制程序在计算机上运行，得出辅助决策信息。

知识系统（knowledge system，KS）包含问题领域中的大量事实和相关知识。最基本的知识系统由数据文件或数据库组成。更广泛的知识是对问题领域的规律性描述，这种描述用定量方式表示为数学模型。随着人工智能技术的发展，对问题领域的规律性知识用定性方式描述，一般表现为产生式规则。除了数理逻辑中的精确知识外，其他为经验性知识。它们是非精确知识，这样就大大地提高了解决问题的能力。

问题处理系统（problem process system，PPS）针对实际问题，提出处理问题的方法、途径，利用语言系统对问题进行形式化描述，写出问题求解过程，利用知识系统提供的知识进行实际问题求解，最后得出问题的解答。问题处理系统产生辅助决策所需要的信息，以支持决策。

（2）多库 DSS 结构

这种结构一般包括各类库、库管理软件及对话生成管理子系统。不同的系统所包括的库类型可能不完全一样，但它们的基本组成框架是类似的。系统组成的差别可能主要体现在库的类型上，如二库结构，即系统包括数据库和模型库；三库结构，即系统包含数据库、模型库和方法库；以及加入知识库后的四库结构系统。

对话管理子系统是决策支持系统中用户和计算机的接口，在操作者、模型库、数据库和方法库之间发挥传送（包括转换）命令和数据的重要作用，其核心是人机界面。在实际工作中，由于系统经常是由那些从系统输出中得到益处且又对系统内部了解甚少的人直接使用，所以用户界面设计的好坏对系统的成败有举足轻重的影响。

数据库子系统（data base system，DBS）是存储、管理、提供与维护用于决策支持数据的基本部件，是支撑模型库子系统及方法库子系统的基础。数据库子系统由数据库、数据析取模块、数据字典、数据库管理系统及数据查询模块等部件组成。

决策支持系统的数据库中存放的数据基本上能直接供决策所使用，能对决策起作用的数据是真正意义上的信息，即经过加工的数据。加工前的数据量非常庞大，它们来源于具体业务处理系统的数据库，这些数据库被称为源数据库。源数据库与决策支持系统数据库的区别在于用途与层次的不同。数据析取模块负责从源数据库析取能用于决策支持的数据，析取过程也是将源数据加工成信息的过程，是选择、浓缩与转换数据的过程。

模型库子系统（model base system，MBS）是构建和管理模型的软件系统，它是决策支持系统中最复杂、最难实现的部分。模型库子系统主要由模型库与模型库管理系统组成。模型库用于存储决策模型。客观世界中的问题对象是千差万别、数不胜数的，因此模型库中主要存储的是能让各种决策问题共享或专门用于某特定决策问题的模型基本模块或单元模型及它们之间的关系。

用单元模型构造的模型或决策支持模型按照经济内容可分为：预测类模型，如产量预测模型、消费预测模型；综合平衡模型，如生产计划模型、投入产出模型；结构优化模型，如能源结构优化模型、工业结构优化模型；经济控制类模型，如财政税收、信贷、物价、工资、汇率等对国家经济的综合控制模型等。

方法库子系统（method base system，MEBS）是存储、管理、调用及维护决策支持系统各部件都要用到的通用算法、标准函数等方法的部件。方法库中的方法一般用程序方式存储。它通过描述外部接口的程序向决策支持系统提供合适的环境，使计算过程实行交互式的数据存取，从数据库中选择数据，从方法库中选择算法，然后将数据和算法结合起来进行计算，并以直观清晰的呈现方式输出结果，供决策者使用。

方法库子系统由方法库与方法库管理系统组成。方法库内存储的方法程序一般有排序算法、分类算法、最小生成树算法、最短路径算法、计划评审技术、线性规划、整数规划、动态规划、各种统计算法、各种组合算法等。

4. 决策支持系统的开发与设计

1) 决策支持系统的开发过程

决策支持系统的开发围绕着决策支持系统的特点和组成进行。DSS 系统的开发主要步骤如下所述。

(1) DSS 系统分析

包括确定实际决策问题的目标，对系统分析论证。系统目标代表了在一定环境和条件下系统所要达到的结果。目标的特点是：可计量，能代表一定水平；规定时间限制；能确定责任；具有发展的方向性。

(2) DSS 系统设计

完成系统设计，进行问题分解与问题综合。对各个子问题进行数据设计、模型设计和综合设计。数据设计包括数据文件设计和数据库设计，模型设计包括模型算法设计和模型库设计，综合设计包括对各个子问题的综合控制设计。

(3) 各部件编制程序

包括建立数据库和数据库管理系统；编制模型程序，建立模型库、模型库管理系统；编制综合控制程序（总控程序），由总控程序控制模型的运行和组合、数据库数据的存取、设置人机交互等处理。

(4) DSS 系统集成

包括解决各部件接口问题，由总控程序的运行实现对模型部件和数据部件的集成，形成 DSS 系统。

2) 决策支持系统的设计问题

在决策支持系统的设计中，应当重视如下问题。

(1) 平台的选择

平台是指集成的硬件和操作系统环境。它可以支持用于决策支持系统的应用程序。

(2) 软件工具的选择

通常有4种方法获得 DSS 应用软件：购买集成的软件包，定做软件包，使用专用的工具或者为当前任务设计的"程序生成器"，从头开始编写所要的程序。

在决策支持系统开发中，可以使用的软件类型包括：数据库管理软件包，信息检索（查询和报告）软件包，专用的建模软件包（包括电子表格），统计数据分析软件包，预测软件包和图形软件包。

信息检索软件包的功能是从文件或数据库中检索用户指定的数据。优秀的信息检索软件包应具有复杂查询的功能且易于使用。

建模、统计及预测软件包以有关的量化理论提供的算法为基础，且能结合具体专项业务进行有关量化计算。随着软件功能的不断提高，不同功能的应用软件有相互渗透的趋势。

(3) 用户界面设计

由于决策支持系统在执行任务的过程中与决策者密切交互，所以其用户界面设计就显得十分重要。在用户界面设计中应当考虑的因素主要有时间、用途、差错处理、帮助、适应性、抗疲劳、一致性和趣味性等。

用户界面样式设计是体现界面设计形式的重要内容。通常有命令行界面、图形用户界面

（GUI）、菜单和对话框，以及超文本（hypertext）、超媒体（hypermedia）界面。应用超文本方式，可使系统更快、更精确地解决问题。

9.5.2 专家系统

专家系统是在决策支持系统的基础之上又吸收了很多人工智能领域的研究成果，故而专家系统有时也被称为是智能支持系统（intelligent support system，ISS）。专家系统的重要特点在于有一个知识库，它存储了大量数据和决策规则。

1. 专家系统的概念

1）专家系统的定义

专家系统是人工智能的一种形式，是一种需要经验、专门知识解决非结构化问题的计算机应用系统，它将某个领域内的专家知识收集、整理、提炼出来，建成一个专家知识库。在运用专家系统解决问题时，它可以将决策人员制定的推测性论据与知识库结合起来，以对某些非结构化、半结构化的问题进行分析解答。应用专家系统，可以使无任何经验的人能够以具有或者接近有经验专家的水平解决问题。例如在医疗领域内，专家系统有着广泛的应用前景。医疗专家系统包含了特殊症状集，并联系其病因，通过和用户进行对话的方式查询知识库，从用户引出更多的信息，进而提出进一步检查的方向。专家系统的存在可以为那些业务还不够熟练的医护人员提供技术支持；另一方面可以为那些资深人员提高分析判断的准确性。实际上在一些技术发达的国家通过网络和专家系统的支持，远程医疗的业务已经得到广泛的开展。这为交通欠发达地区的医疗条件改善提供了切实有效的途径。这种系统的分析能力来自系统知识库的积累。知识库中的知识是某个领域的具体的专门知识而不只是个别技术。比如说在应用医疗专家系统时，系统可以在用户输入初始状态数据后就构建出一套推理分析的机制过程，然后根据这套机制系统对用户进行后续的分析并得出最后结论。

2）专家系统的基本原理

专家系统可以概括为

$$专家系统 = 知识库 + 推理机$$

（1）知识库

必须要解决知识的表示形式和知识的精确程度两个主要问题。

目前，常用的知识表示形式有产生式规则（IF THEN）、谓词逻辑→模糊逻辑、框架、语义网络、过程性知识、剧本等。

知识的表示精确度可以分成原理性的精确知识和经验性的不精确知识，前者主要是指公式、公理等；后者则是指可信度、概率、证据理论和模糊数学等。

（2）推理机

专家系统的推理机主要包含不同知识表示形式的推理和产生式规则的推理及产生式规则的解释。

产生式规则知识在推理时，一个重要的问题就是搜索。更明确地说就是：推理机 = 搜索 + 匹配（假言推理）。在推理过程中，是一边搜索一边匹配。匹配需要找事实。这个事实或是来自规则库中的规则，或是来自向用户的提问。在匹配时会出现成功或不成功。对于不成功将引起搜索中的回溯和由一个分支向另一个分支的转移，即在搜索过程中包含了回溯。

对于推理中的搜索和匹配过程,进行跟踪和显示就形成了向用户说明的解释机制。好的解释机制不显示那些失败路径的跟踪。

3) 专家系统的应用范围

① 翻译系统。对观测到的数据,用已设定的含义来解释它,如语言翻译、语言理解、图像分析、化学结构说明和信号翻译等。

② 预测系统。对未来情况推出可能的结果,如市场变化、天气预报、人口预测、交通预测和军事预报等。

③ 诊断系统。从可观测事物中推出系统的故障,即从所观测的不正常行为中找出潜在的原因,如医学、电子学、机械和软件诊断等。

④ 设计系统。设计满足目标要求的方案,即根据目标及各子目标间的相互关系构成方案,并证明这些方案和提出的目标要求相一致,如电路设计、建筑设计及预算的编制。

⑤ 规划系统。设计行为动作,即利用对象的行为特征模型来推论对象的行为动作,如自动程序设计、机器人、计划、通讯和商品市场开发等规划问题。

⑥ 监控系统。对系统行为的观测指出规划行为中不足之处,如计算机辅助监控系统用于原子能工厂、航空、医疗和水资源调节等部门。

⑦ 调试系统。指出故障的补救方法。它依靠规划设计和预测的能力来产生正确处理某个诊断问题的提示或推荐方案。

⑧ 维修系统。执行一个规划来完成某一个诊断问题的治疗方法。这类系统综合了调试、规划和执行的能力。

⑨ 控制系统。一个专家控制系统能自动控制系统的全部行为。它反复解释当前情况,预测未来,诊断问题的产生原因,做出处理的计划及监督系统运行,并保证正常的操作。控制系统已应用在航空控制、商务管理和战场指挥等方面。

2. 专家系统的结构

专家系统由两个主要部分组成:开发环境和咨询环境。一个复杂的专家系统包括知识获得子系统、知识库、推理机、工作场所、用户接口、解释子系统和知识求精系统 7 个部件(见图 9-3)。现在大多数的专家系统还不包括知识求精系统,而各个系统中每个部件的内容和功能也因实际情况有很大的不同。

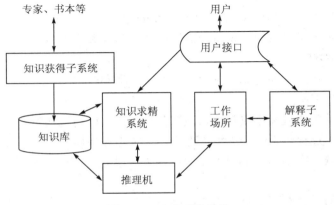

图 9-3 专家系统结构

（1）知识获得子系统

知识获得是指从知识源积累、转换和传送解决问题的专门知识，并将其变成为计算机程序或扩展计算机知识库。其中知识源包括人类专家、书本、数据库、专门研究报告和用户自己的经验。

（2）知识库

知识库中包括理解、表达和解决问题必需的所有信息。它包括两个基本元素"事实"和"专门启发性知识"，前者包括问题定义和有关问题领域的定理，后者是特殊领域解决问题知识的直接使用。前一类知识可称为普通知识，后一类知识就称为专门知识。

（3）推理机

推理机是专家系统的中枢，也被称为控制结构或规则解释器。它利用知识库所具有的知识，根据一定的规则和工作场所进行推理，最后得出结论。专家系统中常用的推理方式有三种：一种叫正向推理，另一种叫逆向推理，第三种就是将两者结合起来形成的双向推理。正向推理也称为数据驱动策略，即从条件出发推出结论。逆向推理又称目标驱动策略，即先假设结论正确，再去验证条件是否满足，条件都满足，则证实结论正确；否则就由另一个假设去推断结论。对于一些结论可能已知的问题，逆向推理比正向推理的效率要高。在目标驱动中，一般对一个问题可能有多种解。如果先证实一个可能性较大的假设，便可大大地提高专家系统的效率。在双向推理中，常常用正向推理来确定各种假设证实的先后次序。在确定后，再使用逆向推理验证假设是否成立。

（4）工作场所

工作场所主要用于记录当前问题、输入数据、中间结果、中间假设和策略。一般有3种形式的策略被记录在工作场所。它们分别是计划、日程和结论。

（5）用户接口

专家系统需要有一个友好的、面向用户和计算机通信的语言处理器，该界面可用自然语言和图形画面来实现。

（6）解释子系统

跟踪结论响应能力对专门知识转换和问题解决是相当重要的。解释子系统能跟踪这些响应，并以交互回答问题的方式解释专家行为。

（7）知识求精系统

人类专家能分析他们自己的特长，学习并改进这些特长。类似地，这些"进化"在计算机化的专家系统中也是必需的。这将形成更好的知识库和更有效的推理过程。

3. 专家系统的构造

常见专家系统的构造主要有3个过程：开发、咨询和改进。

（1）开发

一个专家系统首先要从专家或其他知识源获得知识，以构造知识库。知识可以是说明性或过程性的。其开发过程包括构造一个推理机、一个工作环境和一个解释器。在这个过程中的主要参与者是领域专家、知识工程师和信息系统程序员。

（2）咨询

当用户需要咨询时，专家系统给用户提供一个交互环境，让用户提供该领域的事实。在得到用户的回答后，专家系统尝试推理得出问题的结论。推理能力的强弱又由知识表达方式和推理机的功能来决定。考虑到用户的特点是非专家水平，专家系统的使用一般应相当方便。在当前的技术状况下，用户只需坐在计算机前将其问题输入。已有某些专家系统开始尝试使用语音输入。

（3）改进

与其他的计算机系统一样，专家系统也需要不断改进。初始开发阶段就包括持续不断地改进。当系统进入运行阶段，仍然需要不断地改进。这种改进包括增加新规则，删除不需要的规则或者修改规则以适应变化的条件。

4. 知识获取

专家系统的关键是从专家、书本等知识源获得知识及把它转化为计算机程序，这样一个过程称为知识获取。

知识获取工作贯穿整个专家系统的建立过程。从专家那里获取知识到建立知识库，一般分为三个阶段：确定智能问题、知识形式化、建立和修改知识库。

1）确定智能问题

任何一个专家系统都是用来解决某一个智能问题的。确定智能问题要解决如下问题：

- 智能问题属于哪种类型？它的目标是什么？
- 智能问题的原型系统是什么？它的范围有多大？
- 如何定义和描述该原型系统？
- 如何划分该原型系统的子问题？
- 原型系统的求解模型是什么？
- 准备建立的专家系统体系结构是什么？

2）知识形式化

知识形式化阶段要完成问题的概念化和知识的形式化。

（1）问题的概念化

在此过程中要从智能问题的原型系统中得到基本概念、子问题和信息流特征。概念是智能问题的基础。只有掌握智能问题的基本概念及它们之间的关系，才能把握住智能问题的实质。具体要解决的问题有：

- 智能问题中含有哪些基本概念？
- 各子问题含有哪些概念？
- 概念详细到什么程度（粒度是粗还是细）？
- 概念间的关系是什么（特别要注意因果关系和时间关系）？
- 概念中哪些是已知？哪些需要推理？
- 概念是否有层次结构？

（2）知识的形式化

首先要对概念形式化，即将概念转换成计算机所要求的形式，再将形式化的概念连接起来形成问题求解的空间。建立领域问题求解模型是知识形式化的重要一步。求解模型有数学模型和行为模型。数学模型是利用算法来完成的，行为模型是利用推理来完成的。对概念信息流和各子问题元素的形式化，其结果将形成知识库模型。在知识形式化过程中，还要确定数据结构、推理规则和控制策略等内容。

3) 建造和修改知识库

建造和修改知识库是对整个智能问题的知识库框架填入各子问题的形式化知识，并保持整个问题知识的一致性和相容性。将知识库与智能问题推理求解结合起来，建立专家系统。

用若干实例测试专家系统，以确定知识库和推理结构中的不足之处。通常造成错误的原因在于输入/输出特性、推理规则、控制策略或考核的例子等方面。

输入/输出特性错误主要反映在数据获取和结论输出方面。对用户来说，问题可能很难理解，不明确或表达不清楚，对话功能不很完善等都会造成错误。

推理错误最主要的地方在知识规则集。规则可能不正确、不一致、不完全或者遗漏了。搜索顺序的不当是控制策略问题，主要表现在搜索方式及时间效果上。

测试例子的不当也会造成失误，例如，某些问题超出了知识库知识的范围。测试中发现的错误需要进行修改。修改包括概念的重新形式化，表达方式的重新设计，调整规则及其控制结构，直到获得期望的结果。

9.6 数据仓库与数据挖掘

数据仓库将组织管理决策环境中的海量信息存储并实施有效的组织，以支持决策管理活动，是数据库之后信息存储的又一发展。OLAP 技术与数据挖掘则作为数据仓库的使用工具，使数据仓库中的数据得到有效的利用。

9.6.1 数据仓库概念

20 世纪 90 年代以前，数据库的应用一直偏重于联机事务处理。然而，随着信息技术应用的不断深入，处理的问题越来越复杂，企业单靠联机事务处理已经不足以获得市场竞争优势，它们需要对自身的业务活动和整个市场行情进行分析，做出及时的决策，才有竞争优势。这种决策需要对大量的业务信息（包括海量的历史业务信息）和环境信息进行分析才能做出。因此，将业务数据应用于决策分析成为信息应用的自然延伸。但在实际应用中，人们发现要获得有用的信息并非易事，管理者一方面渴求决策信息，而另一方面却又被大量的信息所淹没。针对这一矛盾，人们开始为业务的决策分析建立一个数据中心，它的数据来自联机事务处理系统、异构的外部数据源和脱机的历史业务数据。它是一个联机系统，专门为决策分析支持应用服务。这个数据中心就是数据仓库。

1. 数据仓库的定义

数据仓库（data warehouse，DW）是面向主题的、集成的、稳定的、不同时间的数据集合，用于支持经营管理中的决策过程。

在数据仓库的发展过程中，许多人对此做出了贡献。其中，Devlin 和 Murphy 在 1988 年发表了关于数据仓库论述的最早文章。而 William H. Inmon 在 1993 年所写的论著 *Building the Data Warehouse* 则首先系统性地阐述了关于数据仓库的思想、理论，为数据仓库的发展奠定了历史基石。在文中，他将数据仓库定义为："一个面向主题的、集成的、随时间变化的、非易失性数据的集合，用于支持管理层的决策过程。"

2. 数据仓库的特征

从 William H. Inmon 关于数据仓库的定义中，可以发现数据仓库具有这样一些重要的特性：面向主题性、数据集成性、数据的时变性、数据的非易失性、数据的集合性和支持决策作用。

（1）面向主题性

表示了数据仓库中数据组织的基本原则，数据仓库中的所有数据都是围绕着某一主题展开的。数据仓库的用户大多是企业的管理决策者，这些人所面对的往往是一些比较抽象的、层次较高的管理分析对象。例如，企业中的客户、产品、供应商等都可以作为主题看待。从信息管理的角度看，主题就是在一个较高的管理层次上对信息系统中的数据按照某一具体的管理对象进行综合、归类所形成的分析对象。而从数据组织的角度看，主题就是一些数据集合，这些数据集合对分析对象做了比较完整的、一致的描述，这种描述不仅涉及数据自身，并且还涉及数据之间的联系。

确定主题以后，需要确定主题应该包含的数据。要围绕主题重新进行数据的组织，可能需要抛弃不适合决策分析要求的数据，散落在其他业务处理系统中的信息需要组织进来。例如，客户购买竞争对手产品的信息是从企业的销售代理商或市场调查公司那里获取，不是企业内部的数据，但是也需要组织到"客户"主题中。

由于主题是在较高层次上的数据抽象，这就使面向主题的数据组织可以独立于数据的处理逻辑，可以很方便地在这种数据环境上进行管理决策的分析处理。

（2）数据集成性

数据仓库的集成性就是指根据决策分析的要求，将分散于各处的源数据进行抽取、筛选、清理、综合等工作，使数据仓库中的数据具有集成性。

数据仓库在从业务处理系统那里获取数据时，不能将原数据库中的数据直接加载到数据仓库中，而需要进行一系列的数据预处理。即数据的抽取筛选、清理和综合等集成工作。也就是说，首先要从源数据库中挑选出数据仓库所需要的数据。然后，将这些来自不同数据库中的数据按照某一标准进行统一，即将不同数据源中数据的单位、字长与内容按照数据仓库的要求统一起来，消除源数据中字段的同名异义、异名同义现象，这些工作通称为数据的清理。在将源数据加载进数据仓库后，即源数据装入数据仓库后，还需要将数据仓库中的数据进行某种程度的综合，即根据决策分析的需要对这些数据进行概括、聚集处理。

（3）数据的时变性

数据的时变性，就是数据应该随着时间的推移而发生变化。尽管数据仓库中的数据并不像业务数据库那样要反映业务处理的实时状况。但是数据也不能长期不变，如果依据 10 年前的数据进行决策分析，那么决策所带来的后果将是十分可怕的。因此，数据仓库必须不断捕捉主题的变化数据，将那些变化的数据追加到数据仓库中去，也就是说，在数据仓库中不断地生成主题的新快照，以满足决策分析的需要。数据新快照生成的间隔，有的是每天一次，有的是每周一次，可以根据快照的生成速度和决策分析的需要而定。例如，如果分析企业近几年的销售情况，那么新快照可以每隔一个月生成一次。如果分析一个月中的畅销产品，那快照生成间隔就需要每天一次。快照的生成时间一般选择在业务系统处理较空闲的夜间或假日进行。这些快照是业务处理系统的某一时间的瞬态图，而这些瞬态图则构成了数据仓库中数据的不同画面，这些画面的连续播放可以产生数据仓库的连续动态变化图，这就有利于高层管理者的决策。

数据仓库数据的时变性，不仅反映在数据的追加方面，而且还反映在数据的删除上。尽管数据仓库中的数据可以长期保留，不像业务系统中的数据那样只保留数月。但是在数据仓库中的数据存储期限还是有限的，一般保留 5～10 年，在超过限期以后，也需要删除。

数据仓库中数据的时变性还表现在概括数据的变化上。数据仓库中的概括数据是与时间有关的，概括数据需要按照时间进行综合，按照时间进行抽取。因此，在数据仓库中的概括数据必须随着时间的变化而重新进行概括处理。为满足数据仓库中数据的时变性需要所进行的操作一般称之为数据仓库刷新。

（4）数据的非易失性

数据仓库的数据非易失性是指数据仓库中的数据不进行更新处理，而是一旦数据进入数据仓库以后，就会保持一个相当长的时间。因为数据仓库中数据大多表示过去某一时刻的数据，主要用于查询、分析。不像业务系统中的数据库那样，要经常进行修改、添加，除非数据仓库中的数据是错误的。数据仓库的操作除了查询以外，还可以定期进行数据的加载，即追加数据源中新发生的数据。数据在追加以后，一般不再修改，因此可以通过使用索引、预先计算等数据处理方式提高数据仓库的查询效率。数据的非易失性，可以支持不同的用户在不同的时间查询、分析相同的问题时，获得同一结果。避免了以往决策分析中面对同一问题，因为数据的变化而导致结论不同的尴尬。

（5）数据的集合性

数据的集合性意味着数据仓库必须按照主题，以某种数据集合的形式存储数据。目前数据仓库所采用的数据集合方式主要是以多维数据库方式进行存储的多维模式、以关系数据库方式进行存储的关系模式或以两者相结合的方式进行存储的混合模式。数据的集合性意味着在数据仓库中必须围绕主题全面收集有关数据，形成该主题的数据集合。全面正确的数据集合有利于对主题的分析。例如，在超市的客户主题中就必须将客户的基本数据、客户购买数据等与客户主题有关的数据形成数据集合。

（6）支持决策作用

数据仓库组织的根本目的在于对决策的支持。高层的企业决策者、中层的管理者和基层的业务处理者等不同层次的管理人员均可以利用数据仓库进行决策分析，提高管理决策的质量。利用自己所特有的、敏锐的商业洞察力和业务知识从貌似平淡的数据中敏锐地发现众多的商机。

9.6.2 联机分析系统

数据仓库是管理决策分析的基础，要能有效地利用数据仓库的信息资源，必须要有强大的工具对数据仓库中的信息进行分析决策。联机分析处理（on-line analytical processing，OLAP）就是一个应用广泛的数据仓库使用技术。它可以根据分析人员的要求，迅速、灵活地对大量数据进行复杂的查询处理，并以直观的、容易理解的形式将查询结果提供给各种决策人员，使他们能够迅速、准确地掌握企业的运营情况，了解市场的需求。

OLAP 技术主要有两个特点：一是在线性（on-line），表现为对用户请求的快速响应和交互式操作，它的实现是由客户机/服务器体系结构完成的；二是多维分析（multi-analysis），这也是 OLAP 技术的核心所在。

1. 多维基本概念

在 OLAP 中有几个重要的基本概念，包括维、多维数据集、维成员、多维数据集的度量值和聚集等。

（1）维

管理人员在日常管理决策中，经常需要不断地选择各种对决策活动有重要影响的因素去进行分析。这反映在数据仓库的应用中，就需要有一个出发点、一个观察问题的角度。管理人员可以从客户的角度、产品的角度，或者是从供应商、地点、渠道、事件发生的时间等角度来分析决策问题。用户的这些决策分析角度或决策分析出发点就是数据仓库中的维，数据仓库中的数据就按照这些维来组织，维也就成了数据仓库中识别数据的索引；同时，数据仓库中的维还可以作为数据仓库操作过程的路径，这些路径通常位于维的不同层次结构中。例如，客户可以按照地理位置进行归类：街道、县、市、省，这样就可以按照街道、县、市、省的先后次序进行数据的"上卷"和"下钻"。

在数据仓库的设计中要根据用户需求调查所获取的维，来构成数据仓库的模型。

（2）多维数据集

多维数据集是决策支持的支柱，也是 OLAP 的核心，有时也称为立方体或超立方。OLAP 展现在用户面前的是一幅幅多维视图。多维数据集可以用一个多维数组来表示，例如，经典的时间、地理位置和产品的多维数据集可以表示为：（时间，地理位置，产品，销售数据）。可以看出在多维数据集中，用（维 1，维 2，…，维 n，观察变量）的方式进行表达。对于三维数据集可以用图 9-4 的可视化方式表达得更清楚，但是在多维结构中并不是要观察维度结构，而是要观察由维结构所描述的观察变量，也就是说要在这个三维结构上再添加销售数据，这就得到了一个由三维所对应的销售数据。

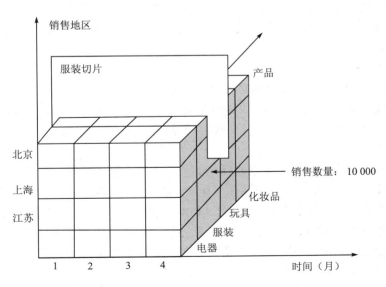

图 9-4　以时间、销售地区、产品 3 个维度所构成的多维数据集

（3）维成员

维成员是维的一个取值，如果维已经分成了若干个维，那维成员就是不同维层次取值的组合。例如，某一公司的销售数据有省、市、县地理维的三个层次，那么"江苏省扬州市宝应县"就构成了地理维的一个维成员。维成员并不是一定要在维的每一个层次上都取值。例如，"江苏省扬州市""扬州市宝应县""江苏省"都是地理位置维的维成员。维成员的值并不是人们在数据仓库中所关心的对象，人们常常是用这些维成员去描述他所关心的主题在维中的位置。例如，企业的销售管理人员只对销售数据感兴趣，但是在观察销售数据时，却需要从地理位置维、时间维或产品维的维成员值去描述销售数据。例如，对一个销售数据而言，维成员"江苏省扬州市"表示该销售数据是"江苏省扬州市"的销售数据，"江苏省扬州市"是该销售数据在地理位置维上的位置描述。

在多维数据集中的每个维都选中一个维成员以后，这些维成员的组合就唯一确定了观察变量的值。数据单元也就可以表示为：维1维成员，维2维成员，维3维成员，维4维成员，观察变量值。例如，在图9-4中的时间、销售地区、产品维度上分别选取了"上海""2020年4月""服装"，则可以唯一确定观察变量的值（10 000），这样该数据单元为（上海，2020年4月，服装，10 000）。

（4）多维数据集的度量值

在多维数据集中有一组度量值，这些值是基于多维数据集中事实表的一列或多列，这些值应该是数字。度量值是多维数据集的核心值，是最终用户在数据仓库应用中所需要查看的数据。这些数据一般是销售量、成本和费用等。

（5）聚集

聚集或聚合是指收集了基本事务数据的结构。在一个立方体中包括不同的层次，这些层次可以向用户提供某一层次的概括数据。因为管理者在进行决策分析的过程中，并不是要观察每一个详细的数据，而是根据自己的管理范围进行总体情况的了解。例如，地区销售经理想了解本地区的销售总量、未来的销售趋势、客户的类型，那就需要按照本地区的城市、街道、产品种类和客户类型进行概括，也就是进行聚集。通过聚集，形成基于维的有决策分析意义的一些数据交集。

2. 多维分析

OLAP的多维分析是指对多维数据集中的数据用切片、切块和旋转等方式分析数据，使用户能够多角度、多侧面地去观察数据仓库中的数据。这样才能深入地了解数据仓库中数据所蕴含的信息，才能使用户深入地挖掘隐藏在数据背后的商业模式。

（1）多维的切片

在多维分析过程中，如果对多维数据集的某一个维选定一维成员，这种选择操作，就可以称为切片（slice）。也就是说，如果有（维1，维2，…，维i，…，维n，观察变量）多维数据集，对维i选定了某个维成员，那么（维1，维2，…，维i成员，…，维n，观察变量）就是多维数据集（维1，维2，…，维i，…，维n，观察变量）在维i上的一个切片。这种切片的数量完全取决于维i上的维成员个数，如果维数越多，可以做的切片越多。

很显然，切片不一定是我们所想象的一个二维的"平面"切片。切片的维数取决于原来多维数据集的维数。只有在多维数据集是三维的情况下，才能获得一个二维"平面"切片。例如，对图9-4中的多维数据集，如果选定了产品维上的一个维成员"服装"，那么我们就可以得到一个关于服装的、在不同地区、不同时间的二维"平面"切片,从这个切片上,可以更深入地观察"服装"在不同地区、不同时间中的销售情况。

在切片操作中,多维数据集的切片数量多少是由所选定的那个维的维成员数量的多寡所决定的。而进行切片操作可以使管理者能够更好地了解多维数据集,因为通过切片的操作可以降低多维数据集的维度,使人们能够将注意力集中在较少的维度上进行观察,也就是说,能够将注意力集中在经营管理中所感兴趣的影响因素上对经营管理中的问题进行分析。

(2) 多维的切块

与切片类似,如果在一个多维数据集上对两个及其以上的维选定维成员的操作可以称之为切块。即在(维1,维2,…,维i,…,维k,…,维n,观察变量)多维数据集上,对维i,…,维k,选定了维成员,那么(维1,维2,…,维i成员,…,维k成员,…,维n,观察变量)就是多维数据集(维1,维2,…,维i,…,维k,…,维n,观察变量)在维i,…,维k上的一个切块。很显然,在$i=k$时,切块操作就退化成了切片操作。

实际上,切块操作也可以看成是进行了多次切片操作以后,将每次切片操作所得到的切片重叠在一起而形成的。例如,可以通过对图9-4中的多维数据集中的产品维先后按照"服装"和"玩具"进行两次切片操作,所获得的两个切片可以组成一个在产品维上选取(服装,玩具)的维切块。

(3) 旋转

在对数据仓库中的多维数据集进行显示操作过程中,用户常常希望能够将多维数据集改变其显示的维方向,也就是说,进行多维数据集的旋转(rotate)操作。这种旋转操作可以将多维数据集中的不同维进行交换显示,使用户能够更加直观地观察到数据集中不同维之间的关系。如原来横坐标为时间维,纵坐标为地区维。通过旋转可以使横坐标为地区维,纵坐标为时间维。这样可以从另一个角度观察由时间维和地区维所构成的销售数据集(见图9-5)。

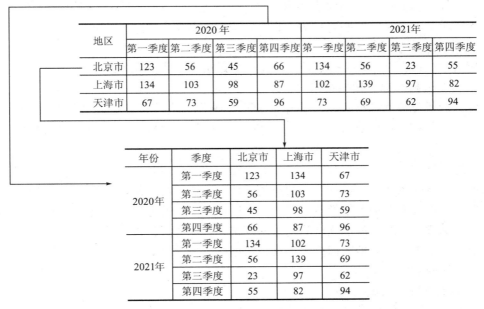

图9-5 多维数据集的旋转

(4) 其他 OLAP 操作

在 OLAP 的分析中,还有"上卷"(roll_up)、"下钻"(drill_down)、"钻过"(drill_across)和"钻透"(drill_through)等钻取操作。"上卷"是指沿某一个维的概念分层向上归约,如包含地区维和时间维的销售立方体在上卷操作中可能删除了地区维,使销售数据只按时间进行聚集;"下钻"是上卷的逆向操作,它是沿某一个维的概念分层向下或引入新的维来实现,如包含地区维和时间维的销售立方体在下钻操作中可能增加一个产品维,使销售数据按照地区、时间和产品进行聚集;"钻过"是指对多个事实表进行查询;"钻透"是指对立方体操作时,利用数据库关系,钻透立方体的底层,进入后端的关系表。

OLAP 的其他操作还有统计表中最高值和最低值的项数、计算平均值、增长率、利润、投资回报率等统计计算。

9.6.3 数据挖掘

1. 数据挖掘的概述

数据挖掘是从大量的、不完全的、有噪声的、模糊的、随机的实际数据中,提取隐含在其中的、人们所不知道的、但又是潜在有用的信息和知识的过程。数据挖掘作为一种崭新的商业信息处理技术,可以对数据仓库中的大量业务数据进行抽取、转化、分析和模式化处理,从中提取辅助商业决策的关键知识,即发现相关商业模式。这种数据处理就好像从含金的大量矿石中淘金一样,从海量的原始数据中去挖掘知识。原始数据可以是结构化的,如关系数据库中的数据;也可以是半结构化的,如文本、图形和图像数据;还可以是分布在网络上的异构数据。发现知识的方法可以是数学的,也可以是非数学的;可以是演绎的,也可以是归纳的。发现的知识可以用于信息管理、查询优化、决策支持和过程控制等。

数据挖掘可以描述成:按企业既定业务目标,对大量的企业数据进行探索和分析,揭示隐藏的、未知的或验证已知的商业规律,并进一步进行模式化的数据处理方法。例如,下个月的市场需求情况怎样?某些客户为什么会转向竞争对手?

2. 常用的数据挖掘技术

常用的数据挖掘技术主要分成两大类型:传统分析类和知识发现类。

(1) 传统分析类数据挖掘技术

在传统分析类数据挖掘技术中使用的数据挖掘模型有线性分析和非线性分析、回归分析、逻辑回归分析、单变量分析、多变量分析、时间序列分析、最近邻算法和聚类分析等技术。

利用这些技术可以检查那些异常形式的数据,然后利用各种统计模型和数学模型来解释这些数据,解释隐藏在这些数据背后的市场规律和商业机会。例如,可以使用统计分析工具寻求最佳商业机会来增加市场份额和利润,利用全面质量管理程序来提高产品或服务的质量使客户更加满意,通过对流水线产品制造的调整或企业业务过程的重整来增加利润。在所有的数据挖掘技术中,统计型数据挖掘工具是数据挖掘技术中最成熟的一种,已经在数据挖掘中得到了广泛的应用。

(2) 知识发现类数据挖掘技术

知识发现类数据挖掘技术是与统计类数据挖掘技术完全不同的一种挖掘技术。它可以从数据仓库的大量数据中筛选信息，寻找市场可能出现的运营模式，发掘人们所不知道的事实。

知识发现类数据挖掘技术包含人工神经网络、决策树、遗传算法、粗糙集、规则发现、关联顺序等。

人工神经网络是模拟人脑神经元结构，以 MP 模型和 Hebb 学习规则为基础，建立三大类神经网络模型：前馈式网络、反馈式网络和自组织网络。前馈式网络以感知机、反向传播模型、函数性网络为代表，可用于预测、模式识别等方面；反馈式网络以 Hopfield 的离散模型和连续模型为代表，分别用于联想记忆和优化计算；自组织网络以 ART 模型、Koholon 模型为代表，用于聚类处理。

决策树是一个类似于流程图的树结构，其中每个内部节点表示在某一属性上的测试，每一个分枝代表一个测试输出，而每个树叶节点代表类或类分布。由于每个决策或事件（即自然状态）都可能引出两个或多个事件，导致不同的结果。决策树在数据挖掘中一般用于数据的分类处理，使具有某种内在规律的分析对象处于同一类中。

遗传算法是近几年发展起来的一种崭新的全局优化算法，借用了生物遗传学的观点，通过自然选择、遗传、变异等机制，实现各个个体的适应性的提高。解决问题时，要将待解决问题的模型结构和参数进行编码，一般用字符串来表示，这个过程就将问题符号化、离散化。遗传算法由 3 个基本过程组成：繁殖（选择）是从一个旧种群（父代）选出生命力强的个体，产生新种群（后代）的过程；交叉（重组）是选择两个不同个体（染色体）的部分（基因）进行交换，形成新个体的过程；变异（突变）是对某些个体的某些基因进行变异的过程。遗传算法的目的在于获取最优化的知识集合。

粗糙集（RS）能够在缺少关于数据先验知识的情况下，只以考察数据的分类能力为基础，解决模糊或不确定数据的分析和处理问题。粗糙集用于从数据库中发现分类规则的基本思想是将数据库中的属性分为条件属性和结论属性，对数据库中的元组根据各个属性不同的属性值分成相应的子集，然后对条件属性划分的子集与结论属性划分的子集之间上下近似关系生成判定规则。所有相似对象的集合称为初等集合，形成知识的基本成分，任何初等集合的并集称为精确集；否则一个集合就是粗糙的（不精确的）。每个粗糙集都具有边界元素，也就是那些即不能确定为集合元素也不能确定为集合补集元素的元素；而精确集是完全没有边界元素的。粗糙集一般用于对象的相似性或共性分析、因果关系及范式挖掘等。

关联规则是数据挖掘的一种主要形式，是与大多数人想象的数据挖掘过程最为相似的一种数据挖掘形式，即在大型数据库中"淘金"——人们感兴趣的规则。在关联规则系统中，规则是"如果怎么样、怎么样、怎么样，那么就怎么样"的简单形式表示的。关联规则主要用于查找那些由于某些事件的发生而会引发的另外一些事件，这种关联规则越来越引起管理人员的注意。

3. 数据挖掘过程

数据挖掘过程一般需要经历：确定挖掘对象、准备数据、模型建立、数据挖掘、结果分析、知识应用这样几个阶段。这些阶段在具体实施中可能需要重复多次。为完成这些阶段的任务，需要不同专业人员参与其中，这些专业人员主要是业务分析人员、数据管理人员和数据分析人员（见图 9-6）。

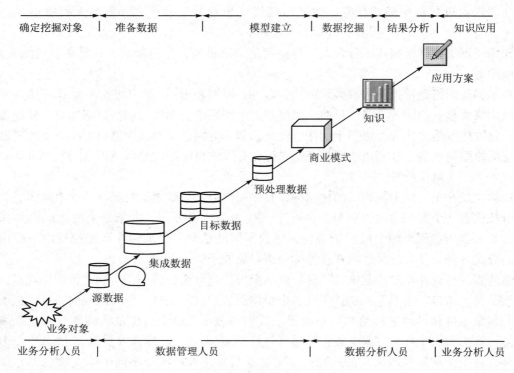

图 9-6 数据挖掘过程

1）确定挖掘对象

定义清晰的挖掘对象，认清数据挖掘的目标是数据挖掘的第一步。数据挖掘的最后结果往往是不可预测的，但要解决的问题应是有预见性的、有目标的。为数据挖掘而挖掘数据带有盲目性，往往是不会成功的。在定义挖掘对象时，需要确定这样一些问题：从何处入手？需要挖掘什么数据？要用多少数据？数据挖掘要进行到什么程度？虽然在数据挖掘中，常常事先不能确定最后挖掘的结果到底是什么？有的挖掘技术是不需要因变量的聚类分析，但是在为这些挖掘工具准备数据过程中就已经表明了挖掘者的意图。例如，如果选择的数据是描述使用信用卡客户的实际支付情况，那么数据挖掘者的挖掘工作就可能是围绕着获取信用卡使用者实际支付情况展开的。

2）准备数据

在确定数据挖掘的业务对象后，就需要搜索所有与业务对象有关的内部和外部数据，从中选择出适合于数据挖掘应用的数据。如果数据挖掘是基于数据仓库的，那么数据的选择将比较简单，因为数据仓库已经为数据挖掘者准备好了可以用于数据挖掘的基本数据；否则，就要从各种数据源去选择用于数据挖掘的数据。这就意味需要集成和合并数据到单一的数据挖掘库中，并协调来自多个数据源的数据在数值上的差异。对这些数据值差异的协调是解决数据挖掘质量的关键。多个数据源中出现的差异主要在数据定义和使用的方法上。有些数据值的矛盾很容易发现，如同一客户有几个不同（不同的系统正在使用）的地址。但也有一些非常难以捉摸，如同一个客户有不同的名字，最糟的是有不同的客户关键字。在数据准备阶段，这些问题必须要解决好。

在进行数据选择时，要根据数据挖掘的需要，分析清楚哪些数据是数据挖掘中比较重要的数据源。例如，在数据挖掘中希望描述对某一产品广告促销敏感客户与不敏感客户的特征。现在已经有客户对某种产品促销广告反应、客户的购买、客户的家庭、销售员、产品及时间信息，共有 6 个维。显然在这 6 个维中关于客户的 3 个维与产品维是必须的，而销售员维信息除非想了解销售员与较多（或较少）的敏感客户的接触情况，否则与目前所要研究的问题是没有明显的联系。而时间维则在确定季节与产品广告的推出关系研究中是有用的。

在确定了数据维后，还需要确定维中所包含的数据域描述能力的情况。例如，客户的家庭和时间维中的描述能力较差，需要增加家庭中的婚姻状况、性别、收入水平、家庭类型等数据元素；而时间维则希望能够包含日期、时间等。

选择好数据后，还需要对数据进行预处理，对数据进行清洗。解决数据中的缺值、冗余、数据值的不一致、数据定义的不一致、过时的数据等问题。这些数据都是一些脏数据。在脏数据基础上是不可能建立一个良好的挖掘模型。在数据预处理中，有时还需要对数据进行分组，以提高数据挖掘的效率、降低模型的复杂程度。

在数据预处理完成后，有时需要建立一个数据挖掘库，因为操作性数据库和共有数据仓库中所提供的数据格式并不满足数据挖掘的需要。而且，数据挖掘的进行还可能影响到其他系统的应用。数据挖掘过程中的数据选择与预处理是组成数据准备的核心。在这些步骤中所花费的时间或精力要比其他步骤的总和还多。在数据准备和模型建立过程中可能要反复多次，因为在建立模型过程中可能又会发现新的问题，对这些新问题的解决又需要修改数据。

3）建立模型

根据所选择的数据建立一个分析模型，这个分析模型是针对挖掘算法建立的。建立一个真正适合挖掘算法的分析模型是数据挖掘成功的关键。模型的建立必须从数据的分析开始。

① 为模型选择变量。理想的情况是将现在所拥有的全部变量加入到数据挖掘工具中，找到那些最好的预示值。但在实际操作中，这是非常棘手的。其中一个原因是建立模型的时间随着变量的增加而延长；另一个原因就是盲目性，加入许多无关紧要的变量，却很少甚至不能提高模型的分析能力。

② 从原始数据中构建新的预示值。例如，使用债务－收入比来预测信用风险能够比单独使用债务和收入产生更准确的结果，并且更容易理解。

③ 从数据中选取一个子集或样本来建立模型。使用所有的数据会花费太长的数据挖掘时间或者需要性能更高的计算机。对大多数数据挖掘问题来讲，使用经过随机挑选的数据子集并不会引起信息不足。建立模型的两种选择是要么使用所有数据建立少数几个模型，或者建立多个以数据样本为基础的模型。后者常常能建立更准确的、性能更好的模型。

④ 需要转换变量，使之和选定用来建立模型的算法一致。

在模型建立以后，需要对模型进行评价，评价模型的指标主要是模型的准确性和模型的可理解性。就模型的准确性而言，数据挖掘不能完全替代统计分析，数据挖掘模型的准确性一般要通过时间来检查。模型的可理解性往往需要从多方面进行考察。首先，要使数据挖掘人员了解不同的输入对结果会产生什么影响。从单纯的数据挖掘模型来说，神经网络模型的可理解性一般较差，而决策树的可理解性最强。其次，模型应该能够使数据挖掘人员了解预测为什么会成功或为什么会失败，如果模型能够提供最终数据挖掘结果分析报告，那将有助于对模型的理解。接着，模型应该能够对复杂数据集产生预测结果，在这一方面，决策树的能力较差。最后，模型还应能够对模型所产生的结果进行检测，即模型应该提供将预测数据与已知结果进行比较的功能。

模型建立后，还需要评价模型的性能。模型的性能主要由模型的构造速度和从模型中获取预测结果的速度来确定。

4）数据挖掘

对所得到的经过转化的数据进行挖掘，除了完善与选择合适的算法需要人工干预外，数据挖掘工作主要由挖掘工具自动完成。

5）结果分析

当数据挖掘出现结果后，需要对挖掘结果进行解释并评估。具体的解释与评估方法一般应根据数据挖掘操作结果所制定的决策成败来定。但是，管理决策分析人员在使用数据挖掘结果之前，又希望能够对所挖掘出的结果进行评估。以保证数据挖掘结果在实际应用中的成功率。因此，在对挖掘结果进行评价时，可以考虑这样几个方面的问题：首先，用建立模型相同的数据集在模型上进行操作所获得的结果要优于用不同的数据集在模型上的操作结果；其次，模型的某些结果可能会比其他预测结果更加准确；最后，由于模型是以样本数据为基础建立的，因此实际结果往往要比建模时的结果差。而且应该注意到可视化技术是一种良好的结果分析工具，在许多情况下，利用可视化技术可以将数据挖掘结果表现得更清楚，更有利于对数据挖掘结果的分析。

6）知识应用

数据挖掘的结果，经过业务决策人员的认可，才能获得实际利用。需要将通过数据挖掘得出的模式和各个领域的专家知识结合在一起，构成一个可供不同类型的人使用的应用程序。数据挖掘结果要能够在实际中得到应用，需要将分析所得到的知识集成到组织机构中去，使这些知识在实际的管理决策分析中得到应用。

4. 数据挖掘的应用领域

（1）数据挖掘在市场营销和金融投资中的应用

数据挖掘在市场营销中的应用可以分为两类：数据库集市和货篮分析。数据库集市的任务是通过交互式查询、数据分割和模型预测等方法来选择潜在的顾客；货篮分析是通过分析销售数据（如POS数据库），以识别顾客的购买行为模式。

典型的金融分析有投资评估和股票交易市场预测。分析方法一般采用模型预测（神经元网络或统计回归技术）。

（2）数据挖掘在保险业中的应用

保险是一项高风险业务，保险公司的重要工作就是进行风险评估，即对不同的风险领域进行鉴定和分析。它从过去的保单及其索赔信息出发，利用决策树方法，寻找保单中风险较大的领域，从而得出一些风险规则，以便对保险公司的工作起指导作用。

数据挖掘还在通信网络、DNA分析、天文及航天数据分析中有着广泛的应用。

9.7 面向智慧管理的信息系统

智慧管理是在传统管理基础上发展起来的，是通过高层次知识的运用来解决传统管理存在的问题。掌握智慧管理的概念、运行机制和内涵，智慧管理才可以研究和实施。本节基于新一代信息技术提出智慧管理的内涵和主要内容,实现传统管理到智慧管理的提升。

9.7.1 智慧与智慧管理

智慧是人类所表现出来的一种独有的能力,主要表现为收集、加工、应用、传播知识的能力,以及对事物发展的前瞻性看法。在拥有一定知识的基础上,个人通过经验、阅历、见识的累积而形成了对事物的深刻认识、远见,体现为一种卓越的判断力。

数据、信息、知识、智慧之间的关系可以用金字塔模型表示,如图9-7所示。数据是信息的基础,而信息是数据的发展和提升,知识又在信息的基础之上得到发展,智慧随着知识的完善相应而生。

图9-7 金字塔模型

智慧管理是指企业运用智慧的能力,对企业的智慧资源进行系统管理,以实现企业可持续发展的过程。智慧资源包括企业家特殊才能、高级技能人员经验、组织惯例和组织本能、产业链适应性资源、产品品牌价值等。智慧管理是一种新型的管理模式,其过程包括战略决策、经营组织、内涵领导、智能控制等。

在理论层面,智慧管理至少应包括资源与能力两方面的内容,既包括资源与能力基于载体的静态管理,又包括资源与能力基于活动的动态管理。由此,可将智慧管理的理论体系分为静态智慧管理和动态智慧管理。

1. 静态智慧管理

静态智慧管理是对智慧资源本身的管理,也是对智慧资源载体的管理。根据智慧管理的内涵,智慧管理包括企业家特殊才能管理、高级技能人员经验管理、组织惯例与本能管理、产业链适应性资源管理和产品品牌价值管理等。要形成理论,还需要对智慧管理的内容加以归类,寻找理论内在的共同规律。为此,可以从人才智慧管理、组织智慧管理和无形智慧管理3个方面依据载体进行分类归纳与整理。

① 人才智慧管理。人才智慧管理是对嵌入在企业家和高级技能人员中的才能与经验等智慧资源实施的管理。考虑到人才的主观能动性和主动适应性,以激励为主要方法,推动高级人才充分发挥其掌握的智慧资源的作用,提升人才智慧管理能力。

② 组织智慧管理。组织智慧管理是对嵌入在组织体制与机制中的智慧资源的管理,是一种宏观管理,包括组织惯例与本能管理、产业链适应性资源管理等。组织智慧管理的管理对象嵌入在组织中,具有隐性特征,增加了组织智慧管理的难度。组织智慧管理应侧重于设

计和维护科学的组织体制与机制,从而使得组织成为企业智慧资源的有效载体,智慧资源既能有效地存储与保护,又能高效流转、扩散与利用。

③ 无形智慧管理。除了嵌入在人才头脑和组织机制中的智慧资源以外,还有一类无形的智慧资源,如企业品牌价值等。这类智慧资源往往是企业的核心智力资产,是企业通过长期的经营而获得的社会与客户对企业的肯定。对无形智慧资产的评估、监控、利用和发展是无形智慧管理的重点。

2. 动态智慧管理

动态智慧管理既要体现对知识管理的传承,又要体现出对知识管理的创新。知识管理通常可分解为知识存储、知识学习、知识共享、知识整合、知识创新与知识利用等,以此实现对知识流转全过程的动态管理。为此,可借鉴知识分阶段管理的思想,在区别智慧资源与知识资源的基础上,提出动态智慧管理的以下环节。

① 智慧资源的情境嵌入与析取。由于智慧资源具有虚拟、隐性的特征,智慧资源往往需要嵌入人才、组织制度、知识平台等载体中,在利用智慧资源时需要合适的情境支撑。因此,如果能设计出科学的智慧资源情境嵌入与析取机制及方法,在企业需要利用智慧资源时,企业能将其嵌入情境中,从而提高智慧资源的利用水平;在企业面临智慧资源载体的流失压力与风险时,能将智慧资源从情境中析取剥离,从而保护企业的智慧资产。而且,智慧资源由于具有高端、高级特征,使得智慧资源的数量相对于知识资源要少,而且具有载体集聚性,为智慧资源的嵌入与析取提供了可能。

② 智慧能力的培育与扩散。智慧能力是主导和支撑企业发展的核心能力,智慧能力的培育与发展具有路径依赖性、因果模糊性等特征,这使得智慧能力培育成为智慧管理的关键环节之一。另外,在智慧能力形成后,利用智慧能力来组织利用智慧资源更是重中之重,因为只有这样才能实现智慧管理的目标。要实现智慧管理在企业中的主导地位,就必须将智慧能力扩散到企业管理的各个方面。实现智慧能力的扩散,需要智慧管理战略及其职能的辅助与推广,更需要为智慧能力扩散提供健全的机制、文化保障。

③ 智慧资源与能力的整合及创新。企业中存在着各种不同的智慧资源与智慧能力,要实现智慧管理的系统功能,就必须将这些不同的资源与能力整合到一个管理范式下,通过资源与能力的协同效应强化智慧管理效果与目标。知识管理中的知识整合理论提供了诸多借鉴,而且智慧资源量相对于知识资源量要少许多,使得智慧资源与能力的整合更简单和更具可操作性。除此以外,智慧资源与能力要实现可持续发展,少不了创新,如何有效实现智慧资源与能力的创新和更新换代,以此保持企业智慧管理的环境适应性和先进性,是企业维持持续竞争优势的关键。

④ 智慧资源与能力的价值实现。在企业智慧管理中,最根本的是要实现智慧资源与能力的价值转化,通过价值增值来维持企业的生存与发展。在智慧管理中,智慧资源是价值实现的基础,而智慧能力是价值实现的推动力,企业价值增值是智慧资源与智慧能力的复杂增函数,其中智慧资源是自变量,而智慧能力是函数。设计一套完善的智慧资源与能力价值实现体系,成为智慧管理理论体系的重中之重。

9.7.2 智慧管理系统

智慧管理系统包括了基于物联网的数据自动采集系统、基于人工智能的智能分析推理系统、基于自动控制的智能控制系统。

1. 基于物联网的数据自动采集系统

数据采集指的是采集信号对象的数据信息。人工采集是传统的信息采集方法，经常会出现效率低、出错率高的问题。基于物联网等现代信息技术的数据采集可以通过自动识别技术采集、核对数据，并自动进行远程传输和存储，大大提高了数据采集的效率，节省了人力资源。

基于物联网的数据自动采集，按照信息来源的不同和数据内容的不同可分为视频采集、声音采集、文本采集等。视频采集是指通过摄像头、数码相机、手机等工具录制视频流，采集的视频流通过网络集中存储于视频服务器中，这些视频可作为视频分析的基础数据；声音采集是指通过麦克风、拾音器、录音笔、手机等工具录制音频流，采集到的声音信号被放大之后，经过转换和处理后进行存储或输出；文本采集是指通过各类传感器和网络爬虫软件采集各类文字和数字内容。各类传感器包括温度传感器、湿度传感器、位移传感器、压力传感器、雨量传感器、水情传感器等，将自动采集的数据远程传输到集控中心进行存储和分析。大批量的文本搜索采集可以采用网络爬虫软件。

由于物联网可以覆盖较大的范围，且可以自动采集数据，因此，基于物联网的数据自动采集系统可以将采集对象变成"会说话的智能体"，传感器所采集到的数据就像采集对象"主动告知别人自己的信息"，甚至通过网络可以和人们"对话"，使得客观的物体具有了"智能"。而且，通过自动化采集的海量数据也是进行智能化应用开发的基础。

2. 基于人工智能的智能分析推理系统

人工智能的研究核心是模拟人类的思维方式，人工智能的进步使得机器人可以代替人工完成一部分的人类逻辑推理并与环境进行交互，基于人工智能的逻辑推理是智慧管理的重要内容。在人工智能的研究中，最基本和最重要的事情就是知识的表示、推理和应用的过程。常见的人工智能应用的推理方法有自然演绎推理、归纳演绎推理、基于规则的演绎推理等方法。

机器学习是基于模式识别和人工智能计算的计算机科学的分支。其被广泛地应用于不同的领域。数据处理的规模越大，其在多数状态下效率越高。因此，机器学习是智能分析数据的主要方法。机器学习的经典算法包括BP算法、深度学习算法和卷积神经网络等。

基于人工智能的智能分析推理系统可以根据事先设定的方法和步骤进行自动推理，或者按照选定的数学模型进行自动计算，或者通过对大量的数据分析找到规律。这个过程是通过计算机自动完成的，看上去就像计算机具有了类似人脑的思考和推理过程，从而自动地得出结论。这个过程需要大量的数据作为基础，推理过程也是在人们设定的规则下进行的，得到的推理结论也是事先可以预期的，只是使用计算机来自动地完成了推理过程，提高了效率。

3. 基于自动控制的智能控制系统

智能控制是新的自动化控制理论和技术发展的结果。智能控制以传统的控制理论为基础，对人工智能、操作研究等学科采用了新的思想和方法。智能控制的核心是设计和开发能够模拟人类智慧的机器。智能控制是一种独立驱动的智能机器，在不需要或尽可能最少需要人工干预的情况下实现对目标的自动控制。它可以解决传统控制方法不能或难以解决的复杂系统的控制问题。

随着基于自动控制研究智能行为的发展和新的智能模式、方法的出现，以及新的智能控制和优化方法的增加，智能优化控制方法的理论体系和适用范围也会继续扩大和延伸。基于自动控制的智能行为主要有专家控制法、模糊控制法、神经网络控制法、分级递阶智能控制法、拟人智能控制法和集成智能控制法等。

基于自动控制的智能控制系统可以根据基于人工智能的智能分析推理系统所形成的推理结论，自动地完成一些行为，从而实现从数据的自动采集、自动分析推理到自动控制行为的完成，从整体上来看，这就是智能的表现。

9.7.3 智慧管理系统的应用

智慧管理系统在不同行业和不同领域的使用，产生了较多的智慧应用。例如：智慧管理系统应用在农业领域产生了智慧农业，应用在交通行业产生了智慧交通，应用在水利行业产生了智慧水利，应用在医疗行业产生了智慧医疗，应用在教育行业产生了智慧教育。还有在不同区域内使用智慧管理系统而产生了相应的智慧对象，例如：在城市管理中的应用产生了智慧城市，在各类园区的应用产生了智慧园区，在校园的应用产生了智慧校园。

任何有管理的地方都可以引入智慧管理系统，所在行业的管理或所在区域的管理相应地可实现智慧化。

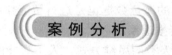

J. Crew 转向数据仓库以提高在线销售

J. Crew 是一家有声望的全球化的时尚零售商和目录商，总部设在纽约。公司通过其迅速扩张的零售网络，包括在美国的 133 家商店和在日本的 76 家许可商店，提供各类男性、妇女和儿童的服装、鞋、装饰品及个人保健产品。

当 1997 年 J. Crew 建立 jcrew.com 网站时，它是 Web 上的第一批服装网站之一。现在该网站已是 J. Crew 快速增长的销售渠道。公司获得巨大成功的原因之一是 J. Crew 使用了一个数据仓库和软件工具来描述在线顾客常常一起采购哪些 J. Crew 公司的服装、鞋和装饰品。这些信息被送到 Web 网站，这样当在线顾客点击某一个产品时，Web 网站会建议一些顾客可能有兴趣购买的补充产品。

而动态配送、相关产品建议都增加了平均订单规模并提高了客户满意度和忠诚度。J. Crew 使用 DigiMine 公司的 Enterprise Analytics 数据挖掘软件分析销售数据，这些销售数据来自其 Web 网站、零售商店和目录销售业务。所有这些数据被收集和存储在一个 500 GB 的数据仓库中，该数据仓库运行在微软的 SQL Server 数据库上，为开发它花费了 J. Crew 和 DigiMine 6 个月的时间。访问者点击公司网页会产生数据，公司系统从目录和零售业务中处理订单数据会产生产品销售数据，J. Crew 将这两种数据结合起来。所有这些数据的综合给了 J. Crew 一个关于其客户爱好的完整视图，并使得公司能够分析销售趋势、构建客户描述，为电子邮件营销活动提出建议。公司还使用这些汇集的数据匹配产品，建议顾客经常购买的鞋应该配什么样的裤子。最终，每一个在 jcrew.com 的顾客都可以看到引人注目的服装、鞋和装饰品的建议，这些建议是根据顾客的浏览和采购行为所得到的。

思考与讨论题

1. 当服务在线顾客时，大多数的零售商并未将来自实际商店和目录采购的数据与来自 Web 网站的浏览和购买数据结合起来；而 J. Crew 做到了，这将给 J. Crew 提供哪些竞争优势？

2. 从 J. Crew 网站（http：//www.jcrew.com）获取、存储和分析客户的在线购买数据，描述可能由此产生的潜在的数据隐私问题。

3. 设想 J. Crew 正在考虑为在线顾客提供一项新服务——为朋友和家庭成员购买礼物。有兴趣的顾客会注册朋友和家庭成员，以及他们的生日、周年纪念和其他相关信息，如尺寸和颜色偏好。J. Crew 会发送一份电子邮件，提醒客户你的朋友的生日和其他特别时刻的临近，并建议他访问 Web 网站来选择一个礼物。这种服务的优势是什么？为支持这种服务，数据仓库需要获得哪些额外的信息？你喜欢这项服务吗？为什么？

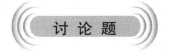

讨 论 题

某超市在全国有三四十家分店，规模颇为庞大，目前公司基本业务处理已计算机化，包括库房管理系统、人事管理系统、销售系统等。鉴于超市竞争日趋激烈，且公司规模日见庞大，总经理最近非常希望能快速地从系统中取得决策所需信息。但令他困扰的是，尽管公司每天将收集到的许多销售数据都存放到系统中，可是他却不能从这些系统中得到更佳的管理信息报告，为何这些系统中的数据不能整合成为他有用的信息？尤其是当他所需的数据来自两个系统时，信息管理部门总是要煞费苦心地加班加点？当他们给他报告时，他早已做了决策，公司的管理信息系统似乎对总经理没有任何帮助。

问题

1. 您是否同意该公司总经理的意见？
2. 应如何改善管理信息系统才能及时提供总经理所要求的信息？

习　题

1. 什么是信息资源管理？信息资源管理主要包含哪些内容？
2. 电子商务主要包括哪些形式？请结合实例说明 B2C 和 B2B 的业务流程。
3. 请分析电子商务对企业的管理与经营会产生哪些影响？

4. 电子商务的发展趋势包括哪些方面？
5. 地理信息系统在管理领域中可以发挥怎样的作用？
6. 地理信息系统与一般管理信息系统有哪些区别？
7. DSS 与 MIS 的关系一直是信息管理与信息系统领域颇为关注的热点，请就此谈谈你的看法。
8. 什么是决策支持系统？它与管理信息系统有何区别与联系？
9. 决策支持系统由哪些部分组成？
10. 什么是专家系统？专家系统由哪些组成部分？
11. 专家系统适合解决哪些问题？
12. 说明数据仓库的基本概念与主要特征。
13. 数据仓库的数据组织方式有哪几种？试分别作简要说明。
14. 简要说明数据挖掘的基本步骤。
15. 什么是数据挖掘？数据挖掘能发现哪些类型的知识？

参 考 文 献

［1］阿普尔盖特. 公司信息战略与管理. 阎达五，译. 北京：机械工业出版社，2004.
［2］斯普拉格. 信息系统管理的实践. 刘永华，译. 西安：西安电子科技大学出版社，1990.
［3］戴维斯，奥尔森. 管理信息系统：概念基础、结构与研制. 陈培久，译. 哈尔滨：哈尔滨工业大学出版社，1989.
［4］黄梯云. 管理信息系统. 北京：高等教育出版社，1999.
［5］薛华成. 管理信息系统. 北京：清华大学出版社，2003.
［6］吴琮璠，谢清佳. 管理信息系统. 上海：复旦大学出版社，2003.
［7］甘仞初，颜志军，杜晖，等. 信息系统分析与设计. 北京：高等教育出版社，2003.
［8］吴信才. 地理信息系统设计与实现. 北京：电子工业出版社，2002.
［9］常晋义. 信息系统开发与管理. 北京：机械工业出版社，2004.
［10］陈京民. 数据仓库与数据挖掘技术. 北京：电子工业出版社，2002.
［11］马费成. 信息资源开发与管理. 北京：电子工业出版社，2003.
［12］张海藩. 软件工程导论. 北京：清华大学出版社，1998.
［13］苏选良. 管理信息系统. 北京：电子工业出版社，2003.
［14］高幸. 公路工程施工项目管理信息系统（HECPMIS）的规划. 中南公路工程，26（1）.
［15］杨进才. 多媒体房地产管理信息系统的规划与设计. 今日电子，1996（7）.
［16］焦志强. 成功实施 ERP 的关键要素. 液压气动与密封，2005（3）.